에듀윌과 함께 시작하면,
당신도 합격할 수 있습니다!

자소서와 면접, NCS와 직무적성검사의 차이점이 궁금한
취준을 처음 접하는 취린이

대학 졸업을 앞두고 취업을 위해 바쁜 시간을 쪼개며
채용시험을 준비하는 취준생

내가 하고 싶은 일을 다시 찾기 위해
회사생활과 병행하며 재취업을 준비하는 이직러

누구나 합격할 수 있습니다.
이루겠다는 '목표' 하나면 충분합니다.

마지막 페이지를 덮으면,

에듀윌과 함께
취업 합격이 시작됩니다.

누적 판매량 242만 부 돌파
베스트셀러 1위 3,615회 달성

공기업 NCS | 100% 찐기출 수록!

NCS 통합 기본서/실전모의고사 피듈형	행과연형	휴노형 봉투모의고사	매1N 매1N Ver.2	한국철도공사	부산교통공사 서울교통공사	국민건강보험공단 한국수력원자력+5대 발전회사	한국전력공사	한국가스공사 한국수자원공사	한국수력원자력 한국토지주택공사	한국도로공사	NCS 10개 영역 기출 600제 NCS 6대 출제사 찐기출문제집

대기업 인적성 | 온라인 시험도 완벽 대비!

20대기업 인적성 통합 기본서	GSAT 삼성직무적성검사 통합 기본서	실전모의고사	LG그룹 온라인 인적성검사	SKCT SK그룹 종합역량검사 포스코	현대자동차/기아	농협은행 지역농협

영역별 & 전공

취업상식 1위!

공기업 사무직 통합전공 800제 전기끝장 시리즈 ❶, ❷	이해황 독해력 강화의 기술 PSAT형 NCS 수문끝	공기업기출 일반상식	기출 금융경제 상식	다통하는 일반상식

더 많은
에듀윌 취업 교재

취업 대세 에듀윌!
Why 에듀윌 취업 교재

기출맛집 에듀윌!
100% 찐기출복원 수록

주요 공·대기업 기출복원 문제 수록
과목별 최신 기출부터 기출변형 문제 연습으로 단기 취업 성공!

공·대기업 온라인모의고사
+ 성적분석 서비스

실제 온라인 시험과 동일한 환경 구성
대기업 교재 기준 전 회차 온라인 시험 제공으로 실전 완벽 대비

합격을 위한
부가 자료

교재 연계 무료 특강
+ 교재 맞춤형 부가학습자료 특별 제공!

취업 교육 1위
에듀윌 취업 무료 혜택

교재 연계 강의

- 교재 연계 신유형 빠른풀이 무료특강(2강)
- 수포자 부활 무료특강(2강)

※ 2025년 3월 4일에 오픈될 예정이며, 강의
　명과 강의 오픈 일자는 변경될 수 있습니다.
※ 무료 특강 이벤트는 예고 없이 변동 또는 종
　료될 수 있습니다.

교재 연계 강의
바로가기

교재 연계 부가학습자료

다운로드 방법

STEP 1 에듀윌 도서몰 (book.eduwill. net) 로그인	STEP 2 도서자료실 → 부가학습자료 클릭	STEP 3 [2025 최신판 PAT 포스코 그룹 기본서] 검색

- 하루 완성 문제해결 & 추리영역 30제(PDF)
- 수포자 부활 노트(PDF)
- 면접에서 꼭 준비해야 하는 답변(PDF)

온라인모의고사
& 성적분석 서비스

온라인 응시 서비스 응시코드

응시방법

`PC 접속` https://eduwill.kr/1tVe
`모바일 접속` 하기 QR 코드 연결

※ 온라인모의고사 응시 및 성적분석 서비스는
　2026년 3월 31일까지 유효합니다.
※ 본 응시코드는 1인 1회만 사용 가능하며, 중
　복 사용은 불가합니다.

온라인
모의고사
신청

모바일 OMR
자동채점 & 성적분석 서비스

실시간 성적분석 방법

STEP 1 QR 코드 스캔	STEP 2 모바일 OMR 입력	STEP 3 자동채점 & 성적분석표 확인

※ 혜택 대상 교재는 본문 내 QR 코드를 제공하고 있으며, 교재별 서비스 유무
　는 다를 수 있습니다.
※ 응시내역 통합조회
　에듀윌 문풀훈련소 → 상단 '교재풀이' 클릭 → 메뉴에서 응시확인

시작하라.

그 자체가 천재성이고,
힘이며, 마력이다.

– 요한 볼프강 폰 괴테(Johann Wolfgang von Goethe)

최신판

에듀윌 취업
PAT 포스코그룹 생산기술직
온라인 인적성검사 통합 기본서

포스코 생산기술직 채용의 모든 것!

합격을 위한! 알짜!
정보만 모았다

PAT 개요   ➦ P. 6

PAT는 포스코에서 시행하는 인적성검사로, 생산기술직의 경우 온라인 적성검사＋인성검사로 구성되어 있습니다. 적성검사에서는 언어이해, 자료해석, 문제해결, 추리, 포스코 상식 5개 영역이 출제됩니다. 자세한 내용은 'PAT 개요'를 통해 확인할 수 있습니다.

PAT 최신 시험 경향 분석   ➦ P. 7

생산기술직 PAT를 치른 수험생들의 시험 후기를 분석하여 영역별로 정리하였습니다. 자세한 내용은 'PAT 최신 시험 경향 분석'을 통해 확인할 수 있습니다.

포스코그룹 소개 ⊘ P. 8

포스코그룹의 핵심 기업 정보를 제공합니다. 생산기술직 PAT에서 회사현황 관련 문제가 출제되므로 잘 숙지해야 합니다. 자세한 내용은 '포스코그룹 소개'를 통해 확인할 수 있습니다.

포스코 채용 정보 ⊘ P. 14

포스코 채용의 모든 과정을 한눈에 쉽게 파악할 수 있도록 정리하였습니다. 자세한 내용은 '포스코 채용 정보'를 통해 확인할 수 있습니다.

PAT 개요

01 PAT란?

PAT는 POSCO Aptitude Test의 약자로 지원자의 업무역량 및 인성을 검사하는 객관적이고 공정한 채용 평가입니다.

02 시험 구성

생산기술직 PAT는 직무기초 역량을 평가하는 '적성검사'와 성격/행동특성을 통해 포스코그룹 인재상 부합 여부를 판단하는 '인성검사'로 구분됩니다. 직무적성검사는 언어이해, 자료해석, 문제해결, 추리, 포스코 상식 총 5개 영역으로 영역 구분 없이 총 65문항이 출제되며, 60분 동안 풀어야 합니다. 2023년 상반기부터 온라인 방식으로 시행 중입니다.

구분		문항 수	시간	내용
적성검사 (4지선다형)	언어이해	15문항	60분	주제/맥락 이해, 언어추리, 문서작성, 언어구사 등
	자료해석	15문항		기초연산, 도표/수리자료 이해 및 분석, 수리적 자료 작성 등
	문제해결	15문항		대안탐색 및 선택, 의사결정, 자원관리 등
	추리	15문항		유추/추론능력, 수열추리 등
	포스코 상식	5문항		포스코 상식(회사에 대한 이해도)
인성검사		260문항	30분	

※ 영역별로 시간은 통제되지 않으며, 응시시간 종료 시 자동으로 시험이 종료되므로 시간 관리에 유념해야 합니다.

03 PAT 온라인 적성검사 특징

1 시험장소

반드시 응시자 본인 외 다른 사람이 없는 개방되지 않은 독립적인 공간(집, 독립된 스터디룸 등)에서 진행해야 하며, 타인이 노출되는 공공장소에서는 응시가 불가합니다.

2 응시환경 사전 테스트

온라인 적성검사 이전 사전 테스트에 필히 접속해서 온라인 응시환경을 확인해야 하며, 사전 테스트 미실시로 인해 발생하는 불이익은 모두 응시자 본인에게 책임이 있습니다.

3 응시자 필수 준비사항

- 1대의 시험 진행용 PC, 웹캠(노트북 캠 내장 시 별도 필요 없음), 스마트폰 카메라 1대
- 신분증(주민등록증, 주민등록증 발급확인서, 운전면허증, 여권, 외국인거소등록증 5가지 중 1가지)
※ 안내 준비물을 지참하지 않은 경우에는 어떠한 경우라도 검사에 응시할 수 없습니다.

4 기타 유의사항

- 원활한 시험 진행을 위해 네트워크 환경을 미리 확인해야 하며, 대기시간을 포함한 모든 검사가 종료되기 전까지 전자기기(휴대폰, 스마트 기기 등) 사용을 금지, 사용 발각 시 즉시 퇴실조치(자동퇴장)됩니다.
- 검사 응시 중 신분 확인을 위해 모자와 마스크 및 기타 악세서리는 착용이 불가하며, 헤드폰 및 이어폰 착용도 불가합니다. 또한, 계산기, 응시자 개별 필기구 사용이 불가능하며, 시험 페이지 내 메모 기능 활용만 가능합니다.

01 직무적성검사

1 언어이해

- 주제/맥락 이해, 언어추리, 문서작성, 언어구사, 추론 등의 유형이 출제되었습니다.
- 사회, 과학, 미술 등의 다양한 분야가 많이 출제되었으며, 특히 하반기에는 사회 관련 지문이 많이 출제되었습니다.
- 전반적으로 지문이 많이 길지는 않은 편이었으나, 문제와 지문이 한 화면에 다 나오지 않아서 불편했다는 평이 있었습니다.

2 자료해석

- 도표/수리자료 이해 및 분석, 기초연산, 자료 작성 등의 유형이 출제되었습니다. 문제 자체의 난도가 높지는 않았으나, 선택지 중 판별하기 어려운 선택지가 하나씩 있었다는 평이 있었습니다.
- 비교적 간단한 자료해석 문제들로 출제되었으며, 증감 추이에 대해 묻는 선택지가 많았습니다.
- 다양한 형태의 그래프와 표를 기반으로 한 문제들이 출제되었으며, 24년 하반기에는 도표가 많게는 3개까지 출제되었습니다.
- 지문과 선택지가 한 화면에 담겨있지 않아 스크롤을 하며 문제를 풀어야 하기 때문에 불편했다는 후기가 있었습니다.

3 문제해결

- 대안탐색 및 선택, 의사결정, 자원관리, 최적 경로와 시간, 비용 계산 등의 유형이 출제되었습니다.
- 전체적으로 어려운 느낌은 아니었으나, 24년 하반기에는 기존 문제들에 비해 새로운 유형이 많이 나왔다는 평이 있었습니다.
- 문제해결은 제시하는 자료가 많아서 문제를 스크롤하며 풀어야 하는 것이 불편했다는 평이 있었습니다.

4 추리

- 명제, 수열추리, 도형추리 등의 유형이 출제되었으며, 규칙 찾기 문제, 버튼을 누르면 도형·문자가 움직이는 문제, 시계의 분침과 시침이 움직였을 때 형태를 맞추는 문제 등이 출제되었습니다.
- 체감 난도가 생각보다 낮았다는 평이 있었습니다.
- 수열추리가 많이 나왔으며, 단어관계는 풀이가 많이 막혔다는 평이 있었습니다.

5 포스코 상식

- 포스코 홈페이지와 뉴스룸(https://newsroom.posco.com/kr/) 자료로 대비 가능한 정도로 출제되었습니다.
- 포스코의 핵심가치, 비전, 사명, 역사, GM과 합작한 얼티엄캠 설립, 리튬을 받아오는 업체, 인재상, 하이렉스 등의 키워드가 출제되었습니다.

02 인성검사

제한시간 30분간 6개의 선택지(매우 그렇다~매우 아니다) 중에서 선택하는 유형으로 260문항이 출제되었으며, 적성검사와는 별개로 정해진 기간 내에 언제든 응시 가능했습니다.

포스코그룹 소개

01 비전

1 포스코그룹 경영비전 체계도

비전 미래를 여는 소재, 초일류를 향한 혁신

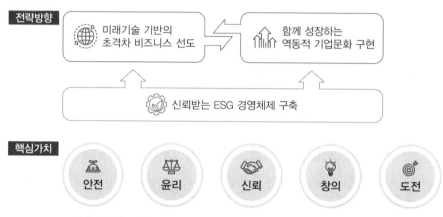

전략방향

미래기술 기반의 초격차 비즈니스 선도

함께 성장하는 역동적 기업문화 구현

신뢰받는 ESG 경영체제 구축

핵심가치

안전　윤리　신뢰　창의　도전

- **안전**: 행복한 일터의 기본
- **윤리**: 건강한 공존의 원칙
- **신뢰**: 소통과 화합의 토대
- **창의**: 더 나은 성과의 원천
- **도전**: 성장과 성취의 열정

2 포스코 비전

비전 그린스틸로 창조하는 더 나은 세계

Better World with Green Steel

리얼밸류

환경적 가치　경제적 가치　사회적 가치

- **환경적 가치**: 핵심기술로 탄소중립 사회를 선도
- **경제적 가치**: 철의 새로운 가치 창조를 통해 지속 성장
- **사회적 가치**: 인류의 더 나은 미래를 건설

3 인재상

포스코그룹의 임직원은 '실천'의식을 바탕으로 남보다 앞서 솔선하고, 겸손과 존중의 마인드로 '배려'할 줄 알며, 본연의 업무에 몰입하여 새로운 아이디어를 적용하는 '창의'적 인재를 지향합니다.

4 행동강령

실질	실행	실리
형식보다 실질 우선	보고보다 실행 중시	명분보다 실리 추구

실질을 우선하고 실행을 중시하며 실리를 추구해 나가는 가치를 실천해 나갑니다. 형식보다는 실질을 우선하고, 보고보다는 실행을 중시하고, 명분보다는 실리를 추구함으로써 가치경영, 상생경영, 혁신경영을 실현해 나갑니다.

02 CI

posco

영문 POSCO의 다섯 개 알파벳은 'S'를 중심으로 균형적으로 배치해, 내·외부 조화와 화합을 지향하는 기업철학을 상징적으로 표현합니다. 동심원 형태의 글자는 외부환경에 적극적으로 대처하고 끊임없는 혁신을 통해 영속적으로 발전하는 포스코의 미래상을 반영하였습니다. 부드러운 블루 컬러인 POSCO BLUE를 통해, 첨단적이고 환경친화적인 기업, 포스코를 표현합니다.

03 역사

1967~1970 포스코 창업기	1971~1981 포항건설기	1982~1992 광양건설기	1993~2002 민영화	2003~현재 글로벌화

04 지속가능경영

포스코그룹은 우리 사회가 직면한 사회문제 해결에 동참하고 인류의 번영과 더 나은 세상을 만들기 위해 지속가능경영을 추구하고 있습니다.

기업의 장기적 성장과 환경·사회적 책임을 동시에 추구하는 지속가능경영을 통해 모든 이해관계자와 공존·공생하여 궁극적으로 더 큰 기업가치를 창출하며 지속 성장하는 것이 목표입니다.

[지속가능경영 5대 브랜드 및 목표]

Together	Challenge	Green	Life	Community
함께 거래하고 싶은 회사	함께 성장하고 싶은 회사	함께 환경을 지키는 회사	함께 미래를 만드는 회사	지역과 함께 하는 회사

1 Together with POSCO

비즈니스 파트너와 함께 강건한 산업 생태계 조성을 위한 동반성장 추진

- 성과공유제 운영
- 동반성장지원단
- 스마트화 역량강화
- 1~2차 대금직불체계
- 기업시민 프렌즈
- 포유드림 잡매칭
- GEM 매칭펀드

2 Challenge with POSCO

포스코 벤처플랫폼 구축을 통한 신성장사업 발굴기반 마련

- 체인지업 그라운드
- 사내 벤처 프로그램 '포벤처스'
- 아이디어 마켓 플레이스(IMP)
- 비즈데이(Biz-Day)

※ 체인지업 그라운드, 아이디어 마켓 플레이스(IMP): 유망 스타트업의 조기 발굴, 성장 지원 그리고 미래 신사업 발굴을 위한 사외 스타트업 발굴·육성 프로그램

3 Green with POSCO [Signature Brand–함께 하고 싶은 회사]

2050 탄소중립 달성 선언 및 탄소중립 사회 구현에 기여
- 2050 탄소중립 선언 내용 이행
- 친환경 컨설팅 지원단
- 바다숲 조성
- 클린오션
- 임직원 일상 속 탄소저감 활동

4 Life with POSCO

안전 · 보건 및 미래세대를 위한 인프라와 프로그램 지원
- 저출산 해결 Role Model 추진
- 취업 아카데미
- 창업 인큐베이팅 스쿨
- 청년 AI · Big Data 아카데미
- 미래세대 교육
- 대학생봉사단(Beyond)

5 Community with POSCO

기업과 지역사회가 함께 발전하는 롤 모델 제시
- 임직원들의 재능봉사
- 문화콘텐츠 · 공공예술 지원
- 글로벌 모범시민 위크
- 지역사회와 함께하는 상생협력(무료급식소 운영)
- Park1538 포항
- 스페이스 워크

05 7대 사업 및 주요 계열사

철강	이차전지 소재	리튬/니켈
수소	에너지	건축/인프라	식량사업 (Agri-Bio)

〈포스코 7대 사업〉

1 철강

포스코	조강생산 4,500만 톤 체제를 갖춘 세계 7위 글로벌 철강사
포스코스틸리온	알루미늄도금강판, 알루미늄-아연합금도금강판 등과 다양한 디자인과 색상의 컬러강판인 인피넬리(INFINeLI)를 생산하는 표면처리 전문기업
SNNC	단일 규모 세계 최대 생산능력의 전기로를 갖춘, 스테인리스강의 주원료인 페로니켈과 기타 부산물을 생산·판매하는 국내 최초의 페로니켈 제조 전문기업
포스코엠텍	스틸의 가치를 높이는 철강제품 포장과 포장설비 엔지니어링, 철강부원료 생산 분야 전문기업
엔투비	기업간 전자상거래(B2B) 서비스를 제공하는 대한민국 대표 MRO 전문 Marketplace
포스코휴먼스	장애인 고용 분야의 선도적인 역할을 하기 위해 국내 최초로 설립한 '제1호 자회사형 장애인표준사업장'
포스코모빌리티솔루션	친환경차, UAM, 드론 등 미래 모빌리티 소재·부품생산 전문기업
포스코IH	지식자산 조사·분석·컨설팅 서비스 전문기관
PNR	저탄소 녹색 성장과 그룹 ESG 경영의 중추적인 역할을 수행하는 제철부산물 자원화 전문기업
포항특수용접봉	새로운 산업환경에 적합한 특수용접 재료를 개발, 생산/판매, 기술 서비스를 고객에게 최적으로 제공하는 용접재료 Total Solution 회사

2 친환경 인프라

포스코인터내셔널	포스코그룹의 조달창구와 미래 투자사업의 첨병역할을 수행하는 글로벌 친환경 종합사업회사
포스코이앤씨	세계 최고 수준의 철강·에너지 플랜트 건설 역량 기반 산업의 토탈 솔루션을 제공하는 종합 건설사
포스코DX	IT서비스와 공장자동화를 바탕으로 스마트 팩토리 및 스마트 물류 서비스를 수행하며 디지털 전환을 선도하고 있는 기업
포스코플로우	석탄 및 원료를 국외 원산지로부터 고객사 공장까지 운송, 하역, 보관, 가공하는 복합 물류서비스업을 수행하는 기업
포스코모빌리티솔루션	친환경차, UAM, 드론 등 미래 모빌리티 소재·부품 생산 전문기업
포스코와이드	종합부동산서비스, 건축, 인프라, 플랜트, 골프, 레저 분양 종합관리 전문기업
포스코기술투자	미래 친환경 사회 구현을 선도하는 투자 전문 회사
포스코A&C	건축 디자인, 건설 사업관리, 유지관리 서비스 등 건설사업 전문기술 종합기업
이스틸포유	국내 최고 철강 온라인 거래 플랫폼을 제공하는 기업

3 친환경 미래소재

포스코홀딩스	포스코그룹의 지주회사로 2050년까지 연간 수소 생산 700만 톤, 매출 30조 원 달성을 목표로 수소 밸류체인을 구축하고 있는 기업
포스코퓨처엠	양/음극재 등 미래 모빌리티 산업을 위한 친환경미래소재 전문 글로벌 리더
포스코MC머티리얼즈	국내 최초의 프리미엄 침상코크스 제조기업
포스코필바라리튬솔루션	리튬광석기반 전기차 배터리용 고순도 수산화리튬 생산 전문기업
포스코HY클린메탈	전기차용 배터리 리사이클링 전문기업
포스코JK솔리드솔루션	차세대 이차전지 핵심소재 고체전해질 생산기업
피앤오케미칼	고순도 과산화수소 등 첨단 정밀화학 소재 생산기업

4 연구원, 재단 등

포스코홀딩스 미래기술연구원, RIST(포항산업과학연구원), 포스코경영연구원, 포스코인재창조원, 포항공과대학교, 포스코청암재단, 포스웰, 포스코교육재단, 포스코1%나눔재단, 포스코미술관

포스코 채용 정보

01 2022~2024년 채용 일정

구분		서류접수	필기시험
2024년	하반기	2024. 08. 23.~2024. 09. 09.	2024. 09. 28.
	상반기	2024. 03. 18.~2024. 04. 01.	2024. 04. 20.
2023년	하반기(2차)	2023. 11. 13.~2023. 11. 29.	2023. 12. 16.
	하반기(1차)	2023. 07. 17.~2023. 07. 31.	2023. 08. 19.
	상반기	(광양) 2023. 03. 27.~2023. 04. 10. (포항) 2023. 03. 06.~2023. 03. 20.	(광양) 2023. 04. 29. (포항) 2023. 04. 01.
2022년	하반기(2차)	2022. 10. 31. ~2022. 11. 14	2022. 12. 03
	하반기(1차)	2022. 08. 22.~2022. 09. 07.	2022. 09. 24.
	상반기(2차)	2022. 05. 23.~2022. 06. 08.	2022. 06. 25.
	상반기(1차)	2022. 03. 14.~2022. 03. 28.	2022. 04. 23.

02 지원 자격

1 공통 지원 자격

- 고졸 이상의 학력
- 해외여행에 결격사유가 없는 자
- 회사가 지정하는 시기에 입사 가능한 자
- 남성의 경우, 병역필 또는 면제자
- 기졸업자 또는 졸업 예정자

2 모집분야별 지원 자격

구분	지원 자격
정비	기계/전기/전자 관련 전공자 또는 관련 자격증 소지자 ※ 우대사항: 기계/전기/전자 전공자
용강기중기	천장크레인운전기능사 소지자
철도	철도차량운전면허 소지자 ※ 우대사항: 철도 관련 전공자 및 자격증 소지자
응급구조	응급구조학과 전공자 중 1급 응급구조사 자격 소지자 ※ 우대사항: 1종 대형면허 소지자
건축/토목	건축/토목 전공자 ※ 우대사항: 건축설비기사, 건축설비산업기사 등 건축/토목 관련 자격증 소지자
화학	화학공학 또는 화학 관련 전공자 ※ 우대사항: 화학분석/위험물 관련 자격증 소지자

컴퓨터	컴퓨터 관련 전공자(전산/전자/정보통신/컴퓨터공학 등) ※ 우대사항: 데이터 분석 기술 보유자
운전	금속/화공/기계/전기/전자 관련 전공자 또는 관련 자격증 소지자 ※ 우대사항: 천장크레인운전기능사 소지자
방재/소방	소방학과 전공자 중 소방설비산업기사 이상 자격 소지자, 1종 대형면허 소지자 ※ 우대사항: 위험물산업기사 소지자

※ 2024년 상반기와 하반기 기준이며, 분야별 지원자격 관련 자격증 리스트는 포스코 채용 홈페이지 내 공지사항에서 확인 바랍니다.

※ 우대사항: 기계/전기/전자 전공자 중 정비 지원자, 봉사활동 참여자, 다문화가정 자녀, 군 장교/부사관, 한국사/어학성적 보유자, 보훈대상자

03 채용 프로세스

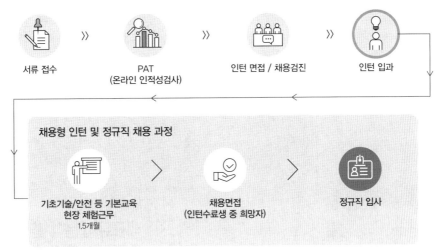

서류 접수 》 PAT (온라인 인적성검사) 》 인턴 면접 / 채용검진 》 인턴 입과

채용형 인턴 및 정규직 채용 과정

기초기술/안전 등 기본교육 현장 체험근무 1.5개월 〉 채용면접 (인턴수료생 중 희망자) 〉 정규직 입사

※ 전형절차 및 일정은 회사 사정에 따라 변경될 수 있습니다.

04 기타사항

• 전형 간(상반기 ↔ 하반기), 직군 간(생산기술직군 ↔ 경영엔지니어직군), 그룹사 간 중복지원 가능합니다.

• 본 모집의 인턴면접 합격자는 계약직 인턴으로 1.5개월 근무하며, 수료자 중 희망자에 한해 정규직 채용면접을 별도 실시합니다.

  ※ 본 모집은 기존의 '채용형 인턴'과는 다르며 '체험형 인턴＋희망자 채용면접'으로 운영됨을 양지하여 주시기 바랍니다.

• 인턴 근무지 및 입과 시기는 회사에서 지정하며, 회사의 사정에 따라 변경될 수 있습니다.

• 지원서 내용이 사실과 다르거나 문서로 증빙이 불가한 경우 합격이 취소되거나 전형상 불이익을 받을 수 있습니다.

• 지원서에 기재한 사항에 대해서는 추후 증빙자료 제출을 요청할 예정이니, 만료기간이 있는 자격증(예 외국어 성적)은 필요시 사본을 미리 출력하여 보관해 주시기 바랍니다.

• 제철소는 국가핵심기술보유 사업장으로 국가보안목표 "가"급 시설로 모든 입사자에 대해 신원조회를 실시하며, 신원조회상 문제가 있을 경우 채용이 취소될 수 있습니다.

• 국가보훈취업 지원 대상자 및 장애인은 관계 법령에 의거하여 우대합니다.

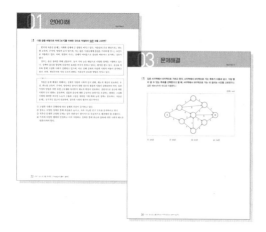

출제경향을 파악하는
최신기출 유형 미리보기

최신기출 유형 파악

2024년 상·하반기 채용을 통해 시행된 PAT
온라인 인적성검사에서 출제된 문제를 일부
복원 및 변형하여 구성하였습니다.
본격적인 학습에 앞서 실력을 가늠해 보고
온라인 PAT의 출제 경향을 문제를 통해 체감
할 수 있습니다.

직무적성 5개 영역
대표유형 분석 및
유형연습 문제

최신경향 분석 및 대표 기출유형

온라인 시험인 PAT의 최신경향을 상세히 분
석하였으며, 필기시험 기출 및 키워드 분석을
통해 출제되는 문항을 유형별로 정리하였습
니다.
시간 단축, 접근 스킬, 관련 이론들을 정리함
으로써 효율성을 높였습니다.

유형연습 문제로 실력 완성

영역별 문제 형태를 익히고, 실전 대비에 앞
서 부족한 영역을 점검·보충할 수 있도록 다
양한 유형으로 구성하였습니다.

온라인 응시로 실전 감각 UP!

실전모의고사 4회분

실제 시험을 반영한 4회 구성

온라인 시험 형식에 맞춰 언어이해, 자료해석, 문제해결, 추리, 포스코 상식 총 65문항으로 모의고사 4회를 구성하여 온라인 시험에 대비할 수 있도록 하였습니다.

➕ 전 회차 온라인 응시 서비스

실전과 동일한 환경에서 연습할 수 있도록 4회 모두 온라인 응시 서비스와 성적분석 서비스를 제공하여 완벽하게 실전 연습을 할 수 있도록 하였습니다.

인성검사 및 면접

새로워진 인성검사와 면접까지 완벽하게 대비할 수 있도록 인성검사 예제, 면접 특징 및 기출 질문 등을 수록하였습니다.

PART 1   최신 기출유형 미리보기

01 ┊ **언어이해**   22

02 ┊ **자료해석**   26

03 ┊ **문제해결**   30

04 ┊ **추리**   34

05 ┊ **포스코 상식**   38

PART 2   직무적성검사

CHAPTER 01 ┊ 언어이해

01 ┊ 최신경향 분석   45

02 ┊ 대표유형   46

     유형 1 주제 찾기
     유형 2 문단 배열
     유형 3 내용 일치/불일치
     유형 4 빈칸 삽입
     유형 5 추론
     유형 6 전개 방식

03 ┊ 유형연습 문제   52

CHAPTER 02 ┊ 자료해석

01 ┊ 최신경향 분석   63

02 ┊ 대표유형   64

     유형 1 자료이해
     유형 2 자료계산
     유형 3 자료변환

03 ┊ 유형연습 문제   68

CHAPTER 03 ┊ 문제해결

01 ┊ 최신경향 분석   77

02 ┊ 대표유형   78

     유형 1 대안 탐색 및 선택
     유형 2 의사결정
     유형 3 자원관리

03 ┊ 유형연습 문제   82

CHAPTER 04 │ 추리

01 │ 최신경향 분석   89

02 │ 대표유형   90
    유형 1 명제추리
    유형 2 조건추리
    유형 3 수열추리
    유형 4 그래프 구성 명령어
    유형 5 작동버튼

03 │ 유형연습 문제   98

CHAPTER 05 │ 포스코 상식

01 │ 최신경향 분석   105

02 │ 대표유형   106
    유형 1 기업상식
    유형 2 업무 관련 지식

03 │ 유형연습 문제   108

PART 3   실전모의고사

01 │ 실전모의고사 1회   116

02 │ 실전모의고사 2회   162

03 │ 실전모의고사 3회   208

04 │ 실전모의고사 4회   252

PART 4   인성검사

01 │ 인성검사 소개   298

02 │ 인성검사 예제   299

PART 5   면접

01 │ 면접 소개   310

02 │ 면접 기출 질문   311

별책   정답과 해설

PART

01

최신 기출유형 미리보기

POSCO
Aptitude Test

01 언어이해   22

02 자료해석   26

03 문제해결   30

04 추리   34

05 포스코 상식   38

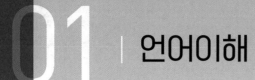
01 다음 글을 바탕으로 아래 [보기]를 이해한 것으로 적절하지 <u>않은</u> 것을 고르면?

> 한국의 저출산 문제는 사회와 경제에 큰 영향을 미치고 있다. 저출산의 주요 원인으로는 과도한 교육비, 주거비, 양육비 등이 있으며, 이는 많은 사람들에게 출산을 기피하게 만드는 요인으로 작용하고 있다. 특히, 맞벌이 가구는 경제적 어려움으로 출산을 미루거나 포기하는 경우가 많다.
>
> 정부는 출산 장려를 위해 신혼부부, 동거 가족 등을 대상으로 다양한 정책을 시행하고 있으나, 정책이 출산율 향상에 실질적인 효과를 미치지 못하고 있다는 평가를 받고 있다. 출산율 저조와 함께 고령화 사회가 진행되고 있으며, 이로 인해 경제적 부담과 사회적 비용이 증가하고 있다. 또한, 개인주의와 가족 구조의 변화도 저출산에 중요한 영향을 미치고 있다.

┤ 보기 ├

> 저출산 문제 해결을 위해서는 경제적 지원과 사회적 인식 변화, 제도적 개선이 필요하다. 우선, 과도한 교육비, 주거비, 양육비를 줄이기 위한 정부의 재정적 지원이 강화되어야 하며, 일과 가정의 양립을 위한 유연 근무제와 육아휴직 제도의 확장이 필요하다. 전반적으로 출산에 대한 사회적 인식 변화도 중요하며, 결혼과 출산에 대한 긍정적인 분위기를 조성하는 캠페인, 고령화 사회에 대비한 외국인 노동자 수용과 고령층 재취업 기회 확대 등의 정책도 중요하다. 저출산 문제는 장기적인 접근이 필요하며, 정부와 사회의 협력이 필수적이다.

① 고령화 사회가 진행됨에 따라 경제적 부담이 증가하고 있다.
② 정부는 다양한 정책을 통해 출산율을 높이고, 지속 가능한 인구 구조를 유지하려고 한다.
③ 저출산 문제와 고령화 문제는 상호 연관성이 떨어지므로 독립적으로 해결해야 할 과제이다.
④ 가족의 다양한 형태를 인정하고 이를 지원하는 정책을 통해 출산과 양육에 대한 사회적 태도를 변화시켜야 한다.

02 다음 글을 읽고 추론할 수 있는 내용으로 적절한 것을 고르면?

> 언어는 디지털 환경과 소셜 미디어의 영향으로 빠르게 변화하고 있다. 스마트폰과 SNS의 사용 증가로 젊은 세대는 빠르고 효율적인 의사소통을 선호하게 되었고, 이로 인해 줄임말과 신조어가 빈번히 사용되고 있다. 예를 들어, '존맛탱', '행쇼', '짤'과 같은 단어는 이제 일상적으로 사용되며, 이를 모르면 대화에서 소외감을 느낄 수 있다. 이러한 변화는 빠르게 확산되어 일상 대화에서도 중요한 요소로 자리잡고 있다.
>
> 신조어와 줄임말은 감정을 즉각적으로 전달하거나 유머를 효과적으로 표현하는 데 유용하다. 최근 청소년을 대상으로 한 조사에 따르면, 80% 이상의 학생들이 SNS나 메시지에서 신조어와 줄임말을 자주 사용한다고 응답했다. 하지만 이러한 변화에는 우려도 존재한다. 신조어의 남용은 언어 규범을 훼손하고, 세대 간 의사소통의 문제를 초래할 수 있으며, 언어의 풍부함을 저하시킬 위험이 있다. 또한, 젊은 세대와 나이가 많은 세대 간의 언어 차이는 소통의 어려움을 낳을 수 있다. 따라서 우리는 언어 변화에 맞춰 한글의 정체성을 지키는 노력이 필요하다. 전통적인 언어 규범을 존중하면서도, 변화하는 언어 흐름에 적응할 수 있는 방법을 모색해야 한다.
>
> 이와 함께, 교육 현장에서도 이러한 언어 변화에 대한 논의가 필요하다. 특히, 학교 교육에서 신조어의 사용을 완전히 배제하기보다는 그 의미와 맥락을 이해하고, 올바르게 사용할 수 있도록 가르치는 접근이 중요하다. 이는 학생들이 언어의 유연성과 규범을 동시에 배울 수 있도록 도와줄 것이다. 또한, 기업과 공공 기관에서는 공식적인 문서나 커뮤니케이션에서 언어의 정체성을 지키기 위한 가이드라인을 마련해야 할 필요성이 커지고 있다. 새로운 시대의 언어가 기존의 틀을 벗어나 변형되더라도, 그 안에서 고유의 의미와 문화적 가치를 잃지 않도록 균형을 맞추는 것이 중요하다.

① 디지털 환경은 언어 변화의 환경을 초래한 유일한 원인이다.
② 모든 연령대가 일상 대화에서 신조어와 줄임말을 자주 사용한다.
③ 젊은 세대의 언어 사용은 소셜 미디어에서 중요한 사회적 요소가 된다.
④ 언어의 빠른 변화로 신조어 사용이 전통적인 언어를 완전히 대체할 가능성이 있다.

03 다음 글의 제목으로 가장 적절한 것을 고르면?

최근 한 연구에 따르면 규칙적으로 빠르게 걷는 사람들은 천천히 걷는 사람들보다 심장 질환에 걸릴 확률이 낮은 것으로 나타났다. 또 다른 연구에서는 빠르게 걷는 것이 심부전 위험을 약 34% 감소시킬 수 있다는 결과가 나왔다. 이처럼 신체의 전반적인 체력과 근력 수준은 심장 질환 발병 위험을 예측하는 중요한 요소이다.

연구팀은 "빠르게 걷는 능력은 체력과 건강한 근육량의 신호로 이는 다른 신체 활동과 마찬가지로 개인의 힘과 체력을 보여주는 지표이다."라고 설명했다. 이런 이유로 걷는 속도는 심장 건강뿐 아니라 전반적인 건강 상태를 확인할 수 있는 유용한 기준이 될 수 있다. 특히 심폐 체력이 높고 활동 수준이 높다면 심장 건강도 더 나은 경향이 있는데, 걷기 속도는 이러한 전반적인 효과를 반영하는 하나의 지표로 활용될 수 있다.

하지만 심장 건강을 판별하기 위해서는 단순히 걷기 속도를 빠르게 하는 것으로는 부족하다. 심장과 심혈관 시스템의 건강은 우리가 섭취하는 음식에도 크게 좌우된다. 예를 들어, 건강한 음식을 섭취하면 혈액이 몸 전체로 원활하게 흐르지만 고칼로리, 고지방 음식을 과도하게 섭취하면 혈관이 막히고 심장에 부담을 줄 수 있다.

흡연과 과도한 알코올 섭취 역시 심장에 해를 끼칠 수 있다. 우선 이 두가지만 피해도 심장이 건강하게 뛰는 데 도움이 된다. 연구팀은 "심장 건강에 여러 가지 요소가 복합적으로 작용하는데, 단순히 일정한 걷기 속도를 달성하려고 노력하는 것보다 매일의 생활 속에서 다양한 요소들을 잘 관리하는 것이 필요하다"고 설명했다.

결론적으로, 걷기 속도가 심장 건강을 가늠할 수 있는 중요한 지표 중 하나라는 사실은 분명하다. 그러나 빠르게 걷는 것만으로 모든 심장 건강 문제가 해결되는 것은 아니며, 균형 잡힌 식습관, 금연, 적절한 운동 등 다양한 요인들이 함께 작용해야 한다. 매일의 걷기를 통해 자신의 건강 상태를 체크하고, 작은 신호에도 귀를 기울이는 것이 심장 질환을 예방하는 첫걸음이 될 수 있다.

① 빠르게 걷기, 심장 건강의 중요한 지표
② 빠르게 걷기, 심장을 위한 유일한 치료법
③ 빠르게 걷기, 심장 건강에는 오히려 악영향
④ 빠르게 걷기, 심장병을 예방하는 최선의 운동

[04~05] 다음 글을 읽고 이어지는 질문에 답하시오.

성차별적 언어는 우리가 일상적으로 사용하는 언어 속에서 (㉠)에 따른 불평등을 반영하는 표현들을 말한다. 예를 들어, '여자답다' 또는 '남자답다'는 표현은 특정 성별에게 고정된 성격이나 행동을 요구하는 의미를 내포하고 있다. 이러한 표현은 개인의 자유로운 행동을 제약할 수 있으며, 성별에 대한 고정된 역할을 강화하는 문제를 야기한다.

성차별적 언어는 전통적 (㉡)에서 비롯된 경우가 많다. 과거 사회에서 남성은 주로 경제적·사회적 우위를 점한 반면, 여성은 가정에 국한된 역할을 기대받았다. 이로 인해 여성에게 '집안일을 잘 해야 한다'는 표현이 사용되거나, 여성의 사회적 역할에 대한 제한적 언어가 존재했다. 그러나 현재 (㉢)에 대한 인식이 높아짐에 따라, 성차별적 언어에 대한 문제도 더욱 부각되고 있다.

특히, 직장에서의 성차별적 언어 사용은 심각한 사회적 문제로 이어질 수 있다. 예를 들어, 여성 직원에게 '여성스럽다'는 표현을 쓰는 것은 직무 능력을 평가하는 것이 아니라 성별에 기반한 고정관념을 강화하는 결과를 낳는다. 또한 '여성 CEO'라는 표현은 불필요하게 성별을 강조함으로써, 여성 리더를 남성 리더와 구별짓는 문제를 발생시킬 수 있다.

이와 같은 성차별적 언어의 문제를 해결하기 위한 노력은 점차 확산되고 있다. 많은 교육기관과 기업에서는 성별에 구애받지 않는 중립적인 언어 사용을 강조하며, '직원'이나 '동료'와 같은 표현을 통해 성별을 구분하지 않으려는 노력이 이루어지고 있다. 성차별적 언어를 인식하고 이를 개선하는 일은 성평등 사회를 구현하는 데 중요한 첫걸음이 될 것이다.

04 다음 중 글의 빈칸 ㉠~㉢에 들어갈 단어를 순서대로 바르게 나열한 것을 고르면?

	㉠	㉡	㉢
①	가치관	성평등	사회적 지위
②	성별	가치관	성평등
③	고정관념	성평등	불평등
④	사회적 지위	가치관	고정관념

05 다음 중 밑줄 친 부분에 해당하는 표현이 아닌 것을 고르면?

① 여자는 감정적이어서 중요한 결정을 내리기엔 부족하다.
② 남자라면 울지 마라. 울지 말고 참고 버텨라.
③ 그녀는 남성들 사이에서 유일하게 성공한 여성이다.
④ 모든 직원은 업무에 필요한 교육을 충분히 제공받을 수 있다.

[01~02] 다음 [표]는 2019~2023년 에너지원별 발전량 현황을 나타낸 자료이다. 이를 바탕으로 이어지는 질문에 답하시오.

[표] 2019~2023년 에너지원별 발전량 현황 (단위: 100GWh)

구분	2019년	2020년	2021년	2022년	2023년
원자력	1,459	1,602	1,580	1,761	1,805
석탄	2,274	1,963	1,980	1,932	1,849
LNG	1,444	1,459	1,684	1,636	1,577
신재생	364	365	431	532	566
유류	33	23	24	20	15
양수	36	33	37	37	38
기타	22	77	33	27	30
합계	5,632	5,522	5,769	5,945	5,880

01 주어진 자료에 대한 설명으로 옳지 <u>않은</u> 것을 고르면?

① 전년 대비 2023년의 유류 발전량의 감소율은 25%이다.
② 조사기간 동안 전체 발전량과 증감 추이가 동일한 에너지원은 1개이다.
③ 2023년 전체 발전량 중 원자력 발전량이 차지하는 비중은 25% 이상이다.
④ 조사기간 동안 신재생 발전량의 평균 증가량은 5,050GWh이다.

02 주어진 자료를 토대로 작성한 그래프 중 옳지 <u>않은</u> 것을 고르면?

① 전년 대비 석탄 발전량의 증감폭

(단위: 100GWh)

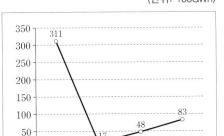

② 전년 대비 기타 발전량의 증가율

(단위: %)

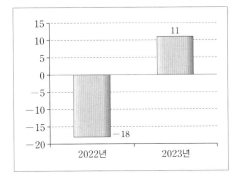

③ 유류와 양수 발전량의 합

(단위: 100GWh)

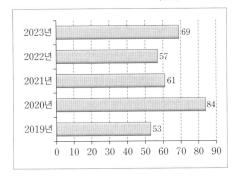

④ 원자력과 LNG 발전량의 차

(단위: 100GWh)

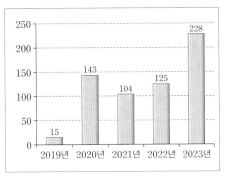

[03~04] 다음 [표]는 2023~2024년의 주요 도시별 인구수 현황을 나타낸 자료이다. 이를 바탕으로 이어지는 질문에 답하시오.

[표] 2023~2024년 주요 도시별 인구수 현황
(단위: 백 명)

구분	2023년			2024년		
	전체	남자	여자	전체	남자	여자
A도시	800	500	300	1,000	600	400
B도시	1,200	600	600	1,000	450	550
C도시	500	200	300	700	300	400
D도시	600	250	350	900	400	500
E도시	2,000	800	1,200	2,500	1,000	1,500
F도시	1,500	700	800	1,800	900	900
G도시	1,400	800	600	2,100	1,100	1,000
합계	8,000	3,850	4,150	10,000	4,750	5,250

03 다음 [보고서]는 주어진 자료를 바탕으로 작성된 것이다. [보고서]의 밑줄 친 내용 중 옳지 <u>않은</u> 것을 고르면?

> [보고서]
> △△ 조사업체를 통해 전국 주요 도시별 인구수 현황을 확인하였다. 전반적으로 2024년 주요 도시의 인구는 2023년 대비 증가하였는데, 그중 인구수가 가장 많이 증가한 도시는 G도시이다. ① G도시는 7만 명이 넘는 인구가 증가하였으며, 증가율은 50%임이 확인되었다. 인구가 감소한 도시도 있다. ② 인구가 감소한 도시의 인구는 15% 이상 감소하였고, 남자와 여자 모두 인구가 감소한 것으로 나타났다.
> ③ 2024년 주요 도시 중 인구수가 가장 적은 두 도시 인구수의 합은 전체에서 16%를 차지하고 있는데, 이는 인구수가 가장 많은 도시의 인구수보다 9만 명 적은 수치이다. 그리고 ④ 여자 인구수가 가장 많이 증가한 도시는 G도시라는 것도 밝혀졌다.

04 다음 중 2023년과 2024년 도시별 인구수 비중을 나타낸 그래프로 옳은 것을 고르면?

① 2023년

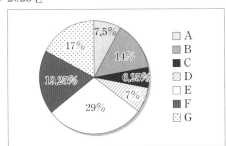

② 2023년

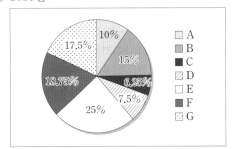

③ 2024년

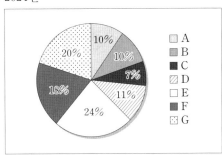

④ 2024년

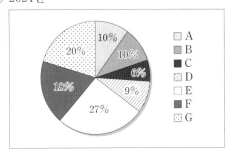

05 다음 [표]는 사업장 규모 및 제도유형별 퇴직연금 가입 근로자 현황을 나타낸 자료이다. 각 제도유형에 대해, 퇴직연금 가입 근로자 중 30인 미만 사업장의 근로자가 차지하는 비중이 두 번째로 낮은 제도유형을 고르면?

[표] 사업장 규모 및 제도유형별 퇴직연금 가입 근로자 현황

(단위: 백 명)

제도유형 사업장 규모	확정급여형 (DB)	확정기여형 (DC)	IRP특례	병행
5인 미만	278	1,251	216	6
5~29인	3,457	13,330	392	107
30~99인	4,050	9,233	8	235
100~299인	4,603	6,271	3	167
300인 이상	18,656	8,287	2	893
합계	31,044	38,372	621	1,408

① 확정급여형(DB)
② 확정기여형(DC)
③ IRP특례
④ 병행

01 갑은 A지역에서 B지역으로 가려고 한다. A지역에서 B지역으로 가는 루트가 다음과 같고, 가장 빨리 갈 수 있는 루트를 선택한다고 할 때, A지역에서 B지역으로 가는 데 걸리는 시간을 고르면?(단, 갑은 40km/h의 속도로 이동한다.)

(단위: km)

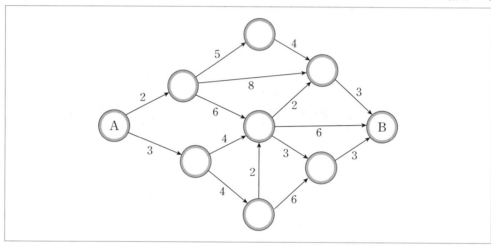

① 18분 　　　　② 20분 　　　　③ 22분 　　　　④ 24분

02 다음 [보기]의 그림은 버튼을 눌렀을 때 일정한 규칙에 따라 변화한다. [문제]의 그림에 버튼을 눌렀을 때 알맞은 그림을 고르면?

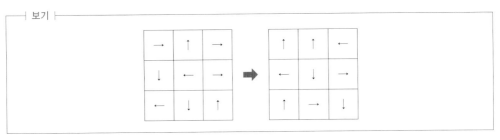

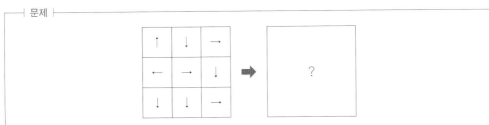

03 다음 [표]는 핸드폰 월 요금제 비교표와 직원들의 사용량 설문조사 결과를 나타낸 자료이다. 이때, 80% 이상의 직원이 사용 가능한 요금제 중 가장 경제적인 요금제로 알맞은 것을 고르면?

[표1] 월 요금제 비교표

요금제	제공량			요금 (부가세 포함)
	데이터	음성	문자	
A	3.5GB	100분	100건	10,000원
B	5GB	100분	100건	15,000원
C	7.5GB	300분	150건	22,000원
D	15GB	300분	300건	31,500원

[표2] 사용량 설문조사 결과

사용유형	사용량	비율
데이터	3GB 미만	27%
	3~7.5GB	56%
	7.5GB 초과	17%
음성	100분 미만	18%
	100~300분	68%
	300분 초과	14%
문자	100건 미만	43%
	100~150건	51%
	150건 초과	6%

① A요금제   ② B요금제
③ C요금제   ④ D요금제

04 김대리는 회사에서 출발하여 A~D거래처 4곳을 모두 방문하고자 한다. 최단거리로 이동하려고 할 때, 총 이동거리로 알맞은 것을 고르면?

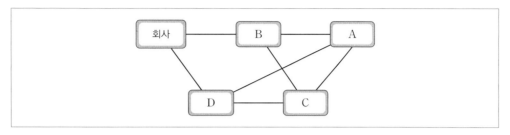

[표] 회사~거래처 간 거리

구분	A거래처	B거래처	C거래처	D거래처
회사		20km		25km
A거래처	—		15km	15km
B거래처	15km	—		
C거래처		20km	—	
D거래처			10km	—

① 60km ② 65km ③ 70km ④ 75km

05 시계의 시침과 분침이 회전하는 각도에 대한 설명을 참고하여, 7시와 8시 사이에서 시계의 시침과 분침이 서로 반대 방향으로 일직선이 되는 시각을 고르면?

① 7시 $\dfrac{60}{13}$ 분 ② 7시 5분

③ 7시 $\dfrac{60}{11}$ 분 ④ 7시 6분

01 다음 전제를 보고 항상 참이 <u>아닌</u> 것을 고르면?

> • 전제1: 모든 포유동물은 산소를 필요로 한다.
> • 전제2: 어떤 물고기는 포유동물이다.
> • 결론: _____

① 산소가 필요하지 않는 동물은 포유동물이 아니다.
② 어떤 물고기는 포유동물이므로 반드시 산소를 필요로 한다.
③ 산소가 필요한 물고기는 포유동물이다.
④ 어떤 물고기는 포유동물에 해당하지 않는다.

02 다음 정육면체 도면에는 일정한 규칙으로 수가 배열되어 있다. (A)에 들어갈 수를 고르면?

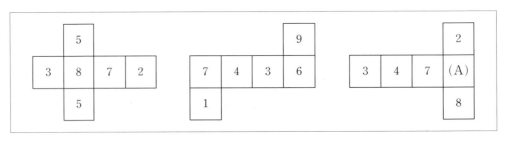

① 4   ② 5   ③ 6   ④ 7

03 다음 글의 밑줄 친 두 단어의 관계와 유사한 관계의 단어의 나열이 <u>아닌</u> 것을 고르면?

> 회의에서 성공적인 소통을 위해서는 제안이 <u>명료</u>하고 구체적이어야 한다. 그러나 그의 발표는 지나치게 <u>모호</u>한 표현들로 가득 차 있어, 팀원들은 핵심을 파악하지 못하고 혼란스러워했다. 질문이 이어졌지만 답변조차 명확하지 않아, 결국 논의는 제대로 이루어지지 못한 채 다음 회의로 미뤄졌다.

① 조화 — 충돌
② 영속 — 단절
③ 귀속 — 분리
④ 억압 — 압제

04 다음 도형이 일정한 패턴을 가지고 변화할 때, ?에 들어갈 도형을 고르면?

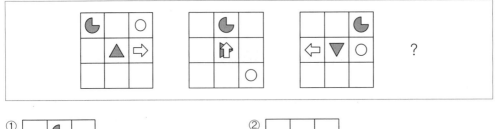

①

②

③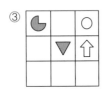

④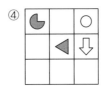

05 다음과 같이 자음과 모음이 구성을 이룬 상태에서 ■,▲버튼을 눌렀을 때, 만들 수 <u>없는</u> 두 글자의 단어를 고르면?

<table>
<tr><td>ㄱ</td><td>ㄹ</td></tr>
<tr><td>ㅂ</td><td>ㅈ</td></tr>
</table>

[자음 구성]

<table>
<tr><td>ㅏ</td><td>ㅐ</td></tr>
<tr><td>ㅓ</td><td>ㅣ</td></tr>
</table>

[모음 구성]

| 규칙 |

버튼	기능
●	자음을 1개 사용해야 한다.
■	자음을 2개 사용해야 한다.
◆	모음을 1개 사용해야 한다.
▲	모음을 2개 사용해야 한다.

① 거리   ② 바지   ③ 가재   ④ 지리

01 다음은 ESG 경영의 Environment, Social, Governance별 정착활동을 나타낸 자료이다. 항목별 정착활동으로 적절하지 **않은** 것을 고르면? [기출복원]

Environment	친환경 공급망 구축 • 친환경컨설팅지원단 ⋯⋯⋯⋯⋯⋯⋯⋯⋯⋯⋯⋯⋯⋯⋯⋯⋯⋯⋯⋯⋯⋯⋯⋯⋯⋯⋯⋯⋯⋯⋯⋯⋯⋯⋯⋯⋯⋯⋯ ①
Social	사회문제 해결을 위한 구매 추진 • 사회적친화기업 • GEM(Go Extra Mile)매칭펀드 ⋯⋯⋯⋯⋯⋯⋯⋯⋯⋯⋯⋯⋯⋯⋯⋯⋯⋯⋯⋯⋯⋯⋯⋯⋯⋯⋯ ② • 동반성장지원단
Governance	공정거래 문화정착 및 윤리 강화 • 책임광물 거래 ⋯⋯ ③ • CP(Compliance Program)인증 ⋯⋯⋯⋯⋯⋯⋯⋯⋯⋯⋯⋯⋯⋯⋯⋯⋯⋯⋯⋯⋯⋯⋯⋯⋯ ④ • 공정거래형입찰 • 윤리교육

02 철광석으로부터 철을 생산할 때 석탄 대신 수소를 활용하는 혁신적 기술로 이산화탄소 발생을 거의 제로에 가깝게 줄이는 포스코그룹의 수소환원제철 기술을 고르면? [기출복원]

① 파이넥스(FINEX)
② 하이렉스(HyREX)
③ 직접공기포집(DAC)
④ 이산화탄소 포집 및 저장(CCS)

03 다음 중 포스코의 PARK1538에 관한 설명으로 옳지 **않은** 것은?

① PARK1538은 포스코의 브랜드 비전으로, 철강과 관련된 가치를 담고 있다.
② '1538'은 철의 녹는점을 나타내며, 지속 가능한 미래를 상징한다.
③ PARK는 포스코가 추구하는 친환경적인 공원의 이미지를 담고 있다.
④ PARK1538은 포스코 설립 15주년과 연 매출 38조 원을 기념하기 위해 만들어졌다.

04 다음 중 포스코그룹의 월드프리미엄 제품에 대한 설명으로 [보기]의 ㉠~㉢ 중 옳은 것을 모두 고르면?

> 포스코는 월드프리미엄(WP) 제품 판매 확대를 통해 세계 최고 수준의 철강경쟁력을 지속 강화하고 있다. WP 제품이란 포스코가 세계 최초로 개발해 상용화한 'WF(월드 퍼스트) 제품', 세계 수준의 기술력과 경제성을 갖춘 'WB(월드 베스트) 제품', 고객 선호도와 영업이익률이 모두 높은 'WM(월드 모스트) 제품'의 총칭이다. 대표적인 WP 제품은 자동차강판으로, 자동차산업의 경우 생산대수가 증가하고 차종이 다양해졌을 뿐만 아니라 가볍고 강한 차량의 수요가 늘어남에 따라 포스코는 AHSS·MAFE·HPF강 등의 WP 제품을 선정해 마케팅 활동에 주력하고 있다.

─ 보기 ├─

㉠ AHSS(Advanced High Strength Steel): 다양한 금속적 특징을 지닌 여러 미세조직의 형상이 복합적으로 구성되어 높은 강도와 높은 연신율을 가지는 신개념 고장력강
㉡ MAFE(Micro Alloy Free for Exposed): 포스코가 만든 BH(Bake Hardening Steel · 소부경화강)의 하나로 항복강도(재료에 일정한 힘을 가했다가 제거해도 원래 형태로 돌아올 수 있는 최대 힘)가 높아 국소부위 충격에 견디는 강도가 약 10% 높고 도금 표면품질이 우수함
㉢ HPF(Hot Press Forming): 900℃ 이상의 고온으로 가열해 프레스로 성형한 뒤 금형 내에서 급속 냉각시켜 인장강도 1.5GPa 이상의 초고강도 부품을 생산할 수 있는 제품

① ㉠
② ㉠, ㉡
③ ㉡, ㉢
④ ㉠, ㉡, ㉢

05 다음 글의 빈칸에 들어갈 포스코그룹의 친환경에너지 브랜드를 고르면?

> (   )은/는 철과 에너지의 선순환을 통해 친환경 미래의 무한한 가능성을 열어가는 친환경에너지용(풍력·태양광·수소) 철강제품 및 솔루션 통합 브랜드이다. 이 브랜드를 통해 기업시민의 책무를 다하는 동시에 저탄소 생산체제 전환 및 친환경 비즈니스 재편으로 포스코 경쟁력 향상에 기여할 것으로 기대한다.

① 그린 에코(Green Eco)
② 그린어블(Greenable)
③ 그린파워(Greenpower)
④ 그린 에너지(Green Energy)

에듀윌이
너를
지지할게
ENERGY

한 글자로는 '꿈'

　　두 글자로는 '희망'

　　　　세 글자로는 '가능성'

　　　　　　네 글자로는 '할 수 있어'

– 정철, 「머리를 구하라」, 리더스북

PART

02

직무적성검사

POSCO
Aptitude Test

CHAPTER 01 언어이해   45

CHAPTER 02 자료해석   63

CHAPTER 03 문제해결   77

CHAPTER 04 추리   89

CHAPTER 05 포스코 상식   105

CHAPTER

01

언어이해

01 최신경향 분석

02 대표유형

03 유형연습 문제

01 | 최신경향 분석

 영역 소개

'언어이해'는 주제/맥락 이해, 내용추론, 문서작성, 언어구사 등을 할 수 있는지 확인할 수 있는 유형으로 출제됩니다. 영역별 제한 시간은 없으며, 4지선다형으로 15문항이 출제됩니다. 언어, 과학, 사회 등 다양한 분야의 지문이 출제되지만, 2024년 하반기에는 특히 사회 관련 지문이 많이 출제되었습니다. 지문의 길이가 오프라인 시험의 지문보다 짧긴 하지만, 분량이 다소 많은 지문의 경우 한 화면에 지문이 모두 담기지 않아 스크롤하며 봐야 하기 때문에 체감 난도가 다소 높고 내용 파악에 시간이 부족할 수 있습니다. 갈수록 시간 대비 긴 지문의 문항 출제 비중이 높아지고 있어 이에 대한 대비가 필요합니다.

✔ **대표유형 소개**

주제 찾기	▶	주어진 지문을 바탕으로 핵심 내용이나 글의 제목으로 적절한 것을 고르는 유형
문단 배열	▶	주어진 문단의 논리적 선후 관계를 파악하여 올바른 순서로 배열하거나 [보기]의 문단이 들어갈 위치를 찾는 유형
내용 일치/불일치	▶	주어진 지문과 선택지 내용의 일치 및 불일치 여부를 확인하는 유형
빈칸 삽입	▶	주어진 글의 빈칸에 들어갈 내용을 파악하는 유형
추론	▶	주어진 글로 유추할 수 있는 사실을 추론하는 유형
전개 방식	▶	주어진 지문을 읽고 서술하고자 하는 대상을 어떤 방법으로 전개하는지 고르는 유형

대표유형

유형 ❶ **주제 찾기**

다음 글의 주제로 가장 적절한 것을 고르면?

보이스피싱 피해 예방은 여전히 중대한 사회적 문제로 대두되고 있다. 올해 보이스피싱 피해 금액은 전년 대비 다소 감소했으나, 보이스피싱 및 스미싱 범죄의 기법은 갈수록 정교해지고 있어 금융 고객들의 개인정보와 금융 정보 탈취 문제는 여전히 해결되지 않은 채 지속되고 있다. 특히, 청소년과 노인과 같은 금융 취약 계층을 대상으로 한 피해가 심각하게 발생하고 있으며, 이를 예방하기 위한 금융 기관들의 대응은 더욱 절박한 상황이다.

농협은행은 이러한 상황에 대응하기 위해 인공지능(AI) 기술을 적극적으로 활용하여 의심 거래를 탐지하고, 24시간 연속적인 보이스피싱 모니터링 체계를 구축하는 등의 조치를 취해 왔다. 이로 인해 올해 상반기 동안 31억 원 규모의 피해를 예방하는 성과를 거두었다. 농협은행은 또한 고객의 금융 거래 패턴과 위치 정보 등을 종합적으로 분석하여 의심 거래를 사전에 차단할 수 있는 신뢰성 높은 시스템을 개발하고 있다. 이와 함께 신한은행, KB국민은행, 우리은행 등 주요 금융 기관들은 AI 기반의 고도화된 보안 시스템을 도입하여 고객 자산 보호를 위한 다각적인 노력을 기울이고 있다. 이러한 시스템들이 정착함으로써 보이스피싱 및 스미싱과 같은 금융 범죄에 대한 선제적 대응이 가능해지기를 기대하고 있다.

또한, 금융 기관들은 고객 교육에도 힘을 쏟고 있다. 보이스피싱 피해를 예방하기 위한 캠페인과 교육 프로그램을 통해 고객들에게 의심스러운 연락을 받았을 때의 대응 방법과 개인정보 보호의 중요성을 지속적으로 알려주고 있다. 특히, 모바일 앱과 인터넷 뱅킹 등 디지털 금융 이용이 늘어나는 가운데, 금융 기관들은 사용자가 의심스러운 거래나 알림을 쉽게 보고하고 신고할 수 있는 기능을 추가하여 피해를 최소화하려는 노력을 기울이고 있다. 그리고 보이스피싱 범죄가 점점 더 정교해지고 있어, 금융 당국과 함께 범죄 기법을 분석하고 이에 맞는 정책을 신속하게 적용하는 협력도 강화되고 있다. 앞으로도 금융 기관과 고객, 정부가 함께 협력하여 보이스피싱 피해를 줄이기 위한 시스템과 정책을 발전시켜 나가야 할 것이다.

① 보이스피싱 및 스미싱 범죄의 수법 변화
② 보이스피싱 피해 예방을 위한 금융 기관의 대응
③ 금융 취약 고객층의 보이스피싱 범죄 가담
④ 금융권에서 제공하는 AI 보안 서비스 홍보

정답 ②

해설 글의 주요 내용은 보이스피싱과 스미싱 범죄의 수법 변화로 인한 피해와 이를 예방하기 위한 금융 기관들의 대응이다. 여러 은행들이 AI 기술을 활용하여 피해를 예방하고 있다는 점이 강조되고 있다. 따라서 '금융 기관의 대응'이 주된 주제이다.

오답풀이 ① 보이스피싱 및 스미싱 범죄의 수법 변화는 일부 언급되었지만, 주된 초점은 아니므로 적합하지 않다.
③ 금융 취약 고객층의 보이스피싱 범죄 가담은 글에서 언급된 내용과 맞지 않다.
④ 금융권에서 제공하는 AI 보안 서비스 홍보는 금융 기관들의 노력 중 일부를 다루고 있으나, 글의 전반적인 내용을 포괄하는 주제와는 적합하지 않다.

유형 ② 문단 배열

다음 [가]~[라] 문단을 논리적인 순서에 맞게 배열한 것을 고르면?

[가] 문제는 바로 이 코발트 채굴 과정이다. 민주콩고공화국의 정치적 부패와 외부 세력의 결탁, 불투명한 공급망 속에서 세계적인 테크 기업들은 코발트 공급의 이면에 존재하는 심각한 인권 침해를 묵과하고 있다. 현지 노동자들은 열악한 근로 환경에 시달리고 있으며, 채굴 과정에서 환경 파괴가 급속히 진행되고 있다.

[나] 민주콩고공화국의 코발트 매장량은 수조 달러의 가치를 자랑하지만, 주민의 70% 이상이 빈곤에 시달리고 있다. 깨끗한 식수를 공급받을 수 있는 인구는 26%에 불과하고, 전력화율은 9%에 그친다. 많은 아이들이 경제적 이유로 교육을 받지 못하고, 가족을 부양하기 위해 광산에서 일해야 한다. 이러한 악순환은 결국 코발트에 대한 엄청난 수요를 창출하는 글로벌 기업들이 더 큰 책임을 져야 한다는 사실을 부각시킨다.

[다] 코발트는 오늘날 스마트폰, 태블릿, 노트북, 전기차 등 충전식 배터리에 필수적인 핵심 금속이다. 세계적인 빅테크 기업들은 한국, 중국, 일본, 핀란드, 벨기에 등에 위치한 배터리 제조업체와 코발트 정제소를 통해 아프리카 민주콩고공화국에서 코발트를 수입한다. 이 나라의 코발트 매장량은 전 세계의 약 50%를 차지하며, 2021년에는 전 세계 공급량의 72%, 즉 11만 1,750톤의 코발트를 생산했다. 민주콩고공화국이 없다면, 수십억 명이 일상적인 생활을 영위할 수 없을 정도로 중요한 국가가 되었다.

[라] 영국의 한 교수는 민주콩고공화국에서 채굴된 코발트가 아동 노동, 강제 노동, 채무 노동, 인신매매, 위험한 작업 환경 등으로 얼룩져 있다고 고발한다. 이 지역의 '장인 광부'들은 이름과는 달리 고용 계약 없이, 초저임금과 부상, 질병, 심지어 사망 위험을 감수하며 일한다. 그들은 작업량에 비례한 극히 적은 임금을 받으며, 부상이나 학대에 대한 보상을 받을 방법이 없다.

① [나]―[가]―[라]―[다]
② [나]―[라]―[가]―[다]
③ [다]―[가]―[라]―[나]
④ [다]―[나]―[라]―[가]

정답 ③

해설 [다]에서 코발트의 주요 생산국인 민주콩고공화국을 소개한 후, [가]에서 코발트의 채굴 과정에서 나타나는 문제점을 설명한다. 이후 [라]에서 앞에서 설명한 문제점을 구체적으로 부연 설명하고 [나]에서 악순환의 책임을 글로벌 기업이 져야 한다며 현상을 해결할 실마리를 언급하고 글을 마무리한다.

다음 글의 내용과 일치하지 <u>않는</u> 것을 고르면?

> 인공지능(AI)의 발전은 현대 과학 기술의 주요 이정표로 평가받는다. AI는 복잡한 알고리즘을 통해 데이터를 처리하고 패턴을 인식하여 인간의 결정을 돕거나 다양한 작업을 자동화하는 기술이다. 최근 AI는 자연어 처리, 이미지 인식, 자율주행차 등 여러 분야에서 혁신을 이루어냈다. 특히, AI는 의료 분야에서 질병 진단과 치료 계획 수립에 큰 도움을 주며, 금융 분야에서는 대량의 데이터를 분석하여 시장 예측과 리스크 관리에 활용되고 있다. 또한, AI는 제조업과 물류 분야에서도 효율성을 높이고 생산성을 증대시키는 데 기여하고 있으며, 다양한 산업 분야에서 빠르게 적용되고 있다. 여러 분야에서 AI를 활용한 스마트 팩토리와 자동화 시스템은 기업의 경쟁력을 강화시키는 중요한 요소로 작용하고 있다.
>
> 하지만 AI의 급속한 발전은 몇 가지 문제를 동반한다. 개인 정보 보호와 같은 보안 문제는 중요한 이슈로 부각되어 보안방안에 대해 논의가 필요하다. 또한 AI가 인간의 일자리를 대체할 가능성에 대한 우려가 존재한다. 하지만 AI가 일자리에 긍정적으로 작용할지 부정적으로 작용할지는 아직 명확하지 않다. 일부는 AI가 인간의 반복적이고 위험한 작업을 대신함으로써 새로운 일자리가 창출될 수 있다고 주장하지만, 다른 일부는 AI가 인간의 직업을 대체하면서 실업 문제를 가중시킬 수 있다고 우려한다.
>
> 따라서 AI 기술의 발전과 함께 적절한 규제와 윤리적 기준을 마련하는 것이 필요하다. AI는 많은 기회를 제공하지만, 이를 올바르게 활용하기 위해서는 신중한 접근이 필요하다. 기술 발전과 함께 사회적·윤리적 고민도 함께 고려해야 한다. 정부와 기업, 그리고 학계는 AI 기술의 안전성과 윤리성을 확보하기 위해 협력해야 하며, 이를 통해 기술이 인간 사회에 긍정적인 영향을 미칠 수 있도록 해야 한다. AI의 발전은 인류에게 많은 이점을 가져올 수 있지만, 그에 따른 책임도 중요하다.

① 인공지능 기술은 다양한 분야에서 각 분야의 경쟁력을 강화시키는 요소로 작용하고 있다.
② 인공지능은 개인정보 보호와 같은 보안방안에 대한 주의가 필요하다.
③ AI가 새로운 일자리에 미치는 긍정적인 영향이 일자리 일터에 큰 변화를 가져온다.
④ 인공지능이 부각됨에 따라 따라올 우려되는 부분에 대한 신중한 접근과 대안이 필요하다.

정답 ③

해설   AI가 인간의 일자리를 대체하여 발생할 수 있는 문제는 아직 알 수 없으며, 일자리에 긍적적으로 작용할지 부정적으로 작용할지는 아직 명확하지 않다고 언급하므로 긍정적인 영향이 일자리에 큰 변화를 가져온다고 볼 수 없다.

오답풀이 ① 인공지능은 자연어 처리, 이미지 인식, 자율주행차, 의료 분야, 금융 분야 등 다양한 분야에서 경쟁력을 강화시키는 요소로 작용하고 있음을 알 수 있다.
    ② AI가 발전함에 따라 개인 정보 보호와 보안 문제가 중요한 이슈로 부각되어 보안방안에 대한 논의가 필요하다고 언급한다.
    ④ 인공지능 기술의 발전에 따라 AI를 올바르게 활용하기 위해서는 신중한 접근과 적절한 규제, 윤리적 기준을 마련해야 한다고 언급한다.

유형 ❹ 빈칸 삽입

다음 글의 ⊙~② 에 들어갈 단어를 순서대로 나열한 것을 고르면?

최근 기업들은 고객의 만족도를 (　⊙　)하기 위한 다양한 전략을 모색하고 있다. 특히, 고객의 요구 사항을 신속하게 반영하기 위해 피드백 시스템을 강화하고, 서비스 품질 향상을 위한 투자를 늘려가고 있다. 이러한 변화는 단기적인 성과를 넘어서 장기적인 고객 충성도를 높이는 데 중요한 역할을 할 것이다. 그러나 기업은 이러한 개선을 추진하기 전, 기존 전략에 대한 (　ⓒ　)가 필요하다. 과거의 방식을 고수하며 진전을 이루지 못했던 부분을 다시 한 번 돌아보는 것이 중요하기 때문이다. 전문가들은 단기적인 성과에 집중하는 것보다 고객의 실제 경험을 반영하여 시스템을 개선하는 것이 더 효과적일 수 있다고 강조한다. 따라서 기업은 신속히 변화하는 시장 환경에 맞춰 지속적으로 전략을 개선하고, 동시에 고객 만족을 이끌어 낼 수 있는 방법을 찾아야 한다.

어떤 인물이 삶의 방향에 대해 깊은 회의와 고민을 겪을 때, 그가 (　ⓒ　)의 시간을 가지며 스스로의 결정을 되돌아보는 장면은 독자에게 강한 감동을 주기도 한다.

또한, 사회적 불평등을 극복하고자 주인공이 자신의 경쟁력을 (　②　)할 때, 이는 그가 외적인 세계와의 관계에서 중요한 변화를 겪음을 시사함으로써 문학 작품에서 사회적 메시지를 전하는 중요한 장치로 작용할 수 있다.

	⊙	ⓒ	ⓒ	②
①	재고	재고	제고	제고
②	재고	제고	재고	제고
③	제고	재고	제고	재고
④	제고	재고	재고	제고

정답 ④

해설 '제고하다'는 쳐들어 높이다 또는 수준이나 정도 따위를 끌어올리다의 의미이고, '재고하다'는 어떤 일이나 문제 따위에 대하여 다시 생각하다 또는 다시 되돌아보다의 의미이다.

- ⊙: 제고, 고객의 만족도를 끌어 올리다.
- ⓒ: 재고, 개선을 추진하기 전에 기존 전략에 대해 다시 검토하다.
- ⓒ: 재고: 다시 생각하다.
- ②: 제고: 자신의 경쟁력을 높이다.

다음 글을 읽고 추론할 수 있는 내용으로 가장 적절한 것은?

현재, 청년실업은 대한민국 경제에서 중요한 사회적 문제로 떠오르고 있다. 15세에서 29세까지의 청년층에서 실업률이 전체 실업률보다 두 배 이상 높은 수치를 기록하고 있으며, 이는 경제와 사회에 심각한 영향을 미치고 있다. 특히 코로나19 팬데믹 이후 경제 회복이 더디게 진행되면서 기업들의 채용이 줄어들고, 자동화와 비대면 업무 확대로 일부 직업군에서 일자리가 축소되었다. 또한, 많은 청년들이 충분한 학력과 경험을 갖추지 못한 채 노동 시장에 진입하면서 취업에 어려움을 겪고 있다.

청년실업 문제는 경제적·사회적 비용을 초래한다. 청년들이 일자리를 구하지 못하면 소비 여력이 감소하고, 이는 경제 전반에 부정적인 영향을 미친다. 또한, 취업 실패가 반복되면 청년들의 자존감에 타격을 주고, 사회 불안정으로 이어질 수 있다. 이에 따라 정부와 기업은 청년실업 문제 해결을 위한 다양한 노력을 기울이고 있다.

정부는 청년 창업 지원과 공공부문 채용 확대, 직무 능력 향상을 위한 교육 프로그램 등을 통해 일자리를 창출하고 있으며, 기업은 청년들에게 더 많은 기회를 제공하기 위해 경력보다는 잠재력을 중시하는 채용 방식을 도입하고, 실무 경험을 쌓을 수 있는 인턴십과 교육 프로그램을 강화하고 있다.

청년들 역시 변화하는 노동 시장에 맞춰 디지털 기술, 데이터 분석, 인공지능(AI) 등의 분야에서 능력을 개발하는 것이 중요하다. 청년들이 경제적 자립을 이루려면 정부와 기업이 함께 협력하여 안정적인 취업 환경을 조성해야 한다.

결론적으로, 청년실업 문제는 복합적인 사회적 문제로, 경제 성장과 지속적인 정책적 노력이 필요하다. 청년들이 안정적인 일자리를 얻고 사회에 기여할 수 있도록 정부와 기업, 교육 기관이 협력하는 것이 중요하다.

① 청년실업 문제 해결을 위한 국제적인 차원에서 협력이 중요하다.
② 경제적 구조 변화가 청년실업 문제에 영향을 미쳤다.
③ 정부의 청년 일자리 창출을 위한 정책 예산이 전년 대비 확대되었다.
④ 정부의 정책과 기업의 채용 프로그램이 효과적으로 운영되고 있다.

정답 ②

해설 코로나19 팬데믹 이후 경제 회복이 더디게 진행되었고, 자동화와 비대면 업무의 확산이 일자리를 축소시키는 등의 경제적 구조 변화가 청년실업 문제에 영향을 미쳤다고 설명하고 있으므로 추론할 수 있는 내용으로 적절하다.

오답풀이 ① 글에서는 국제적인 협력에 대한 언급이 없으며, 문제 해결을 위한 노력으로 정부, 기업, 교육 기관의 협력이 강조되고 있으므로 이 내용은 추론할 수 없다.

③ 청년 일자리 창출을 위한 정부의 다양한 정책을 언급하고 있지만, 예산이 전년 대비 확대되었다는 구체적인 정보가 없으므로, 이 내용은 추론할 수 없다.

④ 청년 일자리 창출을 위한 정부와 기업의 노력에 대해 언급하지만, 정책과 프로그램의 효과성에 대한 직접적인 언급은 없으므로 이 내용은 추론할 수 없다.

유형 ❻ 전개 방식

다음 글의 논지 전개 방식으로 가장 적절한 것을 고르면?

스트레스는 우리 몸에 각종 질환을 유발한다. 1994년 LA 지진 때 심근경색 환자가 35% 증가했지만 1989년 캘리포니아 북부의 로마 프리타라는 곳에서 지진이 났을 때는 심근경색 환자가 늘지 않았다. 그 이유로 많은 전문가들은 지진 발생 시각을 말한다. LA 지진은 진도 6.6으로 새벽 4시 30분에 발생했고, 로마 프리타는 진도 6.9의 지진이 오후 5시에 발생했다. 따라서 주로 수면 중으로 심리적 무방비 상태였던 새벽 시간과 긴장을 한 상태에서 일을 하고 있던 오후 시간의 차이가 심근경색 발생에 영향을 준 것으로 분석한 것이다.

심한 스트레스를 받으면 아드레날린, 스테로이드 및 인슐린 작용을 방해하는 글루카곤 등의 분비가 급격하게 증가하므로 이들을 스트레스 호르몬이라고 부른다. 그 결과 맥박이 빨라지고 혈압이 크게 오르는 반면에 혈관은 수축하여 심장의 부담이 커지게 된다. 그 부담이 지나치게 크거나 또는 장기간에 걸쳐 누적되면 심장병이 발생한다. 덴마크에서의 연구에 의하면 가족의 죽음 이후 처음으로 심근경색을 일으킬 가능성은 31%, 그리고 치명적인 심근경색을 일으킬 가능성은 58%에 달했다.

그러나 더 중요한 것은 만성적인 스트레스다. 최근 미국 자료에 의하면 성장기에 육체적·성적·감정적 학대, 방치, 경제적 어려움, 거주할 집이 없거나 범죄에 노출됐을 때 그 영향은 평생에 걸쳐 남게 된다. 미국 인구의 절반이 위의 상황 중에서 1개 이상 해당되는데 이들은 인생 후반에 심장병, 당뇨, 뇌졸중 등이 발생할 확률이 높아진다. 특히 취약계층에서는 평소에 스트레스 외에도 비만, 당뇨, 고혈압, 운동량 저하 등이 있을 확률이 높기 때문에 심장병 발생 위험이 더 증가한다.

불안감과 화가 나거나 정신적으로 압박을 받는 경우 또는 좌절이나 슬픔 등의 감정 역시 교감신경을 자극하고 부적절한 호르몬 분비를 증가시킨다. 그 결과로 심장의 혈액 공급이 줄어들어 세포들이 손상된다. 특히 불안은 강력한 부정적인 힘을 가지고 있어서 부정맥을 일으키고 혈관을 수축시켜 심장병으로 인한 사망률을 높이게 된다. 연구에 따라 다소 차이는 있지만 26~40% 포인트 심장병 발생 비율을 높이게 된다. 실직은 심장병의 매우 중요한 요소인데 남자에서 더 큰 영향을 주며, 젊은 층은 물론 51세에서 75세 사이의 연령층에서도 직장을 잃게 되면 심장병이 증가한다.

---

① 심장병의 원인에 대한 대립되는 견해를 소개하고 각 견해의 타당성을 평가하고 있다.
② 심장병의 여러 원인을 설명한 기존 주장의 문제점을 분석한 후 대안을 제시하고 있다.
③ 심장병이 증가하는 원인을 하나의 주장에 입각해서 설명한 후 다른 주장을 논박하고 있다.
④ 스트레스와 심장병의 연관성을 다각도로 분석하며 원인과 결과를 중심으로 설명하고 있다.

정답 ④

해설 주어진 글은 스트레스와 심장병의 연관성을 다각도로 분석하고 있으며, 각각의 세부적인 설명이 원인과 결과를 중심으로 논리적으로 전개되고 있다.

오답풀이 ① 심장병의 원인에 대한 대립되는 견해를 소개하고 있지 않다.
② 심장병의 여러 원인을 설명한 기존 주장의 문제점을 분석하고 있지 않다.
③ 심장병이 증가하는 원인을 하나의 주장에 입각해서 설명한 후 다른 주장을 논박하는 부분은 나타나지 않는다.

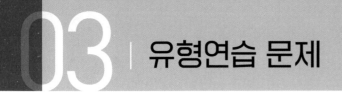
01 다음 글에 대한 주제로 적절한 것을 고르면?

> 소셜 미디어의 발달로 정보 접근성이 크게 향상되었으며, 이에 따라 누구나 손쉽게 뉴스를 생산하고 유포할 수 있는 시대가 되었다. 그러나 이러한 편리함 이면에는 가짜 뉴스라는 심각한 문제가 존재한다. 가짜 뉴스는 사실과 다른 정보를 의도적으로 왜곡하거나 허위 사실을 유포하여 사회적 혼란을 초래하며, 특정 집단이나 개인에게 심각한 피해를 입힐 수 있다.
>
> 가짜 뉴스가 빠르게 확산되는 주요 원인 중 하나는 소셜 미디어의 알고리즘이다. 알고리즘은 사용자의 관심사에 맞는 개인화된 정보를 제공하고, 이로 인해 '필터 버블'이라는 현상이 형성된다. 필터 버블은 사용자들이 다양한 의견을 접할 기회를 제한하고, 특정 정보에만 지속적으로 노출되게 만든다. 또 다른 원인으로는 사람들의 '확증 편향'이 있다. 즉, 사람들은 자신이 이미 믿고 있는 정보를 확인하려는 경향이 강해, 가짜 뉴스를 더 쉽게 받아들이게 된다.
>
> 또한, 가짜 뉴스는 공공의 신뢰를 저하시킬 뿐만 아니라, 시민들이 올바른 판단을 내리는 데 방해가 된다. 특히, 급변하는 정치적 상황이나 사회적 위기에서는 가짜 뉴스의 파급력이 더 커져, 사회적인 혼란과 불신을 일으킬 수 있다.
>
> 가짜 뉴스는 정치, 경제, 사회 등 여러 분야에서 심각한 영향을 미친다. 예를 들어, 선거 결과에 영향을 미치거나 사회적 갈등을 심화시킬 수 있으며, 특정 기업이나 개인의 명예를 훼손하는 사례도 발생한다. 이러한 문제를 해결하기 위해서는 미디어 리터러시 교육을 강화하고, 소셜 미디어 플랫폼의 책임을 높이며, 저널리즘의 신뢰를 회복하려는 노력이 필요하다.

① 미디어 리터러시의 사회적 관심과 중요성
② 소셜 미디어의 발달과 정보의 자유로운 흐름
③ 가짜 뉴스의 확산과 사회에 미치는 영향
④ 가짜뉴스가 미래의 언론 환경에 미치는 문제

02 다음 [가]~[라] 문단을 논리적인 순서에 맞게 배열한 것을 고르면?

[가] 국내에서는 신도시 건설과 기존 도시의 재생 및 비점오염 저감 등의 목적으로 LID 기법이 활발하게 적용되고 있는데, 아산 탕정지구 분산형 빗물관리 도시, 환경부의 강릉 저탄소 녹색 시범도시 등이 대표적이다.

[나] 기후변화 대응 및 국가정책 기조에 따라 수자원 관리 및 이용의 중요성이 확대되면서 저영향 개발(LID) 기반의 물순환 도시 조성 계획·설계 기술의 확보가 요구되고 있다. 국가별로 사용하는 용어는 상이하나 접근하는 방식은 유사한데, 공통적으로 발생한 강우를 그 지역 내에서 관리하는 분산형 빗물관리 기술을 적용하고 있고, 저영향 개발(미국), 자연 순응형 개발(일본), 분산식 도시계획(독일), 지속가능한 도시계획(호주) 등 발생원의 빗물관리를 목표로 한다. 미국 내 많은 연방기관과 주 정부 및 지자체에서는 저영향 개발을 이용한 우수관리 기법에 관한 지침서와 매뉴얼을 제공하고, 유역의 신규 개발 또는 재개발 시 LID 기술을 활용하도록 제도화되어 있다.

[다] 한국 그린인프라·저영향 개발 센터는 그린 인프라(GI)·LID 기술에 대한 검·인증 역할 수행 및 연구를 위한 세계 최초의 다목적 실내·외 종합 검증시설이며, 다양한 형태의 LID 실증시설을 실제로 구축·운영함으로써 수리·수문, 토질, 재료, 환경 분야의 실험 및 분석을 수행하고 있다.

[라] 한편, LID 기술의 국내 현장 적용 및 파급 확대를 위해서는 선진국 수준의 설계 및 요소기술의 검증·인증을 위한 방안 마련과 사업 후 적용평가를 위한 지침의 개발이 시급하다. 이에 국토교통부 '건전한 도시물순환인프라의 저영향 개발 및 구축·운영 기술 연구단' 프로젝트를 통해 부산대학교 양산캠퍼스에 한국 그린인프라·저영향 개발 센터를 설립하였다.

① [나]-[가]-[다]-[라]
② [나]-[가]-[라]-[다]
③ [다]-[나]-[라]-[가]
④ [다]-[라]-[가]-[나]

03 다음 글의 빈칸 ㉠, ㉡에 들어갈 접속사를 순서대로 바르게 나열한 것을 고르면?

탄소중립과 내수안정에 기인한 중국의 현 철강정책은 장기간 공급과잉을 보였던 글로벌 철강 수급구조에 긍정적이다. 그러나 물가 인상 압력이 강해지는 가운데, 2021년 하반기 중국의 경제 성장세가 크게 둔화되면서 이에 따른 소비 부진과 산업경쟁력 약화가 다시금 중국 정부의 공급 통제의지를 약화시킬 수 있다는 우려가 제기되고 있다.

경기 하락을 염려한 중국 정부가 인플레 압력 속에서도 기준금리를 인하하고 특수채 발행을 늘리는 등 완화적 통화정책 및 신인프라 중심의 경기부양을 발표함에 따라, 단기적으로 중국 내 철강수요의 위축은 제한될 것으로 전망된다. (㉠) 견조한 성장흐름을 보였던 과거와 달리 현재의 중국은 코로나 확산에 따른 봉쇄조치, 중국에 대한 견제흐름 등이 철강경기에 부정적인 영향을 줄 수 있어 중국의 경기 동향에 대해 지속적으로 주시할 필요가 있다.

큰 흐름에서 탄소중립 구현을 위한 중국의 생산 통제는 지속될 것으로 본다. (㉡) 최근 경기흐름과 불안한 물가, 대외 불확실성 요인을 감안하면 중단기적으로 중국 정부의 규제 강도는 시장상황에 맞춰 탄력적으로 조정될 여지가 있다. 2022년에도 큰 폭의 감산을 기대하기 어려워 보이는 가운데, 대규모 공급능력을 뒷받침했던 중국 철강소비가 빠르게 약화되거나 수익성 압박을 받은 중국 철강회사들이 수출을 확대할 경우, 글로벌 철강시장에 공급부담으로 작용할 것이다.

	㉠	㉡
①	그리고	그러나
②	그러나	그러나
③	그러나	그래서
④	그래서	그러나

04 다음 글의 내용과 일치하지 <u>않는</u> 것을 고르면?

> 가상화폐, 즉 암호화폐는 블록체인 기술을 기반으로 한 디지털 화폐로, 중앙은행의 통제 없이 P2P(Peer−to−Peer) 방식으로 거래된다. 이러한 탈중앙화된 특성 덕분에 가상화폐는 많은 투자자들의 관심을 끌었으며, 기존 금융 시스템에 대한 대안으로 떠오르고 있다. 하지만 가상화폐가 가진 특성은 그 자체로 다양한 사회적 문제를 일으키기도 한다.
>
> 가장 큰 문제는 가상화폐의 극심한 가격 변동성이다. 가상화폐 시장은 여전히 투기적 성격이 강하여, 투자자들의 심리에 따라 가격이 급격하게 변동할 수 있다. 이는 투자자에게 심각한 경제적 손실을 초래할 뿐만 아니라, 시장의 불안정을 야기하며, 때로는 전 세계 금융 시장에 영향을 미칠 수도 있다. 더불어 가상화폐는 거래의 익명성을 보장하는 특성이 있기 때문에, 불법 자금 세탁이나 마약 거래 등 범죄 활동에 악용될 위험성도 존재한다.
>
> 그 외에도 가상화폐의 규제 문제도 큰 논란이다. 가상화폐는 국경을 초월해 거래되기 때문에 특정 국가의 규제로는 시장을 완전히 통제하기 어렵다. 기술의 발전 속도에 비해 규제의 속도가 따라가지 못하는 경우가 많고, 이로 인해 투자자 보호의 사각지대가 생길 수 있다. 규제 공백은 결국 시장의 불안정을 초래하며, 투자자들의 피해를 더욱 심화시킬 수 있다.
>
> 또한, 가상화폐 채굴 과정에서 막대한 전력을 소비하는 문제도 환경적으로 큰 논란을 일으키고 있다. 많은 채굴업체들이 전력 소비를 줄이기 위한 노력 없이 환경에 미치는 영향을 고려하지 않고 채굴을 계속하고 있으며, 이는 지구 온난화 등의 환경 문제를 더욱 심화시킬 수 있다.
>
> 따라서 가상화폐 시장의 문제를 해결하기 위해서는 기술적 발전과 규제의 균형을 맞추고, 글로벌 차원의 협력이 필요하다. 또한, 지속 가능한 에너지 사용과 환경 보호를 위한 기술적 혁신이 병행되어야 하며, 이를 통해 가상화폐가 건강한 시장으로 성장할 수 있도록 해야 한다.

① 투자자들이 가상화폐를 안정적인 자산으로 보기보다는 투기적인 대상으로 보고 있다.
② 가상화폐 시장의 문제는 단순히 기술 발전이나 규제만으로 해결할 수 있다.
③ 가상화폐의 익명성 보장이 범죄자들에 의해 범죄 활동에 악용될 가능성이 있다.
④ 가상화폐의 급등과 급락이 글로벌 금융 시장에 영향을 미칠 위험이 있다.

05 다음 글을 읽고 이해한 것으로 적절한 것을 고르면?

> 다문화 사회는 현재 세계화가 진행됨에 따라 점점 더 중요한 사회적 현실이 되어가고 있다. 다양한 문화적 배경을 가진 사람들이 공존하는 사회에서 문화적 다양성은 단순한 이론적 관심을 넘어, 인류의 지속 가능한 발전과 사회적 안정을 위한 필수적인 요소로 자리잡았다. 문화적 다양성은 사회의 창의성과 혁신을 촉진하며, 상호 존중과 이해를 바탕으로 보다 건강하고 협력적인 사회를 만들 수 있다.
>
> 다문화 사회에서 문화적 다양성은 서로 다른 언어, 종교, 전통, 가치관 등이 충돌하지 않고 조화를 이루어야 한다. 이는 사회적 통합을 이루는 데 중요한 역할을 하며, 다양한 문화적 배경을 가진 사람들의 자원을 효율적으로 관리하고, 서로 다른 집단 간의 갈등을 최소화하는 데 기여할 수 있다.
>
> 그러나 다문화 사회를 위한 노력에는 여러 도전 과제가 존재한다. 일부 사람들은 다른 문화에 대한 편견이나 차별을 가지고 있으며, 이러한 태도는 사회적 갈등을 일으킬 수 있다. 또한, 경제적 불평등과 정치적 갈등이 문화적 차이를 더욱 부각시키기도 한다. 이런 문제를 해결하기 위해서는 문화적 다양성을 존중하고, 상호 이해와 협력을 증진시키기 위한 교육과 정책적 노력이 필수적이다. 정부는 물론, 기업과 시민 사회도 다문화 사회의 정착을 위한 중요한 역할을 맡아야 한다.
>
> 결국, 문화적 다양성과 상호 존중은 다문화 사회에서 중요한 가치로 자리잡아야 하며, 이는 단기적인 경제적 이익을 넘어서, 사회의 지속 가능한 발전과 평화로운 공존을 위한 필수적인 책임이기도 하다. 문화적 다양성은 사회의 발전과 창의성의 원천이며, 이를 통해 우리는 더 나은 미래를 만들어갈 수 있을 것이다.

① 다문화 사회에서 정치적 갈등보다 경제적 불평등이 더 큰 갈등 요인으로 작용한다.
② 문화적 다양성과 상호 존중을 바탕으로 하는 사회는 자동적으로 이루어진다.
③ 문화적 다양성의 존중은 지속 가능한 사회 발전을 위한 핵심 요소이다.
④ 문화적 갈등을 해결하기 위해서는 교육이 가장 우선 과제가 되어야 한다.

06 다음 글의 주제로 가장 적절한 것을 고르면?

> 인간은 집단생활을 하기 때문에 분쟁이 발생할 수밖에 없다. 그래서 문제가 발생하는 것을 예방하거나 문제를 원만히 해결하기 위해 규칙을 만든다. 여러 규칙 중 사회 구성원들의 합의에 따라 만들어지고 강제성을 가진 규칙을 '법'이라고 한다. 이때 강제성은 공공의 이익을 실현하기 위해 사회 구성원들이 동의할 때만 발휘될 수 있다.
>
> 이러한 법은 몇 가지 특징이 있는데 먼저 법은 행동의 결과를 중시한다. 왜냐하면 다른 사람이 행동을 평가할 수 있고 그 변화도 확인할 수 있어야 하기 때문이다. 그리고 법은 국민의 자유와 권리를 보호한다. 만약 법이 없다면 권력자나 국가 기관이 멋대로 권력을 휘두를 수 있을 것이다. 마지막으로 법은 최소한의 간섭만 한다. 개인이 처리해도 되는 일까지 법이 간섭한다면 사람들은 숨이 막혀 평온하게 살기 힘들 것이다.

① 법과 집단생활의 관계
② 법이 남용될 때 문제점
③ 인간 사회에서 법의 중요성
④ 법 제정의 이유와 법의 특징

07 다음 글을 읽고 밑줄 친 단어의 의미와 가장 비슷한 단어가 포함된 문장을 고르면?

감정은 인간의 복잡한 심리 상태를 표현하는 중요한 수단이다. 일상생활에서 우리는 여러 가지 감정을 경험하며 그 감정을 다양한 방법으로 표현한다. 감정의 표현은 때로는 몸짓이나 말로, 때로는 무의식적으로 얼굴에 드러나기도 한다. 감정을 표현하는 방식은 사람마다 다르지만, 그 강도나 상황에 따라 감정이 폭발적으로 드러날 때가 있다. 예를 들어, 사람들은 때로 '부아가 치민다'라고 표현한다. 이런 표현은 단순한 감정의 흐름을 넘어, 억눌린 감정이 폭발할 준비가 되어 있음을 암시한다. 감정이 폭발하는 순간, 사람들은 평소와 다른 강한 반응을 보이기도 한다. 이때의 감정은 자신도 통제하기 어려운 수준으로 커져, 결국 주변 사람들에게 영향을 미칠 수 있다. 감정의 폭발을 제어하기 위해선 그 감정을 인식하고, 표현하는 방법을 찾는 것이 중요하다. 감정을 잘 표현할 수 있는 사람은 내적 갈등을 덜 겪고, 감정적 스트레스도 적게 느끼는 경향이 있다.

반면, 감정을 억누르는 것만으로는 오히려 부정적인 결과를 초래할 수 있다. 감정을 억제하면 내적인 긴장감이 쌓이고, 이는 결국 신체적·정신적 문제로 이어질 수 있다. 예를 들어, 과도한 스트레스나 분노를 내버려두면 우울증이나 불안증을 유발할 수 있다. 따라서 감정을 건강하게 표현하는 것이 중요하며, 이는 개인의 정신 건강을 유지하는 데 큰 도움이 된다. 자신에게 맞는 감정 표현 방식을 찾고, 필요할 때 전문가의 도움을 받는 것도 하나의 방법이 될 수 있다. 감정이 지나치게 폭발하는 것을 방지하고, 긍정적인 방식으로 감정을 처리하는 능력은 사람의 삶의 질을 높이는 중요한 요소가 된다.

① 나의 신세가 서러워서 울었다.
② 그가 잘못을 시인했지만 분노했다.
③ 하루종일 속이 불안해 아무 일도 할 수 없었다.
④ 내가 열심히 사는 이유는 최소한의 행복을 움켜지기 위한 노력이다.

08 다음 글의 내용과 일치하지 <u>않는</u> 것을 고르면?

> 지문(指紋)은 손가락의 진피로부터 땀샘이 표피로 융기되어 일정한 흐름 모양으로 만들어진 것으로 솟아오른 부분을 융선, 파인 부분을 골이라고 한다. 지문은 진피 부분이 손상되지 않는 한 평생 변하지 않는다. 이 때문에 홍채, 정맥, 목소리 등과 함께 지문은 신원을 확인하기 위한 중요한 생체 정보로 널리 사용되고 있다. 지문 인식 시스템은 등록된 지문과 조회하는 지문이 동일한지 판단함으로써 신원을 확인하는 생체 인식 시스템이다. 지문을 등록하거나 조회하기 위해서는 지문 입력 장치를 통해 지문의 융선과 골이 잘 드러나 있는 지문 영상을 얻어야 한다. 지문 입력 장치는 손가락과의 접촉을 통해 정보를 얻는데, 이때 지문의 융선은 접촉면과 닿게 되고 골은 닿지 않는다. 따라서 지문 입력 장치의 융선과 골에 대응하는 빛의 세기, 전하량, 온도와 같은 물리량에 차이가 발생한다.

① 지문은 융선과 골로 이루어져 있다.
② 지문은 어떠한 상황에서도 평생 변하지 않는다.
③ 홍채, 정맥, 목소리로도 신원을 확인할 수 있다.
④ 지문을 등록할 때는 융선과 골이 잘 드러나도록 해야 한다.

09 다음 글을 읽고 추론할 수 있는 내용으로 가장 적절한 것을 고르면?

우주로 날아가는 로켓의 핵심 원리는 뉴턴의 운동 제3법칙인 '작용-반작용 힘'이다. 쉬운 예로 작용-반작용은 공기를 가득 채운 풍선을 주둥이가 열린 채로 공중에 놓았을 때 관찰할 수 있는데, 풍선의 탄성력이 풍선을 쭈그러트리며 속의 공기를 밖으로 밀어내면, 반작용으로 공기가 풍선을 밀어낸다. 풍선이 고무의 탄성으로 공기를 밀어냈다면, 로켓 엔진은 내부에서 엄청난 가스를 만들어내 이를 배출한다. 그리고 이 가스의 반작용으로 추진력을 얻는다. 고압의 가스는 압력이 낮은 쪽으로 나가려 하는데 로켓 추진 기관의 맨 뒤에는 노즐이라 불리는 구멍이 있다. 좁은 공간에 모인 가스가 나가려 하니 그 반작용이 매우 강력한 것이다. 엄청난 가스를 만들어내기 위해 로켓의 연소관에는 연료가 채워져 있는데, 가장 역사가 오래된 것은 고체연료이다. 다이너마이트의 원료로 유명한 니트로글리세린 같은 물질이 대표적인 고체연료이다. 고체연료를 사용한 고체로켓은 그 구조가 단순하고 연료를 보관한 채 오랫동안 대기할 수 있으며 비용도 적게 들지만, 한번 점화하면 제어할 수 없다는 단점을 지닌다. 반면 액체연료 로켓은 액체 상태의 연료와 연료에 불을 붙게 하는 산화제를 각각 다른 공간에 주입하여 추후 투입량을 제어할 수 있게 구성된다. 가장 널리 쓰이는 연료는 등유이며, 산화제로는 플로오린, 질산, 과산화수소 등이 있다.

① 로켓의 노즐은 산화제가 주입된 공간과 바로 연결될 것이다.
② 최초로 발사된 로켓은 연료가 점화된 후 이를 조절할 수 없었을 것이다.
③ 액체연료 로켓에서 등유는 과산화수소와 같은 공간에 보관할 수 있다.
④ 풍선 내부에 채운 공기가 빠질 때 반작용은 풍선 내부에서 관찰된다.

10 다음 [가]~[라] 문단을 논리적인 순서에 맞게 배열한 것을 고르면?

[가] 그러나 가스 냉매는 일정한 온도 이하로 내려가면 응고되어 냉매로서의 기능을 할 수 없게 되거나 누출되었을 때 환경 오염을 유발하는 문제점이 있다.

[나] 최근 자기 냉각 기술은 일반 냉장고를 대신할 수 있는 냉장고의 개발에 이용될 수 있음이 확인되었다.

[다] 자기 냉각 기술에 사용되는 자기 물질의 자기적 특성에 따라 냉각 기술에 사용하기 적합한 자기 물질의 개발이 매우 중요한데, 최근 실온에서 작동 가능한 실온 자기 냉장고를 만들 수 있는 새로운 자기 물질의 개발이 활발하게 이루어지고 있다.

[라] 19세기 후반에 발견된 자기(磁氣) 열량 효과는 20세기 전반에 이르러 자기 냉각 기술에 활용될 수 있음이 확인되었고, 이로부터 자기 냉각 기술은 오늘날 극저온을 만드는 고급 기술로 발전하였다. 일반 냉장고는 가스 냉매가 압출될 때 열을 방출하고, 팽창될 때 열을 흡수하는 열역학적 순환 과정을 이용하여 냉장고 내부의 열을 외부로 방출시킨다.

① [나]－[다]－[라]－[가]
② [나]－[라]－[가]－[다]
③ [라]－[가]－[나]－[다]
④ [라]－[나]－[다]－[가]

CHAPTER

02

자료해석

01 최신경향 분석

02 대표유형

03 유형연습 문제

01 | 최신경향 분석

 영역 소개

'자료해석'은 기초연산, 도표/수리자료 이해 및 분석, 수리적 자료 작성능력 등을 확인할 수 있는 유형으로 출제됩니다. 영역별 제한 시간은 없으며, 4지선다형으로 15문항이 출제됩니다. 자료의 해석에 대한 옳고 그름을 파악하는 문항, 제시된 공식을 활용하여 표 또는 그래프의 수치를 바르게 변환할 수 있는지를 묻는 문항이 출제됩니다.

2024년 상·하반기에는 자료해석 선택지 중 판별하기 어려운 선택지가 하나씩 있었지만, 비교적 간단한 자료해석 문항들이 출제되었습니다. 난도가 많이 높지는 않았지만, 세세한 계산이 필요한 부분도 있었고, 시간 소요가 많이 되는 문항도 출제되었습니다. 다양한 형태의 그래프와 표를 기반으로 한 문항들을 학습하여 다양한 자료들에 익숙해지는 연습이 필요합니다. 문항과 지문이 한 화면에 모두 담기지 않아 신경을 많이 써야 했기 때문에 일부 불편했다는 평이 있었습니다.

✓ **대표유형 소개**

자료이해	▶	주어진 표나 그래프를 바탕으로 일치/불일치 여부를 확인하는 유형
자료계산	▶	주어진 표나 그래프를 바탕으로 특정 조건에서의 결괏값을 계산하는 유형
자료변환	▶	주어진 자료의 내용을 표나 그래프로 적절하게 표현할 수 있는지를 묻는 유형

유형 ❶   자료이해

01 다음 [표]는 포스코그룹의 판매관리비·제조비·연구개발비 현황을 나타낸 자료이다. 이에 대한 설명으로 옳은 것을 고르면?

[표] 판매관리비·제조비·연구개발비 현황 (단위: 억 원)

과목	2023년 1분기	2023년 2분기	2023년 3분기	2023년 4분기	2024년 1분기	2024년 2분기
판매관리비	71	61	70	31	69	71
제조비	1,545	18	821	998	925	813
연구개발비	103	130	272	241	102	200
합계	1,719	209	1,163	1,270	1,096	1,084

① 2023년 1분기를 제외한 나머지 분기 중, 모든 과목에 대해 전 분기 대비 비용감소가 발생하지 않았던 분기는 두 분기이다.

② 조사기간 동안 연구개발비가 판매관리비의 2배 이상인 분기는 세 분기이다.

③ 2023년 전체의 판매관리비 중 2023년 4분기가 차지하는 비중은 20% 이상이다.

④ 2023년 1분기를 제외한 나머지 분기 중, 전 분기 대비 제조비의 증감폭이 가장 작은 분기에는 전 분기 대비 판매관리비와 연구개발비의 증감폭 모두 두 번째로 크다.

정답 ④

해설 2023년 1분기를 제외한 나머지 분기 중, 전 분기 대비 제조비의 증감폭이 가장 작은 분기는 2024년 1분기(73억 원)이고, 이때 전 분기 대비 판매관리비와 연구개발비의 증감폭은 각각 38억 원, 139억 원으로 모두 두 번째로 크다.

오답풀이 ① 2023년 1분기를 제외한 나머지 분기 중, 모든 과목에 대해 전 분기 대비 비용감소가 발생하지 않았던 분기는 2023년 3분기로, 한 분기이다.

② 조사기간 동안 연구개발비가 판매관리비의 2배 이상인 분기는 2023년 2분기, 2023년 3분기, 2023년 4분기, 2024년 2분기로, 네 분기이다.

③ 2023년 전체의 판매관리비 중 2023년 4분기가 차지하는 비중은 $\dfrac{31}{71+61+70+31} \times 100 \fallingdotseq 13.3(\%)$이다.

02 다음 [그래프]는 2020∼2023년 운수업 관련 현황을 나타낸 자료이다. 이에 대한 설명으로 옳지 않은 것을 고르면?

[그래프] 2020∼2023년 운수업 관련 현황 (단위: 천 개, 천 명, 조 원)

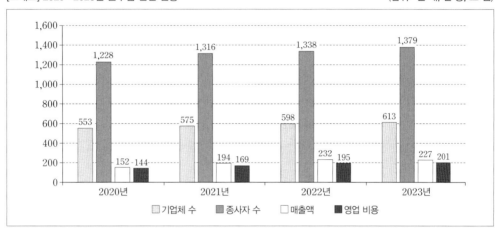

① 조사기간 동안 매년 영업비용은 매출액보다 적었다.
② 조사기간 동안 연평균 매출액은 210조 원 이상이다.
③ 매출액을 제외하면, 조사기간 동안 기업체수, 종사자수, 영업비용은 매년 증가했다.
④ 조사기간 동안 기업체 당 종사자 수는 매년 2명 이상이다.

정답 ②

해설 조사기간 동안 연평균 매출액은 $\dfrac{152+194+232+227}{4}≒201.3$(조 원)이다.

오답풀이 ① 영업비용은 매출액보다 2020년에는 $152-144=8$(조 원), 2021년에는 $194-169=25$(조 원), 2022년에는 $232-195=37$(조 원), 2023년에는 $227-201=26$(조 원) 적었다.

③ 2023년 매출액은 전년 대비 $232-227=5$(조 원) 감소했고, 이를 제외하면 조사기간 동안 기업체수, 종사자수, 영업비용은 매년 증가했다.

④ 조사기간 동안 기업체 당 종사자 수는 2020년에 $1,228÷553≒2.2$(명), 2021년에 $1,316÷575≒2.3$(명), 2022년에 $1,338÷598≒2.2$(명), 2023년에 $1,379÷613≒2.2$(명)이다.

다음 [그래프]는 포스코그룹의 주요 원재료 중 일부인 철광석과 철스크랩의 가격변동 현황을 나타낸 자료이다. 철광석과 철스크랩의 가격 차이가 세 번째로 큰 시기에 대해, 전 분기 대비 가격 증가율을 바르게 짝지은 것을 고르면?(단, 계산 시 소수점 첫째 자리에서 반올림한다.)

[그래프] 철광석과 철스크랩의 가격변동 현황   (단위: U$/톤)

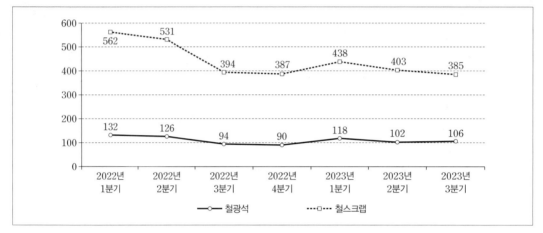

	철광석	철스크랩
①	약 31%	약 17%
②	약 27%	약 13%
③	약 31%	약 13%
④	약 27%	약 17%

정답 ③

해설 철광석과 철스크랩의 가격 차이가 세 번째로 큰 시기는 2023년 1분기(320U$/톤)이고, 이 시기의 전 분기 대비 가격 증가율은 철광석이 $\frac{118-90}{90} \times 100 ≒ 31(\%)$, 철스크랩이 $\frac{438-387}{387} \times 100 ≒ 13(\%)$이다.

유형 ❸ **자료변환**

다음 [표]는 2019~2023년 네 제품 A~D의 판매 실적을 나타낸 자료이다. 2020년~2023년의 전년 대비 판매량 증감을 나타낸 그래프로 옳은 것을 고르면?

[표] 2019~2023년 네 제품 A~D의 판매량 (단위: 천 개)

구분	2019년	2020년	2021년	2022년	2023년
제품 A	1,200	1,500	1,000	800	1,200
제품 B	900	500	600	800	1,000
제품 C	1,500	1,800	1,600	1,400	1,200
제품 D	1,000	800	900	1,200	1,500

① 제품 A

(단위: 천 개)

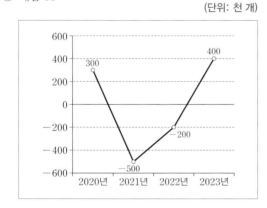

② 제품 B

(단위: 천 개)

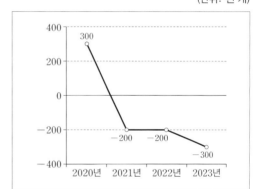

③ 제품 C

(단위: 천 개)

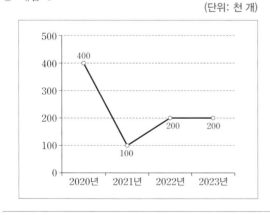

④ 제품 D

(단위: 천 개)

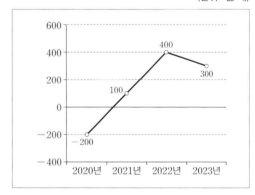

정답 ①

해설 제품별로 2020년부터 2023년까지 전년 대비 판매량 증감을 나타내면 다음과 같다.

- 제품 A: $+300 \rightarrow -500 \rightarrow -200 \rightarrow +400$
- 제품 B: $-400 \rightarrow +100 \rightarrow +200 \rightarrow +200$
- 제품 C: $+300 \rightarrow -200 \rightarrow -200 \rightarrow -200$
- 제품 D: $-200 \rightarrow +100 \rightarrow +300 \rightarrow +300$

따라서 전년 대비 판매량 증감을 바르게 나타낸 그래프는 ①이다.

[01~03] 다음 [표]는 2021~2024년 어느 포스코그룹 계열사의 재무상태표 일부를 나타낸 자료이다. 이를 바탕으로 이어지는 질문에 답하시오.

[표] 2021~2024년 재무상태표   (단위: 억 원)

구분		2021년	2022년	2023년	2024년
자산	유동자산	1,745	1,815	1,975	2,130
	비유동자산	1,645	1,710	1,800	1,975
부채	유동부채	690	635	755	820
	비유동부채	225	260	265	315
자본	지배지분	2,400	2,550	2,675	2,885
	비지배지분	75	80	80	85

※ (부채비율)(%) = $\dfrac{(총부채)}{(총자본)} \times 100$

※ (유동비율)(%) = $\dfrac{(유동자산)}{(유동부채)} \times 100$

※ (자산) = (자본) + (부채)

01 다음 중 자료에 관한 설명으로 옳지 <u>않은</u> 것을 고르면?

① 2021년 유동비율은 200% 이상이다.
② 2024년 비유동부채는 3년 전 대비 90억 원 증가하였다.
③ 2023년 비지배지분은 2년 전 대비 7% 이상 증가하였다.
④ 2022~2024년 유동자산과 비유동자산 모두 전년 대비 해마다 꾸준히 증가하였다.

02 다음 중 부채비율이 가장 높은 연도를 고르면?

① 2021년   ② 2022년   ③ 2023년   ④ 2024년

03 다음 중 전년 대비 자산 증가량을 나타낸 그래프로 옳은 것을 고르면?

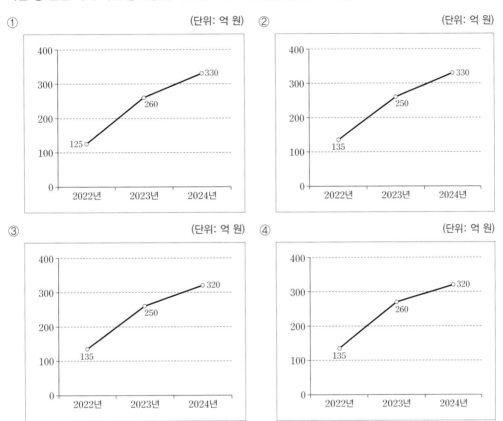

04 다음 [표]는 2015~2020년 자동차 판매자별·종류별 평균 연비 추이를 나타낸 자료이다. 2018~2020년 동안 도심 연비와 복합 연비의 증감 추이가 동일하지 <u>않은</u> 것을 고르면?

[표1] 자동차 판매자별 평균 연비 추이 (단위: km/L)

구분	2015년	2016년	2017년	2018년		2019년		2020년	
				도심	복합	도심	복합	도심	복합
국산	12.72	13.23	13.84	13.72	15.87	13.77	15.92	13.89	16.00
수입	10.76	11.68	13.59	14.62	17.16	15.43	18.03	14.93	17.44
전체	12.58	13.11	13.81	13.81	16.00	13.98	16.18	14.03	16.20

[표2] 자동차 종류별 평균 연비 추이 (단위: km/L)

구분	2015년	2016년	2017년	2018년		2019년		2020년	
				도심	복합	도심	복합	도심	복합
승용차	12.87	13.40	14.16	14.19	16.63	14.41	16.83	14.42	16.80
일반형	12.69	13.31	14.03	13.95	16.41	14.18	16.64	14.22	16.68
다목적	13.66	13.78	14.69	14.98	17.37	15.27	17.64	15.18	17.40
기타형	–	–	–	–	–	12.92	14.88	13.59	15.63
승합차	11.15	11.25	12.07	11.77	13.62	11.39	13.21	11.36	13.10
화물차	11.09	11.00	12.05	12.19	13.14	11.79	12.87	11.97	12.98
전체	12.58	13.11	13.81	13.81	16.00	13.98	16.18	14.03	16.20

① 수입차 ② 승용차 전체 ③ 다목적 승용차 ④ 화물차

[05~06] 다음 [표]는 2022~2024년 A, B회사의 매출액 및 영업이익 현황을 나타낸 자료이다. 이를 바탕으로 이어지는 질문에 답하시오.

[표] 2022~2024년 A, B회사의 매출액 및 영업이익 현황   (단위: 억 원)

구분	2022년		2023년		2024년	
	A회사	B회사	A회사	B회사	A회사	B회사
매출액	1,200	1,500	1,450	1,800	1,000	2,000
영업이익	200	120	250	100	180	150

※ (영업이익)=(매출액)−(영업비용)

※ (영업이익률)(%)=$\dfrac{(매출액)-(영업비용)}{(매출액)}\times100$

05 다음 중 주어진 자료에 관한 설명으로 옳은 것을 고르면?

① 두 회사의 영업이익 증감은 일치한다.
② 2023년 A회사의 매출액은 전년 대비 150억 원 증가하였다.
③ 2024년 A회사의 영업비용은 2년 전 대비 170억 원 감소하였다.
④ 3년간 B회사의 매출액 중 2023년이 차지하는 비중은 35% 미만이다.

06 다음 중 2023년 두 회사의 영업이익률을 바르게 나타낸 것을 고르면?(단, 계산 시 소수점 둘째 자리에서 반올림한다.)

	A회사	B회사
①	약 17.2%	약 5.6%
②	약 17.2%	약 5.8%
③	약 17.4%	약 5.6%
④	약 17.4%	약 5.8%

07 다음 [표]는 A~D도시 간의 1년 동안 전출 및 전입 현황을 나타낸 자료이다. 이에 대한 설명으로 옳지 <u>않은</u> 것을 고르면?

[표] A~D 도시 간의 1년 동안 전출 및 전입 현황　　　　　　　　　　　　　　　　(단위: 명)

구분		전입 지역			
		A	B	C	D
전출 지역	A	4,200	1,500	240	60
	B	1,000	1,250	225	25
	C	350	80	550	20
	D	50	15	10	425

※ 전입: 타 도시로부터 옮겨 옴
※ 전출: 타 도시로 옮겨 감
※ 인구 순증가량＝전입자 수－전출자 수

① D에서 B로 전출한 사람은 15명이다.
② C 내에서 이사를 한 사람은 550명이다.
③ D의 인구 순증가량은 50명 이상이다.
④ A의 전출자 수는 나머지 도시의 전출자 수의 합보다 많다.

[08~09] 다음 [그래프]는 M전자의 TV와 에어컨의 판매 금액에 대한 계절별 판매 비율을 나타낸 자료이다. 이를 바탕으로 이어지는 질문에 답하시오.

[그래프] M전자의 TV와 에어컨의 판매 금액에 대한 계절별 판매 비율 (단위: %)

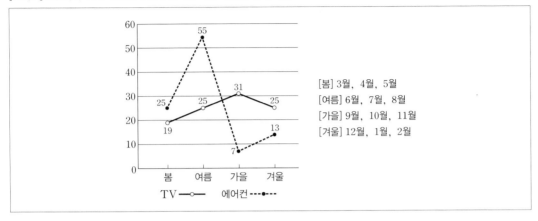

[봄] 3월, 4월, 5월
[여름] 6월, 7월, 8월
[가을] 9월, 10월, 11월
[겨울] 12월, 1월, 2월

08 연간 에어컨 판매 금액이 2,000억 원일 때, 여름철 에어컨 판매 금액을 고르면?

① 1,000억 원　　　② 1,100억 원　　　③ 1,200억 원　　　④ 1,300억 원

09 TV와 에어컨의 연간 판매 금액이 동일하다고 할 때, 다음 중 옳은 것을 고르면?

① 에어컨은 8월 판매 금액이 가장 크다.
② 봄과 여름의 TV 판매 금액은 전체 TV 판매 금액의 절반이 넘는다.
③ 봄의 에어컨 판매 금액은 가을과 겨울의 에어컨 판매 금액의 합보다 크다.
④ 날씨가 더울수록 에어컨의 판매 금액이 크다.

10 다음 [표]는 2017~2020년 자본재 형태별 유형 고정 자산액을 나타낸 자료이다. 주어진 자료를 그래프로 나타냈을 때 옳지 <u>않은</u> 것을 고르면?

[표] 2017~2020년 자본재 형태별 유형 고정 자산액

(단위: 조 원)

구분		2017년	2018년	2019년	2020년
유형 고정 자산		2,165	2,281	2,424	2,625
	주거용 건물	580	617	662	719
	비주거용 건물	566	603	650	712
	구축물	615	653	699	755
	운수 장비	90	92	91	96
	기계 장치	314	316	322	343

① 2018~2020년 유형 고정 자산액 변화량
(단위: 조 원)

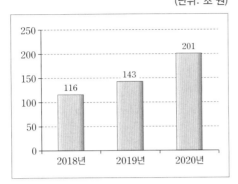

② 2017~2020년 기계 장치 자산액 추이
(단위: 조 원)

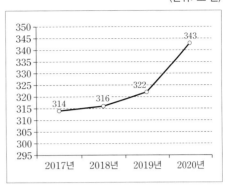

③ 2020년 자본재 형태별 유형 고정 자산액 비율
(단위: %)

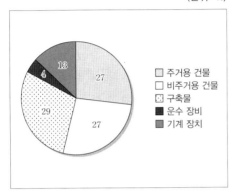

④ 2017~2020년 주거용 및 비주거용 건물 고정 자산액
(단위: 조 원)

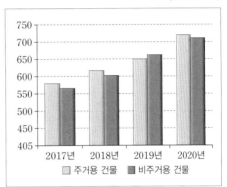

CHAPTER

03

문제해결

01 최신경향 분석

02 대표유형

03 유형연습 문제

01 | 최신경향 분석

✓ 영역 소개

'문제해결'은 대안 탐색 및 선택, 의사결정, 자원관리 등의 내용을 묻는 유형으로 출제됩니다. 주어진 상황이나 자료를 전반적으로 해석해야 하며, 생소하고 다양한 유형으로 출제되어 대다수의 수험생들이 어려움을 느낀 영역입니다. 공간 지각력을 요구하거나 문제에 접근하는 데 오래 걸리지만 단서를 파악하면 금방 정답을 도출할 수 있는 문항도 출제되므로 평소에 다양한 유형의 문항을 많이 접하고 제한시간 내에 풀 수 있도록 충분히 연습하여 대비해야 합니다.

2024년 상·하반기에는 전반적으로 체감난도가 높지는 않았으나, 최적의 경로를 찾고 소요되는 시간을 구하는 유형, 각 기준에 맞춘 최적의 선택지를 고르는 유형, 출장비, 구매비용과 같은 비용을 계산하는 유형 등이 출제되었습니다.

✓ 대표유형 소개

대안 탐색 및 선택	▷	경로, 시간, 일정 등 다양한 주제를 다루는 자료 속 상황과 정보를 참고해서 종합적으로 최적의 대안을 고르는 유형
의사결정	▷	주어진 자료에서의 상황에 맞춰 최선의 의사결정을 고르는 유형
자원관리	▷	시간자원, 예산자원, 물적자원, 인적자원 관련 정보를 토대로 합리적으로 자원을 잘 관리할 수 있는지 평가하는 유형

유형 ❶   대안 탐색 및 선택

다음 [표]는 업무용 PC 비교견적서를 나타낸 자료이다. 구매팀에서 업무용 PC를 15대 구매하고자 할 때, 다음 [조건]에 부합하는 업무용 PC제품을 고르면?

[표] 업무용 PC 비교견적서

제품/구분	A	B	C	D
CPU	3세대	5세대	5세대	5세대
메모리	8GB	4GB	16GB	16GB
용량	2TB	3TB	3TB	2TB
파워	600W	500W	600W	600W
대당 금액	100만 원	120만 원	150만 원	170만 원

┌─ 조건 ├─
- CPU: 5세대 이상
- 메모리: 8GB 이상
- 용량: 2TB 이상
- 파워: 600W 이상
- 예산: 2,500만 원 미만

① A   ② B   ③ C   ④ D

정답   ③

해설   [조건]을 모두 만족하는 제품은 C가 유일하다.

오답풀이   ① A는 CPU에서 조건에 부합하지 않는다.
　　　　　② B는 메모리와 파워에서 조건에 부합하지 않는다.
　　　　　④ D는 대당 금액이 170만 원이며 15대를 구매하는 경우, $170 \times 15 = 2,550$(만 원)으로 예산이 초과되어 조건에 부합하지 않는다.

유형 ❷ 의사결정

M은행은 신입사원들을 대상으로 외환 업무, 개인대출 업무, 기업대출 업무 관련 교육을 각각 4회, 3회, 2회 실시할 계획이다. 다음 [조건]을 만족할 때, 다음 달 교육 일정에 대한 설명으로 옳지 <u>않은</u> 것을 고르면?

┤ 조건 ├

- 다음 달 1일은 금요일이다.
- 다음 달 8일, 11일, 25일은 공휴일이며, 20일은 회사 창립기념일이므로 기념식 후 퇴근한다.
- 다음 달 7일은 전체회의, 21일은 팀회의, 12일, 26일은 정보·보안 점검, 18일은 사장간담회가 예정되어 있어 신입사원 교육이 불가능하다.
- 신입사원 각 교육 일정은 이틀 연속하여 배정하지 않는다.

① 외환업무 교육은 4회 모두 같은 요일에 할 수 있다.
② 신입사원 대상 세 가지 교육 일정이 한 주에 모두 있을 수는 없다.
③ 다음 달 목요일에는 최소 1개 이상의 교육 일정이 잡혀 있다.
④ 다음 달 화요일에는 교육과 정보·보안 점검이 각각 1회씩 예정되어 있다.

정답 ③

해설 주어진 조건을 반영하여 총 9회의 교육이 가능한 날짜를 표시(회색칸)하면 다음과 같다.

일	월	화	수	목	금	토
					1	2
3	4	5	6	7 전체회의	8 공휴일	9
10	11 공휴일	12 정보·보안 점검	13	14	15	16
17	18 사장간담회	19	20 창립기념일	21 팀회의	22	23
24	25 공휴일	26 정보·보안 점검	27	28	29	30
31						

따라서 다음 달 목요일에는 교육 일정이 잡혀 있지 않다.

오답풀이 ① 외환업무 교육은 금요일에 배정할 경우, 4회 모두 같은 요일에 받을 수 있다.
② 한 주에 교육이 가능한 날은 최대 2일이다. 따라서 신입사원 대상 세 가지 교육이 모두 있을 수는 없다.
④ 다음 달 화요일에는 12일과 26일에 정보·보안 점검과 교육이 각각 1회씩 예정되어 있다.

홍보팀에서는 사내 행사를 위해 관련 준비를 진행하고 있다. 준비 사항 관련 다음과 같은 정보를 참고할 때, [보기]와 같은 추가 물품 설치에 필요한 비용이 얼마인지 고르면?

[행사장 도면]

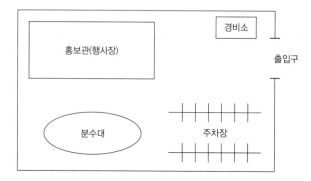

[행사 장소]
홍보관 1층 대 회의실

[추가 예상 비용]
• 금연 표지판 설치
 −단독 입식 표지: 45,000원
 −게시판 표지: 120,000원
• 쓰레기통 설치
 −단독 설치: 25,000원/개
 −벤치 2개＋쓰레기통 1개: 155,000원
• 안내 팸플릿 제작

구분	단면	양면
2도 인쇄	5,000원/100장	10,000원/100장
5도 인쇄	13,000원/100장	25,000원/100장

─┤ 보기 ├─

1. 금연 표지판 설치
    − 분수대 후면 1곳
    − 주차장과 경비소 주변 각 1곳
    − 행사장 입구 1곳
    ※ 실외는 게시판 형태로 설치하고, 행사장 입구에는 단독 입식 형태로 설치
2. 쓰레기통 설치
    − 분수대 금연 표지판 옆 1개
    − 주차장과 경비소 주변 각 1곳
    ※ 분수대 쓰레기통은 벤치 2개와 함께 설치
3. 안내 팸플릿 제작
    ※ 2도 단면, 5도 양면 각 400장

① 710,000원   ② 720,000원   ③ 730,000원   ④ 740,000원

정답 ③

해설 항목별로 필요한 비용을 계산해 보면 다음과 같다.
    1. 금연 표지판 설치
        • 분수대 후면 1곳(게시판): 120,000원
        • 주차장과 경비소 주변 각 1곳(게시판): 120,000×2=240,000(원)
        • 행사장 입구 1곳(단독 입식): 45,000원
    2. 쓰레기통 설치
        • 분수대 금연 표지판 옆 1개(벤치 2개＋쓰레기통 1개): 155,000원
        • 주차장과 경비소 주변 각 1곳(단독): 25,000×2=50,000(원)
    3. 안내 팸플릿 제작
        • 2도 단면 인쇄 400장: 5,000×4=20,000(원)
        • 5도 양면 인쇄 400장: 25,000×4=100,000(원)
    따라서 총 730,000원의 비용이 필요하다.

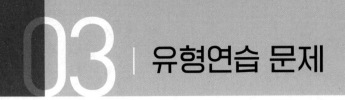

03 | 유형연습 문제

정답과 해설 P.16

[01~02] 다음 [표]는 갑, 을, 병, 정 4개의 영화 중 관객 및 전문가의 평점과 가중치를 나타낸 자료이다. 이를 바탕으로 이어지는 질문에 답하시오.

[표1] 각 영화별 평점

영화	갑	을	병	정
장르	액션	코미디	로맨틱	가족
관객	8.3	7.8	8.5	9.1
전문가	8.0	8.8	7.9	8.2

[표2] 사용자 데이터 가중치

구분	사용자가 즐겨찾는 영화장르	가중치
1위	로맨틱	+0.5
2위	액션	+0.3
3위	코미디	0
4위	가족	−0.3

[표3] 평점 가중치

구분	관객 평점	전문가 평점
점수 가중치	0.4	0.6

※ 영화추천 알고리즘: '관객 평점×점수 가중치+전문가 평점×점수 가중치+사용자 데이터 가중치'로 고득점 순으로 추천

01 관객 평점과 전문가 평점 및 평점 가중치를 고려할 때, 가장 고득점인 영화로 알맞은 것을 고르면?(단, 사용자 데이터 가중치는 고려하지 않는다.)

① 갑   ② 을   ③ 병   ④ 정

02 영화추천 알고리즘을 참고하여 2편의 영화를 추천할 때, 알맞은 영화를 고르면?

① 갑, 을   ② 갑, 병   ③ 을, 정   ④ 병, 정

03 다음은 A~D 4개의 요금제에 대한 정보이다. 다음 중 요금제 선택 기준에 따라 최종적으로 선택하는 요금제를 고르면?

[요금제 정보]

요금제	영상통화(분)	음성통화(분)	메시지(개)	데이터(GB)	가격(원)
A	100	500	200	10	40,000
B	200	400	100	15	45,000
C	150	600	300	20	50,000
D	120	450	250	12	35,000

[요금제 선택 기준]
- 영상통화, 음성통화, 메시지, 데이터는 제공하는 값이 클수록 순위가 높으며, 각 항목에서 1위는 5점, 2위는 4점, 3위는 3점, 4위는 2점으로 점수를 부여(단, 가격은 저렴할수록 높은 순위를 부여)
- 모든 항목의 점수를 합산하여 총점이 가장 높은 요금제를 선택

① A요금제   ② B요금제   ③ C요금제   ④ D요금제

04 다음은 A~D 4개의 카메라에 대한 정보이다. 상사의 지시에 따라 카메라를 구매하려고 할 때, 구매해야 하는 카메라를 고르면?

[카메라 정보]

카메라	AI AF	화소(만 화소)	손떨림 방지	무게(g)	가격(원)
A	가능	2,400	가능	900	2,500,000
B	가능	2,000	불가능	800	2,200,000
C	불가능	2,600	가능	650	2,300,000
D	가능	2,200	가능	1,000	2,100,000

[지시]
안녕하세요. 이번에 카메라를 구매하려고 하는데, 몇 가지 조건에 맞는 제품을 검토해 주세요. AI AF 기능이 지원되고, 2,000만 화소 이상이며, 무게는 1kg 미만인 가벼운 제품을 찾아 주시길 바랍니다. 손떨림 방지 기능은 필수 사항이 아니니 제외해도 무방하며, 위 조건을 모두 충족하는 제품 중에서 가격이 가장 저렴한 모델을 추천해 주시면 됩니다. 적합한 제품을 확인하신 뒤, 해당 모델의 장단점과 가격 정보를 함께 정리해서 제출해 주세요. 필요하신 추가 자료나 도움이 필요하면 언제든 말씀해 주세요.

① A카메라   ② B카메라   ③ C카메라   ④ D카메라

[05~06] 다음 [표]는 회사에서 거래처 A~D 간의 이동거리를 나타낸 자료이다. 이를 바탕으로 이어지는 질문에 답하시오.

[표] 회사와 거래처 간의 이동거리   (단위: km)

구분	A	B	C	D
회사	5			
A		10		
B			15	20
C	15			10
D				

※ 각 거래처에서 1시간씩 업무미팅을 진행한다.

05 영업사원 김씨가 회사에서 출발하여 모든 거래처를 방문하려고 할 때, 최단거리로 알맞은 것을 고르면?

① 35km   ② 40km   ③ 45km   ④ 50km

06 영업사원 김씨의 이동속도가 20km/h일 때, 최단거리로 모든 거래처를 방문하고 미팅을 종료하는 데 소요되는 총 시간을 고르면?

① 5시간 45분
② 6시간
③ 6시간 15분
④ 6시간 30분

07 대구에서 근무하는 명 계장은 긴급 출장으로 부산에 가게 되었다. 다음 [표]와 [조건]을 참고할 때, 교통비 한도 내에서 가장 빠르게 회사에서 부산역까지 도착하기 위한 교통수단을 바르게 짝지은 것을 고르면?

[표1] 회사 – 대구역 교통수단

출발지	교통수단	소요시간	금액	도착지
회사	도보	50분	–	대구역
	버스	25분	1,500원	
	택시	10분	5,000원	

[표2] 대구역 – 부산역 교통수단

구분	소요시간	금액
무궁화호	2시간 15분	15,000원
새마을호	1시간 35분	18,000원
KTX	55분	26,000원

───┤ 조건 ├───
- 명 계장은 회사에서 2시에 출발하여 대구역을 거쳐 5시까지 부산역에 도착해야 한다.
- 대구역에서 기차 탑승 장소까지는 15분의 이동시간이 필요하다.
- 교통비 한도는 30,000원이다.
- 무궁화호는 매시간 15분과 45분, 새마을호는 매시간 30분, KTX는 매시간 정각에 출발한다.

① 도보–KTX   ② 버스–새마을호   ③ 버스–KTX   ④ 택시–무궁화호

08 다음은 A기관 연가 관련 규정이다. 이를 참고할 때, [보기]의 두 공무원에게 가산될 연가일수를 바르게 짝지은 것을 고르면?(단, 연가보상비 지급가능일수는 총 10일이며, 두 사람 모두 병가는 사용한 것으로 가정한다.)

[연가일수의 가산]
- 당해 연도에 결근·휴직·정직 및 직위 해제 사실이 없는 공무원으로서 아래의 경우 다음 해에 한하여 각각 연가 1일(합계: 2일)을 가산하며, 가산사실을 개인별 근무상황부의 첫째 란에 기재, 허가권자 확인 완료
  ① 병가를 사용하지 않은 공무원
  ② 연가보상비를 지급받지 못한 잔여 연가일수가 있는 공무원
- 연가(병가)가산은 1년간 성실히 근무한 데 대한 보상이므로 연도 중 채용되어 1년 미만 근무한 공무원에게는 해당되지 않음

[다음 연도 연가일수를 미리 사용할 수 있는 경우]
당해 연도의 잔여 연가일수를 초과하는 휴가사유가 발생한 경우(연도 중 퇴직예정자 제외), 다음 연도 연가일수의 1/2의 범위에서 미리 사용할 수 있음(단, 친족(배우자, 혈족 및 인척)의 경조사에 한함)

[연가일수의 공제]
- 결근·정직·직위해제 및 강등으로 인하여 직무에 종사하지 못하는 일수가 있는 연도에는 이를 당해 연도의 잔여 연가일수에서 공제
- 법령에 의한 의무수행, 공무상 질병 또는 부상으로 인하여 휴직한 경우를 제외한 당해 연도의 휴직기간에 대하여 다음 산식에 의하여 산출된 일수 공제. 이 경우 휴직일수가 15일 이상은 1월로 계산하고 15일 미만은 미산입하고, 산식에 의하여 산정된 연가일수가 소수점 이하일 경우 반올림함

> 휴직자의 연가일수＝(12－당해 연도 휴직 개월 수)÷12×당해 연도 연가일수

| 보기 |

- 김 대리: 미사용 연가일수가 12일인데, 보상비 지급일수 산정일 이후 연말까지 3일의 연가를 사용하기 위하여 9일만 연가보상비를 지급받았으나 실제로는 연가를 사용하지 않은 경우
- 오 과장: 미사용 연가일수가 9일인데, 보상비 지급일수 산정일 이후 연말까지 1일의 연가를 사용하기 위하여 8일만 연가보상비를 지급받고 실제로 연가를 사용한 경우

	김 대리	오 과장
①	없음	없음
②	1일 가산	없음
③	1일 가산	1일 가산
④	2일 가산	1일 가산

09 어느 마켓에서 물류를 배송할 업체를 선정하기 위하여 배송업체를 5개 항목별로 평가했다. 다음 [표]와 [상사의 의견]을 고려했을 때 가장 적절한 업체를 고르면?

[표] 배송업체 평가 등급

구분	가격	친절도	배송 정확성	신속성	업체 안정성
A	★★	★★★	★★★★	★★★★	★★★
B	★★★★★	★★	★★★	★★★★	★★★★
C	★★★	★★★★★	★★★★	★★★	★★★
D	★★★★	★★★★	★★★	★★	★★★★

※ ★★★★★: 매우 좋음, ★★★★: 좋음, ★★★: 보통, ★★: 나쁨, ★: 매우 나쁨

[상사의 의견]
배송에서 가장 중요한 건 정확성이므로, 정확성이 '좋음' 이상인 업체로 골라야 합니다. 신속성과 친절도는 '보통' 이상이면 됩니다. 앞선 세 조건을 만족하는 업체 중 가격이 더 나은 업체를 최종 선정하도록 하고, 후보 업체들의 안정성이 모두 '보통' 이상이므로 안정성은 크게 고려하지 않아도 됩니다.

① A   ② B   ③ C   ④ D

10 다음은 한 부서의 출장 계획서와 출장비 지급 규정이다. 이를 바탕으로 일행에게 지급될 총 출장비가 얼마인지 고르면?

[출장 계획서]
• 출장지: 부산
• 출장목적: 현지 전기 박람회(BIXCO) 참관 및 업계 동향 파악
• 출장일정: 20○○. 6. 20.~20○○. 6. 22.(2박 3일)
• 출장자: 사업본부 A상무, 영업팀 B부장, C대리
• 이동계획: 항공(A상무, C대리) 및 버스(B부장) 이동 후 현지 합류 복귀 시에는 모두 버스로 이동

[출장비 지급 규정]

(단위: 천 원)

구분	교통비(편도)			활동비(1일)	식비(1일)	숙박비(1박)
	항공	버스	자동차			
상무	120	55	50	235	30	75
부장	100	50	50	195	30	70
대리	85	45	50	150	25	60

※ 출장 출발일과 복귀일은 모두 출장일로 간주함

① 1,825천 원   ② 2,810천 원   ③ 2,950천 원   ④ 3,200천 원

CHAPTER

04

추리

01 최신경향 분석

02 대표유형

03 유형연습 문제

01 | 최신경향 분석

✓ 영역 소개

'추리영역'은 유추/추론능력, 수열추리 등을 확인할 수 있는 다양한 유형으로 출제됩니다. 명제, 참/거짓, 수열추리 등이 대표적으로 출제 되었으나, 2024년 상·하반기에는 시계의 시침과 분침이 움직였을 때 형태를 맞추는 유형, 버튼을 누르면 도형과 문자가 움직이는 유형과 같이 생소한 유형들도 출제되었습니다. 그 외에도 제시된 단어 사이 관계, 숫자 규칙 찾기 등이 출제되었습니다. 신유형들이 간혹 한두 문항 출제되기는 하나 전반적으로 출제 유형이 크게 바뀌지 않는 편이므로 비슷한 문항을 많이 풀어보면서 익숙해지면 어렵지 않게 해결할 수 있습니다.

✓ 대표유형 소개

명제추리	▶	• 명제: 주어진 명제를 바탕으로 추론할 수 있는 명제를 찾거나 주어진 전제를 바탕으로 참인 결론을 찾는 유형 • 참/거짓: 주어진 조건을 바탕으로 참·거짓을 판단하거나 순서를 유추, 자리를 배치하는 유형
조건추리	▶	주어진 조건을 통해 올바른 순서를 찾거나 위치를 찾아 내는 유형
수열추리	▶	숫자가 일정하게 증가 또는 감소하는 수열, 숫자의 차가 일정한 규칙을 따르는 수열, 숫자의 묶음이 일정한 규칙을 따르는 수열, 앞 2개의 항을 더해 다음 항이 이어지는 수열, 그 외 숫자의 규칙이 다양한 변칙 형태로 구성된 수열의 규칙성을 파악하는 유형
그래프 구성 명령어	▶	주어진 그래프 구성 명령어 실행 예시를 바탕으로 명령어의 의미를 파악하고, 이를 적용하는 유형
작동버튼	▶	버튼을 누르기 전과 후의 상태를 보고 어떤 버튼을 눌렀는지 고르는 유형

유형 ❶ 명제추리

다음 전제를 보고 항상 참인 결론을 고르면?

> • 전제 1: 클래식 음악을 즐기는 사람은 모두 예술 전시회를 방문한다.
> • 전제 2: 예술 전시회를 방문하는 사람은 공연 관람을 하지 않는다.
> • 결론: _____

① 예술 전시회를 방문하는 사람은 클래식 음악을 즐긴다.
② 클래식 음악을 즐기는 사람은 공연 관람을 하지 않는다.
③ 공연 관람을 하지 않는 사람은 클래식 음악을 즐기지 않는다.
④ 공연 관람을 하는 사람은 클래식 음악을 즐긴다.

정답 ②

해설 두 전제를 정리하면 다음과 같다.
  • 클래식 → 예술 전시회
  • 예술 전시회 → ~공연 관람
이를 통해 '클래식 → 예술 전시회 → ~공연 관람', '(대우 명제) 공연 관람 → ~예술 전시회 → ~클래식'을 도출할 수 있다.
따라서 ② 클래식 음악을 즐기는 사람은 공연 관람을 하지 않는다.

오답풀이 ① '예술 전시회 → 클래식'은 항상 참이 아니다.
  ③ '~공연 관람 → ~클래식'은 항상 참이 아니다.
  ④ '공연 관람 → 클래식'은 항상 참이 아니다.

📋 **핵심이론**

명제

- **명제**: 어떤 문제에 대한 하나의 논리적 판단과 주장을 언어 또는 기호로 표시한 것으로 참, 거짓을 판단할 수 있는 문장
- **정언명제**: 다음과 같이 조건이 붙지 않은 네 가지 기본 명제

구분	명제	벤다이어그램				
전칭 (all 개념)	모든 S는 P이다.	P⊃S or S=P				한 쪽이 다른 쪽에게 포함되거나 서로 동일한 관계
	모든 S는 P가 아니다.	~P⊃S or S=~P				
특칭 (some 개념)	어떤 S는 P이다.	S∩P or P⊃S or S⊃P or S=P				서로 공통 영역을 공유하는 관계
	어떤 S는 P가 아니다.	S∩~P or ~P⊃S or S⊃~P or S=~P				

- 명제의 역, 이, 대우

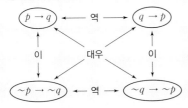

어떤 명제 $p \rightarrow q$가 참이어도 그 역 $q \rightarrow p$나 이 $\sim p \rightarrow \sim q$는 반드시 참이라고 할 수는 없지만, 그 대우 $\sim q \rightarrow \sim p$는 반드시 참이다.

A~E는 사내 축구대회에서 승부차기를 한 뒤 결과가 나왔는데 1명의 승부차기 실축자가 발생했다. 승부차기 결과에 대해 각각 다음 [조건]과 같이 말했고, 이 중 3명이 진실을 말하고 있다 할 때, 거짓을 말한 사람을 고르면?

┤ 조건 ├

- A: "D는 승부차기에서 실축을 했어."
- B: "C는 승부차기에서 실축을 했어."
- C: "나는 승부차기에서 실축을 하지 않았어."
- D: "나는 승부차기에서 실축을 하지 않았어."
- E: "나는 승부차기에서 실축을 했어"

① A, B   ② A, D   ③ B, C   ④ D, E

문제 해결 TIP ✅

서로 모순되는 주장을 하는 사람을 파악하여 참/거짓을 구분한다.

유형 ❸ 수열추리

01 다음과 같이 일정한 규칙으로 숫자를 나열할 때, 빈칸에 들어갈 알맞은 숫자를 고르면?

1, 4, 13, 40, 121, ( )

① 188　　　　② 234　　　　③ 320　　　　④ 364

02 다음과 같이 일정한 규칙으로 숫자를 나열할 때, 빈칸에 들어갈 알맞은 숫자를 고르면?

① 3　　　　② 4　　　　③ 5　　　　④ 6

01

정답　④

해설　각 항 사이를 계산해보면 $4-1=3$, $13-4=9$, $40-13=27$, $121-40=81$이 나오며, 이는 모두 3의 거듭제곱이다.
따라서 빈칸에 들어갈 숫자는 $121+3^5=121+243=364$가 된다.

02

정답　④

해설　다음과 같이 각 칸에 쓰인 수를 순서대로 a, b, c라고 하면

$a \div b = \Box \cdots c$, 즉 $a = b \times \Box + c$가 성립함을 알 수 있다. 빈칸에 들어갈 숫자를 x라고 하면 $78=9 \times 8 + x \rightarrow \therefore x=6$
따라서 빈칸의 숫자는 6이다.

[01~02] 다음 [보기]는 그래프 구성 명령어 실행 예시이다. 이를 바탕으로 이어지는 질문에 답하시오.

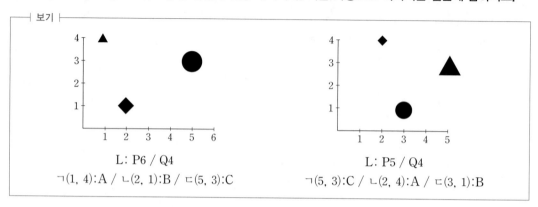

01 다음 그래프에 알맞은 명령어를 고르면?

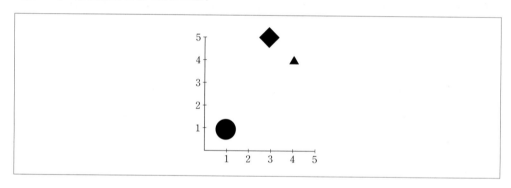

① L: P6 / Q4
  ㄱ(1, 1):C / ㄴ(3, 5):C / ㄷ(4, 4):A

② L: P5 / Q5
  ㄱ(4, 4):C / ㄴ(1, 1):C / ㄷ(3, 5):A

③ L: P6 / Q4
  ㄱ(3, 5):A / ㄴ(4, 4):B / ㄷ(1, 1):C

④ L: P5 / Q5
  ㄱ(4, 4):A / ㄴ(3, 5):C / ㄷ(1, 1):C

02 다음 그래프에 알맞은 명령어를 고르면?

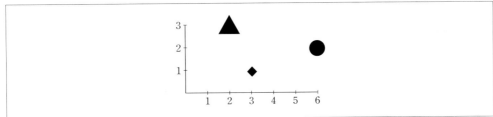

① L: P6 / Q3

   ㄱ(2, 3):C / ㄴ(1, 3):A / ㄷ(2, 6):C

② L: P6 / Q3

   ㄱ(2, 3):C / ㄴ(3, 1):A / ㄷ(6, 2):B

③ L: P6 / Q4

   ㄱ(2, 3):A / ㄴ(3, 1):C / ㄷ(6, 2):C

④ L: P5 / Q4

   ㄱ(2, 3):C / ㄴ(3, 1):A / ㄷ(6, 2):B

01

정답 ④

해설 각 그래프는 다음과 같은 방식으로 표현된다.

▲	◆	●
ㄱ	ㄴ	ㄷ

크기순: A < B < C
주어진 그래프는 다음과 같다.
— ㄱ이 (4, 4), 크기는 A
— ㄴ이 (3, 5), 크기는 C
— ㄷ이 (1, 1), 크기는 C
따라서 정답은 ④이다.

02

정답 ②

해설 각 그래프는 다음과 같은 방식으로 표현된다.

▲	◆	●
ㄱ	ㄴ	ㄷ

크기순: A < B < C
주어진 그래프는 다음과 같다.
— ㄱ이 (2, 3), 크기는 C
— ㄴ이 (3, 1), 크기는 A
— ㄷ이 (6, 2), 크기는 B
따라서 정답은 ②이다.

[01~02] 다음 [조건]을 바탕으로 이어지는 질문에 답하시오.

┤ 조건 ├

버튼	기능
◆	모든 화살표를 시계 방향으로 90° 회전
◇	모든 화살표를 반시계 방향으로 90° 회전
◈	모든 화살표의 음영을 반전
⊙	두 번째, 네 번째 화살표를 180° 회전

01 처음 상태에서 버튼을 두 번 눌렀더니 두 번째 도형과 같은 상태로 바뀌었다. 어떤 버튼을 눌렀는지 고르면?

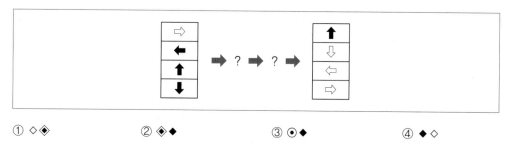

① ◇◈   ② ◈◆   ③ ⊙◆   ④ ◆◇

02 처음 상태에서 버튼을 두 번 눌렀더니 두 번째 도형과 같은 상태로 바뀌었다. 어떤 버튼을 눌렀는지 고르면?

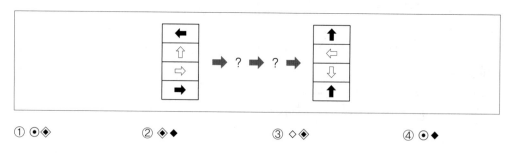

① ⊙◈   ② ◈◆   ③ ◇◈   ④ ⊙◆

01

①

화살표는 규칙에 따라 다음과 같이 변화한다.

따라서 정답은 ①이다.

02

④

화살표는 규칙에 따라 다음과 같이 변화한다.

따라서 정답은 ④이다.

01 다음 전제를 보고 항상 참인 결론을 고르면?

> - 전제 1: 미술을 좋아하는 모든 사람은 상상력이 풍부하다.
> - 전제 2: 수학을 좋아하는 어떤 사람은 미술을 좋아한다.
> - 결론: _____

① 수학을 좋아하는 사람은 상상력이 풍부하지 않다.
② 수학을 좋아하지 않는 사람은 상상력이 풍부하다.
③ 수학을 좋아하는 어떤 사람은 상상력이 풍부하다.
④ 수학을 좋아하지 않는 어떤 사람은 상상력이 풍부하다.

02 다음 [조건]의 명제들이 모두 참이라고 할 때, 항상 참이 <u>아닌</u> 것을 고르면?

> ┤ 조건 ├
> - 드라마를 좋아하는 사람은 영화를 좋아하지 않는다.
> - 뉴스를 좋아하지 않는 사람은 스포츠를 좋아한다.
> - 예능을 좋아하는 사람은 영화를 좋아한다.
> - 예능을 좋아하지 않는 사람은 뉴스를 좋아한다.

① 뉴스를 좋아하는 사람은 영화를 좋아하지 않는다.
② 드라마를 좋아하는 사람은 뉴스를 좋아한다.
③ 뉴스를 좋아하지 않는 사람은 예능을 좋아한다.
④ 드라마를 좋아하는 사람은 예능을 좋아하지 않는다.

03 다음과 같이 일정한 규칙으로 숫자를 나열할 때, 빈칸에 들어갈 알맞은 숫자를 고르면?

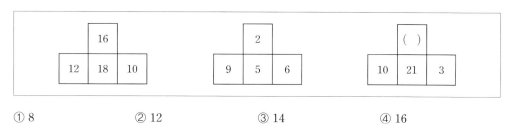

① 8 　　　　　 ② 12 　　　　　 ③ 14 　　　　　 ④ 16

04 다음과 같이 일정한 규칙으로 숫자를 나열할 때, 빈칸에 들어갈 알맞은 숫자를 고르면?

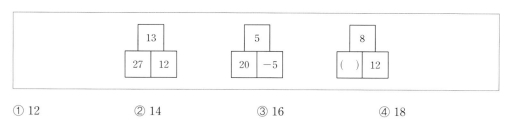

① 12 　　　　　 ② 14 　　　　　 ③ 16 　　　　　 ④ 18

05 다음 단어 쌍의 관계가 동일하도록 빈칸에 들어갈 알맞은 단어를 고르면?

> (　　　) : 이상 = 사실 : 허구

① 환상 　　　　　 ② 희망 　　　　　 ③ 실체 　　　　　 ④ 현실

06 시계의 처음 상태에서 규칙의 버튼을 두 번 눌렀더니 다음과 같은 결과가 나타났다. 다음 중 누른 버튼의 순서를 바르게 나열한 것은?

[동작 전 시각 PM 3:00] [동작 후 시각 PM 5:45]

┤ 규칙 ├

버튼	기능
△	시침을 시계 방향으로 90° 움직였다.
▲	분침을 시계 방향으로 90° 움직였다.
▽	시침을 반시계 방향으로 90° 움직였다.
▼	분침을 반시계 방향으로 90° 움직였다.

※ 분침이 움직이면 시침도 그에 따라 움직인다.

① △▲ ② △▼ ③ ▲▽ ④ ▲▼

[07~08] 다음 [규칙]을 바탕으로 A에서 B까지 길을 연결하려고 한다. 이를 바탕으로 이어지는 질문에 답하시오.

┤ 규칙 ├

- ➡는 A에서 B까지 이어지는 길의 입구와 출구이다.
- 서로 떨어져 있지 않은 4×4=16(개)의 정사각형을 1개의 타일로 가정하고, 이동할 수 있는 길은 회색으로 표시한다.
- 타일 사이 떨어져 있는 부분은 맞닿아 있는 양쪽 칸이 모두 길인 경우 이어진 것으로 가정한다.
- 각 타일은 다음 버튼에 따라 위치와 모양이 바뀐다.

버튼	기능
■	1. 3행의 타일을 시계 방향으로 90° 회전한다.
◕	1. 3열의 타일을 시계 방향으로 90° 회전한다.
◑	모든 타일을 1칸씩 위쪽으로 이동한다.(가장 위쪽 타일은 가장 아래쪽으로 이동)
□	모든 타일을 1칸씩 왼쪽으로 이동한다.(가장 왼쪽 타일은 가장 오른쪽으로 이동)

07 A에서 B까지 길이 연결되도록 해야 한다고 할 때, 다음 중 눌러야 할 버튼의 순서를 고르면?

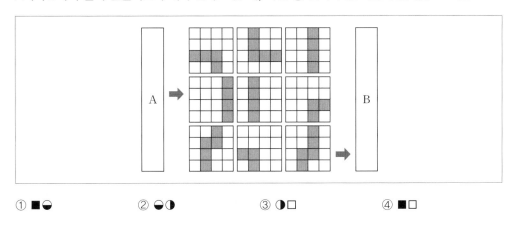

① ■◕   ② ◕◑   ③ ◑□   ④ ■□

08 A에서 B까지 길이 연결되도록 해야 한다고 할 때, 다음 중 눌러야 할 버튼의 순서를 고르면?

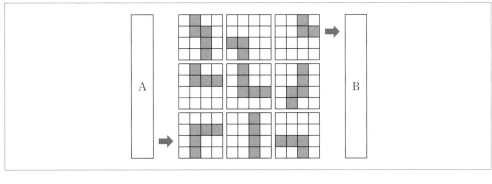

① ■◕   ② ◕◑   ③ ◑□   ④ ■□

09 다음 [조건]을 바탕으로 처음 상태에서 버튼을 두 번 눌렀더니 화살표가 가리키는 모양과 같은 상태로 바뀌었다. 어떤 버튼을 순서대로 눌렀는지 고르면?

┤ 조건 ├

버튼	기능
△	도형이 모두 1칸 위로 이동한다.
▽	도형이 모두 1칸 아래로 이동한다.
▲	도형이 모두 2칸 위로 이동한다.
▼	도형이 모두 2칸 아래로 이동한다.

① ▲△   ② ▽▲   ③ ▼△   ④ △▽

10 다음 [보기]는 그래프 구성 명령어 실행 예시이다. 이를 바탕으로 제시된 그래프에 알맞은 명령어를 고르면?

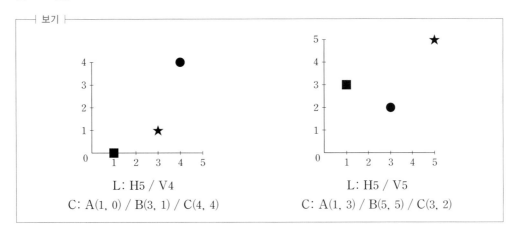

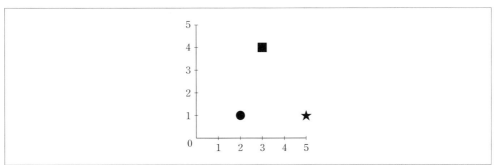

① L: H5 / V5
　C: A(3, 4) / B(5, 1) / C(2, 1)
② L: H5 / V5
　C: A(2, 1) / B(3, 4) / C(5, 1)
③ L: H6 / V6
　C: A(3, 4) / B(5, 1) / C(2, 1)
④ L: H6 / V6
　C: A(2, 1) / B(3, 4) / C(5, 1)

CHAPTER

05

포스코 상식

01 최신경향 분석

02 대표유형

03 유형연습 문제

01 | 최신경향 분석

 영역 소개

'포스코 상식'은 포스코 홈페이지 게시 내용을 중심으로 포스코 관련 지식을 확인할 수 있는 유형으로 출제됩니다. 영역별 제한 시간은 없으며, 4지선다형으로 5문항이 출제됩니다. 출제 문항 수가 많은 편은 아니지만, 포스코 홈페이지와 포스코 뉴스룸 등을 통해 대비 가능한 난도로 출제되므로 틈틈이 습득해 두는 것이 좋습니다.

 대표유형 소개

기업상식	▶	포스코의 경영이념, 경영비전, 인재상, 행동강령, 핵심가치, 역사, 그룹사 등 포스코 홈페이지의 회사소개 등을 통해 대비할 수 있는 유형
업무 관련 지식	▶	포스코의 핵심기술, 포스코에서 개발한 제품 등 평소 포스코에 대한 관심 정도를 파악할 수 있는 유형

✓ **최신 기출 키워드**

[2024년]
- 핵심가치
- 리튬 받는 업체
- PARK1538
- 수소환원제철–하이렉스–파이넥스
- 포스코 상품
- 비전
- 얼티엄캠
- 사명
- 포스코의 역사
- EGS 경영
- 기가스틸
- 대일청구권 자금–제철보국
- 하이렉스의 특징

[2023년]
- e Autopos(이 오토포스)
- Greenable, Greenate
- 선재
- 파이넥스 공법
- community with POSCO
- 기업시민–피플–소사이어티–비즈니스
- INNOVILT(이노빌트)
- 기업시민 보고서
- 슬라브
- 친환경 브랜드 제품
- 스테인리스–냉연
- 기가스틸
- 회사 기업명
- 스테인리스
- 핵심가치
- 협력 기업 관련
- ESG 경영
- 인재상
- 포스코 50주년 준공기념일
- 비전
- 포스코의 5대 브랜드

유형 ❶ 기업상식

다음 [보기]에서 설명하는 포스코그룹의 기업시민 5대 브랜드를 고르면?

┤ 보기 ├

포스코는 창립 초기부터 지역사회와 함께 성장하는 것을 기업의 사회적 책임으로 생각하고, 포스코 그룹의 사업장이 위치한 포항과 광양 그리고 서울/인천지역을 중심으로 지역주민들과 함께 다양한 사회문제 해결을 통해 기업과 사회가 함께 발전하는 모델을 제시하기 위해 노력하고 있습니다.

① Green With POSCO
② Challenge With POSCO
③ Life With POSCO
④ Community With POSCO

정답   ④

해설   주어진 설명은 기업시민 5대 브랜드 중에 'Community With POSCO: 지역과 함께하는 회사'에 해당한다.
지역별로 차별화된 공헌 프로그램에 참여하여 나눔을 실천하고 있으며, 문화콘텐츠와 지역 명소화 사업으로 지역민들을 위한 다채로운 활동을 지원하고 2010년부터 사회문제 해결에 동참하고 더 나은 지역사회 발전에 기여하고자 글로벌 모범시민 위크를 진행해 오고 있다.

오답풀이 ① Green With POSCO: 함께 환경을 지키는 회사. 포스코는 2050 탄소중립(Carbon Neutral) 달성을 선언하고 이를 위해 기업의 역할을 넘어, 기업시민으로서 다양한 노력을 기울여 나가고 있다. 2022년 11월 탄소중립 마스터브랜드 Greenate(그리닛)을 론칭하였고, 2021년 2월 1일 친환경컨설팅 지원단을 새롭게 발족하였다.
② Challenge With POSCO: 함께 성장하고 싶은 회사. 포스코는 벤처밸리 조성과 벤처펀드 투자로 구성되는 '포스코 벤처 플랫폼' 구축을 통해 100년 기업을 향한 신성장사업 발굴 기반을 만들고 있다. 또한, 매년 2회 유망 벤처기업의 발굴 및 Value−up을 위해 IMP를 진행하고 있다.
③ Life With POSCO: 함께 미래를 만드는 회사. 포항과 광양을 중심으로 아이 키우기 좋은 도시를 만들기 위해 기업 차원의 다양한 인프라와 프로그램을 지원하고 있다.

문제 해결 TIP ✓

기업시민 5대 브랜드 및 목표는 다음과 같다.
· Together With POSCO
· Challenge With POSCO
· Green With POSCO
· Life With POSCO
· Community With POSCO
이 중 Together With POSCO는 '함께 거래하고 싶은 회사'를 의미하는 표어이며, 비즈니스 파트너와 함께 강건한 산업 생태계 조성을 위한 동반성장을 추진한다는 포스코의 의지가 담겨 있다.

유형 ❷ 업무 관련 지식

포스코가 만든 신소재로 '꿈의 강철'이라 부르는 기가스틸(Giga Steel)에 대한 설명으로 옳지 <u>않은</u> 것을 고르면?

① 1기가파스칼(GPa) 이상인 초고강도강으로, 차체용 알루미늄 대비 3배 이상 강도가 높다.
② 강도가 높아 가공하기 어렵지만 경량화에 유리하다.
③ 친환경적인 소재이다.
④ 제조 생산비용을 낮출 수 있어 경제적이다.

정답   ②

해설   독자적인 기술로 '망간'배합 비율을 조절하여 강도와 가공성, 두 가지를 동시에 만족하는 강판이다. 또한, 차체용 알루미늄보다 3배 이상 강도가 높아 3배 이상 얇은 강판으로도 동일한 강도의 튼튼한 자동차를 만들 수 있다. 이러한 이유로 기가스틸은 알루미늄이나 일반스틸 대비 경량화에 유리하다.

오답풀이   ① 기가스틸은 가로 10cm, 세로 15cm의 손바닥만 한 크기로 1톤가량의 준중형차 1,500대의 하중을 견뎌낼 정도의 초고강도강이다.
③ 기본적으로 재활용이 가능한 철강재이며, 자동차의 누적 CO_2 배출량을 기존 대비 약 10% 정도 줄일 수 있는 친환경 소재이다.
④ 알루미늄 대비 소재 가격은 3.5배, 가공비는 2.1배 줄일 수 있어 자동차 제조 생산비용을 낮출 수 있고 소비자는 합리적인 가격으로 자동차를 구매할 수 있다.

01 다음 글은 포스코그룹의 인재상에 대한 설명이다. 빈칸 ㉠~㉢에 들어갈 단어를 바르게 짝지은 것을 고르면?

[기출복원]

> 기업시민 포스코그룹의 구성원인 임직원은 (㉠)의식을 바탕으로 남보다 앞서 솔선하고, 겸손과 존중의 마인드로 (㉡)할 줄 알며, 본연의 업무에 몰입하여 새로운 아이디어를 적용하는 (㉢)적 인재를 지향합니다.

	㉠	㉡	㉢
①	실천	헌신	긍정
②	실천	배려	창의
③	공동체	헌신	창의
④	공동체	배려	긍정

02 다음은 포스코그룹이 지향하는 기업시민 브랜드 중 하나이다. 제시된 브랜드에 해당하지 않는 프로그램을 고르면?

> 함께 거래하고 싶은 회사(Together With POSCO)
> 포스코는 높아진 사회적 기대수준에 부응하고, 경영환경 변화에 대처하기 위해 새로운 차원의 동반성장 활동을 진행하고 있다. 이에 따라 협력 기업에 대한 단순 지원 위주에서 경제적 가치와 사회적 가치를 함께 추구하는 '기업시민 동반성장'으로 확대 지원하고 있다.

① 포유드림 잡매칭
② 철강 ESG 상생펀드
③ 포벤처스(POVENTURES)
④ 성과공유제(Benefit Sharing)

03 다음 중 포스코그룹의 핵심가치에 포함되지 <u>않는</u> 것을 고르면? [기출복원]

① 안전　　　　　② 도전　　　　　③ 윤리　　　　　④ 고객

04 다음은 포스코그룹의 정보보호 정책 운영 체계이다. [보기]의 활동에 해당하는 단계를 고르면?

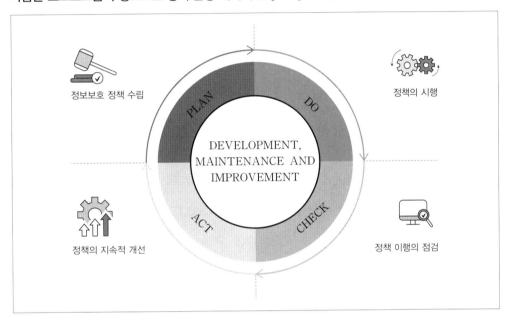

| 보기 |

　포스코는 정보보호 원칙을 기반으로 정보보호 규정 및 지침을 제정해 시행하고 있다. 매년 최신 법률과 제도, 대내외 환경을 반영해 개정하고 있으며, 개정된 규정과 지침은 전사 정보보호위원회에서 심의 후 확정한다.

① 정보보호 정책 수립
② 정책의 시행
③ 정책 이행의 점검
④ 정책의 지속적 개선

05 다음 글의 빈칸에 들어갈 말로 알맞은 것을 고르면? [기출복원]

> 포스코가 출시한 제품 ( )은 탄소감축량 배분형(Mass Balance) 제품이다. 저탄소 생산공정 도입 · 저탄소 철원 사용 등을 통해 감축한 탄소 배출량을 배분 받아 기존 탄소 배출량을 저감한 제품을 의미한다. 동 제품의 탄소 배출량 및 감축량 산정은 온실가스 배출 관련 공시에서 국제적으로 가장 널리 사용되는 표준인 GHG Protocol을 따랐다. 감축방법 · 감축량 · 배분방식 검증은 세계 3대 인증기관이자 글로벌 철강사 탄소저감 강재 검증 경험이 가장 많은 제3자 기관 DNV(Det Norske Veritas) UK가 포항제철소와 광양제철소 실사를 통해 수행했다. 구매 고객사엔 DNV의 제품보증서와 포스코가 발행하는 구매인증서가 제공된다. 고객사는 이를 통해 원재료 부문 탄소 배출량(Scope3) 감소를 보고할 수 있다.

① Renewable energy steel
② Greenate certified steelTM
③ Ostenaite steel
④ Martensite steel

06 다음 중 포스코의 3대 친환경 브랜드가 <u>아닌</u> 것을 고르면? [기출복원]

① HyREX
② e Autopos
③ INNOVILT
④ Greenable

07 오스트리아의 푀스트알피네(Voestalpine)사와 협력하여 개발해 낸 제철공법으로, 유해물질이 많이 발생하는 유연탄을 쪄내는 공정을 거치지 않아 기존 공법에 비해 환경오염이 적은 장점을 지닌 포스코그룹의 기술을 고르면?

① 파이넥스(Finex) 공법
② 하이렉스(HyREX) 기술
③ 합성기둥(P−Box Column) 공법
④ PCFT(Prestressed Concrete Filled steel Tube) 복합말뚝공법

08 다음 [보기]의 포스코그룹 활동영역과 세부 사항을 바르게 나열한 것을 고르면?

> ┤ 보기 ├
> - ㉠: 공정·투명·윤리 실천, 동반성장 및 최고의 제품과 서비스
> - ㉡: 안전하고 쾌적한 근무환경 조성, 다양성 포용과 일과 삶의 균형
> - ㉢: 사회문제 공감·해결 기여 및 지역사회 발전과 환경경영 실천

	㉠	㉡	㉢
①	Business	People	Society
②	Business	Society	People
③	Society	People	Business
④	Society	Business	People

09 다음 중 포스코그룹의 행동강령에 포함되지 <u>않는</u> 것을 고르면? [기출복원]

① 실질   ② 실행   ③ 실현   ④ 실리

10 다음 중 포스코의 비전인 '그린스틸로 창조하는 더 나은 세계'에 포함된 의미가 <u>아닌</u> 것을 고르면?

① 환경적 가치 측면에서 혁신기술로 탄소 중립 사회를 선도
② 경제적으로 철의 새로운 가치 창조를 통해 지속 성장
③ 사회적으로 인류의 더 나은 미래를 만들어 가는 기업
④ 단기적인 이익 창출을 최우선으로 한 시장 점유율 확대

쉼은 멈춤이고,
쉼은 내려놓음이며,
쉼은 나눔입니다.

기계는 쉬지 않는 것이 능력이고
사람은 쉴 줄 아는 것이 능력입니다.

– 조정민, 『사람이 선물이다』, 두란노

PART

03

실전모의고사

POSCO
Aptitude Test

01 실전모의고사 1회   116

02 실전모의고사 2회   162

03 실전모의고사 3회   208

04 실전모의고사 4회   252

※ 적성검사는 언어이해 · 자료해석 · 문제해결 · 추리(각 15문항)영역과 포스코 상식(5문항) 총 5개 영역, 65문항으로 출제되었으며 60분 동안 진행되었습니다.

※ 실제 시험은 온라인 시험으로 개별 메모지, 필기구 사용이 불가하며 응시 프로그램상 메모 기능만 활용하여 풀어야 합니다.

직무적성검사

01 다음 글의 내용과 일치하는 것을 고르면?

> 선비들의 예절을 다룬 '사소절'이라는 책에는 '게 껍데기에 밥을 비벼 먹지 말라'는 구절이 있다. 이처럼 게 껍데기에 밥을 비벼 먹는 것은 우리 조상 대대로 내려온 오랜 전통이었음을 알 수 있다. 꽃게의 이름은 '곶'에서 유래했다. '곶'은 바다 쪽으로 뾰족하게 돌출된 뭍의 지형을 의미하는데, 간절곶, 호미곶, 장산곶 등이 대표적이다. 꽃게는 등딱지 양쪽 끝에 돌출된 가시 때문에 원래 '곶게'라고 불리다 시간이 지나면서 '꽃게'로 변했다.
>
> 꽃게의 붉은색은 '아스타크산틴'이라는 천연 색소 덕분이다. 이 색소는 단백질과 결합해 있을 때는 어두운 파란색을 띠지만, 열을 가하면 단백질이 분리되면서 원래의 빨간색이 드러난다. 꽃게를 익히면 붉게 변하는 이유도 바로 이 때문이다. 흰 살 생선인 연어가 크릴새우를 먹어 살이 붉게 변하는 것도 크릴새우에 포함된 아스타크산틴 덕분이다.
>
> 꽃게는 보통 통발로 잡아서 어선의 어창에 보관한 뒤 육지로 운송된다. 이때 꽃게는 먹이를 먹지 못해 생존하는 동안 자기 살을 소진하게 된다. 반면, 자망이나 닻자망으로 잡은 꽃게는 냉동하거나 급랭 처리 후 유통된다. 활꽃게와 냉동꽃게의 맛을 비교하기는 어렵지만, 신선한 꽃게를 바로 구입하면 활꽃게가 더 맛있고, 유통 기간이 길어질 경우 냉동꽃게가 더 적합하다. 또한, 수족관에서 오래 살아있는 꽃게는 살이 빠져 수율이 떨어지므로 활꽃게가 반드시 더 맛있다고 할 수는 없다.
>
> 조선시대에는 꽃게를 간장게장으로 담가서 주로 소비했다. 꽃게는 부패가 빠르고 외피가 단단해 말리기 어려워 보관이 힘들었다. 대게는 다리를 찐 후 건조해서 유통했으나, 꽃게는 다리에 살이 적어 쪄서 말리는 방식이 효과적이지 않았다. 그래서 간장게장으로 담가 내륙에 있는 사람들도 꽃게를 즐길 수 있게 되었다.

① 꽃게의 이름은 붉은색의 '꽃'을 연상시켜 붙여진 것이다.
② 유통 기간이 길어질 경우 활꽃게는 냉동꽃게보다 수율이 떨어진다.
③ 아스타크산틴이 열에 의해 단백질과 결합하므로 꽃게를 익히면 붉게 변한다.
④ 꽃게는 부패가 늦고 외피가 단단해 그대로 말리지 않고 쪄서 말린 후 즐기게 되었다.

02 다음 [가]~[라]를 논리적인 순서에 맞게 배열한 것을 고르면?

[가] 연구팀은 포화지방을 많이 섭취하지 않으면서도 세로토닌을 흡수할 수 있도록 저지방 우유를 마실 것을 권유했다. 연구팀은 "저지방 우유의 지방산 조성은 일반 우유나 무지방 우유에 비해 뇌를 더 잘 보호해 우울증과 불안 위험을 낮출 수 있다"고 밝혔다. 또 우유의 포화지방 함량이 낮을수록 뇌에서 즐거움, 흥분, 쾌락 등을 전달하는 신경 전달 물질인 도파민 신호를 막을 가능성이 낮다고 덧붙였다.

[나] 여기서 좋은 지방은 '행복 호르몬'이라 불리는 세로토닌을 생성하는 데 도움이 된다. 세로토닌이 활성화되면 기분이 밝아지고 행복해진다. 그러나 해로운 지방인 포화지방을 많이 섭취할 경우에는 위험할 수 있다. 포화지방은 뇌졸중, 심장병에 걸리게 하거나 콜레스테롤과 우울증 위험도를 높이기 때문이다.

[다] 아몬드, 현미, 귀리 등 식물성 원료를 활용한 식물성 대체 음료를 마시면 저지방 우유를 마셨을 때보다 우울증에 걸릴 위험이 높다는 연구 결과가 나왔다. 저지방 우유를 마신 사람은 식물성 대체 음료를 마신 사람보다 우울증에 걸릴 가능성이 12%, 불안을 경험할 가능성이 10% 낮게 나타났다. 이는 35만여 명의 영국인의 식단과 정신 건강을 10년 이상 추적한 결과이다.

[라] 연구팀은 일반 우유나 무지방 우유보다 저지방 우유가 더 정신 건강에 좋은 영향을 준다고 밝혔다. 저지방 우유가 무지방 우유보다 건강에 좋은 지방이 더 많이 함유되어 있으며 일반 우유에 비해 해로운 지방을 덜 함유하고 있다는 것이다.

① [가]-[나]-[라]-[다]
② [나]-[라]-[다]-[가]
③ [다]-[가]-[나]-[라]
④ [다]-[라]-[나]-[가]

03 다음 글의 제목으로 적절한 것을 고르면?

드론 기술의 발전은 현대 사회에서 중요한 역할을 하고 있으며, 이는 인류의 미래에 큰 영향을 미칠 수 있는 잠재력을 지닌 분야로 떠오르고 있다. 특히 드론은 단순한 취미용 기기에서 벗어나 상업적·산업적 용도로 활발히 활용되고 있다.

드론 기술은 다양한 분야에서 효율성을 높이고 혁신적인 변화를 이끌어내는 잠재력을 가지고 있다. 예를 들어, 드론을 활용한 농업에서는 토지와 작물의 상태를 실시간으로 모니터링하고, 이를 바탕으로 최적의 농업 전략을 수립할 수 있다. 또한, 물류 산업에서는 드론을 통한 빠르고 정확한 배송 서비스가 가능해지며, 기후 변화와 환경 모니터링을 위한 도구로서 중요한 역할을 한다. 이와 같은 발전은 경제 성장과 생산성 향상에 기여하는 동시에, 지구 환경을 보호하는 데에도 중요한 역할을 한다.

하지만 드론 기술의 확산에는 여러 도전 과제가 존재한다. 드론의 안전성 문제와 개인정보 보호에 대한 우려가 있다. 또한, 드론 기술에 대한 규제의 부족과 기술적 격차는 다양한 사회적 문제를 야기할 수 있다. 특히 드론의 상용화가 진행됨에 따라, 개인의 프라이버시 침해나 항공 안전에 대한 우려가 커지고 있다. 이러한 문제를 해결하기 위해서는 국제적인 협력과 연구 개발이 필수적이다.

결론적으로, 드론 기술은 미래 산업의 핵심 요소로 자리잡을 가능성이 크며, 이를 통해 새로운 경제적 기회를 창출하고, 환경 문제를 해결하는 데 기여할 수 있다. 그러나 그 발전을 위해서는 다양한 사회적·기술적 도전 과제를 극복하려는 노력이 함께 요구된다.

① 드론 기술과 환경 보호의 관계
② 드론의 상업적 활용으로 미치는 부정적 영향
③ 드론 기술의 발전과 사회적 도전 과제
④ 드론의 글로벌 협력 필요성

04 다음 글의 논지 전개 방식으로 가장 적절한 것을 고르면?

'소식(小食)'이 수명 연장에 도움이 된다는 연구 결과에 따라 식욕 조절에 대한 관심이 높아지고 있다. 식욕은 기본적으로 뇌의 시상하부에 있는 식욕 중추의 영향을 받는다. 이 중추에는 '섭식 중추'와 '포만 중추'가 있다. 섭식 중추는 배고픔을 느끼게 하고, 포만 중추는 배부름을 느끼게 한다. 영양분이 부족하면 섭식 중추는 신호를 보내 식욕을 촉진시키고, 충분히 섭취되면 포만 중추가 작용해 식욕을 억제한다.

식욕 조절에서 중요한 역할을 하는 것은 혈액 속의 영양소이다. 특히 탄수화물에서 분해된 포도당과 지방에서 분해된 지방산이 핵심적이다. 식사를 통해 섭취한 탄수화물은 소장에서 분해되어 포도당으로 변하고, 이는 혈액 속으로 흡수된다. 혈중 포도당 농도가 높아지면 인슐린이 분비되어 포만 중추를 자극하고 섭식 중추의 작용을 억제한다. 반면, 공복 상태가 지속되면 지방은 중성지방 형태로 저장된 뒤, 혈액 속으로 방출되어 간으로 운반된다. 간에서 중성지방이 분해되면 지방산이 혈액을 통해 시상하부로 이동, 섭식 중추를 자극하고 포만 중추를 억제한다.

하지만 식욕은 영양분 섭취만을 위한 것이 아니다. 예를 들어, 취향이나 기분에 따라 식욕이 달라지기도 한다. 이러한 감정적 식욕은 전두 연합 영역에서 조절된다. 전두 연합 영역은 원래 정신적이고 지적인 활동을 담당하지만, 식욕 조절에도 큰 영향을 미친다. 맛이 없어도 건강을 위해 음식을 먹는 것처럼, 이성적으로 식사를 조절하는 기능도 여기서 담당한다. 전두 연합 영역의 지령은 신경 세포를 통해 섭식 중추와 포만 중추로 전달된다.

① 현상에 영향을 미치는 여러 요소들과 각각의 과정을 설명하고 있다.
② 현상의 문제점을 지적한 후 이를 해결할 새로운 대상을 설명하고 있다.
③ 여러 가지 특수한 사례로부터 현상에 대한 보편적 이론을 도출하고 있다.
④ 현상에 대한 관심을 시대 순으로 설명하고 오늘날의 타당한 관점을 찾고 있다.

05 다음 글을 토대로 질문에 대한 답을 작성할 때, 답을 할 수 <u>없는</u> 질문을 고르면?

> 협동조합이란 공동의 경제적 · 사회적 · 문화적 수요와 요구를 충족하기 위해 자발적으로 결합한 사람들로 구성된 자주적이고 민주적인 조직이다. 협동조합은 다수의 사람들이 모여 출자금을 내면 누구나 만들 수 있으며, 가입과 탈퇴도 자유롭다.
>
> 예를 들어 안전한 농산물을 농민들로부터 직접 공급받고 싶은 수요를 가진 사람들이 모여 일정 금액의 출자금을 내어 단체를 만들게 되는 것이다. 이 단체에서는 거둔 출자금의 일부를 미리 농민에게 지불하여 농민들이 안정적으로 농산물을 생산할 수 있도록 돕고 중간의 유통 비용 없이 협동조합의 구성원들에게 안전한 농산물을 공급할 수 있게 된다.
>
> 협동조합은 평등한 협력체이기 때문에 사업의 목적이 이윤의 추구가 아니라 조합원 간의 상호부조에 있다. 그래서 모든 조합원들은 공동의 소유자이자 사용자로서 직접적인 참여와 의사결정을 하며, 이익은 조합의 발전과 조합원의 권익 증진을 위해 사용된다.
>
> 협동조합에서는 대체로 조합원이 추구하는 공동의 가치인 일자리 창출이나 사회적 약자 보호, 지역 사회의 발전, 친환경적 생산 활동, 지속가능한 발전 등 사회적 가치를 실현하는 데 유리하다. 협동조합에서는 대체로 조합원 한 사람에게 한 표의 의사 결정권이 부여되므로, 조합원의 의사가 존중되는 것이다. 이는 이윤 추구를 목적으로 하기에 주식을 가진 비율에 따라 의사 결정권이 부여되는 주식회사와는 다른 점이다.

① 협동조합의 개념은 무엇인가?
② 협동조합의 사업 목적은 무엇인가?
③ 협동조합과 주식회사의 차이점은 무엇인가?
④ 협동조합의 단점은 무엇인가?

06

다음 글의 ⊙~② 중 [보기]의 내용이 들어갈 위치로 가장 적절한 곳을 고르면?

　　모나리자는 레오나르도 다 빈치가 그린 초상화로, 르네상스 미술을 대표하는 작품이다. 이 그림은 1503년부터 1506년 사이에 그려졌다고 여겨지며, 현재는 파리의 루브르 박물관에 소장되어 있다. 독특한 미소와 신비로운 분위기 덕분에, '세계에서 가장 유명한 초상화'라는 별명을 가지고 있다.(⊙)

　　모나리자의 가장 큰 특징은 그녀의 미소이다. 이 미소는 단순한 미소가 아니라, 보는 사람마다 다르게 해석된다. 어떤 이들은 그녀가 행복해 보인다고 느끼고, 또 다른 이들은 슬퍼 보인다고 생각한다. 이는 다 빈치가 사용한 스푸마토 기법 덕분이다. 이 기법은 색상과 음영을 부드럽게 혼합해 경계를 흐리게 만드는 기술로, 인물의 피부와 표정을 자연스럽고 생동감 있게 표현할 수 있다. 덕분에 모나리자의 얼굴은 마치 살아 있는 사람처럼 보이며, 미묘한 표정 변화를 감지할 수 있다.(ⓒ)

　　모나리자의 주인공에 대해선 여러 가지 이론이 있다. 가장 널리 알려진 이론은 리사 게라르디니라는 여성으로, 피렌체 상인 프란체스코 델 조콘도의 아내였다는 것이다. 그래서 이 그림은 이탈리아어로 '라 조콘다'라고도 불린다. 그 외에도 일부 학자들은 다 빈치가 자신을 모델로 한 자화상일 가능성도 제기했다.(ⓒ)

　　모나리자는 단순한 예술 작품을 넘어 대중문화와 다양한 분야에 영향을 미쳤다. 영화, 광고, 패러디 등에서 자주 등장하며, 루브르 박물관에서 가장 유명한 작품으로 자리잡았다. 특히 1911년 모나리자가 루브르 박물관에서 도난당했을 때, 전 세계 언론에 보도되면서 그 명성은 더욱 높아졌다. 이 사건은 모나리자가 예술의 상징이자, 세계적으로 관심을 끄는 문화적 아이콘으로 자리잡는 데 중요한 전환점을 마련했다.(②)

┤ 보기 ├

　　또 하나의 중요한 특징은 그녀의 눈이다. 모나리자의 눈은 관람자가 어디에 있든 항상 자신을 바라보는 것처럼 보인다. 이 신비로운 시선은 그림에 더욱 매력적이고 심오한 분위기를 부여한다.

---

① ⊙　　　　　　② ⓒ　　　　　　③ ⓒ　　　　　　④ ②

학생증 수령 지침

학생증은 대학의 모든 학생에게 발급되며, 학내 시설 이용, 출석 확인, 각종 혜택과 서비스 이용 등 다양한 기능을 수행합니다. 학생증을 수령하려면 반드시 다음의 절차와 지침을 준수해야 하며, 이를 통해 원활한 수령과 활용을 보장받을 수 있습니다.

1. 신청 절차

학생증을 발급받기 위해서는 온라인 신청서를 작성한 후, 개인 사진을 업로드해야 합니다. 사진은 명확한 본인 확인을 위해 최근 6개월 이내에 촬영된 얼굴이 잘 보이는 사진이어야 하며, 부적합한 사진이 제출될 경우 신청이 거절될 수 있습니다.(㉠)

2. 신분증 지참

학생증 수령 시 본인만 수령 가능하며, 본인 확인을 위해 신분증을 지참해야 합니다. (㉡) 신분증은 유효한 주민등록증, 운전면허증 또는 여권 중 하나로 가능하며, 신분증을 지참하지 않으면 학생증을 발급받을 수 없습니다.

3. 발급 장소 및 운영 시간

학생증은 지정된 학생 서비스 센터에서 발급됩니다. 서비스 센터의 운영 시간은 평일 오전 9시부터 오후 6시까지이며, 점심시간인 오후 12시부터 1시까지 그리고 주말에는 발급이 진행되지 않습니다. 운영 시간 외에는 수령이 불가능하므로 미리 시간을 확인하는 것이 중요합니다.(㉢)

4. 재발급 절차 및 주의 사항

학생증 분실 시에는 즉시 대학의 학생 서비스 센터에 신고하고, 재발급 절차를 진행해야 합니다. 재발급은 추가 비용이 발생하며, 재발급 신청은 온라인 또는 직접 방문을 통해 이루어질 수 있습니다. 분실 신고를 하지 않으면 재발급을 받을 수 없습니다. (㉣) 학생증 오류 수정은 지정된 학생증 서비스 센터에 방문하여 진행할 수 있습니다.

5. 학생증 사용

학생증은 도서관 이용, 교내 시설 출입, 학생 할인 혜택 등 다양한 서비스에 사용됩니다. 학생증을 이용해 학내 시설을 자유롭게 이용할 수 있으며 학생증에는 카드형 전자화폐 기능이 탑재되어 있어 일부 대학교에서는 학생증을 이용해 학내 매식점이나 복사기, 자판기 등에서 결제를 할 수 있는 기능도 제공합니다.

07 다음 중 글의 내용과 일치하는 것을 고르면?

① 학생증 발급은 본인 외에도 대리인이 수령할 수 있으며, 대리인은 대리 수령 신청서를 제출해야 한다.

② 학생증 발급을 위한 사진 업로드 시, 사진의 품질에 대한 요구를 충족해야 한다.

③ 학생증을 발급받기 위해서는 신청서 외에도 학비 납부 영수증을 함께 제출해야 한다.

④ 학생증을 수령한 후, 학생증에 오류가 있는 경우 오류 수정은 온라인으로 가능하며, 수령한 학생증을 다시 가져갈 필요는 없다.

08 다음 글의 ㉠~㉣ 중 [보기]의 내용이 들어갈 위치로 가장 적절한 곳을 고르면?

┤ 보기 ├

재발급 신청 후, 학생증을 새로 발급받기까지는 보통 며칠의 시간이 소요되므로 시간을 여유 있게 두고 신청하는 것이 좋습니다. 또한, 오류가 있는 해당 학생증은 유효하지 않으므로 오류를 발견하면 즉시 수정 절차를 밟는 것이 필요합니다.

① ㉠　　　　　② ㉡　　　　　③ ㉢　　　　　④ ㉣

09 다음 글을 읽고 난 후의 반응으로 가장 적절한 것을 고르면?

> 지난 수십 년 동안 한국 철강사 경영전략의 흐름을 지배했던 것은 시장지배력이었다. 모든 철강사는 투자를 통해 자신의 시장지배력을 강화하는 것이 일반적인 경영전략이었다. 상공정에서 하공정으로, 하공정에서 상공정으로, 구색을 위한 투자를 함으로써 한편으로 자신의 시장지배력을 강화하고 다른 한편으로 철강산업의 양적 성장을 가능하게 했던 것이다.
>
> 그러나 한국 철강산업이 성숙기를 지나면서 신규투자 기회가 줄어들고 신규투자를 통한 시장지배력 강화가 어려워지고 있다. 세계 철강시장의 통합과 중국의 부상으로 철강가격이 큰 폭으로 변동하면서 철강시장에 위험요인이 증가하고 있다. 이러한 위험요인을 회피하기 위해 철강사는 시장적응속도를 높이고 있다. 철강사 경영전략이 시장지배력 중심에서 시장적응력 중심으로, 공급자 중심에서 고객 중심으로 전환하고 있는 것이다.
>
> 하지만 철강산업이 가지고 있는 생산중심의 경직성 때문에 시장적응력을 높이기가 쉽지 않다. 철강사는 시장적응력을 높이기 위해 정확한 시장예측과 철강사 내부의 빠른 의사결정이 필요하다. 철강사가 시장적응속도를 높이기 위한 현실적인 방안은 감산, 통합, 공조 등이 있다.
>
> 감산으로 생산에서 유연성이 높아지면 판매나 구매에서도 유연성이 높아질 수 있다. 생산과 타 부문의 갈등이 조정되고 부문전략이 통합됨으로써 철강사의 의사결정속도는 빨라진다. 각 부문이 수익성 극대화라는 전사적 전략의 목표로 통합됨으로써 시장적응력이 빨라지는 것이다. 부문전략의 수단 간 통합도 중요한 과제다. 타 철강사와 공조 역시 시장지배력과 시장적응속도를 동시에 높일 수 있는 유용한 경영전략의 수단이 될 것이다.

① 시장적응력 강화를 위해 철강사의 유연한 경영전략이 요구된다.
② 해외 철강사의 경영전략을 참고해 시장지배력을 높일 필요가 있다.
③ 철강산업의 이익이 줄어들고 있으므로 제도적 차원의 지원이 요구된다.
④ 철강산업이 가지고 있는 생산력을 키워 시장적응력을 높일 필요가 있다.

[10~11] 다음 글을 읽고 이어지는 질문에 답하시오.

메타버스(Metaverse)는 가상(Meta)과 세계(Universe)의 합성어로, '현실을 디지털 기반의 가상 세계로 확장해 가상공간에서 자신의 분신인 아바타를 통해 활동하게 하는 미래 기술'을 일컫는다. 메타버스는 게임, 엔터테인먼트 시장에서 나아가 생활, 관광, 문화예술, 교육, 의료, 제조, 도시 등 다양한 분야에서 새로운 플랫폼으로 자리 잡고 있다.

메타버스는 도시 발전에도 영향을 끼치고 있다. 최근 도시와 관련한 대표적인 메타버스 기술로는 디지털 트윈(Digital Twin)이 있다. 이는 가상공간에 현실 도시의 쌍둥이를 만들어 현실 도시에서 발생할 수 있는 상황을 예측하는 기술로, 이렇게 가상공간에서 얻은 결과를 다시 현실 도시에 적용해 상황을 개선한다. 디지털 트윈을 통해 유동인구 변화, 고층 건물의 배치에 따른 도시의 바람길 예측, 건물에 따른 일조량 변화, 도시 홍수 진행 방향과 방범·방제시스템, 에너지관리시스템, 상하수도시스템, 복지시스템 등 도시의 다양한 시스템을 시뮬레이션할 수 있다. 그러면 한층 효율적으로 다양한 도시문제를 예측하고 도로 너비와 방향, 건물 배치, 하천의 모양과 폭 등을 도시 계획에 반영할 수 있다.

싱가포르는 디지털 트윈 기술을 기반으로 전 국토를 3D 가상현실로 구현함으로써 스마트시티를 구축한 대표적 성공 사례로 꼽을 수 있다. 여러 도시문제에 시달리던 싱가포르는 2014년 스마트 국가로 탈바꿈함으로써 지속 가능한 국가로 거듭난다는 계획을 세웠고, 2018년 도시 전체를 3D 가상현실로 구현한 '버추얼 싱가포르'를 완성했다. 버추얼 싱가포르에는 도로, 아파트, 공원 등 주요 시설은 물론 가로수, 벤치 등 모든 구조물과 그에 대한 상세한 정보가 담겨 있어 도시 정책 수립에 유용하다.

이처럼 싱가포르는 국가 차원에서 공간 정보를 활용해 다양한 분야에서 스마트시티 실현을 도모하고 있다. 스마트시티 구축을 위해서는 물리적 환경과 가상 환경을 연결하는 디지털 트윈 기술이 필요한데, 이를 구현하기 위해 필요한 기술이 바로 공간 정보다.

3차원 공간 정보를 토대로 한 도시 관리 서비스는 이제 메타버스 디지털 공간으로 진화하고 있다. 공간 정보를 활용한 디지털 트윈으로 현실 세계의 형상을 보다 생생하게 재현한다면 보다 실감나고 다양한 메타버스의 세계를 경험하게 될 것이다.

10 다음 중 글의 주제로 가장 적절한 것을 고르면?

① 메타버스의 정의와 유형별 특징 및 사례
② 메타버스의 발전과 도시문제 증가의 상관관계
③ 비영리·공공 분야의 메타버스 활용의 필요성과 한계
④ 도시문제 해결을 위한 메타버스의 활용과 성공 사례

11 다음 중 글의 내용과 일치하는 것을 고르면?

① 싱가포르는 디지털 트윈 기술로 국토의 일부를 가상현실로 구현하여 스마트시티를 구축하였다.
② 디지털 트윈은 스마트시티를 구축하기 위해 물리적 환경과 가상 환경을 연결하는 역할을 한다.
③ 싱가포르는 스마트네이션 프로젝트를 통해 2014년 버추얼 싱가포르의 구축을 완성했다.
④ 디지털 트윈으로 구현된 도시는 현실 도시의 자연환경 정보까지는 반영하지 못한다.

[12~13] 다음 글을 읽고 이어지는 질문에 답하시오.

기업이 초경쟁환경에서 경쟁우위를 확보하기 위해서는 어떠한 경영방식이 필요할까?

사람경영의 핵심은 ㉠민첩성이다. 민첩성은 대량생산시대의 가치인 효율성을 대체하는 새로운 핵심 가치이다. 20세기 산업사회형 대량생산은 환경의 예측가능성과 안정성, 그리고 산업 간 명확한 경계를 전제로 한다. 반면 초경쟁환경은 미래 환경을 예측할 수 없는 극도의 불확실성, 환경이 수시로 급변하는 불안정성, 그리고 산업이나 시장, 기술분야 간 경계파괴가 특징이기 때문에, 유일한 방법은 예측 못한 환경변화가 발생할 때 각자가 자율적으로 신속하게 대응하는 민첩성이다.

초경쟁환경의 조직설계는 ㉡모듈형 조직이 될 것이다. 기존 피라미드형 조직의 설계원리는 철저한 수직적 상명하복과 수평적 분업에 기반한 기계적 구조이다. 따라서 각 조직단위는 기계의 부품 같은 역할을 했다. 그런데 기계적 조직은 구조적 경직성 때문에 급변하는 환경에 유연하게 대응할 수 없을 뿐 아니라 전사가 긴밀하게 통합되어 있어 한 부분의 문제가 전체를 마비시킬 위험이 있다. 반면 모듈형 조직은 각 단위가 한 가지 특정 기능에만 집중하지 않고 상황 변화에 따라 유연하게 복수의 기능을 수행할 수 있는 독립적 모듈들의 집합체로 구성된다. 모듈 간 관계는 환경변화에 따라 신속하게 '헤쳐 모여'를 할 수 있는 것이 특징이다. 따라서 특정 기능을 담당하던 모듈이 예상 못한 환경변화로 폐쇄되면 다른 모듈들이 신속하게 기능을 전환해 대체할 수 있기 때문에 전체 조직은 중단 없이 작동할 수 있다.

전략적 관점에서 초경쟁환경의 가장 중요한 변화는 ㉢고객중심성으로의 전환이다. 고객중심성은 AI나 빅 데이터 등 4차 산업혁명의 핵심 기술들이 개별 고객 각자의 수요 전체를 정확하게 파악해주게 되면서 등장한 개념이다. 고객중심성 전략에서는 동일한 상품을 모든 소비자에게 획일적으로 제공하던 대량생산에서 탈피해 각 고객에게 서로 다른 상품과 서비스를 제공한다. 고객중심성의 대표 기업인 아마존, 넷플릭스, 구글 등의 서비스를 사용해 보면 AI가 각 고객의 소비 취향과 선호도를 정확히 파악해 각자가 원하는 것들을 알아서 추천한다.

이상 살펴본 3가지 새로운 경영방식으로의 패러다임 전환 과정은 치밀한 계획에 기반해 장기적인 관점에서 신중하게 실행해야 한다고 생각할 수도 있다. 그런데 현재 환경변화의 성격은 정반대로 최대한 신속한 패러다임 전환을 요구하고 있다.

---

12 다음 중 글의 제목으로 가장 적절한 것을 고르면?

① 초경쟁환경이란 무엇인가?
② 초경쟁환경이 도래한 배경은 무엇인가?
③ 초경쟁환경에서 기업이 추구해야 하는 경영방식은 무엇인가?
④ 초경쟁환경 속 기업의 변화가 사회 전반에 미치는 영향은 무엇인가?

13 다음 중 글의 밑줄 친 ㉠~㉢에 대한 설명으로 적절하지 <u>않은</u> 것을 고르면?

① ㉠은 예측가능성과 안정성을 전제로 한다.
② ㉡은 상황 변화에 따라 유연하게 다양한 기능을 수행할 수 있는 독립적 모듈들의 집합체이다.
③ ㉢ 전략에서는 고객의 성향과 취향을 분석하여 각각의 고객이 원하는 것들을 알고리즘 형태로 보여줄 수 있다.
④ ㉠, ㉡, ㉢ 모두 신중하기보다 신속하게 접근하여 기업의 패러다임을 전환시켜야 한다.

14 다음 설명을 참고할 때, '본용언+본용언' 또는 '본용언+보조용언'의 구분이 나머지와 다른 하나를 고르면?

본용언과 보조용언의 구분

'용언'은 문장에서 서술어의 기능을 하는 동사와 형용사를 일컫는다. 본용언은 필수적 성분이고, 보조용언은 수의적 성분이므로 다음과 같은 기준으로 둘을 구분할 수 있다.

1) 기본적으로 용언이 2개 이상 연속되었을 때, 맨 앞의 것이 본용언이다.
   예 밥을 먹고 싶다. → '먹고'와 '싶다'가 용언이며, '먹고'가 본용언이다.
2) 두 번째 이하의 용언이 단독으로 서술어가 되어도 원래 문장 전체의 부분적인 의미에 변화가 없거나 불완전해지지 않으면 본용언이다.
   예 사과를 깎아서 주었다. → 사과를 깎았다.(본용언) + 사과를 주었다.(본용언)
   값을 깎아 주었다. → 값을 깎았다.(본용언) + 값을 주었다.(보조용언)

---

① 희주는 옷을 입어 보았다.
② 재호는 부모님께 편지를 쓰고 있다.
③ 지희는 길에 떨어진 쓰레기를 주워서 버렸다.
④ 영호는 낯선 음식일지라도 먹어 본다.

15 다음 글을 쓴 의도를 추론한 내용으로 가장 적절한 것을 고르면?

19세기 아일랜드에서 감자 기근으로 수백만 명의 사람이 사망하고 수십만 명이 북아메리카로 이주하였다. 어떻게 이러한 일이 발생했을까? 전문가들은 몇 가지 원인을 찾아냈지만 단일 경작이라는 습관을 가장 중요한 원인으로 꼽았다.

단일 경작의 문제는 가장 수확률이 높은 오직 한 종류의 감자만을 재배하여 마름병에 취약하게 되었다는 것이었다. 식물의 질병을 일으키는 곰팡이가 감자 농사를 망쳐 놓고 아일랜드 농부들은 별다른 대책을 가지고 있지 못했다. 마름병으로 들판의 감자뿐 아니라 저장고에 있는 감자들도 썩었는데 대체할 음식물이 없었기에 사람들은 굶어 죽을 수밖에 없었다.

한 바구니에 달걀을 모두 담는 것은 위험하다. 모든 것을 잃어버릴 위험이 있기 때문이다. 이러한 비극을 돌이켜 보면 왜 한 종류의 감자만을 아일랜드 사람들이 고집했는지 의아스럽지 않을 수 없다. 그들은 좁은 공간에서 잘 자라는 감자, 적은 수분을 요하는 감자, 병충해에 강한 감자 등 다양한 종류의 감자들을 경작하는 문화를 배울 수 있었을 것이다. 다양한 종류의 감자를 경작하는 이점은 유전적 다양성일 것이다. 이러한 다양성은 아일랜드 농민들이 경험했던 대량 피해로부터 보호해 주는 기능을 한다.

---

① 자연 재해 앞에서는 무력한 인간의 나약함을 일깨우기 위해
② 시련을 겪는 타국의 국민들에 대한 관심과 지원을 촉구하기 위해
③ 역사적 사건 뒤에 숨겨진 원인을 다각도로 파헤치도록 독려하기 위해
④ 인간의 생존에 필수적인 요인 중 하나인 다양성의 중요성을 강조하기 위해

16 다음 [표]는 2020~2023년 혼인종류별 신혼부부 현황을 나타낸 자료이다. 이에 대한 설명으로 옳은 것을 고르면?

[표] 2020~2023년 혼인종류별 신혼부부 현황

(단위: 천 쌍)

구분	합계	초혼	재혼			
			소계	남편 재혼 +아내 초혼	남편 초혼 +아내 재혼	남편 재혼 +아내 재혼
2020년	1,181	938	243	44	70	129
2021년	1,098	871	227	41	65	121
2022년	1,029	815	214	38	61	115
2023년	972	769	203	36	57	110

① 전년 대비 2023년에 남편이 초혼이고 아내가 재혼인 신혼부부는 10% 이상 감소했다.
② 2020년 대비 2023년에 남편이 재혼인 신혼부부는 8,000쌍 감소했다.
③ 조사기간 동안 매년 신혼부부는 증가했다.
④ 조사기간 동안 매년 초혼인 신혼부부는 재혼인 신혼부부의 3배 이상이다.

[17~18] 다음 [표]는 2021~2024년 POSCO 계열사에서 생산하는 반도체 및 반도체 부품 매출액을 나타낸 자료이다. 이를 바탕으로 이어지는 질문에 답하시오.

[표] 2021~2024년 반도체 및 반도체 부품 매출액   (단위: 백만 원)

구분	2021년	2022년	2023년	2024년
전체	㉠	45,972	55,255	58,019
A반도체	25,831	27,009	34,017	34,202
B반도체	6,277	㉡	6,459	6,650
반도체 부품	10,061	11,499	㉢	17,167

17 다음 중 자료에 대한 설명으로 옳지 <u>않은</u> 것을 고르면?

① 2024년 A반도체의 매출액은 전년 대비 1억 8,500만 원 증가하였다.
② 2022년 B반도체의 매출액은 75억 원 이상이다.
③ 2023년 반도체 부품의 매출액은 2022년보다 많고 2024년보다 적다.
④ 2021년부터 2024년까지의 매출액은 매년 A반도체의 비중이 가장 높고, B반도체의 비중이 가장 낮다.

18 다음 중 2021년 대비 2024년 매출액 증가율을 고르면?(단, 계산 시 소수점 둘째 자리에서 반올림한다.)

① 약 32.1%   ② 약 33.8%   ③ 약 36.5%   ④ 약 37.6%

19 다음 [그래프]는 2020~2023년 가구원수별 가구 현황을 나타낸 자료이다. 이에 대한 설명으로 옳지 <u>않은</u> 것을 고르면?

[그래프] 2020~2023년 가구원수별 가구 현황 (단위: 만 가구)

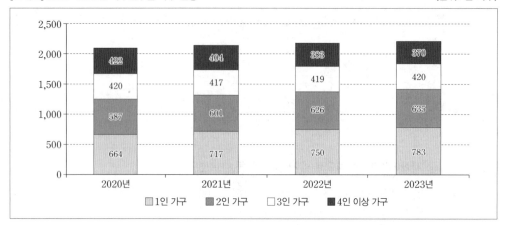

① 조사기간 동안 전체 가구 중 1인 가구가 차지하는 비중은 매년 30% 이상이다.
② 조사기간 동안 1인 가구는 매년 증가한 반면, 4인 이상 가구는 매년 감소했다.
③ 2021~2023년 동안 전년 대비 2인 가구의 증가량이 가장 많았던 해에는 3인 가구의 증가량 또한 가장 많았다.
④ 전년 대비 2023년에 전체 가구는 50만 가구 이상 증가했다.

20 다음 [표]는 2018~2020년 광역시의 연도별 식중독 발생건수 및 발생환자 수를 나타낸 자료이다. 이에 대한 설명으로 옳지 <u>않은</u> 것을 고르면?

[표1] 2018~2020년 광역시의 연도별 식중독 발생건수 (단위: 건)

구분	2018년	2019년	2020년
부산	19	15	17
대구	10	11	9
인천	32	17	4
광주	5	8	5
대전	1	6	3
울산	6	3	4

[표2] 2018~2020년 광역시의 연도별 식중독 발생환자 수 (단위: 명)

구분	2018년	2019년	2020년
부산	637	263	248
대구	245	157	74
인천	334	397	128
광주	43	53	70
대전	4	64	52
울산	102	20	32

① 인천과 광주는 2018~2020년 중 식중독 발생건수당 발생환자 수가 가장 많은 해가 동일하다.
② 2018~2020년 중 6개 광역시의 식중독 총발생건수가 가장 많은 해에 식중독 총발생환자 수도 가장 많다.
③ 6개 광역시 모두 2018~2020년 중 식중독 발생건수가 가장 적은 해에 식중독 발생환자 수도 가장 적다.
④ 2018~2020년 동안 식중독이 가장 적게 발생한 광역시는 식중독 발생환자 수도 가장 적다.

21 다음 [표]는 2021년 1~5월 철강 생산량을 나타낸 자료이다. 이에 대한 [보기]의 설명 중 옳은 것을 모두 고르면?

[표] 2021년 1~5월 철강 생산량 (단위: 톤)

구분	1월	2월	3월	4월	5월
조강	6,071	5,145	5,708	5,522	5,801
철강재	6,827	5,831	6,723	6,376	6,614
형강	355	300	418	417	384
H형강	260	210	310	314	295
봉강	315	290	354	296	326
철근	880	697	941	921	921
선재	286	249	251	280	304
중후판	822	723	701	733	777
열연강판	1,515	1,199	1,453	1,222	1,389
냉연강판	875	757	823	745	785
용융아연도강판	298	270	276	283	268
전기아연도강판	143	136	144	134	126
컬러강판	201	188	214	204	207
석도강판	47	45	54	56	57
강관	382	339	441	416	421

┤ 보기 ├

㉠ 1~5월 중 1월에 생산량이 가장 많은 철강은 일곱 종류이다.
㉡ H형강의 1~5월 월평균 생산량은 선재의 1~5월 월평균 생산량보다 많다.
㉢ 2~5월에 냉연강판과 생산량 증감 추이가 동일한 철강은 여섯 종류이다.
㉣ 1~5월 석도강판의 총생산량은 2월 선재의 생산량과 같다.

① ㉠, ㉡   ② ㉡, ㉢   ③ ㉡, ㉣   ④ ㉢, ㉣

22 다음 [그래프]는 2025년까지 지역별 에너지 소비량 감축 및 재생에너지 발전 비중 목표를 나타낸 자료이다. 이에 대한 설명으로 옳지 <u>않은</u> 것을 고르면?

[그래프1] 에너지 소비량 감축 목표   (단위: %)

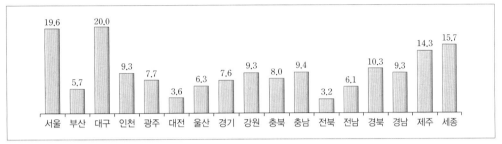

※ 에너지 소비량 감축 목표: 기준수요 대비 감축할 에너지 소비량의 비율

[그래프2] 재생에너지 발전 비중 목표   (단위: %)

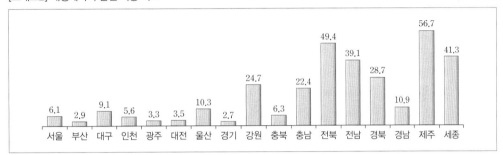

① 현재 에너지 소비량이 가장 많은 지역은 알 수 없다.
② 에너지 소비량 감축 목표가 10% 초과인 지역은 다섯 곳이다.
③ 강원의 재생에너지 발전 비중 목표는 전북의 절반 수준이다.
④ 에너지 소비량 감축 목표가 낮을수록 재생에너지 발전 비중 목표가 높다.

23 다음 [표]는 2019~2021년 산업별 기업 수 및 무역액을 나타낸 자료이다. 주어진 자료를 그래프로 나타내었을 때 옳지 <u>않은</u> 그래프를 고르면?

[표] 2019~2021년 산업별 기업 수 및 무역액   (단위: 개, 천 달러)

구분		수출			수입		
		2019년	2020년	2021년	2019년	2020년	2021년
기업 수	계	1,200	1,300	1,700	1,950	1,750	2,100
	제조업	400	450	600	600	450	500
	건설업	300	250	350	900	800	1,000
	IT 산업	500	600	750	450	500	600
무역액	계	11,800	11,600	12,900	17,000	13,200	20,000
	제조업	2,400	2,000	2,500	3,000	2,000	2,500
	건설업	3,600	3,500	4,000	9,000	6,000	12,000
	IT 산업	5,800	6,100	6,400	5,000	5,200	5,500

※ (무역수지)=(수출액)−(수입액)

① 2021년 산업별 수입액 비중

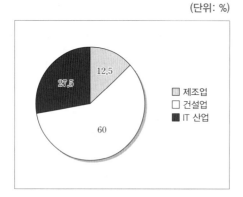

② 연도별 수출 기업 수 현황

③ 2019~2021년 산업별 수출액 현황

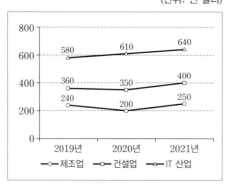

④ 2019~2021년 산업별 무역수지 현황

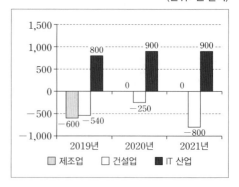

[24~25] 다음 [표]는 A~D 4명의 연령 및 연간소득과 자산규모를 나타낸 자료이다. 이를 바탕으로 이어지는 질문에 답하시오.

[표1] A~D의 연령 및 연간소득

(단위: 세, 만 원)

구분	연령	연간소득
A	22	2,300
B	34	5,700
C	56	7,000
D	36	8,300

[표2] A~D의 자산규모

(단위: 만 원)

구분	자동차	주택	예금	주식	기타
A	1,000	1,150	0	550	1,200
B	6,000	0	1,000	1,500	2,500
C	0	7,500	0	11,900	600
D	0	23,000	5,000	0	1,500

※ 자산규모가 0인 경우에는 해당 자산을 보유하지 않는 것으로 봄
※ 자동차와 주택은 비금융자산, 예금과 주식은 금융자산이며, 기타에는 금융자산과 비금융자산이 혼합되어 있음

24 다음 중 자료에 대한 설명으로 옳지 않은 것을 고르면?

① 연간소득이 가장 높은 사람은 보유한 자산규모가 가장 크다.
② 연령이 가장 높은 사람은 보유한 주식의 액수가 가장 많다.
③ 주택을 보유하지 않은 사람은 금융자산보다 비금융자산을 더 많이 보유하고 있다.
④ 금융자산이 가장 많은 사람도 전체 자산에서 금융자산이 차지하는 비율은 60%를 넘지 않는다.

25 다음 중 A~D 4명의 총자산에서 금융자산이 차지하는 비율의 최댓값을 고르면?(단, 계산 시 소수점 첫째 자리에서 반올림한다.)

① 약 35%   ② 약 40%   ③ 약 45%   ④ 약 50%

[26~28] 다음 [그래프]와 [표]는 개인정보 침해신고 상담건수 및 내용별 상담건수를 나타낸 자료이다. 이를 바탕으로 이어지는 질문에 답하시오.

[그래프] 개인정보 침해신고 상담건수   (단위: 건)

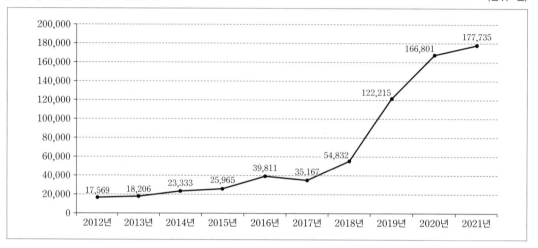

[표] 개인정보 침해신고 내용별 상담건수   (단위: 건)

구분	2017년	2018년	2019년	2020년	2021년
개인정보 무단수집	1,075	1,267	1,622	3,507	2,370
개인정보 무단이용제공	1,171	1,202	1,500	2,196	1,988
주민번호 등 타인정보도용	6,303	10,137	67,094	139,724	129,103
회원탈퇴 또는 정정 요구 불응	680	826	662	717	674
법적용 불가 침해 사례	23,893	38,414	38,172	12,915	35,547
기타	2,045	2,986	13,165	7,742	8,053
합계	35,167	54,832	122,215	166,801	177,735

26 다음 중 자료에 대한 설명으로 옳은 것을 고르면?

① 개인정보 침해신고 상담건수는 2014년 대비 2021년에 700% 이상 증가하였다.

② 개인정보 무단수집으로 인한 개인정보 침해신고 상담건수는 2017년 이후 매년 증가하고 있다.

③ 전년 대비 2019년 개인정보 침해신고 상담건수 증가율은 2018년의 2배 이상이다.

④ 2017~2020년 중 개인정보 침해신고 상담건수에서 주민번호 등 타인정보도용이 차지하는 비율이 가장 높은 해는 2019년이다.

27 2021년 개인정보 침해신고 상담건수 중 법적용 불가 침해 사례가 차지하는 비율을 고르면?

① 20%   ② 22.5%   ③ 25%   ④ 27.5%

28 2018~2021년 중 개인정보 무단이용제공으로 인한 개인정보 침해신고 상담건수의 전년 대비 증가율이 가장 높은 해를 고르면?

① 2018년   ② 2019년   ③ 2020년   ④ 2021년

[29~30] 다음 [표]는 역대 국회의원 선거에 관한 자료이다. 이를 바탕으로 이어지는 질문에 답하시오.

[표1] 연도별 투표율 및 투표자 수

(단위: %, 천 명)

구분	1996년	2000년	2004년	2008년	2012년	2016년
전체 투표율	64	57	61	46	54	58
전체 투표자 수	20,123	19,157	21,582	17,416	21,807	24,433

[표2] 지역별 투표율 현황

(단위: %)

구분	2008년	2012년	2016년
서울	46	56	60
부산	43	55	56
대구	45	52	55
인천	43	51	56
광주	42	53	62
대전	45	54	59

29 서울의 유권자 수가 2008년에는 800만 명, 2016년에는 840만 명이었다고 할 때, 2008년과 2016년 서울의 투표자 수의 차를 고르면?

① 112만 명   ② 136만 명   ③ 188만 명   ④ 212만 명

30 다음 중 자료에 대한 설명으로 옳은 것을 고르면?

① 2012년 투표자 수가 가장 적은 지역은 인천이다.
② 2004년 전체 유권자 수는 2000년보다 적다.
③ 2008년, 2012년, 2016년의 선거에서 서울의 투표율은 매번 다른 지역보다 높았다.
④ 2012년과 2016년에는 제시된 6개 지역의 투표율이 모두 직전 선거 투표율에 비해 증가하였다.

31 다음은 K그룹에서 운영하는 시민체육센터의 시설 및 강습프로그램 이용료에 대한 안내이다. 이를 참고할 때, [보기]의 A와 B가 최종적으로 납부한 이용료의 총액이 각각 얼마인지 고르면?

[시설 및 강습프로그램 이용료]

구분	대상	1일 이용료(원)	월 이용료(원)		
			주 2회	주 3회	주 5회
헬스장 (1일 1회)	성인	2,500	45,000		
	청소년	2,200	38,000		
	어린이	1,800	30,000		
수영장 (1일 1회)	성인	3,500	27,000	39,000	63,000
	청소년	2,500	19,000	28,000	45,000
	어린이	2,000	15,000	22,000	36,000
골프연습장 (1일 1회)	성인	6,000	47,000	70,000	100,000
	청소년	4,800	37,400	55,600	80,000
	어린이	3,000	23,000	34,000	50,000
스쿼시장 (1일 1회)	성인	5,000	40,000	60,000	90,000
	청소년	4,000	32,000	48,000	72,000
	어린이	2,500	20,000	30,000	45,000
생활체육 프로그램	성인	2,200	16,800	25,200	38,800
	청소년	1,700	12,600	18,900	28,300
	어린이	1,500	11,200	16,800	25,200

※ 부가가치세 10% 별도

[기타 사항]
• 이용료 납부 후 취소 시, 다음과 같은 기준에 의해 이용료를 반환한다.
  – 개강 30일 전: 이용료의 10분의 7
  – 개강 20일 전: 이용료의 10분의 5
  – 개강 10일 전: 이용료의 10분의 3
  – 개강 5일 전: 이용료의 10분의 1

┤ 보기 ├

A는 어린이인 아들과 함께 생활체육 프로그램을 신청하고자 하며, 아들의 학원 일정 때문에 일주일에 2번 참여할 예정이다. 그리고 A는 아들과 별도로 헬스장을 추가로 등록하고자 한다. 한편 B는 청소년인 딸과 함께 주말을 제외한 평일에 매일 수영장을 이용하고자 한다.

A와 B는 납부해야 할 이용료를 모두 지불하였으나, 이후 A는 개강 일주일 전 헬스장 등록을 취소하였다.

	A	B
①	65,450원	118,800원
②	65,450원	121,400원
③	86,680원	118,800원
④	86,680원	121,400원

32 김 상무는 가족여행 숙소를 예약하려고 한다. 다음 [표]와 [조건]을 바탕으로 김 상무가 예약할 숙소를 고르면?

[표] 숙소별 정보

구분	시내와의 거리	예약사이트 평점	취사	가격
A숙소	3.0km	3.0점	불가능	4인실: 50,000원
B숙소	5.5km	4.5점	가능	4인실: 60,000원 6인실: 80,000원
C숙소	7.0km	4.0점	불가능	4인실: 55,000원 8인실: 90,000원
D숙소	2.5km	3.5점	가능	4인실: 60,000원 10인실: 105,000원

┤ 조건 ├
- 김 상무와 그의 가족, 친척까지 총 8명이 함께 간다.
- 한 방에 모두 숙박하거나, 모두 숙박할 크기의 방이 없을 경우 2개로 나누어 네 명씩 숙박한다.
- 숙소 평가항목 중 시내와의 거리가 가까운 순으로, 가격이 낮은 순으로 4점부터 1점까지 점수를 부여한다.
- 그 후 예약사이트 평점을 그대로 더해서 총점을 산정한다.
- 취사가 가능한 숙소 중 총점이 가장 높은 숙소를 선정한다.

① A숙소　　　② B숙소　　　③ C숙소　　　④ D숙소

다음은 K시의 프로야구경기 관람료와 영업팀 팀원 구성을 나타낸 자료이다. 이를 바탕으로 이어지는 질문에 답하시오.

[프로야구경기 관람료]

구분	일반 입장권 가격		회원 입장권 가격	
	주중	주말/공휴일	주중	주말/공휴일
프리미엄석	70,000원		일반과 동일가격	
테이블석	40,000원			
블루석	12,000원	15,000원	9,000원	12,000원
레드석	10,000원	12,000원	7,000원	9,000원
옐로우석	9,000원	10,000원	6,000원	7,000원

※ 회원권은 구매 시 120,000원의 가입비를 지불함

[영업팀 팀원 구성]
최 부장, 박 부장, 김 대리, 하 대리, 이 대리, A사원, B사원, C사원

33 다음 중 자료에 대한 설명으로 옳지 <u>않은</u> 것을 고르면?

① 최 부장과 박 부장을 제외한 나머지 팀원들이 모두 회원권이 있을 경우, 금요일에 최 부장과 박 부장은 테이블석에서, 나머지 팀원들은 레드석에서 경기를 관람할 때의 총 관람료는 122,000원이다.

② 이 대리가 프로야구를 연간 12회씩 3년 동안 주중에 옐로우석에서 관람하고자 할 경우, 회원권을 구매 후 관람하는 것이 더 저렴하다.

③ C사원은 지난달 주중에 프리미엄석에서 4회 관람했고, 김 대리는 회원권을 구매해 주말과 공휴일에 블루석에서 6회 관람했을 때, C사원보다 김 대리가 지불한 총액이 더 적다.

④ 프로야구를 연간 8회씩 주말에 레드석에서 관람하는 하 대리가 회원권 가입비를 50% 할인받았다면 처음 1년 동안은 회원권을 구매하지 않을 때보다 손해를 보게 된다.

34 다음 중 B사원이 회원권을 30% 할인된 가격으로 구매하여 주중에 블루석에서 프로야구를 관람하려고 할 때, 처음 1년간 적어도 몇 회 이상을 관람해야 이득을 볼 수 있는지 고르면?

① 26회   ② 27회   ③ 28회   ④ 29회

35 다음은 외주업체 A~E의 평가 항목별 정보 및 업체 선정 기준에 관한 자료이다. 이를 바탕으로 선정되는 업체를 고르면?

[표] 외주업체 A~E의 평가 내용

구분	기업신뢰도	업무수행능력	사업적합성	지원서비스능력	입찰가격
A	수	우	미	우	우
B	우	수	우	수	가
C	우	우	수	우	수
D	미	수	우	수	미
E	수	미	우	우	양

[점수 환산표]

평가	수	우	미	양	가
점수	20점	18점	16점	14점	12점

[외주업체 선정 방법]
- 다음의 환산표에 근거하여 기업신뢰도, 업무수행능력, 사업적합성, 지원서비스능력, 입찰가격 다섯 가지 평가 항목에 대한 순위를 점수로 환산한 후, 합산 점수가 가장 높은 두 업체를 선정한다.
- 합산 점수가 같을 경우, 기업신뢰도를 우선으로 한다.

① A업체, B업체   ② A업체, C업체   ③ A업체, D업체   ④ C업체, D업체

36 다음 자료에 대한 설명으로 [보기]의 ㉠~㉣ 중 옳은 것을 모두 고르면?

- A재와 B재는 대체 관계에 있는 재화이며, A재와 C재는 보완 관계에 있는 재화이다.
- 최근 A재의 부품 가격이 급격히 하락하였다.
- A재의 수요의 가격 탄력성은 1보다 작고, B재와 C재의 수요의 가격 탄력성은 1보다 크다.

┤ 보기 ├
㉠ B재의 거래량은 증가한다.
㉡ C재의 가격은 하락한다.
㉢ A재와 B재의 가격은 모두 상승한다.
㉣ A재의 판매 수입은 감소한다.

※ 대체재: 홍차와 커피, 마가린과 버터, 연필과 샤프펜슬, 쌀과 빵 등과 같이 서로 대용될 수 있는 재화
※ 보완재: 커피와 설탕, 잉크와 펜, 버터와 빵 등과 같이 상호 보완의 관계에 있는 재화
※ 수요의 가격탄력성: 상품의 가격이 변동할 때 수요량이 얼마나 변동하는지를 나타내는 지표로, '수요량의 변화율÷가격의 변화율'의 산식으로 계산함

① ㉡   ② ㉣   ③ ㉠, ㉡   ④ ㉡, ㉣

[37~38] 다음은 H사의 창립 20주년 기념 홍보책자 제작과 관련한 세부 내역이다. 이를 바탕으로 이어지는 질문에 답하시오.

[홍보책자 제작내역]
• 1부당 페이지 수: 총 8페이지
• 제작 부수: 1,000부

[제작비용]

구분	A업체	B업체	C업체	D업체
종이	100,000원	100,000원	120,000원	110,000원
CTP	80,000원	70,000원	80,000원	70,000원
인쇄	80,000원	70,000원	60,000원	50,000원
제본	240,000원	200,000원	240,000원	200,000원
제작 기간	3일	4일	3일	4일

※ 제작 기간은 공휴일을 포함하지 않은 실제 영업일 기준임
   – A. B업체는 일요일만 휴무
   – C. D업체는 수요일만 휴무

[제작비용 변동 요인]
• 1부당 페이지 수가 8페이지에서 16페이지로 증가할 경우 종이, CTP, 인쇄, 제본 단가가 각각 100% 상승
• 제작 부수가 1,000부에서 2,000부로 증가할 경우, 다음과 같이 비용 상승
   – 종이 단가: 80% 상승
   – CTP 단가: 변동 없음
   – 인쇄 단가: 90% 상승
   – 제본 단가: 100% 상승

37 H사에서는 금요일에 홍보책자를 A~D업체 중 한 곳에 제작 의뢰하고자 한다. 예정된 사항에 맞게 의뢰할 경우, 가장 저렴한 가격을 제시한 업체의 가격과 그 업체가 가장 빨리 제작을 완료할 수 있는 요일을 바르게 짝지은 것을 고르면?(단, 각 업체는 제작 의뢰를 받은 날부터 제작을 시작한다.)

① 430,000원, 월요일
② 430,000원, 일요일
③ 440,000원, 화요일
④ 440,000원, 일요일

38 H사에서는 다음과 같이 두 업체에 책자 제작을 의뢰하고자 한다. 두 업체의 제작비용을 바르게 짝지은 것을 고르면?

> • B업체: 1부당 총 16페이지, 1,000부
> • D업체: 1부당 총 8페이지, 2,000부

	B업체	D업체
①	711,000원	880,000원
②	763,000원	880,000원
③	880,000원	763,000원
④	880,000원	800,000원

39 다음은 화물 운임에 관한 자료이다. 이에 대한 [보기]의 ㉠~㉢ 중 옳은 것을 고르면?

> [철도 화물 운임]
> • 화차 1량 단위(컨테이너: 20피트, 40피트, 45피트)로 하중에 따른 거리비례방식
>
> [일반 화물 운임]
> • 수송거리(km)×화차표기하중(톤)×임률(45.9원)
> • 일반 화물 최저 운임: 수송거리의 100km에 해당하는 운임
>
> [컨테이너 화물 운임]
> • 수송거리(km)×규격별 임률(컨테이너: 20피트, 40피트, 45피트)
> • 컨테이너 화물 최저 운임: 수송거리의 100km에 해당하는 운임
> • 규격별 임률
>
> | 구분 | 20피트 | 40피트 | 45피트 |
> |------|--------|--------|--------|
> | 영컨테이너 | 516원/km | 800원/km | 946원/km |
> | 공컨테이너 | 규격별 영컨테이너 임률의 74% | | |

┤ 보기 ├

㉠ 화차표기화중이 50톤인 화차의 수송거리가 50km인 일반화물의 운임은 114,750원이다.
㉡ 40피트인 공컨테이너 1개를 C역에서 D역까지 400km를 수송할 경우, 수수해야 하는 컨테이너 화물 운임은 236,800원이다.
㉢ 수송거리가 250km인 화차표기하중이 50톤인 화물의 실적재중량이 30톤인 품목의 일반화물의 운임은 344,250원이다.

① ㉠   ② ㉡   ③ ㉢   ④ ㉡, ㉢

[40~41] 다음 [표]는 2021년 1월 A시, B시의 가정용 상수도요금 요율표를 나타낸 자료이다. 이를 바탕으로 이어지는 질문에 답하시오.

[표1] A시 가정용 상수도요금 요율표

구분	사용량(m³)	요금(원/m³)	단계별 공제액(원)
1단계	0∼10 이하	700	―
2단계	10 초과 20 이하	800	350
3단계	20 초과	1,000	2,500

[표2] B시 가정용 상수도요금 요율표

구분	사용량(m³)	요금(원/m³)	단계별 공제액(원)
1단계	0∼5 이하	600	―
2단계	5 초과 15 이하	900	650
3단계	15 초과	1,200	5,000

40 다음 중 자료에 대한 설명으로 옳지 <u>않은</u> 것을 고르면?(단, A시, B시에 사는 사람을 각각 a, b라고 한다.)

① 요율표 3단계의 단위부피당 상수도요금은 B시가 A시보다 더 크다.
② b의 1월 상수도 사용량이 15m³이면 총 650원을 공제받는다.
③ a의 1월 상수도 사용량이 22m³이면 총 2,850원을 공제받는다.
④ a, b의 1월 상수도 사용량이 15m³이면 a의 납부요금이 더 많다.

41 2022년 1월부터 매년 공제액 반영 전 요금에 대하여 전년 대비 10%씩 요금을 인상한다고 한다. 2022년 3월 a, b의 상수도 사용량이 각각 23m³일 때, 둘의 납부요금의 합을 고르면?(단, 단계별 공제액은 변동 없다.)

① 34,060원   ② 35,060원   ③ 36,060원   ④ 37,060원

[42~43] 다음 자료를 읽고 이어지는 질문에 답하시오.

'갑'사는 A재화를 생산하는 데 임대비용과 인건비만 들어간다. 임대비용은 생산량에 관계없이 월 1억 원이다. 1인당 인건비는 월 100만 원이고 생산량에 따른 인건비는 다음 표와 같다.(단, 생산량은 생산 공정상 1억 개 단위로 결정되며 A재화의 가격은 개당 10원이라고 가정한다.)

월 생산량(억 개)	0	1	2	3	4	5
월 인건비(억 원)	0	4	10	20	32	45

42 다음 중 생산과 비용의 관계에 대한 설명으로 옳은 것을 고르면?

① 생산량이 0일 때 비용은 0원이다.
② 최대로 얻을 수 있는 이윤은 6억 원이다.
③ 1개당 비용이 가장 적은 생산량은 3억 개다.
④ 생산량이 증가함에 따라 1개를 추가로 생산하는 데 들어가는 비용은 증가한다.

43 다음 중 고용과 생산의 관계에 대해 추론한 것으로 [보기]의 ㉠~㉣ 중 옳은 것을 모두 고르면?

┤ 보기 ├
㉠ 월 1억 개를 생산할 때 400명을 고용해야 한다.
㉡ 월 1억 개에서 2억 개로 생산을 늘릴 때 1,000명의 추가적인 고용이 필요하다.
㉢ 생산량이 증가할수록, 추가로 고용된 1명의 생산량은 감소한다.
㉣ 0개에서 1억 개를 생산할 때, 고용된 1명이 벌어들이는 판매 수입은 100만 원보다 적다.

① ㉠, ㉡   ② ㉠, ㉢   ③ ㉡, ㉣   ④ ㉢, ㉣

44 다음 A회사의 출장 관련 내용을 바탕으로 할 때, 옳지 <u>않은</u> 것을 고르면?

A회사에서는 출장을 계획하고 있다. 출장자는 부장 2명, 과장 2명, 대리 1명이고, 출장 기간은 3박 4일로 계획한다. 1인당 출장 여비는 다음 [표]와 같으며, 출장 예산은 4,000,000원이다.

[표] 직급별 1인당 출장 여비 지급 기준

직급	숙박비(천 원/박)	일비(천 원/일)	교통비(천 원/인)
부장 이상	80	90	200
과장 이하	40	70	

※ (출장비)=(숙박비)+(일비)+(교통비)

① 출장자 일행의 전체 출장비는 총 340만 원이다.
② 출장 기간을 1박 더 연장해도 전체 출장비는 예산 한도를 초과하지 않는다.
③ 1인당 교통비를 50% 인상해도 전체 출장비는 예산 한도를 초과하지 않는다.
④ 부장 이상 1인당 숙박비와 일비 기준액을 1만 원씩 줄이고, 과장 1명을 출장자에 추가할 경우, 전체 출장비는 예산 한도를 초과하지 않는다.

45 다음 자료를 참고할 때, '무주택자'로 판단할 수 있는 경우를 [보기]의 ㉠~㉣에서 모두 고르면?(단, 언급되지 않은 사항은 무주택자 기준에 부합한다고 가정한다.)

다음 [무주택세대구성원](예비신혼부부는 혼인으로 구성될 세대를 말함) 전원(배우자가 세대 분리된 경우 배우자 및 배우자가 속한 등본의 직계존비속까지 포함)이 [주택 및 분양권 등]의 요건을 모두 갖춘 경우 무주택자로 판단

[무주택세대구성원]
가. 주택의 공급을 신청하려는 사람
나. 주택공급신청자의 배우자
다. 주택공급신청자 또는 배우자의 세대별 주민등록표등본에 등재된 신청자의 직계존속(배우자의 직계존속 포함)
라. 주택공급신청자 또는 배우자의 세대별 주민등록표등본에 등재된 신청자의 직계비속(직계비속의 배우자 포함)
마. 주택공급신청자의 세대별 주민등록표등본에 등재된 신청자의 배우자의 직계비속

[주택 및 분양권 등]
가. 주택을 소유하고 있지 아니할 것
나. 주택을 공급받는 자로 선정된 지위 또는 주택의 입주자로 선정된 지위를 소유하고 있지 아니할 것
다. 매매를 통해 '분양권 등'의 일부 또는 전체를 소유하고 있지 아니할 것

┤ 보기 ├
㉠ 주택공급신청자와 혼인 예정인 자가 아파트 분양권을 소유한 채 혼인할 경우
㉡ 주택공급신청자의 형과 동생이 모두 주택을 소유하고 있는 경우
㉢ 결혼한 지 1개월이 된 주택공급신청자 배우자의 별도 세대 부모가 주택을 소유하고 있는 경우
㉣ 주택공급신청자의 주민등록표등본에 등재된 배우자의 아버지가 주택을 소유하고 있는 경우

① ㉠, ㉡   ② ㉠, ㉣   ③ ㉡, ㉢   ④ ㉡, ㉣

[46~47] 다음 [보기]는 그래프 구성 명령어 실행 예시이다. 이를 바탕으로 질문에 답하시오.

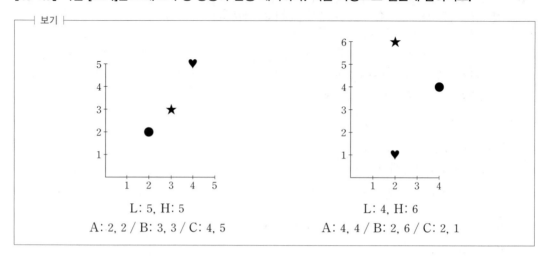

L: 5, H: 5
A: 2, 2 / B: 3, 3 / C: 4, 5

L: 4, H: 6
A: 4, 4 / B: 2, 6 / C: 2, 1

46 다음 그래프에 알맞은 명령어를 고르면?

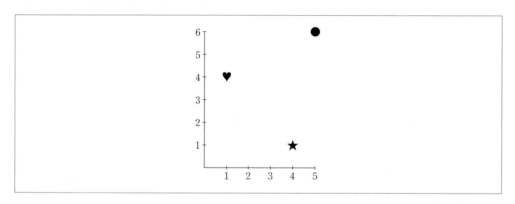

① L: 5, H: 6 / A: 5, 6 / B: 4, 1 / C: 1, 4
② L: 5, H: 6 / A: 6, 5 / B: 4, 2 / C: 1, 4
③ L: 5, H: 6 / A: 5, 6 / B: 4, 1 / C: 1, 5
④ L: 6, H: 5 / A: 5, 6 / B: 4, 1 / C: 1, 4

47 다음 그래프를 y=x 대칭 이동했을 때의 좌표로 알맞은 것을 고르면?

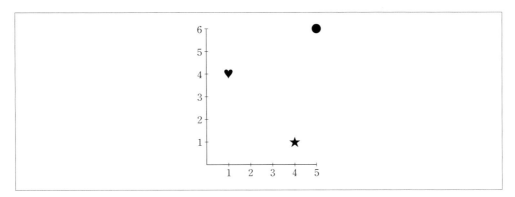

① L: 5, H: 6 / A: 5, 6 / B: 4, 1 / C: 1, 4
② L: 5, H: 6 / A: 6, 5 / B: 1, 4 / C: 4, 1
③ L: 6, H: 5 / A: 5, 6 / B: 4, 1 / C: 1, 5
④ L: 6, H: 5 / A: 6, 5 / B: 1, 4 / C: 4, 1

48 다음과 같이 일정한 규칙으로 숫자를 나열할 때, 빈칸에 들어갈 알맞은 숫자를 고르면?

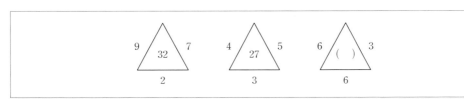

① 42
② 54
③ 60
④ 72

PART 3

실전모의고사 1회

49 다음과 같이 일정한 규칙으로 숫자를 나열할 때, 빈칸에 들어갈 알맞은 숫자를 고르면?

23　21　18　14　9　3　−4　(　　　)

① 0　　　　　　② −4　　　　　　③ −8　　　　　　④ −12

50 다음 두 쌍의 단어 관계가 같도록 빈칸에 들어갈 알맞은 단어를 고르면?

보전 : 보호 = 수확 : (　　)

① 경작　　　　　② 추수　　　　　③ 농사　　　　　④ 비료

51 A, B, C, D 4명 중 2명은 대리이고 2명은 사원이다. 대리는 진실을 말하고 사원은 거짓을 말한다고 할 때, 주어진 [조건]을 보고 반드시 참인 것을 고르면?

┤ 조건 ├
- A: "나와 D의 직급은 같다."
- B: "나는 C보다 직급이 낮다."
- C: "나는 대리이다."

① A는 사원이다.
② A와 C의 직급은 같다.
③ D는 대리이다.
④ D는 B보다 직급이 낮다.

[52~53] 다음 [조건]을 바탕으로 이어지는 질문에 답하시오.

버튼	기능
☆	위에서 첫 번째, 두 번째 삼각형을 180° 회전한다.
◎	위에서 첫 번째, 네 번째 삼각형을 180° 회전한다.
◇	위에서 두 번째, 세 번째 삼각형을 180° 회전한다.
▽	위에서 세 번째, 네 번째 삼각형을 180° 회전한다.

52 처음 상태에서 버튼을 두 번 눌렀더니 화살표가 가리키는 모양과 같은 상태로 바뀌었다. 어떤 버튼을 눌렀는지 고르면?

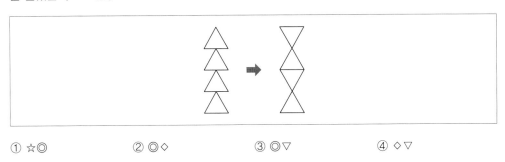

① ☆◎ ② ◎◇ ③ ◎▽ ④ ◇▽

53 처음 상태에서 버튼을 두 번 눌렀더니 화살표가 가리키는 모양과 같은 상태로 바뀌었다. 어떤 버튼을 눌렀는지 고르면?

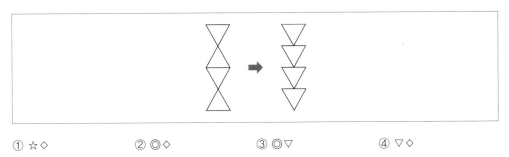

① ☆◇ ② ◎◇ ③ ◎▽ ④ ▽◇

54 다음 명제를 참고할 때, 빈칸에 들어갈 말로 옳은 것을 고르면?

> • 오래 앉아 있는 사람은 근력이 약한 사람이다.
> • 일찍 일어나는 사람은 건강이 좋은 사람이다.
> • 근력이 약한 사람은 건강이 좋지 않은 사람이다.
> 따라서 (   )

① 건강이 좋지 않은 사람은 오래 앉아 있는 사람이다.
② 근력이 약한 사람은 일찍 일어나는 사람이다.
③ 일찍 일어나는 사람은 오래 앉아 있는 사람이 아니다.
④ 일찍 일어나는 사람은 오래 앉아 있는 사람이다.

55 다음 [보기]의 내용이 모두 참일 때, 이끌어낼 수 있는 결론으로 옳은 것을 고르면?

> ┤ 보기 ├
> • 시 읽기를 좋아하는 사람은 음악 듣기를 좋아하지 않는다.
> • 그림 그리기를 좋아하는 사람은 운동을 좋아한다.
> • 요리를 좋아하지 않는 사람은 음악 듣기를 좋아한다.
> • 시 읽기를 좋아하지 않는 사람은 그림 그리기를 좋아한다.

① 요리를 좋아하지 않는 사람은 시 읽기를 좋아한다.
② 음악 듣기를 좋아하는 사람은 그림 그리기를 좋아하지 않는다.
③ 운동을 좋아하지 않는 사람은 음악 듣기를 좋아하지 않는다.
④ 그림 그리기를 좋아하지 않는 사람은 요리를 좋아하지 않는다.

56 다음 내용을 근거로 스위치를 세 번 눌렀을 때, 4개의 전등 상태에 대한 설명으로 가장 적절한 것을 고르면?

[표] 스위치와 각각의 기능

스위치	기능
◁	1, 2번 전등의 작동 상태를 바꿈(켜짐 → 꺼짐, 꺼짐 → 켜짐)
▷	2, 3번 전등의 작동 상태를 바꿈(켜짐 → 꺼짐, 꺼짐 → 켜짐)
△	3, 4번 전등의 작동 상태를 바꿈(켜짐 → 꺼짐, 꺼짐 → 켜짐)
▽	1, 4번 전등의 작동 상태를 바꿈(켜짐 → 꺼짐, 꺼짐 → 켜짐)

- 1~4번 4개의 전등이 있다.
- 처음 4개의 전등 상태는 다음과 같이 1, 3번은 꺼져 있고, 2, 4번은 켜져 있다.

1번	2번	3번	4번

- 스위치는 한 번에 한 개씩만 누른다.

① 4개의 전등이 모두 꺼져 있다.
② 1번, 3번 전등만 꺼져 있다.
③ 2번, 4번 전등만 꺼져 있다.
④ 2번, 3번 전등만 켜져 있다.

[57~58] 다음 [보기]는 그래프 구성 명령어 실행 예시이다. 이를 바탕으로 이어지는 질문에 답하시오.

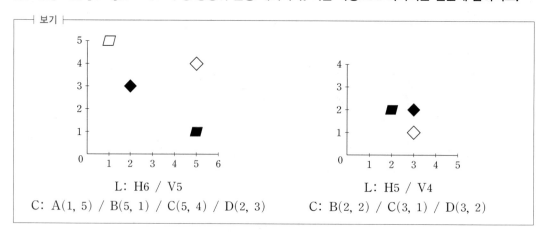

57 다음 그래프에 알맞은 명령어를 고르면?

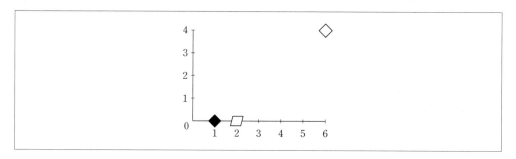

① L: H6 / V4
   C: A(2, 0) / B(6, 4) / D(1, 0)

② L: H4 / V6
   C: A(2, 0) / C(1, 0) / D(6, 4)

③ L: H5 / V6
   C: B(6, 4) / C(2, 0) / D(1, 0)

④ L: H6 / V4
   C: A(2, 0) / C(6, 4) / D(1, 0)

58 다음 그래프에 대한 설명으로 옳은 것을 고르면?

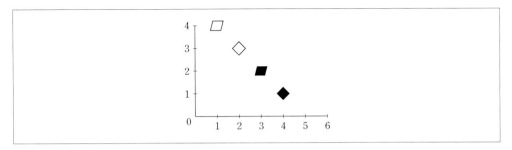

① D의 H축 좌표가 가장 크다.
② 그래프의 좌측부터 A, B, C, D가 순서대로 배치되어 있다.
③ 명령어에 B(2, 3)이 포함되어 있다.
④ 명령어에 A(1, 4)가 포함되어 있지 않다.

59 다음 단어 중에서 3개를 골라 공통적으로 연상할 수 있는 단어로 가장 적절한 것을 고르면?

물	결혼	무좀	장마	난청	인도	카레	날씨	겨울	멸치

① 비   ② 질병   ③ 요가   ④ 생선

60 다음과 같이 일정한 규칙으로 숫자를 나열할 때, 빈칸에 들어갈 알맞은 숫자를 고르면?

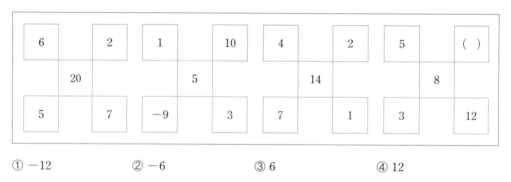

① −12   ② −6   ③ 6   ④ 12

61 다음 [표]는 포스코그룹의 역사에 관한 자료이다. ㉠~㉣에 들어갈 말을 순서대로 바르게 짝지은 것을 고르면? [기출복원]

[표] 포스코그룹의 역사

1967~1970년	1971~1981년	1982~1992년	1993~2002년	2003년~현재
포스코 창업기	(㉠)	(㉡)	(㉢)	(㉣)

	㉠	㉡	㉢	㉣
①	광양건설기	민영화	포항건설기	글로벌화
②	광양건설기	포항건설기	글로벌화	민영화
③	포항건설기	민영화	광양건설기	글로벌화
④	포항건설기	광양건설기	민영화	글로벌화

62 다음 [보기]에서 설명하는 포스코그룹의 친환경 브랜드를 고르면?

┤ 보기 ├

　혁신적인 기술과 친환경 미래지향적인 철의 가치를 활용한 프리미엄 건설자재를 의미하는 네임으로 포스코의 비즈니스 파트너와 가치를 함께 만드는 Business With POSCO 비전 실현의 브랜드이다.

① 그리닛(Greenate)
② 이노빌트(INNOVILT)
③ 이 오토포스(e Autopos)
④ 그린어블(Greenable)

63 다음 글에서 설명하고 있는 포스코그룹이 운영하는 공간의 이름을 고르면?

> 벤처기업 육성을 위해 포스코에서 운영하는 스타트업 공간으로 포항의 국내 최고 과학기술 인프라를 바탕으로 창업 전주기적 지원을 통해 우수기업을 발굴·육성하고자 하며, 실리콘 밸리에 이어 아이디어가 산업이 되는 '또 하나의 퍼시픽 밸리'로서 유니콘 기업의 산실로 발돋움하고자 하는 곳이다.

① Park1538
② 스페이스워크
③ 글로벌 안전센터
④ 체인지업 그라운드

64 다음은 포스코에서 개발한 내전단성 안전대 쥠줄에 관한 글이다. 이 쥠줄의 특징으로 옳지 <u>않은</u> 것을 고르면?

> 포스코는 기존 합성섬유와 와이어의 장점을 결합해 전단에도 강하면서 휴대까지 용이한 '내전단성 안전대 쥠줄'을 개발했다. 이 '내전단성 안전대 쥠줄'은 1차 추락이 발생한 후 쥠줄이 주변 구조물과 마찰되는 상황에서 최대 70분까지 끊어지지 않고 버틸 수 있어 2차 추락을 방지하고 그 사이 매달린 작업자 구조도 가능하다.

① '고용노동부 안전대 성능 기준'에 따라 보편적인 합성섬유 소재를 사용한다.
② 다이니마 재질과 와이어로프를 혼합하여 최적의 내전단성 조건을 가지고 있다.
③ 1차 추락이 발생 후 쥠줄이 주변 구조물과 마찰되는 상황에서 버티도록 설계되어 있다.
④ 기존 소재와는 달리 방탄복, 낚싯줄 등에 사용되는 플라스틱 소재인 다이니마를 활용했다.

65 다음 글의 빈칸에 들어갈 포스코그룹의 온실가스 감축 전략으로 적절한 것을 고르면?

> 포스코는 2006년 온실가스 에너지 시스템을 구축해 체계적으로 온실가스를 감축하고 있습니다. 2022년에는 탄소중립 추진 전담 조직을 신설해 저탄소 철강 (   ) 체계로의 대전환에 속도를 내고 있습니다.
>
> 또한 국내 배출권거래제 시행에 앞서 배출권 수급과 배출 비용을 효과적으로 관리하고 배출량 측정 보고 검증(MRV Mornitoring, Reporting and Verification) 과정을 투명하게 공개해 신뢰도를 높이고 있습니다.

① 원료 – 생산 – 기술 – 판매 – 투자
② 생산 – 기술 – 판매 – 원료 – 투자
③ 투자 – 생산 – 기술 – 판매 – 원료
④ 기술 – 생산 – 판매 – 원료 – 투자

직무적성검사

01 다음 글을 토대로 질문을 작성할 때 답을 할 수 <u>없는</u> 질문을 고르면?

'노멀 크러시'는 최근 시청자들이 화려하고 자극적인 것에 지쳐, 자신과 비슷한 보통의 사람들, 즉 일반인들에게 관심을 가지게 된 현상을 일컫는다. 대리만족과 '내가 만약 저 상황이라면?'이라는 감정은 연예인이 아닌 일반인들의 연애를 통해 공감되고, 심지어 몰입으로 이어지기도 한다. 이러한 현상은 특히 연애 리얼리티 프로그램에서 두드러지게 나타난다.

특히 일반인들이 출연하는 연애 프로그램에서 '노멀 크러시'가 뚜렷하게 나타나는 이유는 명확하다. 시청자는 자신과 같은 평범한 출연자들이 설레는 사랑을 경험하는 모습을 보며 대리만족을 느낀다. 게다가 자신의 감정이나 시간, 노력, 비용을 소모할 필요 없이 그들의 연애를 지켜볼 수 있다. 이로 인해 시청자들은 연애 리얼리티 프로그램의 출연자들에게 큰 관심을 가지며, 프로그램이 끝난 후에도 그 관심은 지속된다. 이런 이유로 비연예인 출연자들이 연예인보다 더 큰 화제를 모을 때도 있다.

'노멀 크러시'의 이면에는 사회적 기준에 지친 젊은 시청자들이 있다. 사랑조차 사회가 정한 틀에 맞아야 한다는 압박감에 피로를 느끼는 시청자들에게, 리얼리티 프로그램은 어떤 의미를 줄 수 있을까? 제작자와 연출자들은 이 점에 대해 고민할 필요가 있다. 더 이상 출연자의 개성이나 자극적인 내용에만 의존하지 않고, 진정성 있는 태도로 사랑의 의미와 관계를 다시 시작하려는 용기를 전달하는 프로그램이 필요하다.

① '노멀 크러시'의 의미는 무엇인가?
② '노멀 크러시'의 발생 원인은 무엇인가?
③ '노멀 크러시'의 부정적 영향은 무엇인가?
④ '노멀 크러시'의 대표적인 사례는 무엇인가?

02 다음 글의 빈칸 ㉠과 ㉡에 들어갈 접속어를 각각 바르게 짝지은 것은?

> 양서류 중 하나인 개구리는 일반적으로 외부수정을 하는 동물이다. (㉠) 암컷이 알을 낳은 후, 수컷이 그 알 위에 정자를 방출하여 수정이 이루어지는 것이다. 이 과정에서 중요한 역할을 하는 두 가지 주요 생식 세포는 정자와 난자이며 개구리의 난자는 정자에 비해 상대적으로 크고 비활성 상태로 존재하며 수정이 이루어진 후에는 세포 분열 과정을 통해 개구리로 성장한다.
>
> '회색 신월환'은 개구리의 수정란에서 관찰되는 중요한 구조이다. 수정이 이루어진 후, 난자의 특정 부분에 회색빛이 띠는 신월 모양의 영역이 형성되는데, 이 현상은 유도적 분화와 관련이 있다. 회색 신월환은 수정 후 난자에서 가장 먼저 나타나는 징후 중 하나로, 주로 정자와 난자의 결합 지점에서 형성된다. 이 신월환은 난자의 세포질에서 중요한 화학적·물리적 변화를 유도하는 신호를 전달한다. 회색 신월환은 배아의 초기 분화와 관련이 있으며, 이 부분에서부터 배엽이 형성되고, 이후에는 외배엽, 중배엽, 내배엽으로 발전한다. 이러한 과정은 개구리의 배아가 정상적으로 발달하는 데 필수적인 역할을 하게 된다.
>
> 또한, 회색 신월환은 배아의 좌우 대칭을 결정하는 중요한 역할을 하며 이 구조는 배아가 후에 머리와 꼬리, 앞과 뒤를 구분할 수 있도록 돕는다. 여기에 덧붙여 세포들이 특정 방향으로 분화하도록 유도하는 신호를 발산한다. (㉡) 배엽의 형성 과정에서 중요한 역할을 하여, 다양한 조직과 기관이 올바르게 발달할 수 있도록 한다.
>
> 개구리의 생식과 수정 과정에서 정자와 난자, 그리고 회색 신월환은 각각 중요한 역할을 담당한다. 정자와 난자는 새로운 개체의 시작을 의미하며, 그 결합을 통해 개구리의 개체군을 이어나간다. 그리고 수정 후 나타나는 회색 신월환은 개구리 배아의 발달에 중요한 역할을 하며, 배아의 분화와 대칭을 결정하는 중요한 기준이 된다.

	㉠	㉡
①	그래서	그러나
②	즉	예를 들어
③	예를 들어	그리고
④	그러나	그래서

03 다음 글의 제목으로 적절한 것을 고르면?

> 환경 문제 해결은 인류의 미래를 형성하는 데 중요한 역할을 한다. 20세기 중반 이후 환경 보호와 지속 가능한 발전은 단순한 이론적 관심을 넘어, 인류 생존과 사회 발전에 필수적인 분야로 자리잡았다. 환경 문제 해결은 지구 자원을 효율적으로 관리하고, 기후 변화와 오염 문제를 극복할 수 있는 가능성을 열어준다. 이는 자원 고갈과 환경 파괴를 방지하는 데 중요한 기여를 할 수 있다. 예를 들어, 재생 가능 에너지의 확대는 온실가스 배출을 줄이고, 동시에 지속 가능한 경제 성장을 촉진하는 중요한 역할을 한다. 또한, 환경 보호 기술은 자연 생태계와 인간 건강을 지키는 데 필수적이며, 이를 통해 지구 환경을 보다 지속 가능한 방식으로 보전할 수 있다. 지속 가능한 발전은 기후 변화 대응과 같은 글로벌 과제에 대응하기 위한 대안으로, 탄소 중립 사회를 향한 전환이 중요한 목표로 부각되고 있다.
>
> 그러나 환경 문제 해결에는 막대한 비용과 자원 소모, 그리고 기후 변화로 인한 경제적 불평등, 정치적 갈등 등의 어려움이 존재한다. 특히, 개발도상국은 환경 보호와 경제 성장을 동시에 추구해야 하는 이중적인 부담을 안고 있으며, 선진국들은 그들의 책임을 다하지 않는 경우가 많다. 이러한 문제들을 해결하기 위해서는 국제적인 협력과 공동 연구가 필수적이다. 또한, 환경 문제의 해결은 단순히 정부의 역할에 그치지 않으며, 기업과 시민 사회의 참여 또한 중요한 역할을 한다. 예를 들어, 지속 가능한 소비와 생산을 촉진하기 위한 개인과 기업의 노력은 점차적인 변화를 이끌어낼 수 있다. 결국, 환경 문제의 해결은 인류의 지속 가능한 미래를 위해 반드시 해결해야 할 핵심 과제이다. 이는 단기적인 경제적 이익을 넘어서, 우리 후손에게 건강하고 안전한 지구를 물려주기 위한 필수적인 책임이기도 하다.

① 지속 가능한 미래를 위한 환경 문제 해결
② 개인 소비가 환경에 미치는 영향
③ 기후 변화가 가져오는 경제적 혜택
④ 환경을 위한 단기적인 경제 성장 정책

마이데이터(My Data)는 개인이 자신에 관한 데이터를 주도적으로 관리하고 활용하는 개념을 의미한다. 기존의 데이터 활용 방식은 주로 기업이 소비자 정보를 수집하고 활용하는 형태였지만, 마이데이터는 데이터를 소유한 개인이 이를 직접 관리하고 활용할 수 있도록 한다. 이러한 변화는 디지털 사회에서 개인의 데이터 권리와 개인정보 보호를 강화하는 중요한 흐름으로 자리 잡고 있다.

마이데이터의 가장 큰 장점은 개인이 자신의 데이터를 통제할 수 있다는 점이다. 예를 들어, 금융 데이터를 포함한 다양한 개인 정보를 자신이 원하는 방식으로 관리하고, 그 데이터를 기반으로 맞춤형 서비스를 제공받을 수 있다. 또한, 이를 통해 소비자는 자신에게 유리한 혜택을 더욱 쉽게 누릴 수 있으며, 기업은 더 정확한 데이터 기반으로 서비스를 제공할 수 있다.

하지만 마이데이터의 도입에는 몇 가지 과제가 존재한다. 첫째, 개인정보 보호가 중요한 이슈로 떠오른다. 개인의 데이터를 보호하기 위해서는 강력한 보안 시스템과 데이터 사용에 대한 명확한 규제가 필요하다. 둘째, 데이터의 활용 범위와 개인의 권리를 명확히 구분해야 한다. 특히, 데이터를 제공하는 과정에서 개인의 동의가 충분히 이루어지지 않거나, 불법적인 방식으로 데이터가 유출될 위험이 있다. 시스템을 완전히 구현하기 위해서는 개인정보 보호와 데이터 활용 간의 균형을 맞추는 법적·제도적 장치가 필요하다.

결국 마이데이터는 개인의 데이터 주권을 강화하고, 개인정보 보호와 활용 간의 균형을 이루기 위한 중요한 전환점이 될 것이다. 이를 위해서는 정부, 기업, 사회 각 계층이 협력하여 데이터의 안전한 관리와 활용을 위한 환경을 만들어가야 한다. 마이데이터는 미래 사회의 개인정보 보호와 데이터 혁신을 이끄는 중요한 모델로 자리 잡을 것이다.

04 다음 중 글에 대한 주제로 적절한 것을 고르면?

① 개인정보 보호와 관리의 중요성
② 마이데이터와 개인정보 보호의 균형
③ 디지털 사회에서 데이터의 위험
④ 정부의 데이터 활용 방식 변화

05 다음 중 밑줄 친 부분에 해당하는 사례로 적절하지 <u>않은</u> 것을 고르면?

① 개인이 자신의 건강 정보를 관리하고, 이를 기반으로 맞춤형 의료 서비스를 제공받는 경우
② 금융회사가 고객의 거래 데이터를 수집하여 고객에게 맞춤형 금융 상품을 자동으로 추천하는 경우
③ 정부가 국민의 개인정보를 무단으로 수집하여 특정 목적으로 활용하는 경우
④ 사용자가 자발적으로 자신의 소비 데이터를 기업에 제공하고, 그에 따라 맞춤형 광고나 프로모션을 제공받는 경우

06 다음 ⊙~ⓔ 중 보고서 연구 내용에 따른 연구 방법으로 적절하지 <u>않은</u> 것을 고르면?

구분	내용
연구 목적	도시의 대기 오염 문제를 해결하기 위해, 정부의 대기질 개선 정책이 도시 환경에 미친 영향을 분석하고, 향후 대기질 개선을 위한 효과적인 방안을 제시하는 것을 목표로 함.
연구 내용	• 정부의 대기질 개선 정책에 대한 기존 연구 분석 • 대기질 개선 정책의 효과성 평가 및 정책별 개선점 도출 • 대기 오염 문제 해결을 위한 정책적 방향 제시 • 해외 대기질 개선을 위한 선진국 사례 조사 및 비교 분석 • 향후 대기질 개선을 위한 구체적인 실행 방안 도출
연구 방법	• 정부의 대기질 개선 정책에 대한 기존 연구를 정리하고, 각 정책의 효과를 평가한 후 향후 정책 방향을 제시 ⊙ 각 정책별로 발생한 사회적 변화와 그 효과를 분석하고, 개선이 필요한 정책 요소를 도출 ⓒ 대기 오염 문제와 관련된 사회적 원인을 진단하고, 이를 해결하기 위한 정책적 접근 방안을 제시 ⓒ 해외 대기질 개선을 위한 선진국의 정책 사례를 조사하여, 해당 사례의 성공적인 요소를 한국에 맞게 적용 가능한지 분석 ⓔ 대기질 개선을 위한 방향성을 수립하여 정부가 취해야 할 역할 검토

① ⊙   ② ⓒ   ③ ⓒ   ④ ⓔ

다음 [가]~[마]를 논리적인 순서에 맞게 배열한 것을 고르면?

[가] 화살은 모두 대나무로, 발화통과 약통은 종이로 만들었다. 여러 겹의 종이를 둘둘 말아 만든 화약통은 생각 이상으로 견고했고, 심지를 박아 넣거나 로켓의 분사 구멍을 만드는 데에도 매우 편리했다.

[나] 크기만 다를 뿐 구조는 모두 동일한데 로켓의 몸체에 해당하는 화살, 폭발물인 발화통, 로켓의 추진체인 약통으로 이루어져 있으며, 화살의 몸통에 발화통과 약통을 이어 붙여 만들었다.

[다] 폭발물인 발화통을 만드는 방법도 약통과 크게 다르지 않았다. 즉, 종이를 말아 원통을 만들고 그 안에 화약을 채워 넣은 후 양 끝을 끈으로 묶어 잘 다듬었다.

[라] 신기전은 크기에 따라서 대·중·소로 구분되었으며, 그 밖에 폭발물의 구조가 약간 다른 산화 신기전이 있었다.

[마] 약통은 둥그런 나무를 종이로 둘둘 말고 속에 있는 나무만을 빼내어 원통형의 종이 통을 만든 다음, 그 안에 화약을 채우고 양 끝을 4~5겹의 종이를 대어 막고 끈으로 묶었다. 그런 다음 나무망치로 통의 끝 면을 고르게 다듬어 화약이 새지 않도록 했다.

① [나] - [라] - [가] - [마] - [다]
② [라] - [나] - [가] - [다] - [마]
③ [라] - [나] - [가] - [마] - [다]
④ [라] - [나] - [마] - [다] - [가]

다음 글의 내용과 일치하지 <u>않는</u> 것을 고르면?

> 지구상에서 가장 거대한 생물학적 구조물인 산호초는 왕성한 생명 활동으로 바닷속 삶의 공동체를 형성한다. 산호와 공생하는 주산텔라가 광합성을 통해 만들어 내는 영양물질과 산소는 작은 바다 동물의 먹이가 되고, 이 작은 바다 동물을 포식하기 위해 큰 바다 동물들이 이곳으로 모여든다. 지구 전체 바다에서 산호초가 차지하는 면적은 0.1%도 안 되지만, 해양 생물의 약 25%가 이곳에서 어우러져 살아간다. 또한 사람이 먹는 물고기의 20~25% 정도가 산호초 부근에서 잡히는 것으로 알려졌으며, 쓰나미나 태풍으로 인한 해일로부터 연안을 보호하는 역할도 한다. 그런데 최근 해양학자들은 이것 외에 지구 전체 환경에 미치는 영향에도 주목한다. 산호의 폴립 속에는 1cm^{3}당 100~200만 마리의 편모조류가 살며 광합성을 한다. 그들이 광합성을 통해 대기 중의 이산화탄소를 흡수하고 산소를 만들어내는데, 이들의 광합성이 활발해지면 지구의 열도 내려간다. 실제로 산호초의 단위면적당 광합성 능력은 열대 지방의 밀림보다 뛰어난 것으로 조사되었다. 산호초를 보호하면 인접국만 그 혜택을 누리는 것이 아니라 순환하는 바다를 끼고 사는 지구인 모두가 그 혜택을 누리기 때문에 바다의 수질 관리에 전 지구적 관심이 필요한 이유가 여기에 있다고 볼 수 있다.

① 산호초는 지구 온난화를 감소시키는 역할을 한다.
② 산호초 부근에 사는 물고기들은 대부분 사람이 먹을 수 있다.
③ 산호초는 자연재해로부터 연안을 보호하는 역할을 한다.
④ 산호초는 공생 관계를 통해 바닷속 삶의 공동체를 형성한다.

09 다음 글의 논지 전개 방식에 대한 설명으로 가장 적절한 것을 고르면?

> '제4의 물질 상태'라 일컬어지는 플라스마(Plasma)란 매우 높은 온도에서 이온이나 전자, 양성자와 같이 전하를 띤 입자들이 기체처럼 섞여 있는 상태를 말한다.
>
> 플라스마는 온갖 미래 첨단 기술의 원천을 제공하고 있다. 대표적인 예가 미래의 에너지로서의 이용 가능성인데, 핵융합 발전에 의한 초고온 플라스마를 만들면 점점 고갈되어가는 화석 에너지를 대체할 유용한 자원이 될 것으로 기대된다. 또한 고온의 플라스마를 빠르게 분출하는 플라스마 엔진을 우주선에 탑재한다면, 훨씬 적은 양의 연료로 기존 우주선보다 10배나 빠른 속도를 낼 수 있어 화성 여행의 꿈을 이룰 수도 있다. 우리 주변의 일상생활 곳곳에서도 플라스마 관련 기술이 적용된다. 대표적인 것이 PDP 텔레비전이다. 큰 화면에도 불구하고 두께는 매우 얇아서 벽걸이 텔레비전에 적합한 PDP는 형광등과 비슷한 원리로서, 플라스마에 나오는 자외선을 이용하여 화면을 구현한다. 또한 플라스마는 커다란 골칫거리인 각종 환경 문제를 해결하는 데에도 큰 역할을 할 것으로 기대된다. 고압 전류에 의해 플라스마에서 발생하는 오존은 악취 성분을 분해하는 능력이 뛰어나서 에어컨, 공기 청정기, 탈취제 등으로도 이미 활용되고 있고, 자동차의 배기가스를 줄이는 데에도 이용될 수 있다.

① 대상의 변모 과정을 통시적 관점에서 고찰하고 있다.
② 대상의 개념을 정의하고 활용 분야와 가능성을 밝히고 있다.
③ 대상이 지닌 한계를 지적하며 이에 대한 개선을 요구하고 있다.
④ 구체적 사례를 통해 대상의 장점을 집중적으로 부각시키고 있다.

10 다음 글의 내용과 일치하는 것을 고르면?

새집 증후군은 화학 물질 과민증의 일종으로 실내 공기 오염 물질 중에서 특정한 화학 물질 혹은 여러 가지 화학 물질이 복합적으로 작용하여 인체에 영향을 미치는 현상을 말한다. 일반적으로 이러한 증상을 나타내는 사람은 세제, 향수, 비닐종이를 비롯한 실내 환경을 구성하는 물체에서 발생하는 화학 물질 냄새에 매우 민감하게 반응하여 심각한 건강 장애를 겪기도 한다.

새로 건축된 주택이나 건물은 석면, 포름알데히드 및 기타 입자상의 물질 등의 실내 오염 물질을 배출하면서 밀폐된 건물 내에서 장시간 생활하는 사람들의 눈과 코, 목 등의 인체를 자극하고 두통과 어지럼증을 유발하거나 실내 거주자에게 쉽게 피로감을 느끼게 하며, 천식, 급성 폐렴, 고열 등을 유발한다.

새집 증후군은 크게 두 가지 요인에 의해 복합적으로 나타난다. 첫 번째는 물리적 요인으로, 담배 연기를 비롯해 건축 자재, 사무용품 등에서 방출되는 라돈, 석영 등의 화학 물질, 세균 및 곰팡이 등의 미생물, 기타 휘발성 오염 물질 등이 있다. 두 번째는 정신적 요인으로, 작업 만족도, 근무 분위기, 스트레스 등이 있다. 이렇듯 새집 증후군은 물리적 요인과 정신적 요인의 복합적인 영향에 의해 나타나는 경우가 많으며, 어느 한 가지 요인에 의해서 나타나는 경우만 있는 것은 아니다. 한편 독일의 일간지 '디 벨트'에서는 사무실의 실내 공기 오염과 열악한 작업 환경보다는 인간관계 등 심리적인 요인이 일의 능률과 건강에 더 큰 영향을 미치는 것으로 밝혀졌다고 보도했다.

① 새집 증후군의 현상은 항상 새집에서만 발생하게 된다.

② 새집 증후군 유발 물질에 노출된 모든 사람은 새집 증후군을 겪게 된다.

③ 건축 자재만으로도 새집 증후군이 발생할 수 있다.

④ 새로 건축된 집에서 생활하며, 두통과 어지럼증 등의 불쾌감을 느낄 경우, 새집 증후군일 가능성이 있다.

[11~12] 다음 글을 읽고 이어지는 질문에 답하시오.

핀테크는 금융과 기술의 합성어로, 첨단 정보 기술을 기반으로 한 금융 서비스이다. 핀테크 산업이 발전하는 경우 금융 산업의 여러 분야에 영향을 미칠 것으로 전망된다. 많은 핀테크 업체들이 첨단 IT 기술을 지급 결제 및 송금 등에 접목시키고 있어 지급 결제 및 예금 시장에서의 경쟁이 격화된다는 데는 별다른 이견이 없다. 반면 대출 시장에의 영향에 대해서는 의견이 다소 엇갈리고 있다.

우선 인터넷 전문은행이나 P2P에서처럼 대출 업무가 온라인에서 이루어지는 경우 (   ) 관계형 금융은 은행이 파악한 중소기업 등 고객의 정보를 바탕으로 수익성과 리스크를 평가하고, 한 고객에게 대출 및 예금을 포함한 다양한 상품을 파는 방식의 금융 중개 형태이다. 중소기업의 경우 재무 정보에 대한 낮은 신뢰도 등으로 신용 평가가 어렵기 때문에 <u>은행은 상시 탐방을 통하여 기업 고유의 특성이 반영된 정보를 발굴할 필요가</u> 있다. 즉, 계량 지표 이외에 차주의 영업 능력, 성향, 기업 문화, 평판 등 정성적 요인 및 인근 지역이나 거래처, 온라인 상에서의 평가 등 주변정보를 수집하여 해당 기업을 철저히 이해하여야 하는데, 이를 비대면 거래를 통해 파악하는 것은 거의 불가능하다.

하지만 빅데이터 분석에 기초한 새로운 대출 시장의 가능성이 커지고 있어 인터넷 전문은행이나 핀테크 대출 중개 업체들의 사업모형이 될 수 있다. 여러 기업들이 빅데이터를 이용한 대출 서비스를 제공하고 있으며 SNS 데이터, 거래정보 등의 분석을 신용도 평가에 포함시키고 있다. 만일 대규모 네트워크를 가지고 있는 업체들이 은행업에 본격적으로 진출하여 빅데이터 분석을 대출 업무에 접목시키는 경우 기존 은행들에게 위협이 될 수 있으며 대출 시장의 경쟁을 격화시킬 전망이다.

11 다음 중 빈칸에 들어갈 내용으로 가장 적절한 것을 고르면?

① 중소기업 대출과 같은 관계형 금융은 제한적일 것이라는 견해가 많다.
② 중소기업 대출과 같은 관계형 금융이 보편화될 것이라는 견해가 많다.
③ 기존의 금융 시장을 보완할 것이라는 견해가 많다.
④ 기존의 금융 시장과 차별화가 덜하다는 견해가 많다.

12 다음 중 글의 밑줄 친 부분을 실천하기 위해 취한 방법으로 가장 적절한 것을 고르면?

① 기존의 은행들이 개인대출의 비중을 높여 이익을 창출한다.
② 인터넷 전문은행들이 예금 시장의 경쟁력을 확보하기 위해 노력한다.
③ 기업의 고유한 특성을 파악할 수 있는 객관적 지표를 통해 심사한다.
④ 인터넷 전문은행들이 은행 근무 경력이 있는 대출전문 사원을 채용하여 활용한다.

13 다음 글의 중심 내용으로 가장 적절한 것을 고르면?

> 조선 시대에는 조상과 성현의 높은 덕행을 기리고 권계(勸戒)하기 위해 제사를 중요시했다. 조선 시대 자화상을 비롯한 대다수의 초상화는 이러한 점에 많은 영향을 받았다. 조선 시대 대부분의 초상화는 별도의 배경이나 현실 공간에 대한 묘사 없이 초상화의 주인공만이 다소곳이 화폭에 자리 잡고 있는 것을 확인할 수 있다. 이는 대상 인물을 시각적으로 강조하여 한 사람에게만 주의를 집중할 수 있도록 함으로써 보는 이에게 경건한 태도를 갖도록 하기 위한 것이다. 그리고 주인공의 얼굴이 정면에서 좌측이나 우측으로 돌려진 칠분면이나 팔분면을 취하게 하고 시선은 얼굴과 같은 방향으로 처리했는데, 이는 보는 이로 하여금 안정감을 느끼게 하고 화폭 속 인물에 대해 공경심을 불러일으키게 한다. 또한 얼굴을 강조하기 위해 손을 노출시키지 않거나 예의 바른 공수 자세를 취하게 한 것도 숭앙심(崇仰心)을 느끼게 하기 위한 것이다.

① 조선 시대 그림의 대표, 초상화
② 조선 시대 그림의 화법 및 특징
③ 조선 시대 초상화의 변천 및 역할
④ 조선 시대 초상화의 화법 및 특징

14 다음 글의 밑줄 친 ㉠~㉣의 사례로 적절하지 <u>않은</u> 것을 고르면?

> 일정한 종결 어미를 선택함으로써 상대편을 대우하여 표현하는 높임법인 상대 경어법에는 해라체, ㉠해체(반말체), ㉡하게체, ㉢하오체, ㉣해요체, 하십시오체가 있다.

① ㉠: 김 대리, 내 자리로 좀 오지.
② ㉡: 홍 팀장, 회의실에 나랑 같이 가세.
③ ㉢: 오랜만에 만나니 참 반갑구려.
④ ㉣: 시간이 늦었으니 이제 그만 가시지요.

15 다음 글을 읽고 추론한 내용으로 가장 적절하지 <u>않은</u> 것을 고르면?

이상 기후 현상이 빈발하는 가운데, 발달된 시설재배는 농산물의 안정적인 생산을 위해 하나의 대안이 될 수 있다. 과학 기술의 발달로 일정한 시설 내에서 빛, 온도, 습도, 공기(이산화탄소 농도), 물, 영양분 등 식물 배양에 필요한 모든 환경 조건을 인공적으로 통제·제어할 수 있으며, 이러한 농업 방식은 기존 농업 방식과는 확연하게 구분된다.

농산물을 재배할 때 가장 중요한 것은 광합성에 필수적인 요소인 태양이다. 기술의 발달은 이러한 태양의 역할도 조명을 이용하여 인공적으로 만들 수 있게 되었다. 실제로 인공적인 광을 이용하는 사례도 늘고 있다.

어떤 조명 방식을 채택할 것인가는 시설재배가 이루어지는 건물의 형태나 건물 내 재배 설비의 구조와도 관련된다. 조명을 태양광에 의존하는 경우, 시설재배의 형태는 주로 단층 건물이면서 작물 재배 설비도 평면형으로 되어 있다. 비닐하우스나 유리온실처럼 투명한 천장을 통해 들어오는 태양광을 직접 이용해야 하기 때문이다. 반면 조명 설비를 인공광에 의존하는 시설재배는 다단형 설비를 갖추거나 복층형 건물로 만들어질 수 있다. 이렇듯 발달된 시설재배 기술로 인해 최근 시설재배의 생산성이 증대되고 있다.

---

① 인공조명으로 농산물을 재배하면 연중 안정적인 생산이 가능해진다.

② 인공조명으로 재배된 농산물이 인체에 해를 끼치는 부작용이 있을 수 있다.

③ 다단형 설비를 갖추거나 복층형 건물로 지어진 시설재배 시설은 효율성을 최우선으로 고려한 것이다.

④ 이상 기후가 잦아지면 과일, 야채류 등 각종 농산물 공급이 불안정해질 수 있다.

[16~17] 다음 [표]는 포스코그룹 매출 현황을 나타낸 자료이다. 이를 바탕으로 이어지는 질문에 답하시오.

[표1] 포스코그룹 국내 매출 현황 (단위: 백억 원)

품목	2022년 3분기	2023년 3분기	2024년 3분기
열연	418	447	414
냉연	345	404	394
STS	246	230	213
기타	582	760	715
합계	1,591	1,841	1,736

[표2] 포스코그룹 해외 매출 현황 (단위: 백억 원)

품목	2022년 3분기	2023년 3분기	2024년 3분기
열연	299	386	469
냉연	502	646	761
STS	115	181	186
기타	243	373	494
합계	1,159	1,586	1,910

16 다음 중 자료에 대한 설명으로 옳지 <u>않은</u> 것을 고르면?

① 전년 동 분기 대비 2023년 3분기의 냉연 매출액 증가량은 해외가 국내의 2배 이상이다.
② 전년 동 분기 대비 2024년 3분기의 전체 매출액은 210백억 원 이상 증가했다.
③ 조사기간 동안 매년 3분기의 기타 매출액은 국내가 해외보다 200백억 원 이상 많다.
④ 2022년 3분기 대비 2024년 3분기의 해외 STS 매출액은 70% 이상 증가했다.

17 2024년 3분기의 전체 매출액 중 열연 매출액이 차지하는 비중은 몇 %인지 고르면?(단, 계산 시 소수점 첫째 자리에서 반올림한다.)

① 약 18%　　　② 약 24%　　　③ 약 30%　　　④ 약 36%

18 다음 [표]는 2020년 지역별 수산종자생산업 인건비를 나타낸 자료이다. 이에 대한 설명으로 옳지 **않은** 것을 고르면?

[표] 수산종자생산업 인건비

(단위 : 개, %)

구분	사례 수	1,000만 원 미만	1,000~5,000 만 원 미만	5,000~10,000 만 원 미만	10,000~15,000 만 원 미만	15,000만 원 이상	평균 금액 (만 원)
강원도	38	44.7	15.8	12.6	24.7	2.2	1,511
경기도	33	33.3	24.2	27.3	14.3	0.9	3,659
경상남도	77	29.1	28.6	30.4	4.6	7.3	7,193
경상북도	29	10.3	34.5	40.3	10.1	4.8	3,213
전라남도	81	25.0	34.6	22.2	11.4	6.8	5,421
전라북도	57	31.1	50.9	5.7	7.0	5.3	3,512
충청남도	70	9.1	48.6	16.7	8.5	17.1	6,123
충청북도	19	—	52.6	31.6	15.8	—	3,206

① 인건비가 1.5억 원 이상인 사례 수가 없는 지역은 충청북도이다.
② 사례 수가 40개 미만인 지역의 평균 금액의 총합은 11,589만 원이다.
③ 인건비가 1,000만 원 이상 5,000만 원 미만인 비율이 가장 높은 지역은 3곳이다.
④ 충청남도와 전라북도에서 인건비가 1,000만 원 미만인 비율의 차이는 22%p이다.

[19~20] 다음 [그래프]는 2018~2024년 어느 국가의 수출입 현황을 나타낸 자료이다. 이를 바탕으로 이어지는 질문에 답하시오.

[그래프1] 2018~2024년 수출입액 현황   (단위: 천억 원)

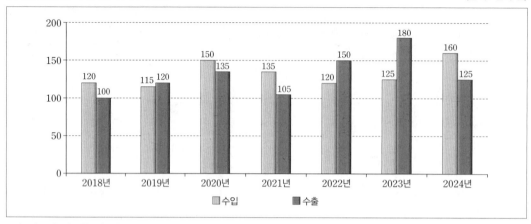

※ (무역수지)=(수출)−(수입)
※ 무역수지가 양수(+)이면 흑자이고, 음수(−)이면 적자임

[그래프2] 2023년 수입품목   (단위: %)

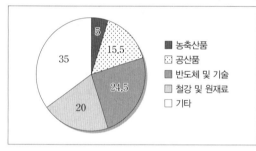

[그래프3] 2024년 수입품목   (단위: %)

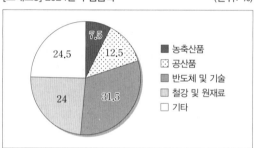

19 다음 [보기] 중 옳은 것을 모두 고르면?

> **보기**
>
> ㉠ 2023년 수출액은 2020년 대비 30% 이상 증가하였다.
> ㉡ 2018년 이후 무역수지는 흑자인 해보다 적자인 해가 더 많다.
> ㉢ 2020년부터 2024년까지 수입액 평균은 수출액 평균보다 1,000억 원 많다.
> ㉣ 2024년 수입품목에서 반도체 및 기술이 차지하는 비중은 전년 대비 7%p 증가하였다.

① ㉠, ㉡　　　　　② ㉠, ㉢　　　　　③ ㉢, ㉣　　　　　④ ㉠, ㉡, ㉣

20 다음 중 2023년 또는 2024년 품목별 수입액을 바르게 나타낸 그래프를 고르면?

① 2023년 품목별 수입액

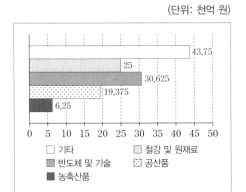

② 2023년 품목별 수입액

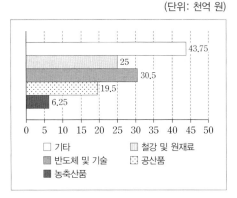

③ 2024년 품목별 수입액

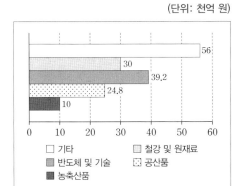

④ 2024년 품목별 수입액

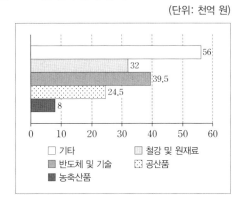

21 다음 [표]는 향후 가구원수별 가구 수를 나타낸 자료이다. 이에 대한 [보기]의 ㉠~㉢ 중 옳은 것을 모두 고르면?

[표] 향후 가구원수별 가구 수

(단위: 천 가구)

구분	2020년	2030년	2040년
합계	20,827	22,037	22,651
1인 가구	6,643	7,440	8,237
2인 가구	5,696	7,022	7,693
3인 가구	4,283	4,500	4,421
4인 가구	3,212	2,452	1,885
5인 이상 가구	993	623	415

┤ 보기 ├

㉠ 2030년 인구수는 최소 4,700만 명 이상일 것이다.

㉡ 2020년부터 10년 주기로 1~4인 가구의 가구 수는 각각 꾸준히 증가할 것이다.

㉢ 2040년 1인 가구로 생활하는 사람은 3인 가구로 생활하는 사람보다 많을 것이다.

① ㉠   ② ㉠, ㉡   ③ ㉠, ㉢   ④ ㉡, ㉢

22 다음 [그래프]는 A~D지점의 분기별 매출액을 나타낸 자료이다. 이에 대한 설명으로 옳은 것을 고르면?

[그래프] A~D지점의 분기별 매출액 (단위: 억 원)

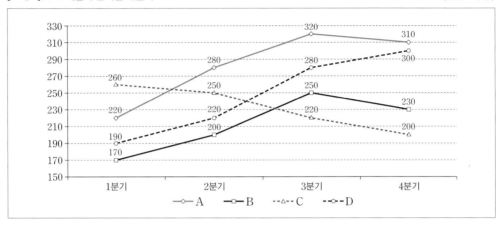

① 2분기부터 A지점의 매 분기 매출액은 증가했다.
② C지점을 제외하고 모든 지점에서 1분기 대비 4분기 매출액이 증가했다.
③ 2분기부터 C지점의 매출액 순위는 하락했다.
④ 2분기부터 D지점의 전분기 대비 매출액 상승폭은 계속 커졌다.

다음 [표]는 2016~2020년 신재생에너지 발전량을 나타낸 자료이다. 이를 바탕으로 이어지는 질문에 답하시오.

[표] 2016~2020년 신재생에너지 발전량 (단위: MWh)

구분		2016년	2017년	2018년	2019년	2020년
재생에너지	합계	39,545,095	44,549,931	50,198,169	48,972,670	37,161,788
	태양광	5,515,816	7,737,852	10,154,964	14,163,040	19,297,854
	풍력	1,683,142	2,169,014	2,464,878	2,679,158	3,149,798
	수력	2,858,714	2,819,882	3,374,375	2,791,076	3,879,383
	해양	495,556	489,466	485,353	474,321	457,263
	바이오	6,237,564	7,466,664	9,363,229	10,415,632	9,938,353
	폐기물	22,754,303	23,867,053	24,355,370	18,449,443	439,137
신에너지	합계	1,504,083	2,755,022	3,466,954	3,316,436	5,899,723
	연료전지	1,143,402	1,469,289	1,764,948	2,285,164	3,522,350
	IGCC	360,681	1,285,733	1,702,006	1,031,272	2,377,373

23 다음 중 자료에 대한 설명으로 옳은 것을 고르면?

① 2017~2020년 동안 매년 발전량이 증가한 에너지는 4개이다.
② 2016~2020년 동안 폐기물 에너지 발전량이 많을수록 재생에너지 총 발전량도 많았다.
③ 2017~2020년 중 전년 대비 IGCC 에너지 발전량의 증가량이 가장 많았던 해에 연료전지 에너지 발전량의 증가량도 가장 많았다.
④ 2016~2020년 동안 매년 재생에너지 총 발전량 중 폐기물 에너지 발전량의 비중이 가장 컸다.

24 다음 중 2016년 대비 2020년 발전량이 감소한 에너지의 개수를 고르면?

① 1개　　　　② 2개　　　　③ 3개　　　　④ 4개

[25~26] 다음은 2019~2022년 국외 한국인 유학생 및 유학·연수 수지 현황을 나타낸 자료이다. 이를 바탕으로 이어지는 질문에 답하시오.

[표] 2019~2022년 국외 한국인 유학생 현황 (단위: 명)

구분		2019년	2020년	2021년	2022년
국외 한국인 유학생	초등학교	4,693	2,041	1,779	3,124
	중학교	2,752	1,110	1,029	1,714
	고등학교	1,516	514	796	713
	대학(학위+연수)	213,000	194,916	156,520	124,320
	대학(학위)	131,518	124,927	105,657	100,514

[그래프] 2019~2020년 유학·연수 수지 현황 (단위: 백만 달러)

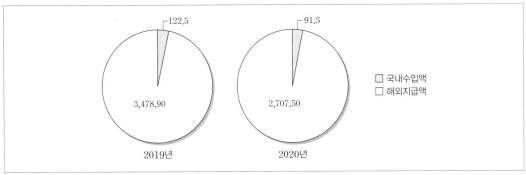

2019년 : 122.5 / 3,478.90
2020년 : 91.5 / 2,707.50

□ 국내수입액
□ 해외지급액

※ (유학·연수 수지)=(국내수입액)-(해외지급액)

25 다음 중 자료에 대한 설명으로 옳은 것을 고르면?

① 국외로 대학 연수만 받은 유학생 수는 매년 증가한다.
② 2019년 초등학교 유학생 수가 2019~2022년 고등학교 유학생 수의 합보다 적다.
③ 국외에서 초등학교부터 고등학교까지 교육을 받은 유학생 수는 2019년에 가장 많다.
④ 중학교 유학생 수가 가장 많은 연도 대비 가장 적은 연도에 중학교 유학생 감소율은 60% 이상이다.

26 다음 중 2019~2020년 유학·연수 수지에 관한 설명으로 옳은 것을 고르면?

① 유학·연수 수지는 감소하는 추이를 보인다.
② 유학·연수 수지가 적은 해에 국외 한국인 유학생 수가 가장 적다.
③ 유학·연수 수지는 2년 동안 6억 달러 이상 적자이다.
④ 국외 한국인 유학생 수가 감소하면 해외지급액은 증가하는 경향을 보인다.

27 다음 [표]는 2021년 3분기~2023년 2분기 어느 대형마트의 전년 동분기 대비 매출 증감률을 나타낸 자료이다. 이에 대한 설명으로 옳은 것을 고르면?

[표] 2021년 3분기~2023년 2분기 대형마트 전년 동분기 대비 매출 증감률 (단위: %)

구분	2021년		2022년				2023년	
	3분기	4분기	1분기	2분기	3분기	4분기	1분기	2분기
가전	−1.7	0.9	−0.7	0.5	3.5	−9.7	−3.9	3.5
의류	−1.9	−3.7	1.1	2.5	−3.8	−7.7	−8.0	−4.0
생활용품	−5.7	−7.2	−4.5	−5.9	−6.2	−7.7	−7.1	−5.6
스포츠	−2.7	−5.8	−3.5	−4.3	−9.8	−16.8	−14.4	−9.0
잡화	−1.5	−6.3	−1.8	−0.3	−1.8	−7.0	−7.1	−5.8
식품	1.4	−2.9	0.3	−2.3	0.5	3.8	1.8	6.5

① 2021년 3분기부터 2023년 2분기까지 매 분기당 매출액이 지속적으로 감소한 항목은 4개이다.

② 2021년 3분기 식품 매출액이 전 분기 대비 증가하였다면, 2022년 3분기에도 전 분기 대비 매출액이 증가했다.

③ 2023년 2분기의 경우 전년 동분기 대비 매출액이 가장 크게 감소한 항목은 스포츠이다.

④ 2022년 3분기 가전 매출액은 2020년 3분기보다 작다.

28 다음 [그래프]는 2020~2021년 분기별 A제품의 수출입액을 나타낸 자료이다. 이를 바탕으로 [보고서]를 작성했을 때, 옳은 것을 모두 고르면?

[그래프] 2020~2021년 분기별 A제품의 수출입액　　　　　　　　　　　　　　　　　　(단위: 억 원)

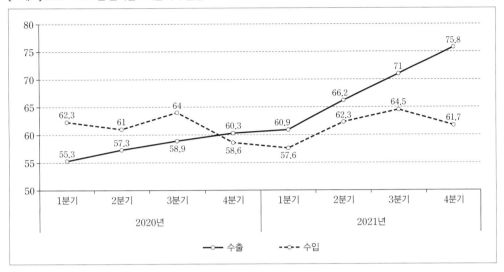

[보고서]
　　무역수지와 무역특화지수는 무역규모를 가늠하는 대표적인 지표로 무역수지란 수출액에서 수입액을 뺀 값으로 무역수지 값이 양이면 흑자, 음이면 적자임을 뜻한다. 무역특화지수는 무역수지를 수출액과 수입액의 합으로 나눈 값이다. 무역특화지수의 값이 클수록 수출경쟁력이 높다. ㉠A제품의 수출액은 매 분기 증가하고 있다. 수입액은 증가와 감소를 반복하고 있으나 ㉡무역수지는 매 분기 증가하고 있으며, 2021년 1분기부터 흑자로 전환되었다. 수출경쟁력 또한 매 분기 상승하는 추세이며 ㉢2021년 4분기 무역특화지수는 전 분기의 2배 이상이 되었다.

① ㉠　　　　　　　　② ㉡　　　　　　　　③ ㉠, ㉡　　　　　　　　④ ㉠, ㉢

[29~30] 다음 [표]는 2021~2024년 포스코 어느 계열사의 근무 경력에 따른 근무자 수 및 업무상 손상자 수를 나타낸 자료이다. 이를 바탕으로 이어지는 질문에 답하시오.

[표] 2021~2024년 근무 경력에 따른 근무자 수 및 업무상 손상자 수 (단위: 명)

구분		5년 미만	5~10년	10년 초과
2024년	근무자 수	240	210	250
	업무상 손상자 수	35	18	16
2023년	근무자 수	100	240	260
	업무상 손상자 수	9	31	15
2022년	근무자 수	80	250	170
	업무상 손상자 수	12	19	31
2021년	근무자 수	150	120	230
	업무상 손상자 수	21	10	23

※ (업무상 손상 발생률)(%) = $\dfrac{(\text{업무상 손상자 수})}{(\text{근무자 수})} \times 100$

29 다음 중 업무상 손상 발생률이 가장 낮은 연도를 고르면?

① 2021년   ② 2022년   ③ 2023년   ④ 2024년

30 다음 중 근속 연수에 따른 업무상 손상 발생률을 바르게 나타낸 그래프를 고르면?

① 2021년

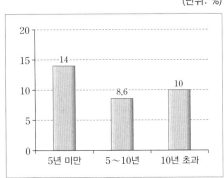

② 2022년

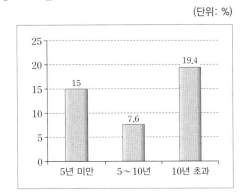

③ 2023년

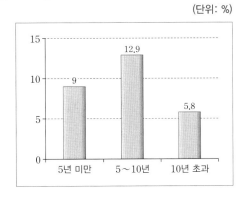

④ 2024년

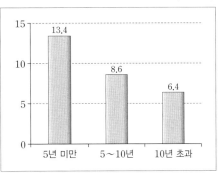

31 기획팀이 회의를 하기 위해 회의실을 예약하려고 한다. 다음 [조건]과 회의실 상황을 바탕으로 적합한 회의실을 고르면?

┤ 조건 ├

- 기획팀은 12명이 근무하므로 정원 12명 이상의 회의실을 예약해야 한다.
- 두바이 출장 중인 박 대리도 회의에 참석하므로 컨퍼런스 콜 장비가 필요하다.
- 두바이의 시각은 한국보다 5시간이 느리며, 두바이 시각 기준, 9~12시에 회의를 한다.

A회의실	B회의실	C회의실	D회의실
• 정원: 20명 • 빔 프로젝터 설치 • 컨퍼런스 콜 설치 • 화이트보드 설치 • 품질팀 예약(15~17시)	• 정원: 13명 • 빔 프로젝터 설치 • 컨퍼런스 콜 설치 • 회계팀 예약(9~12시)	• 정원: 9명 • 빔 프로젝터 설치 • 컨퍼런스 콜 설치 • 화이트보드 설치 • 인사팀 예약(10~12시)	• 정원: 14명 • 빔 프로젝터 설치 • 화이트보드 설치 • 설비팀 예약(14~17시)

① A회의실 ② B회의실 ③ C회의실 ④ D회의실

32 다음 [그림]은 각 지점의 연결망 지도이고, [표]는 각 지점 간 거리와 도로별 연비를 나타낸 자료이다. 농가소득지원부의 심 대리가 회사에서 출발하여 A~E지점을 모두 한 번만 거쳐 출장지로 가려고 한다. A지점을 가장 먼저 방문하고 출장지 도착 전 D지점을 가장 마지막으로 방문하려고 할 때, 가장 저렴한 출장비를 고르면?(단, 출장비는 톨게이트비와 주유비만 지급되고, 0.1L 단위로 주유할 수 있으며 고속도로를 한 번 거칠 때마다 톨게이트비 4,000원이 추가된다.)

[그림] 각 지점의 연결망 지도

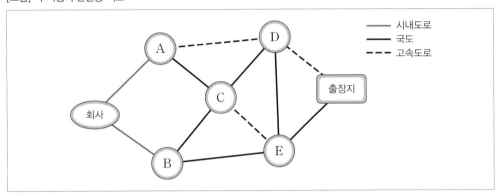

[표1] 각 지점 간 거리 (단위: km)

구분	A	B	C	D	E	출장지
회사	25	30				
A			60	80		
B			75		90	
C				45	50	
D					60	50
E						45

[표2] 도로별 연비 (단위: km/L)

고속도로	20
국도	15
시내도로	10

※ 연비는 휘발유 1L당 자동차가 달릴 수 있는 거리를 나타냄
※ 휘발유의 가격은 1,000원/1L임

① 26,500원　　　② 27,000원　　　③ 27,500원　　　④ 28,000원

33 다음 갑, 을, 병, 정 4개 업체의 협력업체 선정 기준과 정보를 참고할 때, 총점이 가장 높은 업체와 가장 낮은 업체를 순서대로 바르게 짝지은 것을 고르면?

[항목당 배점 비율]

평가항목	품질	가격	직원규모	계
배점비율	50%	40%	10%	100%

[가격 점수]

가격(만 원)	500 미만	500~549	550~599	600~649	650~699	700 이상
점수	100점	98점	96점	94점	92점	90점

[직원규모 점수]

직원 수(명)	100 초과	100~91	90~81	80~71	70~61	60 이하
점수	100점	97점	94점	91점	88점	85점

[업체 정보]

업체	품질 점수	가격(만 원)	직원 수(명)
갑	88	575	93
을	85	450	95
병	87	580	80
정	87	610	88

① 갑, 정   ② 을, 갑   ③ 을, 정   ④ 병, 을

[34~35] 다음은 회사 A, B의 수익체계에 대한 설명이다. 이를 바탕으로 이어지는 질문에 답하시오.

[판매 제품별 수익체계]

(단위: 억 원)

구분		B사		
		L제품	M제품	N제품
A사	P제품	(5, 3)	(3, 4)	(3, 3)
	Q제품	(6, 4)	(1, 5)	(6, -2)
	R제품	(-4, 8)	(6, 6)	(9, 4)

• 괄호 안의 숫자는 A사와 B사의 제품으로 얻는 수익을 뜻한다.
  (A사 월 수익 금액, B사 월 수익 금액)
  ㉘ A사가 P제품을 판매하고 B사가 L제품을 판매하였을 때 A사의 월 수익 금액은 5억 원이고, B사의
  월 수익 금액은 3억 원이다.

34 다음 중 A사와 B사의 월 수익 금액의 합이 최대가 될 때의 양사의 판매 제품을 순서대로 바르게
짝지은 것을 고르면?

	A사	B사
①	Q제품	L제품
②	R제품	L제품
③	R제품	M제품
④	R제품	N제품

35 A사는 위의 수익체계표를 알고 있다. 또한 1분기와 2분기 B사의 판매 제품이 각각 M제품과 N제
품이라는 정보를 입수하였다. 이때 A사가 자사의 수익 금액을 극대화하기 위하여 1분기와 2분기
에 각각 판매해야 하는 제품을 바르게 짝지은 것을 고르면?

	1분기	2분기
①	P제품	Q제품
②	Q제품	Q제품
③	R제품	R제품
④	Q제품	R제품

36 다음을 근거로 판단할 때, 선택되는 사은품을 고르면?

- 개장 10주년 기념 사은품 행사를 진행하려고 한다.
- 사은품 A~D 중 고객 리뷰 점수, 평가단 점수, 원가, 직원들의 선호도를 반영하여 다음과 같은 식을 계산하여 나온 총점 중 높은 점수를 받은 상위 두 가지 사은품을 선택한다.

$$\{(\text{고객 리뷰 점수}\times2)+(\text{평가단 점수}\times2.5)\}\div\left(\frac{\text{원가}}{100}\right)\times(\text{직원 선호도})$$

구분	고객 리뷰 점수	평가단 점수	원가	직원 선호도
A	4	3	900원	4
B	3.5	4	800원	3
C	4.5	2	700원	5
D	3	5	600원	3

① A, C   ② A, D   ③ B, C   ④ C, D

37 다음 비용편익분석을 근거로 A~E안 중 하나의 기안을 선택할 때, C안이 선택되지 <u>않는</u> 경우를 [보기]의 ㉠~㉢ 중 모두 고르면?

[비용편익분석]
- 최소비용기준: 가장 적은 비용의 대안을 선택한다.
- 최대편익기준: 최대한도를 정한 비용의 한도를 넘는 것을 제거한 후 최대편익을 발휘하는 대안을 선택한다.
- 편익/비용 기준: 비용 대비 편익이 클수록 효용이 높다.

[상황]

(단위: 만 원)

구분	비용	편익
A안	3,000	45,000
B안	3,000	54,000
C안	3,000	72,000
D안	4,000	63,000
E안	4,000	84,000

┤ 보기 ├
㉠ 최대편익기준을 따르고 비용의 한도를 4,000만 원 이하로 선정하는 경우
㉡ 최소비용기준을 따르고 편익을 60,000만 원 이상으로 선정하는 경우
㉢ 편익/비용 기준으로 선정하는 경우

① ㉠   ② ㉠, ㉡   ③ ㉠, ㉢   ④ ㉡, ㉢

[38~39] 다음 [표]는 휴대폰 기기 A~D모델의 특성을 나타낸 자료이다. 이를 바탕으로 이어지는 질문에 답하시오.

[휴대폰 모델별 특성]

구분	가격	브랜드가치	무게	방수 기능	보조 배터리
A모델	60만 원	하	600g	하	1개
B모델	50만 원	하	1kg	하	3개
C모델	60만 원	중	800g	상	없음
D모델	100만 원	상	500g	중	1개

※ 상: 좋음, 중: 보통, 하: 나쁨

38 다음 중 가격에 민감하고 브랜드 가치를 중요시하는 고객이 방수 기능이 보통 이상인 휴대폰을 원한다고 할 때, 어떤 모델을 제안하는 것이 가장 적절한지 고르면?(단, 휴대폰을 구매할 고객은 브랜드 가치보다 가격을 더 중요시한다.)

① A모델   ② B모델   ③ C모델   ④ D모델

39 다음 중 본인의 취향에 가장 적합한 휴대폰을 구입한 사람은 누구인지 고르면?

① 갑: 보조 배터리가 많은 것을 선호해서 A모델을 구입했다.
② 을: 가격이 저렴한 것을 가장 중요시해서 B모델을 구입했다.
③ 병: 방수 기능이 좋은 것을 선호해서 D모델을 구입했다.
④ 정: 저렴한 가격에 보조 배터리를 제공해 주는 휴대폰이 필요해서 C모델을 구입했다.

40 다음 글과 2024년 직원 A~D의 업무 수행 결과를 근거로 최종 징계를 받는 사람 수를 구하면?

제○○조(벌점의 부여)

　고객의 거래 내역 정보 입력과 관련하여 직원의 실수 혹은 중대한 오류에 대하여 다음의 방식으로 벌점을 부여한다.
- 일반적인 입력 오류는 건당 20점, 중대한 오류는 건당 40점의 벌점을 부과
- 최종 징계는 월별 총 벌점이 1,000점 이상이면서 업무처리 건수 대비 오류건수가 10% 이상인 직원 (단, 벌점 부과 연도 직전 3개년 동안에 우수직원 수상 경력이 있는 직원은 벌점 300점을 총 벌점에서 차감)

[표] 2024년 직원 A~D의 업무 수행 결과

구분	업무처리 건수(건)	오류건수		우수직원 수상 경력
		일반적인 입력 오류(건)	중대한 오류(건)	
A	400	25	18	2023년
B	400	30	15	—
C	300	10	15	2020년
D	400	17	24	2022년

① 1명　　　　② 2명　　　　③ 3명　　　　④ 4명

41 L사에서 쾌적한 사무실 환경을 조성하기 위해 사무실에서 사용할 공기청정기를 10대 구매하고자 한다. 다음 [표]와 직원들의 설문조사 응답을 반영하여 가장 적절한 공기청정기 제품을 고르면?

[표] 공기청정기 A~D제품 평가표

구분	A제품	B제품	C제품	D제품
사용면적(m^2)	62	60	65	70
소비전력	50W	45W	60W	70W
센서	PM1.0, 가스 센서	PM1.0, 냄새 센서	PM2.0, 가스＋냄새 센서	PM1.5
소음도(db)	45	50	55	60
단가	55만 원	45만 원	50만 원	47만 원

[설문조사 응답]
- 직원1: "아무래도 사무실이다 보니 소음이 적을수록 좋습니다."
- 직원2: "사무실 면적이 600m^2입니다. 10대 구매로 모든 공간을 케어할 수 있는 사용면적의 제품을 선호합니다."
- 직원3: "PM1.5 이하의 제품 중 센서가 있는 제품이면 좋겠어요."
- 직원4: "PC 등 전자기기가 많다 보니 공기청정기만큼은 소비전력이 낮은 것을 선호해요."
- 직원5: "한정된 예산인 500만 원으로 10대를 모두 구입하고자 합니다."

① A제품   ② B제품   ③ C제품   ④ D제품

42 다음은 한 회사의 승진대상 선발 방식과 직원 A~D의 근무 평가 결과이다. 이를 바탕으로 승진대 상자를 고르면?

[승진대상 선발 방식]
- 근무연수가 7년 이상이면 가산점이 2점이다.
- 해외연수 경험이 있으면 가산점이 2점이다.
- 근무 평가 등급별 환산 점수의 합이 가장 높은 사람이 승진한다.
- 해외출장이 4회 이상이면 동점 시 승진에 우선순위를 준다.
- 승진대상자 점수 산출식은 다음과 같다.

$$(근무연수\ 가산점)+(해외연수\ 경험\ 여부\ 가산점)+(외국어\ 능력\ 환산\ 점수×2)$$
$$+(업무능력\ 환산\ 점수×5)+(직무윤리\ 환산\ 점수×4)$$

[표1] 근무 평가 결과

구분	근무연수	해외연수 경험 여부	해외출장	외국어 능력	내부평가	
					업무능력	직무윤리
A	10년	○	3회	하	상	중
B	5년	×	3회	상	중	상
C	8년	○	4회	중	중	상
D	4년	○	2회	중	하	중

[표2] 등급별 환산 점수

상	중	하
5점	3점	1점

① A   ② B   ③ C   ④ D

[43~44] 다음 자료를 보고 이어지는 질문에 답하시오.

> K공단에서는 향후 '갑' 지역의 실정에 맞는 미래 에너지원을 결정하기 위하여 태양광, 풍력, 바이오, 폐기물 4개의 에너지원을 심의하고자 한다. 4개의 에너지원에 대하여 경영진 4명이 각각 다음과 같은 선호도를 나타내었다. 4개의 에너지원 중 임의의 2개를 선정하여 선정된 에너지원에 대한 경영진의 선호도가 높은 에너지원 하나를 최종 에너지원으로 결정하며, 선호도가 같을 경우, C경영진이 높은 선호도를 나타낸 에너지원을 최종 에너지원으로 결정하게 된다.

선호도 \ 심사위원	A경영진	B경영진	C경영진	D경영진
1순위	풍력	폐기물	태양광	바이오
2순위	폐기물	풍력	바이오	풍력
3순위	태양광	바이오	풍력	폐기물
4순위	바이오	태양광	폐기물	태양광

※ 단, 선호 순위에 대한 가중치는 모두 동일하다. 예를 들어, 1순위와 2순위의 차이는 2순위와 3순위 또는 3순위와 4순위의 차이와 동일하다.

43 다음 중 임의로 선정된 2개의 에너지원과 최종 에너지원이 바르게 짝지어진 것을 고르면?

	선정 에너지원	최종 에너지원
①	풍력, 바이오	바이오
②	태양광, 바이오	태양광
③	바이오, 폐기물	바이오
④	태양광, 풍력	태양광

44 다음 중 위의 선호도와 심사 방식에 대한 설명으로 옳은 것을 고르면?
① 태양광이 최종 에너지원으로 결정되기 위해 함께 선정되어야 할 에너지원은 1개이다.
② 바이오는 어느 에너지원과 함께 선정되어도 최종 에너지원으로 결정될 수 없다.
③ 풍력은 어느 에너지원과 함께 선정되어도 항상 최종 에너지원으로 결정된다.
④ 태양광이 선정되어 동일 선호도를 나타낼 수 있는 경우의 수는 1가지이다.

45 다음 [표]는 2018년 월별 제1군 법정감염병 발생 현황에 관한 자료이다. [조건]을 바탕으로 할 때, ㉢에 해당하는 법정감염병을 고르면?

[표] 2018년 월별 제1군 법정감염병 발생 현황 (단위: 건)

구분	1월	2월	3월	4월	5월	6월	7월	8월	9월	10월	11월	12월
콜레라	0	0	0	0	0	0	2	0	0	0	0	0
(㉠)	30	34	27	38	10	13	8	9	8	14	12	10
(㉡)	3	2	2	3	1	3	4	7	8	7	5	2
세균성 이질	47	22	13	7	4	9	25	29	6	11	8	10
(㉢)	4	2	6	12	1	19	27	22	7	10	4	7
(㉣)	293	283	261	244	240	148	166	137	139	160	161	205

┤ 조건 ├
- A형 간염의 발생 건수는 매달 가장 많다.
- 장출혈성 대장균감염증 발생 건수가 가장 적은 달에 파라티푸스 발생 건수도 가장 적다.
- 파라티푸스 발생 건수가 가장 많은 달에 장티푸스 발생 건수와 파라티푸스 발생 건수가 동일하다.

① A형 간염
② 장티푸스
③ 파라티푸스
④ 장출혈성 대장균감염증

46 다음 전제를 보고 항상 참인 결론을 고르면?

> - 전제 1: 버스로 통근하는 사람은 자동차가 없다.
> - 전제 2: 버스로 통근하지 않는 사람은 주차권을 갖고 있다.
> - 결론: _____

① 자동차가 있는 사람은 주차권을 갖고 있다.
② 자동차가 없는 사람은 버스로 통근한다.
③ 버스로 통근하지 않는 사람은 자동차가 없다.
④ 주차권을 갖고 있는 사람은 버스로 통근한다.

47 신입사원 A, B, C는 인사, 총무, 홍보 업무를 나누어 한 명씩 담당하게 되었다. 이들의 진술이 다음 [조건]과 같을 때, 항상 참인 것을 고르면?(단, 세 명 중 한 명만이 진실을 말한다.)

> ┤ 조건 ├
> - A: "나는 총무 업무를 담당하게 되었어."
> - B: "나는 총무 업무를 담당하지 않아."
> - C: "나는 홍보 업무를 담당하지 않아."

① A는 홍보 업무를 담당하지 않게 되었다.
② A는 인사 업무를 담당하게 되었다.
③ B는 총무 업무를 담당하게 되었다.
④ C는 총무 업무를 담당하게 되었다.

48 A, B, C, D, E, F 6명은 6층 건물에 거주한다. 다음 [조건]을 참고할 때, 1층부터 6층까지의 거주자 순서를 바르게 나열한 것을 고르면?

---| 조건 |---

- 6명은 모든 층에 1명씩 나뉘어 거주한다.
- C는 A보다 위층에 거주한다.
- F는 D보다 위층에, B보다 아래층에 거주한다.
- C는 D보다 아래층에 거주한다.
- B와 E가 거주하는 층수의 합은 C와 D가 거주하는 층수의 합과 같다.

① A−C−E−D−F−B
② A−E−D−C−B−F
③ E−A−C−D−F−B
④ E−C−A−B−D−F

49 다음 단어 쌍의 관계가 동일하도록 빈칸에 들어갈 알맞은 단어를 고르면?

절기(節氣) : 절후(節候) = (   ) : 감봉(減俸)

① 증봉(增俸)　　　② 월봉(越俸)　　　③ 정직(停職)　　　④ 증질(增秩)

50 다음은 일정한 관계에 따라 각 칸에 단어를 써 넣은 것이다. 마지막 그림의 A, B에 들어갈 알맞은 단어를 고르면?

	A	B
①	되풀이	반한
②	되풀이	중복
③	연속	중복
④	연속	반한

51 다음과 같이 일정한 규칙으로 숫자를 나열할 때, 빈칸에 들어갈 알맞은 숫자를 고르면?

| 1 | 3 | 3 | 9 | 27 | ( ) | 6,561 |

① 206   ② 243   ③ 272   ④ 316

52 다음과 같이 일정한 규칙으로 숫자를 나열할 때, 빈칸에 들어갈 알맞은 숫자를 고르면?

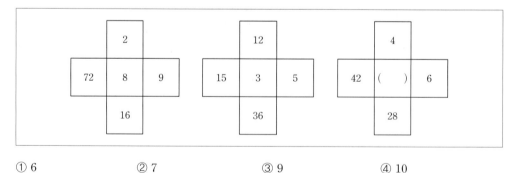

① 6   ② 7   ③ 9   ④ 10

53 다음과 같이 일정한 규칙으로 숫자를 나열할 때, 빈칸에 들어갈 알맞은 숫자를 고르면?

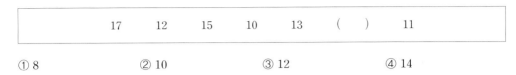

17	12	15	10	13	( )	11

① 8　　　　　　② 10　　　　　　③ 12　　　　　　④ 14

54 다음과 같이 일정한 규칙으로 숫자를 나열할 때, 빈칸에 들어갈 알맞은 숫자를 고르면?

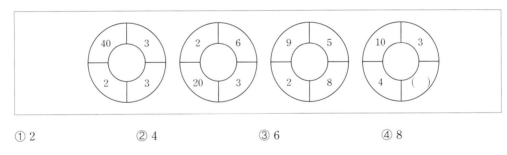

① 2　　　　　　② 4　　　　　　③ 6　　　　　　④ 8

[55~57] 다음 [보기]는 그래프 구성 명령어 실행 예시이다. 이를 바탕으로 이어지는 질문에 답하시오.

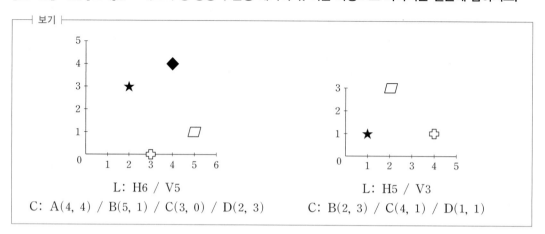

55 다음 그래프에 알맞은 명령어를 고르면?

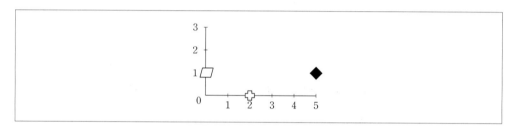

① L: H5 / V3
   C: A(5, 1) / B(0, 1) / C(2, 0)

② L: H5 / V3
   C: B(5, 1) / C(0, 1) / D(2, 0)

③ L: H3 / V5
   C: A(5, 1) / B(0, 1) / C(2, 0)

④ L: H3 / V5
   C: B(5, 1) / C(0, 1) / D(2, 0)

56 그래프 구성 명령어 실행 과정에서 오류가 발생하여 다음과 같은 그래프가 산출되었다. 다음 중 오류가 발생한 값이 몇 개인지 고르면?(단, 밑줄 친 부분을 각각 하나의 값으로 본다.)

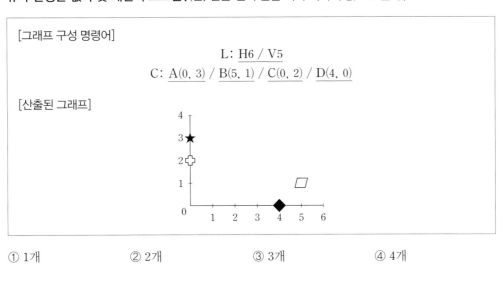

① 1개   ② 2개   ③ 3개   ④ 4개

57 다음 그래프에 대한 설명으로 옳은 것을 고르면?

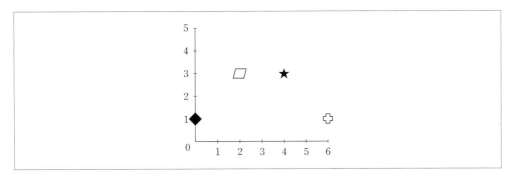

① 그래프의 좌측부터 A, B, C, D가 순서대로 배치되어 있다.
② 가로축과 세로축의 범위가 동일하다.
③ 명령어에 C(6, 1)이 포함되어 있지 않다.
④ A~D의 H축 좌표는 모두 다르다.

┤ 조건 ├

버튼	기능
●	홀수는 2를 곱하고, 짝수는 2로 나눈다.
◆	홀수는 3을 더하고, 짝수는 3을 뺀다.
■	홀수는 1을 빼고, 짝수는 1을 더한다.
▲	시계 방향으로 90° 회전한다.

58 처음 상태에서 버튼을 두 번 눌렀더니 화살표가 가리키는 모양과 같은 상태로 바뀌었다. 어떤 버튼을 눌렀는지 고르면?

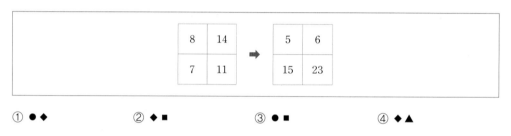

8	14
7	11

➡

5	6
15	23

① ● ◆　　　　② ◆ ■　　　　③ ● ■　　　　④ ◆ ▲

59 처음 상태에서 버튼을 세 번 눌렀더니 화살표가 가리키는 모양과 같은 상태로 바뀌었다. 어떤 버튼을 눌렀는지 고르면?

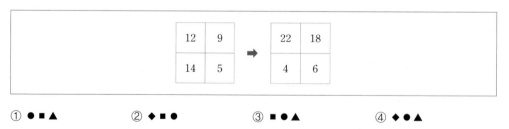

12	9
14	5

➡

22	18
4	6

① ● ■ ▲　　　② ◆ ■ ●　　　③ ■ ● ▲　　　④ ◆ ● ▲

60 다음은 시계가 작동하는 [규칙]에 관한 자료이다. 주어진 [보기]의 첫 번째 시계에서 버튼을 두 번 눌렀더니 두 번째 시계와 같이 바뀌었다고 할 때, 누른 버튼을 순서대로 고르면?

버튼	기능
◁	분침을 40분 후로 돌림
◀	시침을 2시간 전으로 돌림
▷	분침을 50분 전으로 돌림
▶	시침을 3시간 후로 돌림

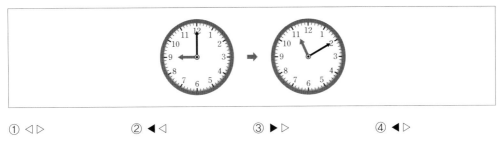

① ◁ ▷   ② ◀ ◁   ③ ▶ ▷   ④ ◀ ▷

61 포스코그룹의 행동강령에 대한 설명으로 가장 적절하지 <u>않은</u> 것을 고르면?

① 명분보다는 실리를 추구한다.
② 형식보다는 실질을 우선한다.
③ 실행보다는 보고를 중시한다.
④ 가치경영, 상생경영, 혁신경영을 실현한다.

62 포스코그룹의 전신인 포항종합제철주식회사의 창립일을 고르면?

① 1967년 6월 30일
② 1968년 4월 1일
③ 1968년 5월 20일
④ 1970년 4월 1일

63 다음 중 포스코의 전략방향으로 옳지 <u>않은</u> 것을 고르면?

① 저탄소체제
② 디지털전환
③ 내수성장
④ 원가 경쟁력

64 다음 글의 빈칸에 들어갈 말로 가장 적절한 것을 고르면?

> (   )은/는 포스코의 글로벌 사회공헌활동을 체계적이고 광범위하게 수행하는 재단으로 아시아 각국과의 교류와 공동 증진에 힘쓰는 포스코아시아펠로십, 대한민국의 미래 성장 동력을 이끌어 갈 과학기술 인재를 양성하는 포스코사이언스펠로십, 과학·교육·봉사·기술 분야에서 탁월한 업적을 쌓은 인사를 시상하는 포스코청암상, 교육기회 불균형 해소를 위한 청소년 대상의 포스코유스펠로십을 재단의 4대 핵심사업으로 운영하여 포스코의 사회적 책임을 실천하고 지속가능경영에 기여하고 있다.

① 제철장학회
② 포스코청암재단
③ 포스코교육재단
④ 포스코 1% 나눔재단

65 다음 중 포스코그룹의 '기업시민헌장'의 내용으로 가장 적절하지 <u>않은</u> 것을 고르면?

> 하나. 비즈니스 파트너와 함께 강건한 산업 생태계를 조성한다.
> • 모든 사업에서 공정·투명·윤리의 가치를 실천한다.
> • 배려와 존중의 자세로 협력사, 공급사와 협업하고 동반성장한다. ····································· ①
> • 최고의 제품과 서비스를 제공하여 고객성공을 지원한다.
>
> 둘. 사회문제 해결과 더 나은 사회 구현에 앞장선다.
> • 사회가 직면한 문제에 공감하고 기업 차원의 역할을 다한다. ····································· ②
> • 지역사회 발전과 환경보호를 위한 공익적 활동을 전개한다.
> • 이웃을 배려하는 마음으로 모든 구성원이 나눔활동에 적극 참여한다.
>
> 셋. 신뢰와 창의의 조직문화로 행복하고 보람 있는 회사를 만든다.
> • 안전하고 쾌적한 근무환경을 조성하여 구성원의 건강과 안녕을 도모한다. ····················· ③
> • 공정한 인사와 안정적 노사관계로 신뢰와 화합의 조직문화를 선도한다.
> • 집단의 문화를 중시하고 일과 삶이 균형을 이루는 행복한 일터를 구현한다. ····················· ④

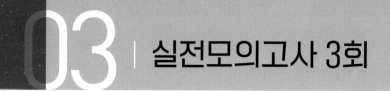

직무적성검사

01 다음 글의 내용과 일치하지 <u>않는</u> 것을 고르면?

> 저속 노화의 핵심은 '건강한 식단'이다. 혈당지수가 낮은 통곡물, 가공하지 않은 채소와 과일, 적당한 양의 단백질을 섭취하는 것이 노화를 늦추는 방법으로 제시된다. 또한, 액상과당 등 당 섭취를 제한하는 것도 포함된다. 이는 혈당 스파이크를 줄여 몸에 부담을 덜어주는 방식으로 노화를 지연시킨다는 것이다.
>
> 젊은 세대까지 저속 노화 열풍에 동참하면서, 건강한 생활 습관을 유지하는 것이 전 연령대에서 새로운 문화로 자리잡았다. 그러나 저속 노화 열풍 속에서 한국인의 주식인 쌀은 상대적으로 외면받았다. 쌀이 혈당을 높이고 살찌기 쉬운 탄수화물이라는 인식 때문이었다. 실제로 쌀 소비량은 감소 추세에 있다. 통계청에 따르면, 지난해 국민 1인당 평균 쌀 소비량은 56.4kg으로, 1962년 이후 가장 낮은 수치를 기록했다.
>
> 그럼에도 불구하고 쌀의 영양학적 가치는 여러 연구에서 입증되고 있다. 작년, 국내 연구진이 진행한 임상시험에서 한식 도시락을 먹은 환자군이 양식 도시락을 먹은 환자군보다 허리둘레가 더 많이 줄었다. 특히, 한식 군의 공복 혈당은 5.1mg/dl 감소한 반면, 양식 군의 공복 혈당은 0.5mg/dl 증가했다. 연구진은 "쌀은 비타민과 무기질이 풍부하고, 정제된 탄수화물인 빵이나 면을 먹을 때보다 인슐린 분비가 적어 혈당이 천천히 오르기 때문에 건강에 유리하다"고 전했다. 따라서 "쌀이 혈당을 높여 건강에 좋지 않다는 인식은 편견에 불과하다"고 강조했다.
>
> 특히 신품종 '가루쌀'이 새로운 건강 원료로 주목받고 있다. 가루쌀은 밀을 대체하는 성격을 갖고 있는데, 밀과 달리 글루텐이 없어 글루텐에 민감한 사람들에게 적합하다. 농촌진흥청과 농림축산식품부의 연구로 개발된 가루쌀은 밀처럼 바로 빻아 가루로 만들 수 있다. 쌀 품종이지만, 전분 구조는 밀과 유사하고, 쌀 고유의 섬유질과 비타민, 미네랄도 함유되어 있어 건강에 유리하다.

① '가루쌀'의 전분 구조는 밀과 유사하다.
② 저속 노화를 위해서는 당 섭취를 제한해야 한다.
③ 쌀은 대표적인 저속 노화 식단으로 각광받고 있다.
④ '가루쌀'에는 섬유질과 비타민, 미네랄이 함유되어 있다.

02 다음 글에 대한 이해로 적절한 것을 고르면?

> 아이돌 굿즈 신드롬은 사회적 현상으로 떠오르며 큰 이슈가 되었다. 특정 아이돌 그룹의 굿즈가 출시될 때마다 팬들은 치열한 경쟁을 벌이며, 한정판 굿즈는 순식간에 품절되곤 했다. 특히, 일부 팬들은 한정판 굿즈를 얻기 위해 편의점 오픈런을 하거나 온라인에서 빠르게 구매를 시도했다. 이 현상은 단순히 상품 구매를 넘어, 팬들 사이에서 소속감을 증대시키는 중요한 요소로 작용했다. 아이돌의 이미지나 콘셉트가 담긴 굿즈는 팬들에게 큰 감동을 주었고, 이를 소유하는 것은 마치 개인적인 경험을 공유하는 것과 같았다.
>
> 굿즈는 팬들에게 단순한 기념품을 넘어, 소속된 팬덤을 상징하는 중요한 아이템으로 자리 잡았다. 또한, 굿즈는 '컬렉션 아이템'으로 인식되며 중고 거래에서 웃돈을 주고 거래되기도 했다. 팬들 사이에서 굿즈를 모은다는 것은 하나의 문화로 확립되었고, 이로 인해 굿즈의 가치는 점점 더 높아졌다. 팬들 간에는 이러한 아이템을 소유하는 것에 대한 자부심이 커졌고, 이들은 자신이 소속된 팬덤을 자랑스럽게 여겼다.
>
> 또한, 아이돌 굿즈는 팬들만의 소비 행태를 넘어, 브랜드와 기업들에게도 중요한 마케팅 전략으로 활용되기 시작했다. 많은 기업들은 팬들의 열정과 충성도를 활용하여 굿즈 출시를 앞두고 마케팅 캠페인을 벌였으며, 이는 대중문화의 상업적 성공 모델로 자리잡았다.
>
> 또한, 이 현상은 유행에 민감한 사람들에게도 큰 영향을 미쳤다. '밴드웨건 소비 심리'가 작용해 다른 사람들이 하니까 나도 하려는 심리가 작동했고, 그로 인해 굿즈를 구매하려는 사람들이 증가했다. 이처럼 아이돌 굿즈 신드롬은 단순한 상품의 판매를 넘어, 사회적 현상으로 자리잡으며 대중문화의 중요한 일부분으로 자리했다. 팬덤 문화와 소비자 행동에 대한 새로운 패러다임을 만들어낸 이 신드롬은 2024년을 대표하는 문화적 트렌드 중 하나로 기록될 것이다.

① 아이돌 굿즈 구매는 일반적인 소비 패턴을 따른다.
② 아이돌 굿즈 신드롬은 모든 연령대에서 고르게 나타난다.
③ 굿즈 신드롬은 팬덤의 크기, 열정도에 따른 팬들만의 현상이다.
④ 아이돌 굿즈의 소비는 대중문화의 한 부분으로 자리잡았다.

03 다음 글의 주제로 가장 적절한 것을 고르면?

하이퍼루프(Hyperloop)는 진공 튜브에서 차량을 이동시키는 형태의 운송수단을 지칭하는 개념이다. 하이퍼루프의 구조를 쉽게 이해하려면 자기부상열차를 떠올리면 된다. 열차 바닥과 레일에 자석이 달려있어 서로 같은 극은 밀고, 다른 극은 당기며 앞으로 나가는 자기부상열차가 진공상태의 터널로 마치 미사일처럼 발사되어 빠르게 이동하는 것이 하이퍼루프의 구동 원리다.

하이퍼루프의 장점은 빠른 속도뿐만이 아니다. 진공 튜브 안에서 이동하기 때문에 소음이 없고, 날씨에 대한 제약도 없으며, 이산화탄소 발생도 없고, 운송비용도 저렴하다. 그러나 하이퍼루프가 상용화되기 위해서는 아직 몇 가지 해결해야 할 과제가 남아 있다.

첫 번째는 기밀성과 안정성 확보이다. 어떻게 하면 긴 튜브를 진공에 가까운 상태로 계속 유지하는 기밀성을 확보하면서, 고속으로 달리는 열차의 안정성도 확보하느냐가 관건이다. 하이퍼루프의 트랙을 구성하는 튜브는 튜브 자체의 하중을 견뎌야 하는 것은 물론, 열차인 포드의 하중과 고속 주행에 따른 충격 및 열팽창을 견뎌야 하고, 심지어 대기압도 이겨내야 한다. 이를 이기지 못해 자칫 튜브가 변형되거나 균열이라도 발생하면 대형 사고가 발생할 수도 있다. 두 번째는 '칸트로비츠 한계'를 극복하는 것이다. 앞서 튜브 안이 진공상태라고 했지만, 사실 튜브 안에는 미세한 공기가 남아 있다. 열차와 튜브 사이의 공간이 좁아지고 열차의 속도가 음속에 가까워지면 튜브 내 공기의 흐름이 어느 순간 막히는 현상이 일어나는데, 이를 '칸트로비츠 한계'라고 부른다. 이를 극복하려면 튜브 내에 공기의 흐름이 막히지 않도록 열차와 튜브 사이에 충분한 공간을 확보해야 하고, 그러기 위해서는 최적의 직경을 찾기 위한 튜브의 대형화가 수반된다. 마지막은 경제성을 갖추는 것이다. 그동안 튜브의 소재로 콘크리트, 탄소섬유, 스틸 등이 검토되었으나 콘크리트는 비용이 저렴하지만 소재의 기밀성이 부족하고, 탄소섬유는 고비용에 가공성이 부족하다는 단점이 있다. 이에 비용이 합리적이고 기밀성과 가공성이 우수한 스틸이 튜브의 소재로 각광받고 있다.

① 하이퍼루프 적용 시 서울—부산 간 소요시간 및 속도 비교
② 하이퍼루프의 정의와 국내·외 기술 개발 현황 및 적용 사례
③ 하이퍼루프가 음속에 가까운 속도를 낼 수 있는 이론적 이유
④ 하이퍼루프의 장점과 상용화를 위해 해결해야 할 과제

04 다음 글의 ⊙~② 중 [보기]의 내용이 들어갈 위치로 가장 적절한 곳을 고르면?

포스코가 국내 최초로 개발한 '내전단성 안전대 죔줄'은 고소작업 중 날카로운 철물과의 마찰에 의한 안전 로프의 전단 및 파단을 방지해 중대재해를 예방하는 안전장치이다. 일반적으로 『고용노동부 안전대 성능 기준』에 따르면, 안전대 죔줄의 성능을 좌우하는 소재는 합성섬유와 와이어 두 가지 종류로 규정하고 있다. (⊙)

보편적으로 사용되는 합성섬유 소재는 날카로운 물체와의 마찰에 의한 전단에 취약하고, 와이어는 부피가 커서 휴대가 어렵다는 단점이 있다. (ⓒ)

그러나 포스코가 개발한 '내전단성 안전대 죔줄'은 1차 추락이 발생한 후 죔줄이 주변 구조물과 마찰되는 상황에서 최대 70분까지 끊어지지 않고 버틸 수 있어 2차 추락을 방지하고 그 사이 매달린 작업자 구조도 가능하다. 이 죔줄은 기존 소재와는 달리 플라스틱 소재인 다이니마(Dyneema)를 활용했는데, 이는 현존하는 플라스틱 중 충격에 견디는 힘이 가장 강하고, 무게는 나일론의 70% 수준인 섬유이다. 포스코는 지난해 7월부터 안전보호구 제작업체인 S사와 함께 제품개발에 착수했다. 특히 안전대 죔줄 개발에 있어서 작업자가 1차 추락으로 공중에 매달릴 경우 구조에 소요되는 골든타임 40분 이상을 확보해 추락 중대재해를 예방하는 것이 주요한 목표였다. (ⓒ)

S사는 다이니마 재질과 와이어 로프를 혼합하여 최적의 내전단성 확보를 위한 조건을 도출하였으며, 최적화된 조건을 가지고 상용 제품을 제작했다. '내전단성 안전대 죔줄'은 2022년 1월 정식 보호구로 인증되어 사내 고소작업 개소에 우선 적용을 추진 중에 있으며, 포스코건설 등 그룹사와 협력사로 적용을 확대할 방침이다. (②)

┤ 보기 ├

특히 포스코는 하중 120kg, 죔줄 꺾임 각도 90도, 진자운동을 전단물체 좌우 왕복 운동으로 환산한 속도 60mm/s 조건의 시험장치를 제철소 내에 설치해 추락에 의한 진자운동 및 날카로운 물체와의 마찰에 의해 발생하는 전단, 파단 메커니즘을 분석했다. 수차례 테스트를 수행한 결과 기존 소재인 와이어와 신소재인 다이니마가 결합했을 때 전단 저항 시간이 가장 길다는 것을 확인했다. 이 결과를 바탕으로 다이니마 및 와이어 심선 두께를 늘려가며 추가적인 반복 테스트를 진행해 목표로 하던 40분 이상 전단되지 않는 죔줄이 탄생했다.

① ⊙　　　　　② ⓒ　　　　　③ ⓒ　　　　　④ ②

05 다음 기사의 제목으로 가장 적절한 것을 고르면?

포스코가 한국의 글로벌 풍력타워 제작사인 '씨에스윈드'와 MOU를 체결하고 글로벌 해상풍력시장 진입 확대를 위해 협력을 강화키로 했다. 이날 협약에 따라 포스코는 포스코인터내셔널과 협업하여 올해 안에 풍력타워 제작용 후판의 브랜드인 '그린어블 윈드'의 친환경 풍력발전용 소재 제품 16만 톤을 씨에스윈드가 참여하는 글로벌 풍력타워 프로젝트에 공급하게 된다. 포스코는 2015년부터 씨에스윈드에 후판을 공급하고 있으며 올해 3분기에는 누계 공급량이 100만톤을 넘어설 것으로 예상된다.

풍력발전은 대체에너지원 중 가장 경제성이 높은 에너지로, 친환경에너지에 대한 관심이 높아진 최근 더욱 주목받고 있으며 우리나라 역시 신재생에너지 산업 생태계 육성을 목표로 국내에 대규모 해상풍력 단지 조성을 추진 중이다. 포스코그룹은 친환경 풍력 소재 공급 확대를 위해 지난해 세계 해상풍력발전 1위 기업인 덴마크 '오스테드'와도 포괄적 협력 양해각서를 체결하고 그룹역량을 결집해 해상풍력발전 및 연계 그린수소 사업 분야에서 협업하고 있다. 오스테드는 해상풍력 프로젝트를 개발하고 그린수소 생산 시설을 한국에 구축하며, 포스코는 해상풍력발전 단지 구축에 필요한 철강재 공급과 함께 풍력발전을 활용한 그린수소 생산에 참여할 계획이다. 포스코건설은 해상풍력 구조물 건설, 포스코에너지는 그린수소 저장·수소 발전 등을 담당하게 된다.

또한, 포스코는 급격한 성장이 전망되는 친환경에너지 산업에 대응하기 위해 지난해 태양광과 풍력 소재 전문 판매 부서를 신설했으며, 친환경에너지 제품·솔루션 통합 브랜드인 '그린어블'을 론칭하고 고객사에 풍력산업용 타워 및 하부구조물 구조해석, 용접최적화 솔루션도 지속적으로 제공하고 있다.

① 포스코, 풍력발전 핵심 제품 해외 공장 설립
② 포스코, 친환경 풍력발전용 소재 공급 확대
③ 포스코, 친환경 강재 브랜드 '그린어블' 론칭
④ 포스코, 친환경성 소재 교육 위해 MOU 체결

06 다음 글을 읽고 추론한 내용으로 가장 적절한 것을 고르면?

> 온도란 과연 무엇일까? 흔히 온도를 뜨거움을 느끼는 정도로 생각하기 쉽지만 꼭 그런 것만은 아니다. 예컨대 45℃ 목욕물은 상당히 뜨겁게 느껴지는데, 사우나 안에 들어가면 80℃ 이상에서도 별로 뜨겁다고 느껴지지 않는다. 우리가 뜨겁고 차갑게 느끼는 감각은 사실 물질의 온도보다 열의 유입량 또는 유출량과 더 관계가 있기 때문이다. 열은 온도 차이에 의해 유입되기도 하고 유출되기도 한다. 사우나 안의 온도가 목욕물의 온도보다 높아도 상대적으로 덜 뜨겁게 느껴지는 이유는 수증기의 분자 밀도가 물의 분자 밀도보다 1,000분의 1 정도로 작으므로 우리 몸에 전달되는 열의 유입량이 훨씬 적기 때문이다. 더욱이 사우나 안에서는 우리 몸에서 땀으로 많은 수분이 나와 증발하면서 뜨거움을 덜 느끼게 된다. 따라서 이와 같은 온도를 우리가 느낄 때 뜨겁고 차가운 감각으로만 설명하기는 어렵다.
>
> 그러면 온도를 어떤 방법으로 설명할 수 있을까? 온도 역시 원자나 분자와 같은 입자의 운동을 이용하여 설명할 수 있다. 즉, 온도는 물질을 구성하는 원자나 분자의 열운동 정도를 나타내는 지표라고 할 수 있다. 온도가 높다는 것은 열운동이 활발하다는 것이고 온도가 낮다는 것은 열운동이 약하다는 것이다. 그러므로 온도는 여러 방향으로 운동하는 여러 입자가 가진 격렬함의 평균값이라고 할 수 있다.

① 열을 내는 물체는 수분을 통해 에너지를 공급받게 된다.
② 온도가 높을수록 그 물질을 구성하는 입자의 개수가 많다.
③ 45℃ 목욕물은 80℃ 이상 사우나보다 열의 유입량이 훨씬 적다.
④ 50℃ 물보다 60℃ 물의 원자나 분자의 열운동이 활발하다.

07 다음 [가]~[마]를 논리적인 순서에 맞게 배열한 것을 고르면?

> [가] 프롭테크는 부동산(Property)과 기술(Technology)이 결합된 용어로, 부동산 산업에 IT와 디지털 기술을 접목해 온라인으로 부동산 서비스를 제공하는 산업을 말한다. 프롭테크는 북미와 유럽에서 시작되었는데, 1980년대 인터넷의 보급으로 1세대 프롭테크가 탄생했다.
>
> [나] 마지막으로 3세대 프롭테크는 블록체인, 인공지능 등의 신기술을 적용하는 것을 주요 특징으로 한다. 점차 프롭테크 관련 서비스에 대한 이용자들의 요구사항이 많아지고 높은 수준의 서비스를 기대하면서 앞으로도 많은 투자가 이루어질 것으로 전망된다.
>
> [다] 1세대 프롭테크는 PC를 이용해 데이터를 분석하는 것을 말하는 세대이다. 부동산 관련 데이터를 구성하고 투자분석, 기술적인 분석 등이 이에 포함되며, 상호 간의 협업은 이루어지지 않고 폐쇄적으로 운영되었다.
>
> [라] 그중 우리나라에서는 소비자 중심의 부동산 매물 정보가 한곳에 모인 통합된 마켓 플레이스 형태의 포탈이 프롭테크의 형태로 처음 등장했다. 이후 우리나라의 프롭테크는 소규모 비즈니스를 통해 성장하고 있으며, 데이터 분석, 가상현실 등을 통해 부가가치를 창출하기 위해 노력하고 있다.
>
> [마] 다음으로 2세대 프롭테크는 공공데이터의 개방, 전자상거래의 활성화, 소셜 네트워크 시장의 확대, 오픈소스 등을 배경으로 활성화되었다. 주거 서비스의 경우 데이터를 분석하여 적정 주택가격을 알려주거나 가상현실을 통해 부동산의 현장을 확인하는 서비스 등을 제공하였다. 북미 및 유럽에서 2세대 프롭테크가 활성화될 무렵 아시아에서는 초기의 프롭테크가 시작되었다.

① [가]-[다]-[마]-[라]-[나]
② [가]-[라]-[다]-[마]-[나]
③ [다]-[가]-[마]-[라]-[나]
④ [다]-[라]-[나]-[마]-[가]

08 다음 글의 논지 전개 방식에 대한 설명으로 가장 적절한 것을 고르면?

기후위기는 이제 현실이 되었다. 세계 곳곳에서 발생하는 이상기후에 따른 재난과 피해는 기후위기가 더 이상 먼 미래의 일이 아니라 이미 지금도 일어나고 있는 현재진행형의 문제임을 드러낸다. 또 북극이나 아프리카의 어디 먼 곳에서만 일어나는 일이 아니라 지금 이 땅에서도 일어나고 있는 일이다. 기록을 갱신하는 폭염과 최장 기간의 장마, 갈수록 빈번해지는 태풍과 산불은 우리가 사는 한반도도 예외가 아님을 보여준다. 게다가 정도의 차이는 여전히 존재하지만 가난한 사람들이나 국가들에만 국한되는 문제가 아니다. 누구도 기후위기로부터 벗어날 수 없는 우리 모두의 안전을 위협하는 문제이자 어떤 이도 기후위기 유발 책임으로부터 자유롭지 않은 우리 모두의 문제다. 시간이나 공간, 종의 차원을 가로지르며 여기 지금 우리 모두에게 일어나고 있는 현실 그 자체다. 미래세대가 져야 할 부담, 치르게 될 비용은 오늘 우리의 결정과 실천에 달려 있다.

기후위기의 심각성이 점점 더 깊어지고 있는 만큼 기후위기 대응의 시급성 또한 더욱 분명해지고 있다. 바로 이 맥락에서 탄소중립 개념이 등장했고 이제 우리 사회나 국제사회에서 '탄소중립'은 광범위한 공감대와 합의를 기초로 국제규범이 되었다. 지난 10월 31일부터 11월 14일까지 영국의 글래스고에서 열렸던 제26차 당사국총회에서 채택한 글래스고 기후 합의에서 국제사회는 2015년 COP−21에서 채택했던 파리협정보다 한 걸음 더 나아가 산업화 이전 대비 1.5℃ 온도 상승 억제 목표에 대한 국제사회의 합의를 재확인하고 이를 위해 2050년 탄소중립을 할 수 있도록 2030년 국가온실가스감축목표를 보다 강화해 나가기로 하였다.

한국에너지정보문화재단이 여론조사기관 한국갤럽에 의뢰해 지난 10월 20일에서 25일 사이에 전국 만 18세 이상 국민 1,509명을 대상으로 조사한 결과, 탄소중립에 대해 '알고 있다'고 답한 응답자는 69.0%이며 대다수인 91.5%가 '탄소중립이 필요하다'고 답했다. 이제 탄소중립은 국제사회의 규범이며, 거스를 수 없고 움직일 수 없는 거대한 흐름인 것이다.

① 기존의 견해와 자신의 주장이 갖는 차이점을 비교하고 있다.
② 현상이 일어난 원인을 구체적인 사례를 제시하여 설명하고 있다.
③ 자신의 주장을 뒷받침하기 위해 구체적인 통계 자료를 제시하고 있다.
④ 현상과 관련한 개념을 밝히고 이와 관련된 다양한 양상을 소개하고 있다.

09 다음 안내문에서 밑줄 친 외래어의 표기가 적절하지 <u>않은</u> 것을 고르면?

안내문

우리 시는 광복 75주년을 맞아 다음과 같은 문화 행사를 계획하고 있습니다. 시민 여러분의 많은 관심과 참여 바랍니다.

1. 행사 기간: 2020. 8. 9. ~ 2020. 8. 15.
2. 행사 내용
   가. 아시아 문화 경제 <u>심포지움</u>
   나. 시민 문화 센터 개관 기념 '해방 전후 사진전'
   다. <u>뮤지컬</u> '안중근, <u>하얼빈</u>에서 울린 축포' 상연
   라. 미니 <u>플래카드</u>에 통일 메시지 적어 달기

○○시 시장 □□□

---

① 심포지움
② 뮤지컬
③ 하얼빈
④ 플래카드

[10~11] 다음 기사를 읽고 이어지는 질문에 답하시오.

포스코그룹이 경상남도 양산시에 전기차용 전고체전지 핵심소재인 고체전해질 공장을 착공하고 차세대 배터리 시장 선점에 나선다.

착공식에 참석한 친환경미래소재팀장은 기념사에서 "전 세계적으로 기후변화에 대응하기 위해 친환경차 시장이 급성장하고 있으며, 전기차의 안정성 확보와 주행거리 향상 등이 업계의 핵심 이슈로 떠오르고 있다. 이런 시장 변화에 선제적으로 대응하기 위해 양·음극재 등의 생산능력 확대와 함께 차세대 배터리 소재에 대한 지속적인 투자와 기술혁신으로 글로벌 경쟁력을 강화해 나가겠다."라고 말했다.

전고체전지는 리튬이온전지의 4대 소재인 양·음극재, 전해질, 분리막 중 전해액과 분리막을 고체상태의 이온전도 물질로 대체한 차세대 전지로, 가연성이 높은 전해액을 사용하지 않아 안전성이 대폭 강화되고 에너지 밀도가 높은 양·음극재 사용이 가능해져 전기차 주행거리를 획기적으로 늘릴 수 있다.

포스코그룹은 지주사인 포스코홀딩스를 출범하며 친환경 미래소재 대표기업으로 거듭날 것을 천명하였고, 이차전지소재사업을 7대 핵심사업 중 하나로 선정하여 양·음극재 생산능력 확대와 함께 차세대 배터리 소재 시장을 선점하기 위해 전고체전지용 소재도 개발해 나간다는 계획을 밝힌 바 있다. 포스코홀딩스는 지난 2월 국내 최고 수준의 고체전해질 기술을 보유한 정관사(社)와 전고체전지용 고체전해질을 생산하는 합작법인인 포스코JK솔리드솔루션을 공동 출자하여 설립하였다.

포스코JK솔리드솔루션이 경남 양산시에 착공하는 공장은 2022년 하반기부터 연간 24톤의 고체전해질을 생산할 예정이다. 이는 현재 고체전해질 시장규모를 감안할 때 글로벌 최고 수준의 생산능력으로, 포스코JK솔리드솔루션은 본 공장에서의 시제품 양산을 통해 글로벌 배터리사와의 전고체전지 공동개발을 추진하고 향후 전고체전지 시장성장 속도에 맞춰 생산 능력을 확대해 나간다는 방침이다.

10 다음 중 기사의 제목으로 가장 적절한 것을 고르면?

① 포스코그룹, 이차전지소재사업의 성과 공유를 위한 행사 개최
② 포스코그룹, 핵심사업 경쟁력 강화를 위한 핵심기술 개발 로드맵 마련
③ 포스코그룹, 차세대 이차전지 핵심소재인 고체전해질 공장 건설 개시
④ 포스코그룹, 이차전지소재사업 성장목표 대폭 상향을 위한 협력 추진

11 다음 중 기사의 내용과 일치하는 것을 고르면?

① 전고체전지는 양·음극재를 사용하지 않아 안전성이 높다.
② 포스코그룹은 완공된 공장에서 2030년부터 고체전해질을 본격적으로 생산한다.
③ 전고체전지의 시제품 양산은 해외 공장에서 이루어질 예정이다.
④ 전고체전지의 분리막은 고체상태의 이온전도 물질이다.

12 다음 글에 대한 비판으로 적절하지 <u>않은</u> 것을 고르면?

> 사회보험은 국가가 사람들에게 전형적으로 나타나는 사회적 위험에 대비하도록 강제하는 것으로 개인의 선택과 관계없이 의무적으로 가입해야 하는 강제보험이다. 국민건강보험, 국민연금, 고용보험, 산업재해보험 등이 여기에 해당한다.
>
> 그런데 이 강제성이 바로 문제가 된다. 사회보험은 본인의 총액소득에 일정한 비율을 곱해서 보험료를 정하기 때문에 고소득자는 보험료가 높게 책정된다. 그렇다고 해서 연금 지급액이 동일한 비율로 상승하지는 않는다. 그래서 고소득자에게는 사회보험이 민간 보험보다 수익률이 낮다. 또 같은 혜택을 받는 국민건강보험료도 고소득자가 보험료를 더 내야 한다. 이처럼 사회보험에서 고소득자는 상대적 손실을 보게 되고 저소득자는 혜택을 보게 된다. 이와 더불어 사회보험은 보험시장에 대한 국가의 부당한 개입이다.

① 사회보험이 강제성을 띠지 않으면 보험 재정의 파탄의 위험성이 있다.
② 사회보험의 성격은 공동체 구성원 사이의 사회적 연대이므로 강제성이 정당화될 수 있다.
③ 실업과 같은 상호 의존적 성격이 강한 재해는 민간 보험회사들이 상품을 제공하지 않는다.
④ 국민연금이나 국민건강보험은 공익성을 우선시해야 하므로 상업적 이익을 추구하는 민간 보험사에는 맡길 수 없다.

13 다음 글을 읽고, '책의 가치'에 대한 설명으로 옳은 것을 고르면?

> 활자로 된 책을 통해 정보를 얻으려면 그것을 읽고 그 개념적 의미를 능동적으로 이해해야 한다. 그만큼 지적 긴장과 시간이 필요하므로 비경제적이다. 그러나 전통적 매체에 의한 정보 전달에 치르는 대가는 충분히 보상된다. 책을 구성하는 문자 기호의 의미는 영상 매체를 구성하는 기호인 이미지보다 정확할 수 있으며, 영상 매체의 기호들은 언제나 제한된 공간과 시간에 구속되어 단편적이고 순간적인 파악을 요청한다.
>
> 그에 반해, 하나의 책에 기록된 기호들은 공식적으로 전체적인 입장에서 포괄적으로 해석될 수 있으며, 시간의 제약 없이 반복적이면서도 반성적으로 해석될 수 있다. 따라서 그만큼 깊은 차원의 정보 전달이 가능하다.
>
> 책의 기호적 의미와 그러한 의미에 의한 정보 전달 기능은 그 성격상 어떤 상황에서도 영상 매체를 통한 정보 전달 기능으로 완전히 대체될 수 없다. 영상 매체가 지배하는 문명은 피상적이고, 피상적 문명의 의미는 공허하며, 공허한 문명은 곧 문명의 죽음을 가져오게 된다. 깊은 의미를 지닌 문명과, 인간적으로 보다 충족된 삶을 위해서 영상 매체의 완전한 지배에 저항해야 할 것이다. 아무리 영상 매체가 발달하더라도 의미 있는 문명이 살아 있는 한 인쇄 매체는 어떤 형태로든 살아남을 것이다.

① 메시지를 순간적으로 파악할 수 있다.
② 반복적이고 반성적인 해석이 가능하다.
③ 책의 기호가 영상 매체의 기호보다 즉각적이다.
④ 짧은 시간에 의미를 이해할 수 있어 경제적이다.

14 다음 글을 요약한 내용으로 가장 적절한 것을 고르면?

> 사후 과잉 확신 편향이란 어떤 일의 결과를 알고 난 후에 마치 처음부터 그 일의 결과가 그렇게 될 것이라고 알고 있었던 것처럼 믿는 현상을 의미한다. 주변에서 발생한 일에 대하여 실제로는 그 일을 예측할 수 없었음에도 불구하고 예측할 수 있었다고 믿는 것이 이 편향을 구성하는 핵심 요소이다. 우연에 의해 설명될 수 있는 역사적 사건들이 결과가 알려지고 난 후에는 대개 필연적인 사건들로 해석되는 것도 이 편향의 결과이다. 이 편향 때문에 사람들이 '나는 처음부터 그렇게 될 줄 알고 있었다'라고 착각하게 된다. 사후 과잉 확신 편향은 판단 및 의사 결정의 정확성과 질을 왜곡시킬 가능성이 크다. 그렇기 때문에 판단과 의사 결정에서 중요한 편향으로 다루어지고 있다. 이러한 사후 과잉 확신 편향을 피하는 것은 매우 어려우므로 어떻게 하면 편향에서 벗어날 수 있는지에 관한 연구가 활발하게 이루어지고 있다.

① 사후 과잉 확신 편향의 사례
② 사후 과잉 확신 편향의 장단점
③ 사후 과잉 확신 편향에 대한 통념
④ 사후 과잉 확신 편향의 정의와 특징

15 다음 글의 내용과 일치하지 <u>않는</u> 것을 고르면?

초기의 철도 차량은 오늘날과 전혀 다른 소재와 모양을 하고 있었다. 열차가 원래 마차를 토대로 하여 만들어졌고, 증기기관의 성능도 뛰어나지 못해 대형 차량을 끌 수 없었기 때문이다. 하지만 벽과 기둥이 만들어지고 창문이 설치되면서 집과 유사한 구조를 가지게 되었고, 열차의 차체는 제철산업이 발달하면서 가벼운 목재에서 강재로 변화되었다. 차체 소재가 목재에서 금속재로 변경된 이유는 충돌, 탈선 및 전복, 화재 등의 사고가 발생했을 때 목재 차체는 충분한 안전을 확보하기가 어렵기 때문이다. 물론 생산제조 기술의 발전으로 금속재료 차체들의 소재원가 및 제조비용이 낮아졌기 때문이기도 하다.

철강 기술이 발달하면서 다양한 부위에 녹이 슬지 않는 스테인리스를 사용하게 되었다. 그리고 구조적으로도 변화가 생겼다. 차량은 단순한 상자모양에서 프레임 위에 상자 모양의 차체를 얹어서 만드는 형태로 진화했고, 강재나 스테인리스 스틸, 알루미늄 합금 등 다양한 금속재료를 활용하는 등 소재의 종류도 크게 증가했다. 그리고 금속소재뿐만 아니라 엔지니어링 플라스틱이나 섬유강화복합 소재와 같은 비금속 재료도 많이 활용되고 있다.

가벼울수록 에너지 소모가 줄어들기 때문에 철도 차량은 끊임없이 경량화를 추구하고 있다. 물론 차량속도를 높이기 위해서는 추진 장치의 성능을 높일 수도 있지만, 이는 가격상승과 더 많은 전력 손실을 가져온다. 또한 차량이 무거울수록 축중이 증가해 궤도와 차륜의 유지보수 비용도 증가하고, 고속화했을 때 그만큼 안전성이 떨어지는 등 문제가 있어 경량화는 열차의 설계에 있어서 필수적인 사항이 되었다.

이를 위해 한 종류의 소재로 전체 차체구조에 적용하는 것이 아니라, 소재의 기계적 특성과 해당 부재의 기능적 역할에 맞게 2종류 이상의 소재를 동시에 적용하는 하이브리드형 차체가 개발되었다. 예를 들면 차체 지붕은 탄소섬유강화플라스틱과 알루미늄 압출재, 하부구조는 스테인리스 스틸 또는 고장력강 조합 등으로 구성되는 등 다양한 소재를 병용해 사용하고 있다. 이렇게 복합재료를 사용하는 것은 두 가지 이상의 독립된 재료가 서로 합해져서 보다 우수한 기계적 특성을 나타낼 수 있기 때문이다.

① 지붕과 하부구조에 서로 다른 소재를 사용한 차체는 하이브리드형 차체에 해당한다.
② 오늘날에는 금속소재뿐 아니라 비금속 재료도 철도 차량의 차체에 활용하고 있다.
③ 초기의 철도 차량은 오늘날 철도 차량 대비 안전성이 떨어졌다.
④ 철도 차량의 추진 장치 성능을 높이면 차량속도가 빨라지고 전력 손실이 줄어든다.

16 다음 [표]는 2023년 5개 산업 매출액과 부가가치액을 나타낸 자료이다. 이에 대한 설명으로 옳지 않은 것을 고르면?

[표] 2023년 5개 산업 매출액 및 부가가치액 (단위: 십억 원)

구분	출판	만화	음악	게임	영화
매출액	20,766	976	5,308	10,895	5,256
부가가치액	8,815	393	1,913	4,848	1,780

※ (부가가치율)(%)$=\dfrac{(부가가치액)}{(매출액)}\times100$

① 5개 산업 중 부가가치율이 가장 높은 산업은 게임 산업이다.
② 출판 산업의 부가가치율은 영화 산업의 부가가치율보다 높다.
③ 게임 산업과 만화 산업에 대한 부가가치율의 차는 4%p 이상이다.
④ 5개 산업 중 부가가치율이 두 번째로 높은 산업의 부가가치율은 43% 이상이다.

17 다음 [표]는 2015~2021년 사교육비 및 학생 수를 나타낸 자료이다. 이를 바탕으로 할 때, 2015년 대비 2021년 사교육비와 학생 수 감소율을 바르게 짝지은 것을 고르면?(단, 계산 시 소수점 둘째 자리에서 반올림한다.)

[표] 2015~2021년 사교육비 및 학생 수 현황 (단위: 조 원, 만 명)

구분	2015년	2016년	2017년	2018년	2019년	2020년	2021년
사교육비	699	672	648	629	609	588	573
학생 수	20.1	19.0	18.6	18.2	17.8	18.1	18.6

	사교육비	학생 수
①	약 −18.0%	약 −7.5%
②	약 −18.0%	약 7.5%
③	약 18.0%	약 7.0%
④	약 18.0%	약 7.5%

18 다음 [그래프]는 2005년부터 2020년까지 5년 단위로 농림어가의 가구 및 인구 규모 추이를 나타
낸 자료이다. 이에 대한 설명으로 옳은 것을 고르면?(단, 농림어가의 평균 가구원 수는 소수점 둘째
자리에서 반올림한다.)

[그래프1] 농림어가 가구 추이   (단위: 천 가구, %)

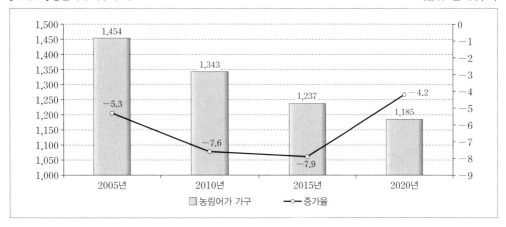

[그래프2] 농림어가 인구 추이   (단위: 천 명, %)

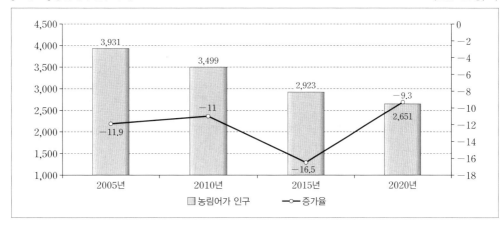

① 농림어가 가구 수는 해마다 줄어들고 있다.
② 2000년 농림어가 인구는 445만 명 미만이다.
③ 2000년 농림어가 가구는 155만 가구 이상이다.
④ 2020년 농림어가 1가구당 평균 가구원 수는 2015년 대비 약 0.2명 감소했다.

[19~21] 다음 [표]는 2019~2021년 A시의 인구 동향을 나타낸 자료이다. 이를 바탕으로 이어지는 질문에 답하시오.

[표1] A시의 인구 동향

(단위: %, 명, 명/km²)

구분	전년 대비 인구증가율	세대당 인구수	65세 이상 고령자 수	인구밀도	면적(km²)
2019년	2.90	2.66	9,332	917.55	100
2020년	3.54	2.50	10,350	950.00	100
2021년	6.71	2.54	10,971	974.75	104

[표2] A시의 출생·사망 인구 동향

(단위: 명)

구분	출생			사망		
	계	남성	여성	계	남성	여성
2019년	813	406	407	522	321	201
2020년	947	481	466	565	330	235
2021년	881	429	452	( )	492	397

※ 모든 자료는 연말 기준임
※ 인구 변동은 출생, 사망, 전입, 전출로만 구성됨
※ 출생·전입은 인구 증가 요인, 사망·전출은 인구 감소 요인임

19 다음 중 자료에 대한 설명으로 옳지 <u>않은</u> 것을 고르면?

① 2021년에 A시의 전입인구는 전출인구보다 적었다.
② 2020년 A시 인구밀도의 전년 대비 증가율은 3.5% 이상이다.
③ 2021년 A시 전체 사망자 수에서 남성이 차지하는 비율은 50% 이상이다.
④ 2019~2021년 동안 65세 이상 고령자 수는 매년 증가했다.

20 다음 중 2020년 A시의 세대 수를 고르면?

① 37,000세대   ② 38,000세대   ③ 39,000세대   ④ 40,000세대

21 다음 중 2020년 A시의 순전입인구를 고르면?(단, '순전입인구＝전입인구－전출인구'이다.)

① 2,742명   ② 2,795명   ③ 2,863명   ④ 2,901명

22 다음 [표]는 2015~2020년 인구 추이를 나타낸 자료이다. 이를 바탕으로 할 때, 총 인구 중 내국인 비율을 그래프로 나타낸 것 중 가장 적절한 것을 고르면?(단, 계산 시 소수점 둘째 자리에서 반올림한다.)

[표] 2015~2020년 인구 추이 (단위: 천 명)

구분	2015년	2016년	2017년	2018년	2019년	2020년
총 인구	51,069	51,270	51,423	51,630	51,779	51,829
내국인	49,706	49,856	49,943	49,978	50,000	50,133
외국인	1,363	1,414	1,480	1,652	1,779	1,696

①

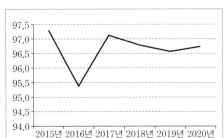

② (단위: %)

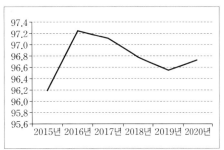

③ (단위: %)

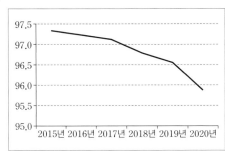

④ (단위: %)

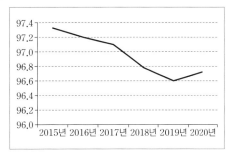

[23~24] 다음 [표]는 2020년 기업별 실적 전망치 및 실적 괴리율을 나타낸 자료이다. 이를 바탕으로 이어지는 질문에 답하시오.

[표1] 2020년 기업별 실적 전망치 (단위: 억 원)

기업	매출액	영업이익	당기순이익
A기업	80	10	5
B기업	120	40	−10
C기업	100	−20	−5
D기업	400	150	50
E기업	250	100	−30

[표2] 2020년 기업별 실적 괴리율 (단위: %)

기업	매출액	영업이익	당기순이익
A기업	30	10	4
B기업	−2.5	−50	20
C기업	−50	−15	−10
D기업	15	5	5
E기업	10	−5	0.5

※ (실적 괴리율)(%)= $\dfrac{(\text{실적})-(\text{실적 전망치})}{(\text{실적 전망치})} \times 100$

23 다음 중 자료에 대한 설명으로 옳지 <u>않은</u> 것을 고르면?

① A기업의 2020년 매출액 실적은 100억 원 이상이다.
② B기업의 2020년 영업이익 실적은 20억 원이다.
③ 2020년 매출액 실적 전망치 중 영업이익이 차지하는 비율이 가장 큰 기업은 E기업이다.
④ 5개 기업의 2020년 당기순이익에 대한 괴리율 평균은 3% 미만이다.

24 2019년 C기업의 영업이익이 13억 원일 때, 2019년 대비 2020년 C기업의 영업이익 증감률을 구하면?(단, 계산 시 소수점 첫째 자리에서 반올림한다.)

① 약 −231%　　② 약 −72%　　③ 약 14%　　④ 약 169%

25 다음 [표]는 7개 기업에서 일하고 있는 직원 1,000명을 대상으로 임금피크제의 찬반 여부에 관한 설문 조사를 실시한 결과이다. 이에 대한 설명으로 [보기]의 ㉠~㉣ 중 옳은 것을 모두 고르면?

[표] 임금피크제의 찬반 여부 (단위: 명)

구분	찬성	반대	모르겠음	합
A사	45	30	85	160
B사	70	10	40	120
C사	80	25	30	135
D사	55	45	40	140
E사	35	70	10	115
F사	90	55	15	160
G사	25	85	60	170
계	400	320	280	1,000

┤ 보기 ├
㉠ '찬성'이라고 답변한 사람 중 F사의 비율은 25%이다.
㉡ 찬성 의사를 나타낸 사람의 비율이 가장 낮은 기업은 G사이다.
㉢ G사에서 임금피크제에 대해 반대 의사를 나타낸 사람은 절반도 되지 않는다.
㉣ '모르겠음'이라고 답한 사람이 가장 적은 회사에서 '반대'라고 답한 사람의 비율이 가장 높다.

① ㉠, ㉡   ② ㉠, ㉢   ③ ㉡, ㉣   ④ ㉢, ㉣

[26~28] 다음 [표]는 2020~2024년 A~D회사의 매출액을 나타낸 자료이고, [그래프]는 2023년과 2024년 A회사의 제품별 매출액 비중을 나타낸 자료이다. 이를 바탕으로 이어지는 물음에 답하시오.(단, 제품 P, Q, R, S는 A회사에서만 생산한다.)

[표] 2020~2024년 A~D회사의 매출액   (단위: 억 원)

구분	2020년	2021년	2022년	2023년	2024년	합계
A회사	1,800	1,000	1,200	1,600	1,500	7,100
B회사	800	( )	500	( )	600	3,200
C회사	600	500	( )	( )	800	2,950
D회사	240	300	250	450	500	1,740
합계	3,440	2,400	2,400	3,350	3,400	14,990

[그래프] 2023년 A회사의 제품별 매출액 비중

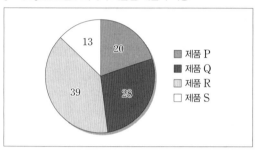

[그래프] 2024년 A회사의 제품별 매출액 비중

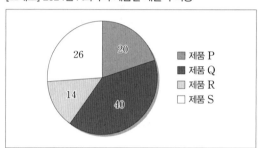

26 다음 [보기] 중 주어진 자료에 대한 설명으로 옳지 <u>않은</u> 것을 모두 고르면?

┤ 보기 ├

ⓒ 2024년 제품 P의 매출액은 2023년 대비 7% 이상 감소하였다.
ⓒ A~D회사의 총 매출액 중 A회사의 매출액이 50% 이상을 차지한 해는 2개년이다.
ⓒ 2021년 A회사의 전년 대비 매출액 감소율은 2023년 D회사의 3년 전 대비 매출액 증가율보다 40%p 이상 낮다.

① ⓒ   ② ⓒ   ③ ⓒ, ⓒ   ④ ⓒ, ⓒ, ⓒ

27 다음 중 2023년 C회사의 전년 대비 매출액 증가율을 고르면?(단, 계산 시 소수점 둘째 자리에서 반올림한다.)

① 31.1%　　　　② 33.3%　　　　③ 35.6%　　　　④ 37.4%

28 다음 중 2023년과 2024년 A회사의 제품별 매출액을 바르게 나타낸 것을 고르면?

① 제품 A

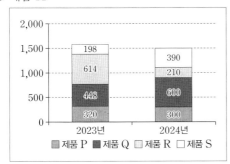

② 제품 B

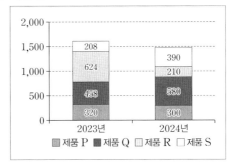

③ 제품 C

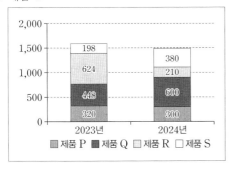

④ 제품 D

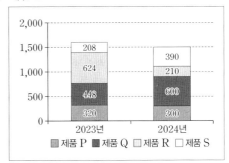

29 다음 [그래프]는 2016~2021년 제조업 국내공급지수·국산지수·수입지수를 나타낸 자료이다. 이에 대한 설명으로 옳지 <u>않은</u> 것을 고르면?

[그래프] 2016~2021년 제조업 국내공급지수·국산지수·수입지수(2015년=100)

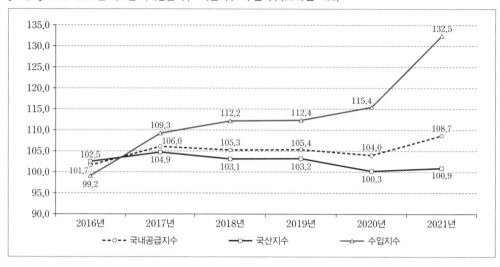

① 2015~2021년 동안 국내공급지수와 국산지수의 증감 추이는 서로 같다.
② 2015년 대비 2021년 수입지수는 32.5% 증가했다.
③ 2015년 이후 수입지수는 전년 대비 매년 증가했다.
④ 2017년 대비 2021년 국내공급지수는 약 2.5% 증가했다.

30 다음 [표]는 A기업에서 근무하는 사원들을 대상으로 사내 전화 평균 통화 시간을 조사한 자료이다. 설문 조사에 응답한 사원 중 남자가 600명, 여자가 400명이라고 할 때, 평균 통화 시간이 10분 이상 15분 미만인 여자 사원 수는 평균 통화 시간이 20분 이상인 남자 사원 수의 몇 배인지 고르면?

[표] 사내 전화 평균 통화 시간 (단위: %)

구분	5분 미만	5분 이상 10분 미만	10분 이상 15분 미만	15분 이상 20분 미만	20분 이상
남자 사원	43	20	15	12	10
여자 사원	18	26	21	11	24

① 1.2배　　　　② 1.4배　　　　③ 1.6배　　　　④ 1.8배

31 다음은 한 부서에서 근무하는 갑, 을, 병, 정, 무 5명의 통근 거리와 오늘 아침의 버스, 전철, 승용차의 평균 주행 속도를 정리한 자료이다. 5명 모두 8시에 출발했을 때 오늘 지각을 한 사람이 2명일 경우, 지각한 사람들이 이용한 교통편에 대한 설명으로 옳지 <u>않은</u> 것을 고르면?(단, 정규 출근은 8시 30분까지이며, 교통수단 주행 시간만 고려한다.)

[통근 거리(편도)]

갑	을	병	정	무
18km	23km	34km	41km	55km

[오늘 아침의 교통수단별 평균 주행 속도]

버스	전철	승용차
40km/h	100km/h	60km/h

① 갑은 어떠한 교통편을 이용했어도 지각하지 않았다.
② 을과 병이 전철을 이용했다면 정은 전철을 이용하지 않았다.
③ 을이 승용차를 이용했다면 병과 정 모두 버스를 이용하였다.
④ 정이 전철을 이용했다면 을과 병 중 적어도 한 명은 버스를 이용하지 않았다.

32 어느 회사에서 1박 2일 야유회 숙소 선정을 위해 4개 항목별로 평가를 진행했다. 다음 [표]를 바탕으로 할 때, 가중치를 고려한 점수가 가장 높은 숙소를 고르면?

[표1] 숙소 평가 점수 (단위: 점)

구분	숙소 위치	주변 시설	조식	숙소 시설
A숙소	10	9	10	8
B숙소	7	9	7	9
C숙소	7	10	8	10
D숙소	8	9	8	8

[표2] 항목별 가중치

구분	숙소 위치	주변 시설	조식	숙소 시설
가중치	0.2	0.3	0.1	0.4

① A숙소   ② B숙소   ③ C숙소   ④ D숙소

[33~34] 다음 자료를 보고 이어지는 질문에 답하시오.

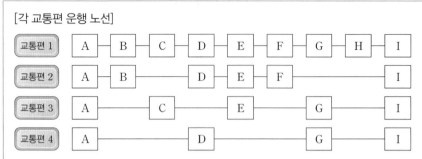

[각 교통편 운행 노선]

교통편 1: A — B — C — D — E — F — G — H — I

교통편 2: A — B — D — E — F — I

교통편 3: A — C — E — G — I

교통편 4: A — D — G — I

※ 전체 노선의 길이는 모든 교통편이 500km이며, 각 지점 간의 거리는 모두 동일함
※ A~I는 정차하는 지점을 의미하며 B~H지점마다 15분씩의 정차 시간이 소요됨

[교통편별 운행 정보 내역]

구분	평균속도(km/h)	연료	연료비/리터	연비(km/L)
교통편 1	60	무연탄	1,000	4.2
교통편 2	100	중유	1,200	4.8
교통편 3	125	디젤	1,500	6.2
교통편 4	160	가솔린	1,600	5.6

33 다음 중 A지점에서 I지점까지 이동할 경우, 총 연료비가 가장 적게 드는 교통편과 가장 많이 드는 교통편을 순서대로 바르게 짝지은 것을 고르면?

① 교통편 1, 교통편 2
② 교통편 1, 교통편 4
③ 교통편 2, 교통편 3
④ 교통편 3, 교통편 2

34 교통편 2를 이용하여 A~I지점까지 이동하는 데 걸리는 총 소요시간이 교통편 3과 동일해질 수 있도록 평균속도를 더 올리고자 한다. 정차역과 정차시간이 변하지 않는다고 할 때, 평균속도가 몇 km/h가 되어야 총 소요시간이 같아지는지 고르면?(단, 계산 시 소수점 첫째 자리에서 반올림한다.)

① 약 130km/h   ② 약 133km/h   ③ 약 136km/h   ④ 약 139km/h

35 다음 [표]는 경쟁 관계인 A회사와 B회사가 제품별 홍보에 따라 벌어들일 수 있는 수익체계를 정리한 자료이다. A회사는 B회사가 3분기에 Z제품을 홍보할 것이라는 첩보를 입수했다. 이 기회에 A회사가 B회사와의 3분기 수익 격차를 극대화하기로 하였을 때, A회사가 홍보해야 할 제품을 고르면?

[표1] 제품별 홍보에 따른 수익체계 (단위: 억 원)

A회사 \ B회사	X제품	Y제품	Z제품
X제품	(1, 3)	(−1, 2)	(2, −1)
Y제품	(2, −2)	(1, −1)	(3, 2)
Z제품	(2, −1)	(1, 2)	(−2, −1)

※ 괄호 안의 숫자는 A회사와 B회사가 각 제품을 동시에 홍보하였을 때 월 수익을 뜻함(A회사의 월 수익, B회사의 월 수익)
※ A회사가 X제품을 홍보하고 B회사가 Y제품을 홍보하였을 때, A회사의 월 수익은 −1억 원(=1억 원 손해)이고, B회사의 월 수익은 2억 원임

[표2] 분기별 소비자 선호도

구분	선호 제품
1분기	X제품
2분기	Y제품
3분기	X, Z제품
4분기	Y, Z제품

※ 제품을 선호하는 분기에 홍보하면 수익체계에 나타나는 월 수익의 50%가 증가하거나 월 손해의 50%가 감소함

① X제품   ② Y제품   ③ Z제품   ④ 알 수 없음

36 K기업에서 아래의 내용을 바탕으로 최종 합산 점수가 높은 신입직원 3명을 채용하고자 한다. 지원자 중 면접전형 점수가 100점 미만인 사람은 탈락한다고 할 때, 최종합격자가 <u>아닌</u> 사람을 고르면?

[신입직원 채용전형별 가중치]
1. 서류전형(50점 만점): 20%
2. 필기전형(200점 만점): 30%
3. 면접전형(150점 만점): 50%

[지원자 채용전형별 점수]

구분	경수	나연	미희	병석	세훈	아인	정현	현지
서류전형	35	50	20	40	40	45	25	30
필기전형	180	120	200	160	150	140	120	110
면접전형	90	110	100	120	80	120	100	140

[최종 합산 점수]
각 전형 점수에 가중치를 곱하여 모두 합한 점수

① 나연　　　　② 미희　　　　③ 병석　　　　④ 아인

37 주택용 복지할인 요금제에 관한 다음 안내를 참고할 때, [보기]의 A와 B의 경우에 해당되는 전기요금을 합한 값을 고르면?(단, 전기요금은 기본요금과 전력량 요금의 합이다.)

[주택용 복지할인 요금제]
　사회적으로 보호를 필요로 하는 고객(저소득층, 장애인 등)의 주택용 누진제로 인한 과도한 요금부담을 경감하고자 주거용 전력에 대해 전기요금을 할인하여 주는 제도

[대상별 할인 내용]

구분	대상		할인내용	
			기타 계절	여름철(6~8월)
장애인, 상이유공자, 독립유공자	주택용, 일반용		월 16천 원 한도	월 20천 원 한도
기초생활수급자	주택용, 일반용	생계, 의료	월 16천 원 한도	월 20천 원 한도
		주거, 교육	월 10천 원 한도	월 12천 원 한도
	심야		갑 31.4%, 을 20%	
차상위계층	주택용, 일반용		월 8천 원 한도	월 10천 원 한도
	심야		갑 29.7%, 을 18%	
3자녀 이상, 대가족	주택용		30%(월 16천 원 한도)	
출산가구(3년간)	주택용		30%(월 16천 원 한도)	
생명유지장치	주택용		30%	
사회복지시설	주택용, 일반용		30%	
	심야		갑 31.4%, 을 20%	

┤ 보기 ├

• A: 기초생활수급자(생계, 의료), 10월 일반용 전력 사용 / 할인 전 전기요금은 기본요금 7,200원과 전력량 요금 58,250원 발생
• B: 3자녀 가구, 7월 주택용 전력 사용 / 할인 전 전기요금은 기본요금 7,200원과 전력량 요금 73,340원 발생

① 113,850원　　　　② 113,890원　　　　③ 113,950원　　　　④ 113,990원

[38~39] 다음 [표]는 K전자에서 최근 한 달 동안 휴대전화를 구매한 사람과 앞으로 한 달 이내에 휴대전화를 구매할 예정인 사람을 대상으로 휴대전화 선택 시 가장 중요하다고 생각하는 요인에 대해 설문 조사를 한 결과이다. 이를 바탕으로 이어지는 질문에 답하시오.

[표] 연령대별 휴대전화 선택 시 가장 중요하다고 생각하는 요인

(단위: 명)

연령	요인	가격	제조 회사	내구성	디자인	합계
10대	구매한 사람	54	45	21	180	300
	구매할 사람	78	39	30	153	300
20대	구매한 사람	81	39	33	147	300
	구매할 사람	102	51	42	105	300
30대	구매한 사람	48	25	28	99	200
	구매할 사람	56	24	35	85	200
40대	구매한 사람	34	76	41	49	200
	구매할 사람	40	74	40	46	200

38 설문 조사에 참여한 20대 중 디자인이 가장 중요하다고 생각하는 사람의 비율을 고르면?

① 35% ② 42% ③ 49% ④ 51%

39 다음 중 설문 조사 결과에 대한 해석으로 옳지 <u>않은</u> 것을 고르면?

① 10대는 디자인을, 40대는 제조 회사를 가장 중요하게 생각한다.
② 20대가 30대보다 디자인을 중요하게 생각하는 경향이 있다.
③ 가격이 가장 중요하다고 응답한 경우에는 모든 연령대에서 구매할 사람의 비중이 더 높다.
④ 20대의 구매한 사람 중 내구성이 가장 중요하다고 응답한 비율이 30대의 구매한 사람 중 내구성이 가장 중요하다고 응답한 비율보다 낮다.

[40~41] 다음은 '갑'사의 업적 평가표와 그에 따른 성과연봉 계산방법이다. 이를 바탕으로 이어지는 질문에 답하시오.

[업적 평가표]

(단위: 만 원)

구분	손 과장	나 과장	양 과장	임 과장	홍 과장
업적등급	A	B	S	A	C
기준연봉	5,700	5,900	5,300	5,600	6,200

[성과연봉 계산방법]

- 기본연봉 계산식: $\left(기준연봉 \times \dfrac{9}{10}\right) + \left\{기준연봉 \times \dfrac{1}{10} \times (1+지급계수)\right\}$

- 성과연봉 계산식: $\left(\dfrac{기본연봉}{12}\right) \times$ 당해 연도 성과연봉 지급률 × 지급계수

구분	S등급	A등급	B등급	C등급	D등급
지급계수	1.2	1.1	1.0	0.9	0.8

※ 당해 연도 성과연봉 지급률은 10%로 책정됨. 성과연봉은 계산식을 통하여 도출한 다음 소수점 이하 버림 처리하여 정수로 표시함

40 다음 [보기]의 ㉠~㉢ 중 성과연봉 계산방법에 대한 설명으로 옳은 것을 모두 고르면?

┤ 보기 ├

㉠ 업적등급이 C등급 이하인 직원은 책정된 성과연봉 지급률보다 낮은 지급률을 적용받는다.

㉡ 성과연봉은 기준연봉의 10%에만 적용된다.

㉢ 동일한 기준연봉을 받는 두 직원은 한 단계 업적등급 차이마다 10%씩의 성과연봉 차이가 난다.

① ㉠   ② ㉠, ㉡   ③ ㉠, ㉢   ④ ㉡, ㉢

41 다음 중 동일한 업적등급을 받은 손 과장과 임 과장의 성과연봉 차이를 고르면?

① 약 1만 원   ② 약 3만 원   ③ 약 5만 원   ④ 약 7만 원

42 다음은 K사의 해외파견 직원공고에 지원한 A~F의 평가기록이다. 이를 바탕으로 상위 2명을 해외파견으로 선발하려고 한다. 선발된 인원 2명을 고르면?

[표1] 해외파견인원 선발 조건

- 어학점수 토익 및 환산점수: 850점 이상
- 전년도 인사평가: B 이상(단, 등급은 S>A>B>C>D>E순으로 높다)
- 실무 시험점수: 80점 이상
- 우선선발 기준: 시험점수 > 전년도 인사평가 > 해외근무경력

[표2] 어학점수 환산표

토익	토익스피킹	오픽	탭스
850점	150점 이상	IM3 이상	340점 이상

[표3] 지원자 정보

이름	어학점수	전년도 인사평가	실무 시험점수	해외근무경력
A	토익 875점	B	75점	1년
B	토익스피킹 140점	A	85점	―
C	토익 920점	S	80점	2년
D	오픽 IM3	C	90점	―
E	탭스 360점	A	85점	1년
F	토익스피킹 160점	S	80점	3년

① A, C   ② C, E   ③ D, E   ④ E, F

43 재화와 서비스는 일반적으로 '경합성'과 '배제성'을 갖는다. 경합성은 한 사람이 더 많이 소비하면 다른 사람의 소비가 줄어드는 특성을 말하며, 배제성은 대가를 지불하지 않은 사람을 사용에서 제외할 수 있는 특성을 말한다. 이를 바탕으로 재화 A~D에 대한 설명으로 [보기]의 ㉠~㉣ 중 옳은 것을 모두 고르면?

구분		배제성	
		유	무
경합성	유	A재	B재
	무	C재	D재

┤ 보기 ├
㉠ A재는 시장에서 거래되기가 어렵다.
㉡ B재는 필요 이상으로 과다하게 소비될 가능성이 크다.
㉢ C재의 소비 과정에서는 무임 승차자의 문제가 발생하기 쉽다.
㉣ D재는 사회적으로 필요한 수준보다 과다 생산되는 경향이 있다.

① ㉠   ② ㉡   ③ ㉠, ㉢   ④ ㉢, ㉣

44 A씨는 이어폰을 구매하기 위해 매장을 방문하여 다음과 같은 제품 사양서를 검토하고 있다. [조건]에 맞는 제품을 구매하기 위해 A씨가 합리적으로 선택해야 할 제품을 고르면?

[제품 사양서]

구분	무게	충전시간	통화시간	음악재생시간	스피커 감도
갑 제품	43.5g	2.5시간	12시간	14시간	96db
을 제품	38.4g	3.0시간	12시간	15시간	94db
병 제품	42.0g	2.2시간	13시간	18시간	85db
정 제품	41.5g	2.2시간	12시간	14시간	95db

※ 갑 제품: 통화시간 1시간 감소 시 음악재생시간 30분 증가
※ 을 제품, 병 제품, 정 제품: 음악재생시간 1시간 감소 시 통화시간 30분 증가
※ 스피커 감도는 값이 클수록 고감도임

┤ 조건 ├
• 무게는 최대 42g 이하여야 한다.
• 일주일에 한 번 충전 시 통화시간은 최소 16시간이어야 하고, 음악은 운동하면서 매일 하루 1시간씩만 들을 수 있으면 된다.
• 스피커는 고감도일수록 좋다.

① 갑 제품   ② 을 제품   ③ 병 제품   ④ 정 제품

45 다음은 정규 출근 시각이 오전 9시인 어느 회사에 근무하는 직원 4명의 어느 날 출근 시각에 관한 내용이다. 이를 바탕으로 세 번째로 출근한 직원과 가장 늦게 출근한 직원의 출근 시각을 바르게 짝지은 것을 고르면?(단, 회사 규정상 전날 밤 11시를 초과하여 야근한 직원은 밤 11시 이후부터 초과 근무한 시간만큼 다음 날 정규 출근 시각보다 늦게 출근할 수 있다.)

- 한 사원은 전날 밤 11시 30분까지 야근하였는데, 조정된 출근 시각보다 20분 늦게 도착하였다.
- 민 과장은 전날 야근하지 않았으며, 평소처럼 정규 출근 시각보다 30분 일찍 사무실에 도착하였다.
- 최 대리는 항상 전날 야근한 시간과 무관하게 정규 출근 시각에 딱 맞춰 출근한다. 그런데 한 사원이 전날 밤 11시 이후까지 야근하면, 다음날 정규 출근 시각보다 10분 늦게 출근한다.
- 박 사원은 전날 자정까지 야근하였는데, 민 과장이 전날 야근하지 않았기에 조정된 출근 시각을 기준으로 1시간 20분 일찍 출근했다.

	세 번째로 출근한 직원	가장 늦게 출근한 직원의 출근 시각
①	한 사원	9시 30분
②	한 사원	9시 50분
③	최 대리	9시 30분
④	최 대리	9시 50분

46 다음 [보기]의 내용이 모두 참일 때, 이끌어낼 수 있는 결론으로 옳은 것을 고르면?

─┤ 보기 ├─

- 장갑을 낀 사람은 운동화를 신지 않았다.
- 양말을 신은 사람은 운동화를 신었다.
- 운동화를 신은 사람은 모자를 썼다.
- 장갑을 끼지 않은 사람은 목도리를 하지 않았다.
- 수민이는 목도리를 하고 있다.

① 장갑을 낀 사람은 양말을 신지 않았다.
② 수민이는 운동화를 신었다.
③ 양말을 신은 사람은 목도리를 했다.
④ 양말을 신은 사람은 모자를 쓰지 않았다.

47 다음 [조건]과 같이 갑, 을, 병 3명은 두 개씩 진술을 하고 있다. 이들의 진술 중 각각 하나는 진실, 하나는 거짓일 경우 오늘 라면을 먹은 사람을 고르면?

┤ 조건 ├
- 갑: "나는 오늘 라면을 먹지 않았다. 을도 라면을 먹지 않았다."
- 을: "나는 오늘 라면을 먹지 않았다. 병도 라면을 먹지 않았다."
- 병: "나는 오늘 라면을 먹지 않았다. 세 명 중 누가 라면을 먹었는지 모른다."

① 갑   ② 을   ③ 병   ④ 갑과 병

48 다음과 같이 일정한 규칙으로 숫자를 나열할 때, 빈칸에 들어갈 알맞은 숫자를 고르면?

3	4	6	9	14	22	(	)

① 25   ② 29   ③ 35   ④ 41

49 다음과 같이 일정한 규칙으로 숫자를 나열할 때, 빈칸에 들어갈 알맞은 숫자를 고르면?

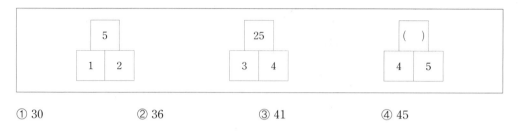

① 30   ② 36   ③ 41   ④ 45

50 다음 두 쌍의 단어가 동일한 의미 관계를 나타낼 수 있도록 빈칸에 들어갈 알맞은 말을 고르면?

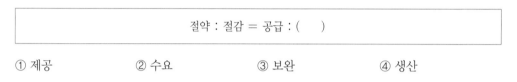

절약 : 절감 = 공급 : (   )

① 제공   ② 수요   ③ 보완   ④ 생산

51 다음은 일정한 관계에 따라 각 칸에 단어를 써놓은 것이다. 마지막 그림의 A, B에 들어갈 알맞은 단어를 고르면?

	A	B
①	눕다	가다
②	눕다	솟다
③	쓰러지다	솟다
④	멈추다	일어나다

52 다음과 같이 일정한 규칙으로 숫자를 나열할 때, 빈칸에 들어갈 알맞은 숫자를 고르면?

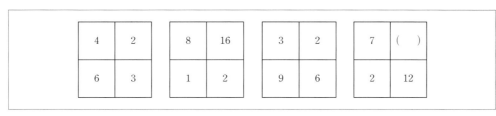

① 103　　　　　② 111　　　　　③ 129　　　　　④ 137

53 다음과 같이 일정한 규칙으로 숫자를 나열할 때, 빈칸에 들어갈 알맞은 숫자를 고르면?

4	2
6	3

8	16
1	2

3	2
9	6

7	( )
2	12

① 9　　　　　② 14　　　　　③ 21　　　　　④ 42

[54~55] 다음 [보기]는 그래프 구성 명령어 실행 예시이다. 이를 바탕으로 이어지는 질문에 답하시오.

보기

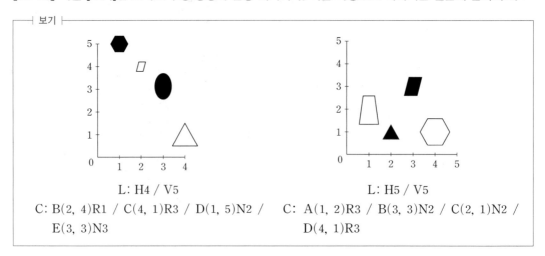

L: H4 / V5
C: B(2, 4)R1 / C(4, 1)R3 / D(1, 5)N2 / E(3, 3)N3

L: H5 / V5
C: A(1, 2)R3 / B(3, 3)N2 / C(2, 1)N2 / D(4, 1)R3

54 다음 그래프에 알맞은 명령어를 고르면?

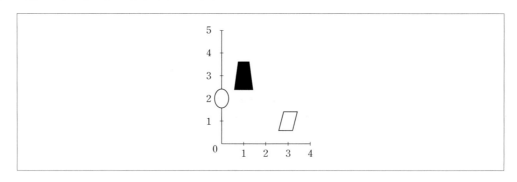

① L: H4 / V5
   C: A(1, 3)R3 / B(3, 1)N2 / E(0, 2)N2

② L: H4 / V5
   C: A(1, 3)R3 / B(3, 1)N1 / E(0, 2)N1

③ L: H4 / V5
   C: A(1, 3)N1 / B(3, 1)R2 / E(0, 2)R3

④ L: H4 / V5
   C: A(1, 3)N3 / B(3, 1)R2 / E(0, 2)R2

55 그래프 구성 명령어 실행 과정에서 오류가 발생하여 다음과 같은 그래프가 산출되었다. 다음 중 오류가 발생한 값을 고르면?

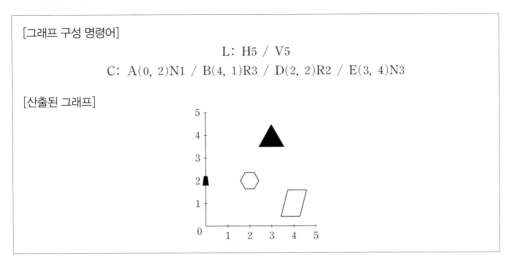

[그래프 구성 명령어]

L: H5 / V5

C: A(0, 2)N1 / B(4, 1)R3 / D(2, 2)R2 / E(3, 4)N3

[산출된 그래프]

① A(0, 2)N1　　　② B(4, 1)R3　　　③ D(2, 2)R2　　　④ E(3, 4)N3

[56~58] 다음 [조건]을 바탕으로 이어지는 질문에 답하시오.

┤ 조건 ├

버튼	기능
―	도형이 모두 2칸 위로 이동한다. ※ 단, 위에서 첫 번째, 두 번째 칸 도형은 각각 세 번째, 네 번째 칸으로 이동한다.
=	도형이 모두 1칸 아래로 이동한다. ※ 단, 위에서 네 번째 칸 도형은 첫 번째 칸으로 이동한다.
--	도형이 모두 1칸 위로 이동한다. ※ 단, 위에서 첫 번째 칸 도형은 네 번째 칸으로 이동한다.
==	흰색은 검은색으로, 검은색은 흰색으로 바꾼다.

56 처음 상태에서 버튼을 두 번 눌렀더니 화살표가 가리키는 모양과 같은 상태로 바뀌었다. 어떤 버튼을 눌렀는지 고르면?

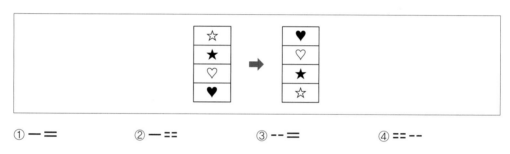

① ― =   ② ― ==   ③ -- =   ④ == --

57 처음 상태에서 버튼을 두 번 눌렀더니 화살표가 가리키는 모양과 같은 상태로 바뀌었다. 어떤 버튼을 눌렀는지 고르면?

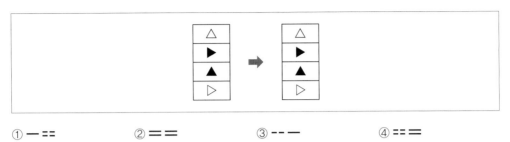

① ━ ⚏   ② ⚏ ⚏   ③ ┈ ━   ④ ⚏ ⚏

58 처음 상태에서 버튼을 세 번 눌렀더니 화살표가 가리키는 모양과 같은 상태로 바뀌었다. 어떤 버튼을 눌렀는지 고르면?

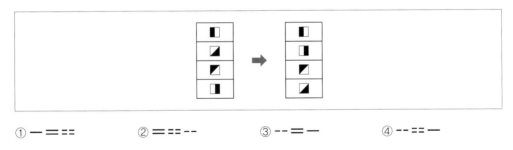

① ━ ⚊ ⚏   ② ⚏ ⚏ ┈   ③ ┈ ⚏ ━   ④ ┈ ⚏ ━

59 다음 [조건]을 바탕으로 처음 상태에서 버튼을 두 번 눌렀더니 화살표가 가리키는 모양과 같은 상태로 바뀌었다. 어떤 버튼을 순서대로 눌렀는지 고르면?(단, 도형 안 숫자의 회전은 고려하지 않는다.)

┤ 조건 ├	
버튼	기능
◔	1번 도형과 2번 도형을 시계 방향으로 90° 회전한다.
◪	1번 도형과 3번 도형을 시계 방향으로 90° 회전한다.
◑	1번 도형과 4번 도형을 시계 반대 방향으로 90° 회전한다.
◧	2번 도형과 3번 도형을 시계 반대 방향으로 90° 회전한다.
◈	2번 도형과 4번 도형을 시계 반대 방향으로 90° 회전한다.

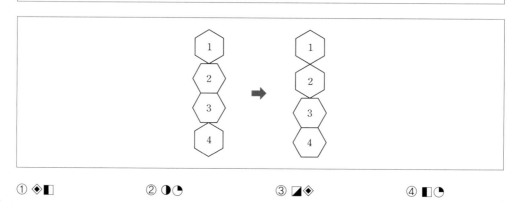

① ◈◧　　　　　② ◑◔　　　　　③ ◪◈　　　　　④ ◧◔

60 다음 [조건]을 바탕으로 처음 상태에서 버튼을 두 번 눌렀더니 화살표가 가리키는 모양과 같은 상태로 바뀌었다. 어떤 버튼을 눌렀는지 고르면?

버튼	기능
△	도형이 모두 1칸 위로 이동한다. ※ 단, 위에서 첫 번째 칸 도형은 네 번째 칸으로 이동한다.
▲	위에서 첫 번째 칸 도형과 네 번째 칸 도형의 위치를 서로 바꾼다.
▽	위에서 두 번째 칸 도형과 세 번째 칸 도형의 위치를 서로 바꾼다.
▼	도형이 모두 2칸 아래로 이동한다. ※ 단, 위에서 세 번째, 네 번째 칸 도형은 각각 첫 번째, 두 번째 칸으로 이동한다.

① △▲   ② ▼▲   ③ ▽△   ④ ▼▽

61 다음 중 포스코그룹의 공급망 관리 전략으로 적절하지 <u>않은</u> 것을 고르면?

① 공정·투명·윤리 경영
② ESG 구매
③ 동반성장(공급망 역량 강화)
④ 가격경쟁력 강화

62 다음 글의 ㉠～㉢에 해당하는 것을 순서대로 바르게 짝지은 것을 고르면?

> 포스코의 문화적 정체성이자 철학적 신조(credo)인 (㉠)이란 포스코 지속가능성을 지지하는 구성원들과 함께 공존, 공생, (㉡)이라는 기업 생태계의 공진화를 달성하는 것을 의미한다. 한편 요즈음 대한민국에 ESG에 관한 열풍이 거세지고 있는데 포스코에는 전혀 새삼스러운 일이 아니다. 이미 포스코는 (㉠)을 통해 포스코에 고유한 ESG를 실행해왔다. 포스코 (㉠)의 세 영역인 비즈니스, (㉢), 피플은 ESG의 영역과 일치한다.

	㉠	㉡	㉢
①	기업시민	상생	소사이어티
②	기업시민	공영	소사이어티
③	공정기업	상생	웰빙
④	공정기업	공영	웰빙

63 다음 중 포스코그룹의 그룹사가 <u>아닌</u> 것을 고르면?

① PNR   ② 포항세라믹   ③ 포스코엠텍   ④ 포스코스틸리온

64 다음 글에서 설명하는 Mega City에 해당하지 <u>않는</u> 것을 고르면?

> 포스코는 앞으로 50년을 주도할 친환경적이면서도 오래 사용이 가능하며, 더 효율적이고, 아름다운 철강제품의 '메가트렌드'에 주목하고 있다. 메가트렌드인 Neo Mobility, Mega City, Eco Energy 중 Mega City는 더 높고, 더 길고, 더 안전하게 구성된 미래 도시를 뜻한다. 포스코의 철강제품은 이 모든 도시를 이루는 기본 뼈대 역할을 하고 있다.

① 초고층건물
② 초장대교량
③ 수소연료전지
④ 안전난간대 및 옥외피난계단

65 다음 중 용도별 사용되는 포스코 제품의 연결이 적절하지 <u>않은</u> 것을 고르면?

① 건축 구조용 - 구조용 강
② 에너지 수송용 - 송유관용 강
③ 주방용 가전 - 연강, 고강도강
④ 해군함정 특수선용 - 방탄강, 조선용 강

직무적성검사

01 다음 글의 내용과 일치하지 <u>않는</u> 것을 고르면?

> 우리 사회는 이제 종이 빨대가 플라스틱 빨대보다 더 익숙해졌다. 환경부가 2022년 카페 등에서 플라스틱 빨대 사용을 금지하면서, 종이 빨대가 보편화된 것이다. 종이 빨대는 일반적으로 환경 친화적인 대안으로 여겨졌으나, 최근 연구에 따르면 오히려 플라스틱 빨대보다 환경에 더 부정적인 영향을 미칠 수 있다는 결과가 나왔다.
>
> 이산화탄소 배출량을 비교한 연구에서, 종이 빨대는 매립과 소각을 포함한 모든 처리 방식에서 플라스틱 빨대보다 더 많은 탄소를 배출했다. 미국의 일일 빨대 소비량인 5억 개를 기준으로 보면, 종이 빨대는 258만 kg의 탄소를 배출해, 플라스틱 빨대의 56만 kg에 비해 4.6배 많은 배출량을 기록했다. 소각 시에도 종이 빨대의 탄소 배출량은 플라스틱의 1.9배에 달했다. 방수 처리가 된 종이 빨대는 재활용이 불가하여 결국 모두 일반 쓰레기로 처리된다.
>
> 종이 빨대의 환경적 문제는 원재료인 종이를 만드는 과정에서 발생하는 산림 파괴와 화학물질 사용에도 있다. 나무를 펄프화하는 과정에서 대기와 수질 오염을 일으키며, 이로 인해 물과 토양이 산성화된다. 종이 빨대는 이 산성화의 영향을 2배 이상 강화시키고, 강과 호수 등 담수 생태에 미치는 독성은 플라스틱보다 7배 더 높은 것으로 나타났다. 또한, 종이 빨대에 사용되는 코팅은 미세플라스틱을 비롯한 유해물질을 방출해 생태계와 인간 건강에 미치는 독성을 4.4배 증가시키는 것으로 확인됐다.
>
> 대체재로 사용되는 생분해성 재료인 식물성 플라스틱도 환경 친화적인 대안으로 볼 수 없다. 식물성 플라스틱은 자연에서 분해되지 않으며, 제대로 분해되기 위해서는 특수한 퇴비화 시설이 필요하다. 따라서 환경에 미치는 영향을 최소화하려면, 재사용이 가능한 스테인리스, 실리콘, 유리 등의 빨대나 먹을 수 있는 재료로 만든 빨대를 사용하는 것이 가장 효과적인 해결책이 될 것이다.

① 종이 빨대의 코팅은 유해물질을 방출한다.
② 종이를 만들 때에 물과 토양이 산성화된다.
③ 식물성 플라스틱은 자연에서 바로 분해된다.
④ 방수 처리가 된 종이 빨대는 재활용이 불가능하다.

02 다음 글의 주제로 가장 적절한 것을 고르면?

> 지금 인류에게는 지구 온난화의 주범으로 지목되는 화석 연료보다 양이 풍부하고, 오염물질을 최소화하며, 인간의 의지에 따라 조절이 가능한 발전원이 필요하다. 이런 특징을 가진 발전 방식으로 핵융합 발전이 주목받고 있다. 핵융합 발전은 태양이 빛을 내는 원리인 핵융합 반응을 인공적으로 일으켜 에너지를 얻는 방식으로, 흔히 '인공태양'에 비유된다. 태양처럼 스스로 빛을 발하는 별의 중심은 섭씨 1억 도가 넘는 초고온의 플라스마로 이루어져 있다. 플라스마는 고체, 액체, 기체와는 성질이 다른 제4의 물질로, 원자핵과 전자가 분리된 자유로운 형태를 띤다. 다소 낯선 물질이지만 사실 플라스마는 우주의 99% 이상을 구성하고 있다. 플라스마 상태에서는 가벼운 수소 원자핵들이 융합해 무거운 헬륨 원자핵으로 변하는 핵융합 반응이 일어나는데, 그 과정에서 엄청난 양의 에너지가 방출된다. 이것이 태양 에너지의 원천인 '핵융합 에너지'이다.

① 지구 온난화의 주범
② 핵융합 에너지의 발생 원리
③ 핵융합 에너지의 장점과 단점
④ 핵융합 에너지의 현실화와 한계

03 다음 글의 ㉠~㉣ 중 [보기]의 내용이 들어갈 위치로 가장 적절한 곳을 고르면?

권위를 가지고 있는 사람은 다른 사람에게 커다란 영향력을 행사한다. 상대방의 사고나 행동을 변화시키기도 하고, 그 사람으로부터 자발적인 복종이나 동의를 이끌어내기도 한다. 권위에는 최소 두 가지 전제조건이 필요하다. 첫째는 정당한 근거이다. 상대방이 기꺼이 인정하고 동의할 수 있는 명확한 근거가 있어야 한다. 둘째는 행동이나 말에 대한 책임이다. 고도의 전문지식을 가지고 있더라도 자기의 행동에 책임지지 못한다면 권위를 잃게 된다. 권위주의는 이 두 가지 전제조건 중 적어도 하나가 결여된 상태에서 다른 사람에게 영향력을 행사하는 경우를 말한다. 자기에게 부여된 역할을 넘어서 권력을 행사하거나 객관적인 사실에 근거하지 않고 다른 사람에게 행동을 강요하는 것, 자기가 한 말이나 행동이 가져올 결과에 책임지지 않는 것이 여기에 해당한다. 그래서 권위주의는 대체로 이익을 챙기는 사람과 피해를 보는 사람을 갈라놓는다. 권위주의가 윤리적일 수 없는 이유이다. (㉠) 한 집단이 권위주의적 태도나 행동을 당연한 것으로 받아들일 때, 권위주의적 문화가 형성된다. (㉡) 권위주의 문화가 팽배한 사회에서 경영자는 정당한 근거 없이 거래처에 막대한 피해를 안기고는 이에 대해 책임지지 않는다. 무엇을 해도 괜찮은 갑(甲)과 힘없이 당하는 을(乙)의 관계가 당연한 거래질서로 받아들여진다. (㉢) 수년 전 모 기업 최고경영자가 부하 직원에게 폭력을 행사하고 아무런 부끄럼 없이 돈으로 무마하려고 했던 일이 있었다. 이것 역시 권위주의적 문화가 만들어낸 사건이다. 권위주의 문화는 모든 기업구성원의 생각과 행동에 체화되어 나타나기도 한다. 누군가의 을이었던 사람이 다른 사람에게는 갑이 된다. 부패, 강압, 월권이 계층 피라미드를 타고 맨 아래까지 이어지고, 마침내 기업 경계를 넘어 하청업체나 대리점 같은 또 다른 을을 찾아 퍼져 나간다. (㉣) 서구사회에서 기업윤리 문제는 보통 과도한 이윤추구의 결과로 이해되곤 한다. 우리의 경우에는 권위주의 문화까지 더해지면서 더욱 해결하기 어려운 윤리적 문제를 낳는다. 동쪽에서 뺨맞고 서쪽에 가서 화풀이하는 것이 당연한 규범처럼 받아들여지다 보니, 부패나 월권 같은 비윤리적인 문제해결의 실마리가 보이지 않는 것이다.

┤ 보기 ├

권위주의나 권위주의 문화는 기업경영의 투명성, 공정성, 합리성을 해쳐 종종 윤리적 문제를 일으킨다. 기업은 주주, 거래처, 종업원뿐만 아니라 지역사회, 생태계를 포함하는 다양한 이해관계자를 상대한다.

① ㉠　　　　　　② ㉡　　　　　　③ ㉢　　　　　　④ ㉣

04 다음 글의 논지 전개 방식으로 가장 적절한 것을 고르면?

전 세계적으로 연간 수십억 개가 넘는 폐타이어가 발생하는 탓에 여러 나라에서는 폐타이어 재활용을 시도해 왔다. 현재까지의 폐타이어 재활용 기술은 폐타이어를 분해하여 얻은 오일을 에너지원으로 재활용하는 것이 핵심이었다. 하지만 기존의 재활용 시스템은 두 가지 문제를 해결하지 못하고 있었다. 하나는 폐타이어를 분해하기 위하여 가열하는 방법의 문제이고, 다른 하나는 폐타이어를 열분해한 후 얻어지는 카본의 처리 문제이다. 폐타이어를 열분해하는 방법은 직접 가열식과 간접 가열식으로 나눌 수 있다. 직접 가열식은 연소 가스를 통하여 많은 양의 산소가 동반되므로 내부에서 발생하는 오일 증기와 함께 폭발의 위험이 있다. 또 연소 공기가 직접 주입되다 보니 많은 수분이 제품에 섞이고 고온의 산소와 고무가 반응할 때 카본이 생김으로써 제품에 섞여 얻어지는 오일의 품질이 매우 불량하다. 간접 가열식은 이런 문제를 해결했으나 얻어지는 오일의 양이 적을 뿐만 아니라, 연료의 소모가 많아 얻어지는 오일의 상당 부분을 다시 연료로 사용해야 하는 단점이 있다.

이런 문제를 해결하고자 새로운 시스템이 개발되었다. 이 시스템은 폐타이어 열분해를 위한 폐타이어의 가열 방식을 직접 가열식으로 하면서 불연성 가스인 이산화탄소나 질소 가스를 캐리어 가스로 사용하였다. 캐리어 가스는 플랜트 통의 폐타이어를 열분해하기 위해 사용하는 가스로 불연성 가스를 흐르게 함으로써 폭발의 위험성을 없앴고, 얻어지는 오일도 최상의 품질로 얻을 수 있도록 하였다.

① 대상을 정의한 후 이를 유형화하여 설명하고 있다.
② 대상에 대한 이론의 변모 과정을 통시적으로 고찰하고 있다.
③ 대상의 문제점을 지적한 후 이를 해결한 새로운 대상을 소개하고 있다.
④ 대상에 대한 기존의 관점이 지닌 문제점을 보여 준 후 새로운 관점으로 평가하고 있다.

[05~06] 다음 글을 읽고 이어지는 질문에 답하시오.

현재 세계 이차전지 시장은 일본, 한국, 유럽 등이 주도하는 가운데, 한·중·일 3개국이 전 세계 이차전지 소비의 95%를 점유하고 있다. 다만, 우리나라는 이차전지 제조에 필요한 소재 및 부품에서 해외의존도가 높은 편이며, 이차전지 소재의 원재료도 사실상 전량 수입에 의존하고 있다.

이차전지 양극재의 핵심 원재료는 리튬이다. 전기차 시장의 성장은 리튬 수요 확대에 큰 영향을 미치고 있다. 실제로 2016년 204천 톤 LCE였던 리튬시장은 2019년 323천 톤 LCE로 증가하였고, 이러한 수요 증가에 대응하기 위해 공급도 증가하였다.

한편 지금까지는 탄산리튬이 리튬이온전지 제조에 가장 중요한 소재였으나, 하이니켈 양극재의 수요가 늘고 있는 추세다. 배터리의 니켈 비중이 높아질수록 에너지 밀도가 높아지고, 1회 충전 시 주행거리가 늘어나기 때문이다. 니켈은 높은 온도에서는 리튬과 합성이 잘 되지 않는데, 이런 이유에서 탄산리튬보다 녹는 온도가 낮은 수산화리튬이 니켈과의 합성에 유리하여 하이니켈 양극재의 원재료로 각광받고 있다.

양극재의 또 다른 주요 원료인 니켈의 소비 비중은 지금까지 스테인리스강용 80%, 이차전지용 7%였지만, 전기차 시장의 폭발적인 성장에 따라 이차전지용의 수요가 증가하고 있다. 하이니켈 배터리가 차세대 배터리로 부각되면서 니켈 수요가 급속히 확대된 것이다. 배터리용 니켈은 순도 99% 이상인 Class 1만 사용되는데, 그동안은 황화광 정·제련을 통한 Class 1 니켈 생산이 주를 이루었다. 하지만 지난 10년 동안 황화광 광산 개발에 대한 투자가 부진하여, 현재 황화광 생산량이 전 세계 니켈광 생산량의 30% 수준에 불과하다. 또한 고순도 니켈 생산과정에서 발생하는 환경오염 문제 대응에 대한 목소리가 커지자 니켈 개발 규제가 더욱 엄격해지고 있다.

삼원계 양극재의 핵심요소인 코발트 공급 부족도 이차전지 시장 성장의 또 다른 복병이다. 최근 배터리 음극재에 니켈 함량을 늘리고 코발트 함량을 줄이는 목표가 발표되고 있지만, 다양한 에너지저장시설용 배터리에 코발트 사용이 확대되어 그 수요가 지속적으로 성장할 것으로 전망된다. 코발트 광산은 DR콩고에 집중되어 있으며, 이는 전 세계 코발트 원광생산의 70%에 달한다. 게다가 정·제련의 70%는 중국에서 이루어지고 있다.

05 다음 중 글의 주제로 가장 적절한 것을 고르면?

① 리튬과 니켈의 이차전지 활용 방법
② 전기차 시장에서 이차전지의 중요성
③ 시간의 흐름에 따른 이차전지의 변천
④ 이차전지 소재의 원재료 변화 및 공급 불안 요인

06 다음 중 글을 통해 추론할 수 없는 것을 고르면?

① 수산화리튬 시장이 점차 커질 것으로 예상된다.
② 환경 및 사회적 이슈를 이용한 비관세적 규제를 통해 이차전지 원료 공급을 늘릴 수 있다.
③ 이차전지 산업의 지속적인 성장을 위해서는 원료의 안정적 조달 및 소재 생산능력 강화가 필수적이다.
④ 코발트 공급은 DR콩고와 중국 내 정치적 불안정성과 정책 변화에 따라 큰 영향을 받을 것이다.

21세기 들어 우주 분야에서의 변화는 매우 급진적이다. 당초 우주개발은 예산이 천문학적으로 들고, 장기간 꾸준한 투자를 해야 하며, 수익은 기대할 수 없는 분야로 인식되었다. 때문에 각국의 정부가 주도하여 추진해 왔고, 우주개발의 목적도 과학적 호기심 충족과 국민의 자긍심 고취에 초점을 맞췄다.

[가] 특히 기업체의 우주 참여는 우주개발의 패러다임을 바꾸고 있다. 그동안 정부 주도 우주개발은 경제성보다는 기술의 신뢰성·안전성에 비중을 두다 보니 과감한 신기술 도입보다는 전통적으로 성공한 기술을 계속 활용하는 경우가 많았다. 그런데 기업체의 참여가 확대되면서 혁신적인 기술도입, 재사용, 부품의 모듈화 등 경제성 있는 개발 방식의 과감한 도입이 이루어지고 있다.

[나] 그런데 점차 위성을 통한 정찰 활동이 매우 효과적이고, 상대국과의 영역 분쟁에서 자유롭다는 이점이 밝혀지면서 우주개발의 군사적 활용 가치가 높아졌다. 그뿐만 아니라 위성에 탑재하는 탑재체의 종류가 다양화되면서 공공 목적, 상업적 목적 등 국민의 실생활에 큰 도움이 된다는 점이 부각되어 우주개발은 큰 폭으로 신장되었다.

[다] 또한 기업체 주도의 우주개발은 새로운 비즈니스를 창출하기도 했다. 예를 들어 초소형 위성을 지구상공에 띄워서 우주 기반 인터넷 서비스를 구상하거나, 달 및 다른 행성의 자원을 채굴해 한계에 다다른 지구자원을 대체하는 계획을 세우거나, 우주 관광상품을 출시해 일반인에게 우주를 경험할 수 있게 하는 등 기존에 생각하지 못했던 사업들이 발표·시작되고 있다.

[라] 이에 따라 위성을 활용하는 분야가 정찰, 상대국 감시에서 기상, 방송, 통신, 항법, 농작물 작황, 해양, 환경 모니터링 등으로 다양화되고, 이러한 분야들은 사업을 통한 수익도 창출할 수 있게 되었다. 결국 기업체들의 우주 참여가 활발해지게 되었고, 우주개발은 이제 정부 주도 개발에서 민간의 참여 확대로 추세가 바뀌고 있다.

① [나]-[다]-[라]-[가]
② [나]-[라]-[가]-[다]
③ [다]-[가]-[나]-[라]
④ [다]-[나]-[가]-[라]

겸상애는 묵자 사상의 기본 정신을 이루고 있다. 묵자는 천하를 다스리기 위해서는 천하의 혼란을 잘 다스려야 하는데, 혼란을 다스리려면 혼란을 해결하거나 일어나지 않게 할 수 있는 방안을 모색하여 실행해야 하고, 또 그 방안을 모색하고 실행하려면 혼란이 일어나게 된 원인을 알아야 한다고 주장한다. 그런데 이 주장은 논리적으로 혼란이 어떤 원인에 의해 일어났음을 전제로 하고 있다. 즉 어떤 원인이 있어 천하의 혼란을 일으켰다는 인과 논증으로 볼 수 있다.

묵자는 자신의 주장을 인과론적으로 입증하기 위해 천하의 혼란을 일으키는 원인과 그 결과, 그리고 해결할 수 있는 방안까지 밝히고 있다. 묵자는 서로가 서로를 사랑하지 않는 것을 의미하는 불상애를 천하의 혼란을 일으키는 원인으로 규정하고, 천하의 여러 가지 혼란을 불상애와의 관계 속에서 설명한다. 즉 (㉠)로 인해 도리를 다하지 않는 것, 비난받을 짓을 하는 것, 남을 해침으로써 자신을 이롭게 하는 등의 여러 가지 혼란이 발생한다고 본 것이다. 그리고 이러한 결과가 결국에는 서로가 서로에게 이익이 되지 않는 불상리로 이어지게 됨을 밝히고 있다.

묵자는 불상애와 불상리의 인과 관계를 규명한 것을 바탕으로 그 해결 방안을 모색함으로써 자신의 인과 논증을 정당화한다. 묵자가 제시한 해결 방안은 서로가 서로를 사랑하는 것을 의미하는 겸상애이다. 즉, 서로가 서로를 사랑하지 않아서 발생하는 천하의 혼란을 해결하거나 일어나지 않도록 하기 위해서는 서로가 서로를 사랑해야 함을 강조한 것이다. 이때 (㉡)는 모든 사람에 대해 완전히 평등하고 차등 없는 무차별적인 사랑을 의미하는데, 사람에 따라 차별적인 사랑인 별상애를 주장하는 유가와는 구별된다. 묵자는 겸상애가 이루어지면 반드시 사람들 사이에서 서로에게 이익을 가져다주는 결과인 교상리로 이어진다고 주장하였다. 그리고 이로 인해 사회 구성원 모두가 이익을 얻을 것이라고 보았다.

이처럼 묵자는 사회 구성원이 겸상애를 갖춤으로써 서로에게 이익을 가져다주는 (㉢)가 가능하고, 결국 모두가 이롭게 됨으로써 사회 전체의 혼란이 다스려질 수 있는 원리로 작용됨을 주장하였다. 이는 공동체적 이익을 중심으로 사회 혼란의 원인과 해결 방안을 모색했다는 점에서 의의가 있다.

08 다음 중 글의 논지 전개 방식으로 가장 적절한 것을 고르면?

① 특정한 개념을 실천할 수 있는 방법을 제시하고 그 의의를 밝히고 있다.
② 특정한 개념이 갖는 한계를 바탕으로 이에 대한 보완책을 제시하고 있다.
③ 특정한 개념과 관련된 이론이 발전해 온 과정을 통시적으로 설명하고 있다.
④ 특정한 개념과 상반되는 개념을 제시하여 두 개념의 문제점을 분석하고 있다.

09 다음 중 글의 빈칸 ㉠~㉢에 들어갈 단어를 순서대로 바르게 나열한 것을 고르면?

	㉠	㉡	㉢
①	불상애	겸상애	교상리
②	불상애	교상리	겸상애
③	불상리	겸상애	교상리
④	불상리	교상리	겸상애

10 다음 중 글의 밑줄 친 부분에 해당하는 사례로 가장 적절하지 <u>않은</u> 것을 고르면?

① 화학비료의 사용을 줄여 친환경적이지만 가격이 비싼 유기농 식품을 구입하는 경우
② 회원인 사람들만 경제 정보를 공유하여 회원인 사람들끼리 이익을 도모하는 경우
③ 소득에 따라 소득세의 구간을 달리 해서 걷힌 세금을 사회 복지 분야에 활용하여 사회 전체의 이익을 추구하는 경우
④ 경제적 여력이 되더라도 낭비하지 않고자 노력하여 경제적인 위화감을 줄임으로써 서로 우호적인 관계를 맺는 경우

11 다음 글의 주제로 가장 적절한 것을 고르면?

2022년 출생·사망통계 결과 발표에 따르면, 2022년 합계출산율은 0.78명으로 전년 대비 0.03명 감소했다. 지난해 태어난 신생아 수는 24만 9천 명으로 25만 명 선이 붕괴했다. OECD 국가 중 1명 미만인 곳은 한국이 유일하다. OECD 국가 중 한국에 이어 두 번째로 낮은 나라인 이탈리아의 합계출산율이 1.24명이고, 현재 전쟁 중인 우크라이나의 합계출산율은 1.3명이라는 사실을 볼 때, 얼마나 한국의 저출산 문제가 심각한지 짐작할 수 있다.

이러한 저출산 시대에 대응하기 위해서 올해 정부는 저출산 극복을 위한 파격적인 주거지원 방안을 내놓았다. 정부는 내년 3월부터 신생아 출산가구를 대상으로 공공분양주택 특별공급을 신설하고, 소득요건 등을 완화한 특례 대출도 지원한다. 이러한 정부 정책은 기존과 큰 차이를 보이는데, 그동안 정부의 출산장려 주택정책이 기혼가구에 집중됐던 것에서 탈피해 혼인 여부와 관계없이 출산에 대해 직접적으로 혜택을 부여하기 때문이다. 이 같은 정부의 저출산 극복 주거 정책은 청년들의 의식 변화와 무관하지 않다. 통계청이 청년의 결혼, 출산, 노동 등 10년간 가치관 변화를 분석해 최근 발표한 자료에 의하면, 19~34세 청년 가운데 결혼을 '반드시 해야 한다'거나 '하는 것이 좋다'고 답한 비중은 36.4%에 그쳤다. 결혼을 긍정적으로 생각하는 여성의 비율은 28.0%에 불과했다. 결혼을 하지 않더라도 함께 살 수 있다고 생각하는 비중도 80%에 달했다. 또한, 청년 중 절반 이상은 결혼을 하더라도 자녀를 가질 필요가 없다고 생각하고 있으며, 비혼 출산 동의 비중도 꾸준히 증가세다.

정부의 이번 출산 가구 주거지원 방안은 한층 개방된 정책으로 가족 유형과 관계없이 가족을 지원하는 시스템으로의 전환을 의미한다고 볼 수 있다. 이제 저출산 문제를 극복한 해외의 성공 사례를 적극 살펴보고 받아들일 수 있는 정책은 과감히 도입할 필요가 있다. 우리 청년들의 의식 변화 속에 그 해답이 있을 수 있으므로, 단순한 통계보다는 인구소멸의 위기탈출 해법을 찾는 지침서로 적극 활용해야 할 것이다.

① 청년 의식 변화에서 저출산 해법 찾기
② 통계를 활용한 출산 현황 파악
③ 국내 난임 지원 방안 모색
④ 출산장려를 위한 특별공급 신설

12 다음 글을 읽고 빈칸에 들어갈 내용으로 가장 적절한 것을 고르면?

> 일상생활에서 기상과 기후라는 말은 어떤 대기 과학 용어보다 자주 사용되지만, 그 의미를 잘 못 사용하는 경우가 많다. '기상'은 공기 중에서 일어나는 하나하나의 대기 현상 또는 순간적으로 나타나는 대기 상태를 말하며, '기후'는 그런 기상의 종합적인 상태를 말한다. 즉, 기후란 매년 되풀이되어 출현하는 대기 현상인 것이다. 지표면의 특정 장소에서 매년 비슷한 시기에 출현하는 평균적이며 종합적인 대기 상태를 기후라고 할 수 있다. 바꿔 말하면, 기상은 순간적이고 개별적으로 나타나는 대기 현상이고, 기후는 기상 현상의 장기간 평균 상태로 그것을 종합하여 누적시켜 놓은 것이라고 할 수 있다. 그러므로 (   )

① '기상 캐스터'라는 말 대신에 '기후 캐스터'라는 말을 사용해야 한다.
② 기후의 변화를 면밀히 분석하여 기상을 파악하는 데 적용해야 할 것이다.
③ '이상 기후 시 감속 운행'이라는 표지판의 '기후'를 '기상'으로 수정해야 한다.
④ 앞으로 '날씨'라는 말을 쓰지 말고, '기후'나 '기상'으로 분리해서 사용해야 한다.

13 다음 글을 읽고 알 수 있는 내용으로 가장 적절한 것을 고르면?

> 이집트 상형문자와 같은 초기 문자 체계는 기호 하나가 하나의 관념이나 단어를 나타내는 수천 개의 기호로 구성되어 있어 매우 복잡하고 배우기 어려웠다. 그래서 모든 문자를 외우려면 오랜 기간이 걸렸으며, 실제로 극소수의 이집트인만이 복잡한 문자를 해석하거나 쓸 수 있었다. 이에 고대 이집트인은 당시 문자 체계를 이해하지 못하는 노예와 의사소통을 하기 위해 상형문자를 간단하게 변형하여 새로운 표기 체계를 만들기 시작했다. 간소화된 새로운 표기 체계는 이전과 달리 하나의 기호가 하나의 소릿값을 나타냈으며, 표기 방식의 획기적인 변화로 문자를 배우고 사용하는 일이 훨씬 쉬워졌는데 언어학자들은 이 기호체계에서 현대의 거의 모든 알파벳이 파생되었다고 추정한다. 이후 이집트에 노예로 있던 사람들이 고국으로 돌아가면서 중동지역으로 퍼져나간 알파벳은 히브리어와 아랍어를 포함해 그 지역 여러 문자 체계의 바탕이 되었다. 현대 영어의 몇몇 알파벳은 고대 이집트 상형문자에서 직접 유래하였는데, 예를 들어 알파벳 'B'는 집을 의미하는 문자에서 나왔다.

① 히브리어는 아랍어보다 먼저 생겨났을 것이다.
② 알파벳 C는 이집트 상형문자에서 직접 유래하였다.
③ 이집트 상형문자는 알파벳보다 다양한 개념을 나타낼 수 있었을 것이다.
④ 이집트 상형문자를 구성하는 기호는 여러 개의 소리로 나타날 수 있었다.

14 다음 글의 빈칸에 들어갈 말로 가장 적절한 것을 고르면?

직무 수행에 대한 피드백은 지난 30년 동안 꾸준히 연구돼 온 주제로 직원들의 성과 향상에 효과적인 기법으로 알려져 있다. 하지만 피드백이 항상 효과적인 것만은 아니다. 단순 충고나 평가 등급의 통지는 피드백이라고 볼 수 없으며, 내용이 모호하거나 정보가 없는 피드백은 효과가 없다. 회사에서 피드백을 하는 목적은 직원 개인 혹은 팀의 업무 수행 역량을 '개발'하고 '발전'시키는 것이기 때문이다.

특히 부정확한 피드백은 장기적으로 업무 수행에 부정적인 영향을 미칠 수 있다. 피드백이 효과적이려면 피드백 제공자에 대한 신뢰가 중요한데, 근로자가 관리자의 피드백이 부정확하다고 인식하면 (   ) 즉, 업무 성과 향상에 도움이 되지 않는다. 물론 직원이 본인의 성과를 제대로 파악할 수 없는 상황이라면 피드백의 정확성 여부를 판단할 수 없으므로 성과에 별다른 영향을 미치지 않는다.

① 관리자에 대한 신뢰는 떨어지지만, 곧 이후의 정확한 피드백은 신뢰하게 된다.
② 관리자에 대한 신뢰가 떨어지고, 곧 이후의 정확한 피드백도 신뢰하지 않게 된다.
③ 관리자에 대한 신뢰가 떨어지고, 곧 이후의 부정확한 피드백은 신뢰하게 된다.
④ 관리자에 대한 신뢰는 변함없고, 곧 이후의 부정확한 피드백 역시 신뢰하게 된다.

15 다음 글의 내용과 일치하지 <u>않는</u> 것을 고르면?

박제가는 조선 후기의 대표적인 실학자 중 한 사람으로, 『북학의』는 그의 대표적인 저술이다. 특기할 만한 것은 그가 이 책을 통해 청나라의 새롭고 다양한 문물을 구체적으로 소개하기 위해 애썼다는 것이다. 이를테면 바퀴 만드는 법, 농기구 만드는 법 등을 자세히 소개하는가 하면 농업, 공업, 상업을 서로 연계하여 두루 부흥시키기 위한 제도적 개선점을 일일이 설명하는 것 등을 들 수 있다.

그럼에도 『북학의』는 단순한 실용서만은 아니다. 궁극적으로는 임금에게 나라의 현실을 알리고 개선을 도모하는 글이었다. 그에 따르면 당시 조선 사회는 경제적으로나 문화적으로나 퇴락하기 이를 데 없는 사회였다. 생산력 저하와 상공업의 부진으로 빈곤이 만연하고 불합리한 제도 운영으로 민중의 고통이 가중되고 있는 시대였던 것이다. 그럼에도 사대부들은 청을 오랑캐라 부르며 그들의 새로운 문물을 비웃었고, 땀 흘려 일하는 자들을 천시하였다. 박제가는 이들에 대해 '놀고먹는 나라의 좀'이라는 말로 직격탄을 날렸다. 그리고 그가 보고 듣고 온 문물들을 자세히 소개하여 이것이 나라가 사는 방법이라며 임금에게 애원하였다. 오늘날 『북학의』가 높이 평가받는 것은 이러한 당대의 모순에 대한 신랄한 묘사, 그리고 시대를 아파한 실학자 박제가의 진정성이 녹아있기 때문이다.

① 박제가는 당대 조선의 사대부를 필요악이라고 보았다.
② 박제가는 당대 조선이 경제적·문화적으로 퇴락하였다고 보았다.
③ 『북학의』는 청나라의 새롭고 다양한 문물을 구체적으로 소개하고 있다.
④ 『북학의』는 임금에게 나라의 현실을 알리고 개선시키려는 의도를 담고 있다.

16 다음 [표]는 A시의 업체 규모별 종사자 수 및 매출액을 나타낸 자료이다. 이에 대한 설명으로 옳지 않은 것을 고르면?

[표] A시의 업체 규모별 종사자 수 및 매출액 (단위: 명, 백만 원)

구분	1~4인	5~9인	10~29인	30~49인	50인 이상
종사자 수	9,200	11,700	18,400	6,200	19,400
매출액	1,263,155	1,993,430	3,828,409	1,398,115	6,706,571

① A시의 전체 종사자 수는 60,000명 이상이다.
② A시의 1~4인 규모 업체 수는 최소 2,300개사 이상이다.
③ 종사자 수가 가장 많은 업체 규모가 매출액도 가장 높다.
④ 규모가 '50인 이상'인 업체의 종사자 1인당 매출액은 300백만 원 미만이다.

17 다음 [표]는 2021년 소년보호사건 접수 현황을 나타낸 자료이다. 이에 대한 설명으로 옳지 않은 것을 고르면?

[표] 2021년 소년보호사건 접수 현황 (단위: 건)

구분	접수사건	처리사건			미처리사건		
		소계	보호처분	기타	소계	항고	미제
A법원	534	335	304	31	199	105	94
B법원	314	210	160	50	104	52	52
C법원	406	279	238	41	127	89	38
D법원	655	401	296	105	254	170	84
전체	1,909	1,225	998	227	684	416	268

※ (접수사건)＝(처리사건)＋(미처리사건)
※ (처리사건)＝(보호처분사건)＋(기타사건)
※ (미처리사건)＝(항고사건)＋(미제사건)

① 2021년 4개 법원의 평균 항고사건은 100건 이상이다.
② 기타사건이 많은 법원일수록 미제사건도 많다.
③ A법원의 처리사건 중에서 보호처분사건이 차지하는 비율은 90% 이상이다.
④ 전체 접수사건 중에서 C법원의 접수사건이 차지하는 비율은 20% 이상이다.

18 다음 [표]는 2019~2022년 우리나라의 초고속인터넷 가입자 수를 나타낸 자료이다. 이에 대한 설명으로 옳지 <u>않은</u> 것을 고르면?

[표] 2019~2022년 초고속인터넷 가입자 수   (단위: 천 명, 명)

구분	2019년	2020년	2021년	2022년
가입자 수	21,906	22,327	22,944	23,537
100명당 가입자 수	42.4	43.1	44.4	45.8

※ (100명당 가입자 수) $= \dfrac{\text{(가입자 수)}}{\text{(총 인구)}} \times 100$

① 2020~2022년 동안 초고속인터넷 가입자 수는 매년 증가하였다.
② 2022년 우리나라 총 인구는 2019년 대비 감소하였다.
③ 2021년 초고속인터넷 가입자 수는 2020년 대비 6% 이상 증가하였다.
④ 2019년 대비 2022년 초고속인터넷에 가입하지 않은 사람의 수는 감소하였다.

19 다음 [표]는 2016~2020년 철도 사고 현황을 나타낸 자료이다. 이에 대한 설명으로 옳지 <u>않은</u> 것을 고르면?

[표] 2016~2020년 철도 사고 현황   (단위: 건, 명)

구분	2016년	2017년	2018년	2019년	2020년	합계
발생 건수	277	250	232	209	138	1,106
사망자 수	124	108	96	80	76	484
부상자 수	151	210	148	608	70	1,187

① 3개 항목 모두 연 평균값이 중앙값보다 크다.
② 발생 건수와 부상자 수의 연 평균값의 차이는 10 이상이다.
③ 연평균 사망자 수보다 많은 사망자 수를 기록한 시기는 2개 연도이다.
④ 연평균 부상자 수보다 적은 부상자 수를 기록한 시기는 4개 연도이다.

[20~22] 다음은 2019~2023년 연령대별 육아휴직자 및 육아휴직 사용률 현황을 나타낸 자료이다. 이를 바탕으로 이어지는 질문에 답하시오.

[표] 2019~2023년 연령대별 육아휴직자 현황 (단위: 백 명)

구분		계	30세 미만	30~34세	35~39세	40세 이상
2019년	전체	1,632	178	602	618	234
	남성	320	11	68	145	96
	여성	1,312	167	534	473	138
2020년	전체	1,720	169	609	646	296
	남성	388	13	80	168	127
	여성	1,332	156	529	478	169
2021년	전체	1,752	162	617	643	330
	남성	423	14	85	176	148
	여성	1,329	148	532	467	182
2022년	전체	2,021	169	720	719	413
	남성	546	17	119	217	193
	여성	1,475	152	601	502	220
2023년	전체	1,959	158	717	680	404
	남성	504	15	116	193	180
	여성	1,455	143	601	487	224

[그래프] 육아휴직 사용률 현황 (단위 : %)

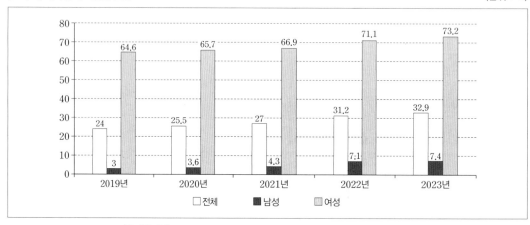

$$※ \ (육아휴직 \ 사용률)(\%) = \frac{(육아휴직자)}{(육아휴직 \ 대상자)} \times 100$$

20 다음 중 자료에 대한 설명으로 옳지 <u>않은</u> 것을 고르면?

① 조사기간 동안 육아휴직 사용률은 매년 증가했다.

② 2020~2023년 동안 전년 대비 연령별 여성 육아휴직자 증감 추이가 동일한 해는 2022년뿐이다.

③ 2022년 전체 육아휴직자 중 30~39세가 차지하는 비중은 65% 이상이다.

④ 2019년 대비 2023년에 전체 육아휴직자 증가율은 30% 이상이다.

21 다음 중 2023년 남성 육아휴직 대상자는 몇 명인지 고르면?(단, 계산 시 백의 자리에서 반올림한다.)

① 약 603,000명　　　　　　　　② 약 646,000명

③ 약 681,000명　　　　　　　　④ 약 728,000명

22 주어진 자료를 토대로 작성한 그래프 중 옳지 <u>않은</u> 것을 고르면?

① 전년 대비 여성 육아휴직 사용률 증감
(단위: %p)

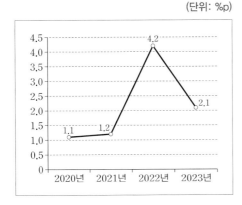

② 2023년 30~34세 육아휴직자 중 남녀 비율
(단위: %)

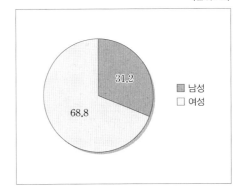

③ 전년 대비 남성 육아휴직 사용률 증가율
(단위: %)

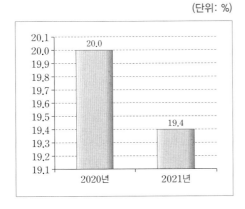

④ 전년 대비 40세 이상 남성 육아휴직자 증감
(단위: 백 명)

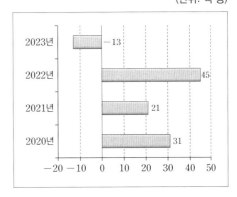

[23~24] 다음 [그래프]는 2020~2024년 이민자의 경제활동인구 현황을 나타낸 자료이다. 이를 바탕으로 이어지는 질문에 답하시오.

[그래프] 2020~2024년 이민자의 경제활동인구 현황

(단위: 천 명)

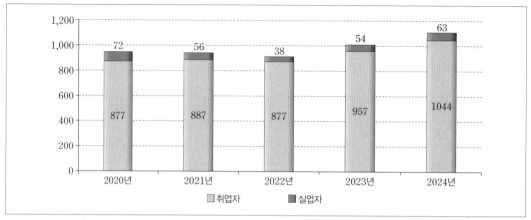

※ (경제활동인구)=(취업자)+(실업자)

※ (경제활동참가율)(%)=$\dfrac{(경제활동인구)}{(15세\ 이상\ 인구)}$×100

23 2023년 이민자의 경제활동참가율이 70%일 때, 2023년 이민자의 15세 이상 인구는 몇 명인지 고르면?(단 계산 시 백의 자리에서 반올림한다.)

① 약 1,324,000명
② 약 1,444,000명
③ 약 1,564,000명
④ 약 1,684,000명

24 주어진 자료를 토대로 이민자의 전년 대비 실업자 증감률을 작성한 그래프로 옳은 것을 고르면?

①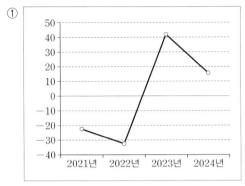

②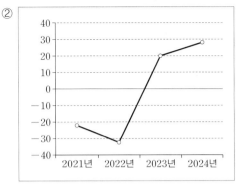

③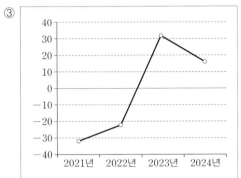

④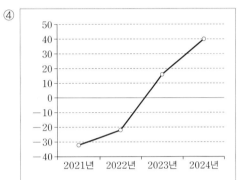

25 다음 [표]는 S공단의 기업 유형별 직업 교육 인원에 대한 지원 비용 기준을 나타낸 자료이다. 상시 근로자 300인 이상 1,000인 미만의 대규모 기업 집단에 속하는 A사의 양성 훈련 필요 예산이 총 1억 3,000만 원일 때, S공단으로부터 지원받을 수 있는 비용을 고르면?

[표] 기업 유형별 직업 교육 인원에 대한 지원 비용 기준 (단위: %)

구분	훈련	지원 비율
우선 지원 대상 기업	향상·양성 훈련 등	100
상시 근로자 300인 이상 1,000인 미만 대규모 기업	향상·양성 훈련	60
	비정규직 대상 훈련/전직 훈련	70
상시 근로자 1,000인 이상 대규모 기업	향상·양성 훈련	50
	비정규직 대상 훈련/전직 훈련	70

① 5,600만 원   ② 6,200만 원   ③ 7,800만 원   ④ 8,200만 원

26 다음은 1970~2022년 국내 인구 이동 통계 보고서의 일부를 나타낸 자료이다. 이에 대한 설명으로 옳은 것을 고르면?

2022년 국내 인구 이동자 수는 총 615만 2천 명으로, 전년 대비 14.7% 감소했다. 인구 이동률은 12.0%로 전년 대비 2.1%p 감소한 것으로 나타났다. 시도 내 이동은 2022년 총 이동자 중 64.7%를 차지했고, 이는 전년 대비 16.5% 감소한 수치이다.

[그림] 1970~2022년 총 이동자 수 및 인구 이동률 추이

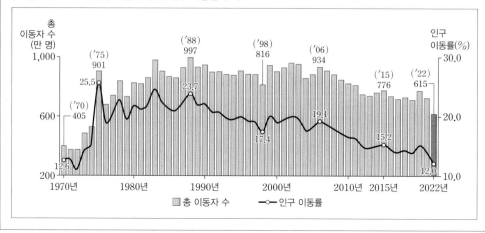

① 2015년 인구 이동률은 10% 미만이다.
② 2021년 총 이동자 수는 720만 명 미만이다.
③ 2022년 시도 간 이동자 수는 215만 명 이상이다.
④ 1970년 이후 총 이동자 수가 가장 많은 해에 인구 이동률 또한 가장 높게 나타난다.

27 다음 [표]는 학령기 남녀 1일 영양권장량을 나타낸 자료이다. 이에 대한 설명으로 옳은 것을 고르면?

[표] 학령기 남녀 1일 영양권장량

구분	연령	체중	신장	에너지	단백질	칼슘	철분
남학생	6~8세	26.5kg	126.4cm	1,700kcal	30g	700mg	9mg
	9~11세	38kg	143cm	2,100kcal	40g	800mg	10mg
여학생	6~8세	25kg	125cm	1,500kcal	25g	700mg	8mg
	9~11세	36kg	143cm	1,900kcal	40g	800mg	10mg

① 동일 연령대에서 남학생의 연간 에너지 권장량은 여학생보다 많다.
② 동일 연령대에서 남학생은 여학생보다 1일 칼슘 권장량이 많다.
③ 동일 연령대에서 남학생과 여학생의 1일 철분 권장량은 동일하다.
④ 체중이 높은 집단일수록 1일 단백질 권장량이 많다.

28 다음 [표]는 전 분기 대비 가계대출 잔액 증가액 및 2021년 3분기 말 잔액을 나타낸 자료이다. 이에 대한 설명으로 옳은 것을 고르면?

[표] 전 분기 대비 가계대출 잔액 증가액 및 2021년 3분기 말 잔액 (단위: 조 원)

구분	2020년			2021년			
	2분기	3분기	4분기	1분기	2분기	3분기	3분기 말 잔액
가계대출	23	39	46	34	41	37	1,744
주택담보대출	14	17	20	20	17	21	969
기타대출	9	22	26	14	24	16	775

① 가계대출 잔액은 매 분기 증가하였다.
② 2020년 4분기 말 가계대출 잔액은 1,600조 원 미만이다.
③ 2021년 3분기 기타대출 잔액은 전년 동기 대비 감소하였다.
④ 2020년 4분기 대비 2021년 3분기에 주택담보대출 잔액보다 기타대출 잔액이 더 많이 증가하였다.

[29~30] 다음 [그래프]는 2024년 5~12월 포스코 계열사 A~C의 매출액을 나타낸 자료이다. 이를 바탕으로 이어지는 질문에 답하시오.

[그래프] 2024년 5~12월 포스코 계열사 A~C의 매출액

(단위: 백억 원)

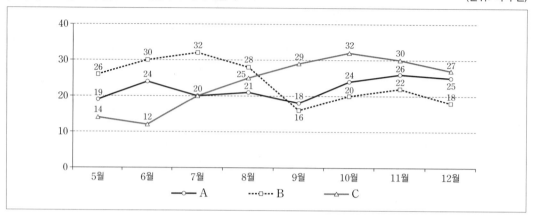

29 다음 [보기]의 내용 중 옳은 것을 모두 고르면?

┤ 보기 ├

㉠ B의 11월 매출액은 9월 대비 37.5% 증가하였다.
㉡ 조사기간 동안 월평균 매출액이 가장 높은 계열사는 C이다.
㉢ 7~10월까지 전월 대비 매출액이 꾸준히 증가한 계열사의 수는 1개이다.

① ㉠   ② ㉢   ③ ㉠, ㉢   ④ ㉠, ㉡, ㉢

30 다음 중 A~C에 대한 월별 매출액 비중을 <u>잘못</u> 나타낸 그래프를 고르면?

① 5월

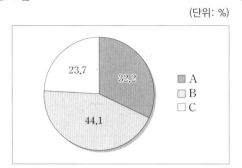

② 8월

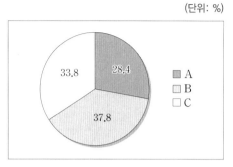

③ 10월

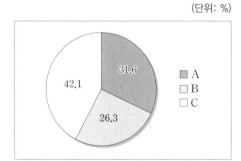

④ 12월

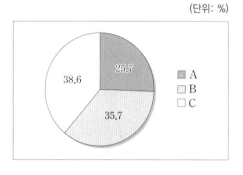

31 경은이는 회사에서 출발하여 A~E 5개 방문지를 모두 방문하고 다시 회사로 돌아오고자 한다. 다음 지도를 참고할 때, 경은이가 최단 경로로 이동할 경우의 총 이동거리를 고르면?

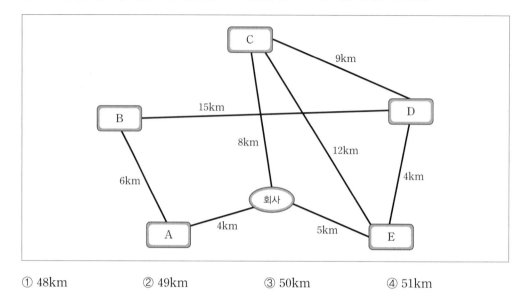

① 48km   ② 49km   ③ 50km   ④ 51km

32 영업팀에서는 6월에 최 상무와 박 대리가 E국으로 3박 4일간 출장을 다녀왔으며, 7월에 남 차장과 홍 사원이 H국으로 5박 6일간 출장을 다녀왔다. 다음 출장비 지급 규정을 참고할 때, 6월과 7월 영업팀의 출장비 지급 총액을 고르면?(단, 출장비는 숙박비와 일당만 고려한다.)

[지역별/직급별 출장비 지급 규정]

(단위: 만 원)

구분	갑지			을지			병지		
	숙박	일당	계	숙박	일당	계	숙박	일당	계
사장·부사장	18	12	30	17	11	28	16	10	26
전무·상무·이사	17	11	28	16	10	26	15	9	24
이사부장·부장	16	10	26	15	8	23	14	7	21
차장·과장	14	9	23	14	7	21	13	6	19
대리·사원	13	8	21	13	6	19	12	5	17

※ 출발과 도착 당일도 일당이 지급됨
※ 지역 구분
 • 갑지: A국, B국, C국
 • 을지: D국, E국, F국
 • 병지: G국, H국, I국

① 326만 원   ② 330만 원   ③ 338만 원   ④ 342만 원

33 '갑'공사는 기자재 수급 과정의 공정성을 기하기 위하여 납품 업체 평가 규정을 마련하여 다음과 같이 4개 납품 업체에 대한 평가를 실시하였다. 다음 본부장의 지시사항을 참고할 때, 하반기 납품 업체로 선정될 업체를 고르면?(단, 항목당 5점 만점으로, 총점이 가장 높은 업체가 선정된다.)

구분	A사	B사	C사	D사
품질	4.1	4.5	4.6	4.3
신뢰도	4.6	3.8	4.3	4.5
납기	3.5	3.9	4.1	4.4
납품가격	4.6	4.4	4.2	4.1

[본부장의 지시사항]
  올 하반기에 진행될 프로젝트는 무엇보다 정해진 시간 내에 일이 마무리되어야 하니 납기 및 각 관련 업체와의 신뢰가 가장 중요합니다. 품질과 가격 수준은 그간의 거래 경험을 보아 크게 다르지 않을 테니, 최종 평점은 각 점수에서 납기 40%, 신뢰도 30%, 납품가격 15%, 품질 15%의 가중치를 적용하여 산출하도록 하겠습니다.

① A사   ② B사   ③ C사   ④ D사

34 '갑'기업의 총무팀, 홍보팀, 인사팀, 기획팀에서는 국제 행사를 진행하기 위해 [채용 조건]에 따라 필요한 아르바이트 직원을 찾고 있다. 채용에 지원한 인원별 현황이 다음과 같을 때, [채용 조건]을 갖춘 인원은 모두 몇 명인지 고르면?

[지원 인원별 현황]

이름	성별	나이	전공계열	전공학과	봉사기간	활동경험
A	남	27	사회	정치외교	–	안내
B	여	25	예체능	디자인	–	주방 보조
C	남	27	인문	중국어	4년	행사진행
D	여	27	자연	물리	–	–
E	남	24	공학	전자공학	2년 6개월	행사진행
F	남	22	공학	컴퓨터공학	2년	보안
G	여	26	사회	경영	1년 6개월	–
H	여	24	인문	국문	–	안내
I	남	28	공학	전기공학	3년	행사기획
J	여	22	사회	행정학	–	행사진행
K	남	30	인문	일본어	1년 6개월	보안
L	여	25	공학	화학공학	–	주방 보조

[채용 조건]

구분	나이	전공계열	봉사기간	활동경험	기타
총무팀	22세 이상	공학	무관	무관	여
홍보팀	24세 이상	인문	무관	안내 또는 보안	–
인사팀	28세 이상	자연 또는 공학	3년 이상	행사기획	–
기획팀	24세 이상	무관	2년 이상	행사진행	–

① 3명　　　　　② 4명　　　　　③ 5명　　　　　④ 6명

[35~36] 어느 회사에서 여직원 유니폼을 새롭게 제작하려고 한다. 유니폼 제작 비용 관련 자료를 바탕으로 이어지는 질문에 답하시오.(단, 모든 제조사의 품질은 동일하다고 가정한다.)

[표1] 하복 유니폼 1벌당 제작 비용 (단위: 원)

구분	A사	B사	C사	D사
반팔 블라우스	36,000	35,000	35,000	34,000
하복 치마	39,000	37,000	38,000	36,000
상하의 세트	70,000	67,000	68,000	65,000

※ 하복 상하의 세트: 반팔 블라우스+하복 치마

[표2] 동복 유니폼 1벌당 제작 비용 (단위: 원)

구분	A사	B사	C사	D사
자켓	74,000	72,000	69,000	76,000
긴팔 블라우스	39,000	38,000	40,000	41,000
동복 치마	47,000	46,000	45,000	44,000
상하의 세트	150,000	146,000	144,000	151,000
조끼	19,000	22,000	21,000	20,000

※ 동복 상하의 세트: 자켓+긴팔 블라우스+동복 치마

[표3] 제조사별 참고사항

구분	참고사항
A사	상하의 세트 100벌 이상 구매 시 상하의 세트 10% 추가 할인
B사	상하의 세트 100벌 이상 구매 시 하복은 한 세트당 5,000원 추가 할인, 동복은 한 세트당 10,000원 추가 할인
C사	상하의 세트 구매 후 블라우스 추가 주문 시, 추가 주문하는 블라우스 가격 20% 할인(주문 수량은 관계없음)
D사	• 하복 상하의 세트 100벌 이상 구매 시 면 티셔츠 무료 제공 • 동복 상하의 세트 100벌 이상 구매 시 조끼 무료 제공

35 하복 상하의 세트 200벌과 반팔 블라우스 200벌을 제작하려고 할 때, 다음 중 최소 구매 비용을 고르면?

① 1,900만 원　　　② 1,920만 원　　　③ 1,940만 원　　　④ 1,960만 원

36 총무팀 유 대리는 총무팀장의 지시사항에 따라 동복 유니폼 제작에 대한 비용을 계산하여 보고했다. 총무팀장의 지시사항을 바탕으로 유 대리가 보고한 비용을 고르면?

[지시사항]
　유 대리, 동복 유니폼 제작 비용도 미리 알아보는 것이 좋을 것 같네. 동복 유니폼도 상하의 세트로 200벌을 제작하는 것으로 하고 블라우스(긴팔)는 자주 갈아입어야 하니 200벌을 추가로 제작하도록 하지. 그리고 봄, 가을에는 자켓보다는 조끼를 입는 것이 좋을 것 같으니 조끼도 200벌 추가하도록 하게. 구매 비용이 가장 적게 드는 곳의 비용을 계산해서 견적 부탁하네.

① 3,840만 원　　　② 3,860만 원　　　③ 3,900만 원　　　④ 3,920만 원

[37~38] 다음은 어느 호텔의 예약에 관한 약관의 일부이다. 이를 바탕으로 이어지는 질문에 답하시오.

제1조(예약금)

1. 숙박 예약 신청 시 요금의 전액을 지불한 경우에만 예약을 보증한다.

2. 전항의 예약금은 제2조에서 정한 내용에 해당할 때에는 위약금에 충당하고 잔액이 있을 때에는 반환한다.

제2조(예약 해지)

1. 객실 10개 미만 예약 후 숙박 예약의 전부 혹은 일부를 해지하였을 시 위약금은 아래와 같다.

 (1) 숙박일 3일 전에 해약하였을 경우: 위약금 없음

 (2) 숙박일 2일 전에 해약하였을 경우: 최초 1일 숙박요금의 30% 부과, 이후 예약 자동 해지

 (3) 숙박일 1일 전에 해약하였을 경우: 최초 1일 숙박요금의 50% 부과, 이후 예약 자동 해지

 (4) 숙박 당일 18:00 이전에 해약하였을 경우: 최초 1일 숙박요금의 100% 부과, 이후 예약 자동 해지

 (5) 숙박 당일 18:00 이후에 해약 또는 불숙하였을 경우: 최초 1일 숙박요금의 100% 부과, 이후 예약 자동 해지

2. 객실 10개 이상 예약 후 예약 객실 수의 10% 미만으로 해약하였을 시 위약금은 아래와 같다.(단, 예약 객실 수의 10% 이상으로 해약하였을 시 제1항의 내용을 적용한다.)

 (1) 숙박일 1일 전에 해약하였을 경우: 위약금 없음

 (2) 숙박 당일 18:00 이전에 해약하였을 경우: 최초 1일 숙박요금의 30% 부과

 (3) 숙박 당일 18:00 이후에 해약 또는 불숙하였을 경우: 최초 1일 숙박요금의 100% 부과, 이후 예약 자동 해지

제3조(숙박 등록)

1. 숙박자는 숙박 당일 당 호텔 접수계에서 다음 사항을 등록해야 한다.

 (1) 숙박자의 성명, 성별, 국적, 직업

 (2) 외국인에 대해서는 여권번호, 입국연월일

 (3) 내국인에 대해서는 주민등록번호

 (4) 현주소, 생년월일 및 연령

 (5) 출발일시 및 시각

 (6) 기타 호텔에서 필요하다고 인정되는 사항

37 다음 중 예약 약관에 따른 설명으로 옳은 것을 고르면?

① 예약한 8개의 객실 전체를 고객의 사정으로 숙박일 2일 전에 해약하였을 때는 지불한 예약금의 70%를 환불한다.

② 예약 내역에 상관없이 숙박 당일 18:00 이전에 해약하였을 때는 최초 1일 숙박요금의 100%를 위약금으로 지불한다.

③ 50,000원인 객실 1개를 하루 예약하고 숙박일 1일 전에 해약하였을 때는 25,000원을 추가 지불해야 한다.

④ 8월 5일, 8월 6일 양일간 싱글 베드룸 1실 예약 후 8월 5일에 숙박하고 8월 6일 오후 4시에 해약한다면 8월 6일에 대한 객실요금의 100%를 위약금으로 부과한다.

38 다음 [상황]에서 김 주임이 환불받는 금액의 총액을 고르면?(단, 예약한 트윈 베드룸과 트리플 베드룸의 객실 요금은 각각 1박에 65,000원, 95,000원이다.)

─┤ 상황 ├─

H회사에 근무하는 김 주임은 4월 20일부터 4월 22일까지 진행되는 외부 세미나 참석 준비를 위하여 4월 20일, 4월 21일 날짜로 트윈 베드룸 6실과 트리플 베드룸 5실을 예약하였다. 그런데 갑작스러운 참석 인원 변경으로 인하여 4월 19일에 트윈 베드룸 1실과 트리플 베드룸 1실을 예약 해지하였다.

① 80,000원　　　　② 140,000원　　　　③ 180,000원　　　　④ 240,000원

[39~40] 영업팀의 김 대리는 회사에서 출발하여 차를 타고 출장지 A~E를 거쳐 다시 회사로 돌아오려고 한다. 각 지점 간의 연결망 지도와 거리를 나타낸 자료를 바탕으로 이어지는 질문에 답하시오.

[그림] 지점 간 연결망 지도

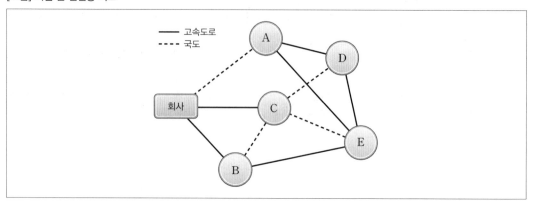

[표] 지점 간 거리 (단위: km)

구분	A	B	C	D	E
회사	70	40	45		
A				20	60
B			30		45
C				35	40
D					30

※ 고속도로의 평균 속도는 90km/h이고, 국도의 평균 속도는 70km/h임

39 김 대리가 최단 경로로 출장을 간다고 할 때, 총 이동거리를 고르면?

① 230km   ② 235km   ③ 238km   ④ 240km

40 김 대리가 최단 경로로 출장을 간다고 할 때, 소요 시간을 구하면?

① 1시간   ② 2시간   ③ 3시간   ④ 4시간

[41~42] 다음은 S통신사의 광고 모델 후보 A~E에 대한 자료이다. 이를 바탕으로 이어지는 질문에 답하시오.

[광고 모델별 1년 계약금 및 광고 1회당 광고효과]

(단위: 만 원)

구분	1년 광고비		1회당 광고효과	
	계약금	제작비	수익 증대효과	브랜드가치 증대효과
A	1,000	1,000	100	100
B	600	1,800	60	100
C	700	1,600	60	110
D	800	1,400	50	140
E	1,200	600	110	110

※ 광고효과는 수익 증대효과와 브랜드가치 증대효과로만 구성된다.
※ 계약금과 제작비를 포함한 1회당 광고비는 20만 원으로 동일하다.

41 다음 중 주어진 자료를 보고 나눈 대화 중 올바른 의견을 제시한 사람을 모두 고르면?

> • 갑: "1회당 광고효과가 200만 원이 넘는 사람은 없군."
> • 을: "1년 광고 횟수가 가장 많은 사람을 선정한다면 B가 최종 모델로 선정되겠네."
> • 병: "1년 광고비는 A가 가장 적어."

① 갑   ② 을   ③ 병   ④ 갑, 을

42 다음 중 총 광고효과가 큰 사람을 최종 모델로 선정할 경우, 광고 모델이 될 사람을 고르면?

① A   ② C   ③ D   ④ E

43 D기업은 A~C공장에서 동시에 신제품을 초도생산하려고 한다. 이때, 생산을 시작한지 며칠 차에 생산이 완료되는지 고르면?

[표1] 제품 초도생산물량 및 공장별 가동 조건

- 제품 초도생산물량: 10,000개
- 공장별 가동 및 휴무
  - A공장: 3일 가동 후 1일 휴무
  - B공장: 5일 가동 후 1일 휴무
  - C공장: 6일 가동 후 2일 휴무

[표2] 공장별 생산가능물량 및 가동시간

구분	시간당 생산가능물량	일 최대 가동시간
A공장	100개	6시간
B공장	50개	4시간
C공장	30개	8시간

① 10일 차　　　② 11일 차　　　③ 12일 차　　　④ 13일 차

44 다음 내용을 근거로 할 때, A에 대한 설명으로 [보기]의 ㉠~㉢ 중 옳은 것을 모두 고르면?

[A의 상황]
- 영등포, 여의도, 삼성동의 세 곳으로 매장 관리 외근을 나간다.
- 월요일부터 금요일까지 근무하며, 매주 수요일은 외근을 나가지 않는다.
- 외근을 나갈 땐, 하루에 한 곳만 간다.
- 외근은 이틀 이상 연속해서 같은 곳으로 가지 않는다.
- 5월 24일은 삼성동 매장으로 외근을 나간다.

[5월 달력]

일	월	화	수	목	금	토
		1	2	3	4	5
6	7	8	9	10	11	12
13	14	15	16	17	18	19
20	21	22	23	24	25	26
27	28	29	30	31		

┤ 보기 ├

㉠ A는 5월 한 달 동안 최대 10번 삼성동으로 외근을 나갈 수 있다.

㉡ A가 5월 1일에 삼성동으로 외근을 나간다면, 5월 한 달 동안 최대 10번 여의도로 외근을 나갈 수 있다.

㉢ A가 5월 3일에 삼성동으로 외근을 나간다면, 5월 한 달 동안 최대 10번 영등포로 외근을 나갈 수 있다.

① ㉠　　　　② ㉠, ㉡　　　　③ ㉠, ㉢　　　　④ ㉡, ㉢

45 P사는 제품 검사장비를 5대 구매하려고 한다. 검사장비 A~E업체에 대한 평가표와 업체 선정 기준을 바탕으로 가장 적절한 업체를 선택했을 때, 구매 총액을 고르면?

[표1] 검사장비 업체 평가표

구분	A업체	B업체	C업체	D업체	E업체
일 최대 검수량	300개	500개	200개	500개	300개
A/S 기간	2년	3년	5년	2년	1년
불량 검수율	5%	3%	4%	3%	2%
단가	1,250만 원	1,300만 원	1,350만 원	1,400만 원	1,520만 원

[표2] 검사장비 업체 선정 기준

- 일 최대 검수량: 300개 이상
- A/S 기간: 2년 이상
- 불량 검수율: 5% 미만
- 선정 기준 우선순위: 일 최대 검수량 > 불량 검수율 > 단가 > A/S 기간

① 6,250만 원   ② 6,500만 원   ③ 6,750만 원   ④ 7,000만 원

46 다음과 같이 일정한 규칙으로 숫자를 나열할 때, 빈칸에 들어갈 알맞은 숫자를 고르면?

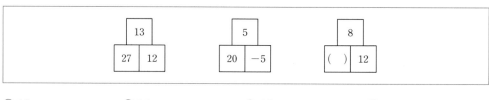

	13			5			8	
27		12	20		−5	( )		12

① 12   ② 14   ③ 16   ④ 18

47 다음 [조건]을 바탕으로 처음 상태에서 버튼을 두 번 눌렀더니 화살표가 가리키는 모양과 같은 상태로 바뀌었다. 어떤 버튼을 순서대로 눌렀는지 고르면?

버튼	기능
◑	모든 숫자에 1을 더한다.
◐	모든 숫자에 3을 더한다.
○	모든 숫자에 2를 곱한다.
●	모든 숫자에서 4를 뺀다.

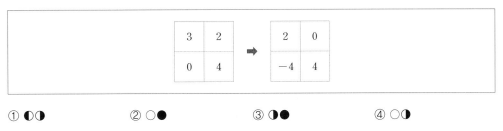

① ◑◐ ② ○● ③ ◑● ④ ○◐

48 다음 [조건]을 바탕으로 처음 상태에서 버튼을 세 번 눌렀더니 화살표가 가리키는 모양과 같은 상태로 바뀌었다. 어떤 버튼을 순서대로 눌렀는지 고르면?(단, 도형 안 숫자의 회전은 고려하지 않는다.)

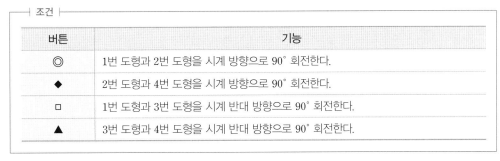

버튼	기능
◎	1번 도형과 2번 도형을 시계 방향으로 90˚ 회전한다.
◆	2번 도형과 4번 도형을 시계 방향으로 90˚ 회전한다.
□	1번 도형과 3번 도형을 시계 반대 방향으로 90˚ 회전한다.
▲	3번 도형과 4번 도형을 시계 반대 방향으로 90˚ 회전한다.

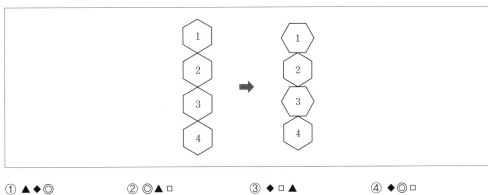

① ▲◆◎ ② ◎▲□ ③ ◆□▲ ④ ◆◎□

49 다음과 같이 일정한 규칙으로 숫자를 나열할 때, 빈칸에 들어갈 알맞은 숫자를 고르면?

	4	8	12	24	28	( )

① 34　　　　　　② 40　　　　　　③ 50　　　　　　④ 56

50 다음 단어 쌍의 관계가 동일하도록 빈칸에 들어갈 알맞은 단어를 고르면?

( ) : 친밀 = 부연 : 생략

① 밀접　　　　　　② 소원　　　　　　③ 진부　　　　　　④ 조악

51 다음 [조건]을 바탕으로 항상 참인 것을 고르면?

┤ 조건 ├

- 갑, 을, 병, 정, 무는 100m 달리기 시합을 하였다.
- 을과 정의 순위 사이에 1명이 더 있다.
- 병이 가장 늦게 들어왔다.
- 갑은 무보다 늦게 들어왔다.

① 갑은 을보다 결승선을 늦게 통과했다.
② 정은 달리기 시합에서 3등을 했다.
③ 병과 무의 순위 사이에는 2명 이상이 있다.
④ 을은 달리기 시합에서 1등을 했다.

52 다음 [보기]의 내용이 모두 참일 때, 이끌어낼 수 있는 결론으로 옳은 것을 고르면?

┤ 보기 ├

- 매일 아침 이를 닦는 사람은 청결한 것을 좋아한다.
- 커피를 마시는 사람은 빵을 좋아하고 매일 아침 이를 닦는다.
- 청결한 것을 좋아하는 사람은 매일 운동을 한다.
- 매일 아침 이를 닦지 않는 사람은 빵을 좋아하지 않는다.

① 빵을 좋아하는 사람은 청결한 것을 좋아한다.
② 커피를 마시는 사람은 매일 운동을 하지 않는다.
③ 청결한 것을 좋아하는 사람은 커피를 마시지 않는다.
④ 매일 운동을 하는 사람은 매일 아침 이를 닦지 않는다.

53 다음과 같이 일정한 규칙으로 숫자를 나열할 때, 빈칸에 들어갈 알맞은 수를 고르면?

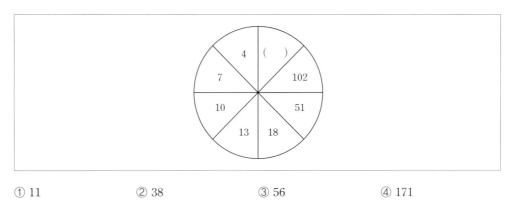

① 11　　　　　② 38　　　　　③ 56　　　　　④ 171

54 다음과 같이 일정한 규칙으로 숫자를 나열할 때, 빈칸에 들어갈 알맞은 숫자를 고르면?

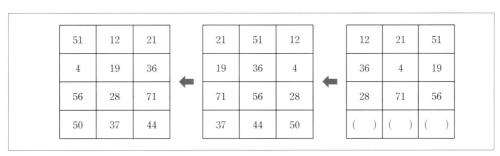

① 50, 37, 44　　② 50, 44, 37　　③ 44, 50, 37　　④ 44, 37, 50

버튼	기능
N( )K	N행과 K행을 서로 바꾼다.
N⊃K	N열과 K열을 서로 바꾼다.
◐	좌우를 반전시킨다.
⊖	상하를 반전시킨다.
⌢	시계 방향으로 90° 회전한다.
⌢	시계 반대 방향으로 90° 회전한다.

55 처음 상태에서 버튼을 두 번 눌렀더니 화살표가 가리키는 모양과 같은 상태로 바뀌었다. 어떤 버튼을 눌렀는지 고르면?

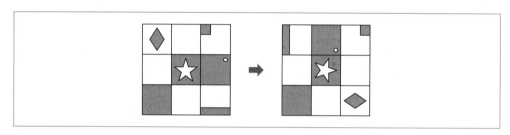

① ⌢ ◐

② 1⊃2 ⌢

③ ⌢ 1( )3

④ ⊖ ⌢

56 처음 상태에서 버튼을 세 번 눌렀더니 화살표가 가리키는 모양과 같은 상태로 바뀌었다. 어떤 버튼을 눌렀는지 고르면?

① ⌒ ◔ 1( )2

② ◑ ⌒ ◐

③ 1( )2 ◔ 1⌒2

④ ⌒ ◐ 1⌒3

[57~58] 다음 [보기]는 그래프 구성 명령어 실행 예시이다. 이를 바탕으로 이어지는 질문에 답하시오.

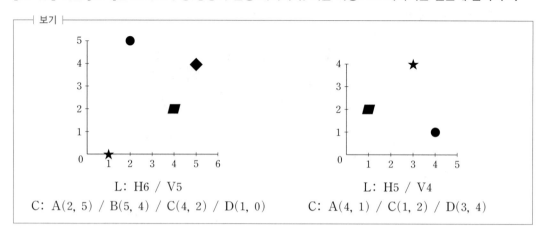

보기

L: H6 / V5
C: A(2, 5) / B(5, 4) / C(4, 2) / D(1, 0)

L: H5 / V4
C: A(4, 1) / C(1, 2) / D(3, 4)

57 다음 그래프에 알맞은 명령어를 고르면?

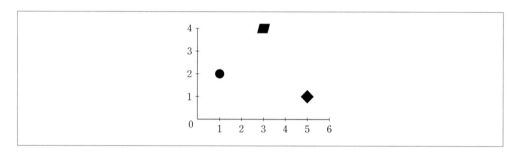

① L: H6 / V4
   C: A(1, 2) / B(5, 1) / D(3, 4)
② L: H4 / V6
   C: A(1, 2) / B(5, 1) / D(3, 4)
③ L: H6 / V4
   C: A(1, 2) / C(5, 1) / D(3, 4)
④ L: H6 / V4
   C: A(1, 2) / B(5, 1) / C(3, 4)

58 그래프 구성 명령어 실행 과정에서 오류가 발생하여 다음과 같은 그래프가 산출되었다. 다음 중 오류가 발생한 값이 몇 개인지 고르면?(단, 밑줄 친 부분을 각각 하나의 값으로 본다.)

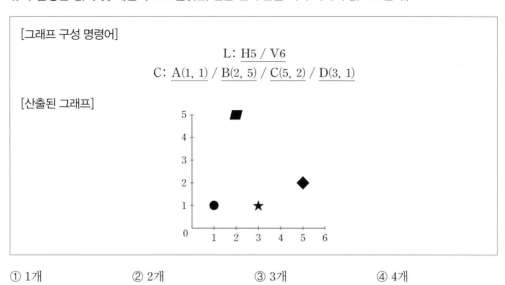

[그래프 구성 명령어]

L: H5 / V6
C: A(1, 1) / B(2, 5) / C(5, 2) / D(3, 1)

[산출된 그래프]

① 1개   ② 2개   ③ 3개   ④ 4개

59 다음 내용을 참고하여 내린 [보기]의 결론 A, B에 대한 설명으로 옳은 것을 고르면?

- ○○식당에서는 된장찌개, 김치찌개, 비빔밥을 판매한다.
- 된장찌개는 김치찌개보다 값이 더 싸다.
- 김치찌개는 된장찌개보다 적게 팔리고 비빔밥보다 많이 팔린다.
- 김치찌개와 비빔밥의 총 매출액은 같다.

─┤ 보기 ├─

- A: ○○식당에서는 된장찌개가 가장 싸다.
- B: ○○식당에서는 비빔밥보다 된장찌개의 총 매출액이 더 크다.

① A만 옳다.
② A, B 모두 옳다.
③ A, B 모두 옳지 않다.
④ A, B 모두 옳은지 옳지 않은지 알 수 없다.

60 시계의 처음 상태에서 [규칙]의 버튼을 두 번 눌렀더니 시침과 분침이 서로 만났다. 다음 중 누른 버튼의 순서를 바르게 나열한 것을 고르면?

[동작 전 시각 PM 12:30]

┤ 규칙 ├

버튼	기능
△	분침을 시계 방향으로 30° 움직였다.
▲	분침을 시계 방향으로 60° 움직였다.
▽	분침을 시계 방향으로 90° 움직였다.
▼	분침을 시계 방향으로 120° 움직였다.

※ 분침이 움직이면 시침도 그에 따라 움직인다.

① △▲　　　　② △▼　　　　③ ▲▽　　　　④ ▽▼

61 다음은 포스코그룹의 경영비전 체계도 중 전략방향에 대한 내용이다. 빈칸의 ㉠, ㉡에 해당하는 것을 순서대로 바르게 짝지은 것을 고르면?

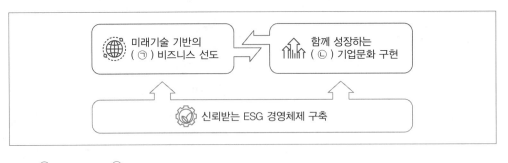

<table>
<tr><td></td><td>㉠</td><td>㉡</td></tr>
<tr><td>①</td><td>초격차</td><td>활동적</td></tr>
<tr><td>②</td><td>초격차</td><td>역동적</td></tr>
<tr><td>③</td><td>초일류</td><td>역동적</td></tr>
<tr><td>④</td><td>초일류</td><td>혁신적</td></tr>
</table>

62 포스코 포항제철소 1기 준공 50주년 기념식에 대한 설명으로 옳지 않은 것을 고르면?

① 2030년까지 국내외에 총 121조 원을 투자한다고 발표했다.
② 전체 투자의 60% 이상을 포항과 광양 등 국내에 투자할 것이라 밝혔다.
③ 재생에너지 사업에 집중해 친환경 기업으로 거듭날 것이라는 비전을 밝혔다.
④ 포스코 준공기념행사는 2023년 7월 1일에 열렸다.

63 다음 [보기]에서 설명하고 있는 포스코그룹의 사풍을 형성하는 원류가 된 정신을 고르면?

| 보기 |

　　포항제철은 한국국제제철차관단(KISA)으로부터 차관을 조달받아 건설될 계획이었으나, KISA가 와해되며 대일청구권 자금을 통해 완공됐다. 선조들의 피와 눈물의 대가로 시작하는 사업인 만큼 제철소 건설에 실패하면 바다에 빠져 죽어야 한다는 '사즉생(死卽生)'의 각오였다.

① 우향우 정신
② 좌향좌 정신
③ 임전무퇴 정신
④ 하면 된다 정신

64 다음 중 포스코의 'Green With POSCO'에 해당하지 <u>않는</u> 것을 고르면?

① 수소환원제철 기술 개발
② 폐패각의 제철공정 재활용
③ 경유 트랙터를 활용한 저탄소 물류 실현
④ 철강슬래그로 만든 규산질 비료

65 다음 중 국내 1호 자회사형 장애인표준사업장을 고르면?

① Park1538
② 포스코IMP
③ 포스코홀딩스
④ 포스코휴먼스

인성검사

POSCO
Aptitude Test

01 인성검사 소개   298

02 인성검사 예제   299

01 | 인성검사 소개

 포스코 인성검사의 특징

포스코 생산기술직의 인성검사는 2020년 하반기부터 온라인으로 진행되고 있으며, 2023년까지는 50분간 총 450문항에 대해 '예/아니오'를 선택하는 유형으로 출제되었다.

2024년에는 역량검사라는 이름으로 적성검사인 PAT 시험과 별도의 날짜에 온라인으로 진행되었으며, 30분간 총 260문항에 대하여 자신과 맞는 성향에 따라 '매우 그렇다'부터 '매우 아니다'까지, 6개의 선택지 중에서 고르는 형태로 출제되었다. 포스코는 인성을 중요시하기 때문에 본인이 지원한 분야와 인재상을 고려하여 솔직하고 일관성 있게 답변하는 것이 좋다. 인성검사에서 신뢰도가 낮게 나오거나 부득이한 오류로 인해 정상적인 응시를 하지 못한 경우 재검사의 기회를 부여하기도 한다.

인성검사의 답변 요령

01 솔직성	사람의 성격은 제각기 다르기 때문에 인성검사에는 정답이 없다. 출제자가 의도한 바를 미리 짐작하여 그 입맛에 맞추려고 인위적으로 응답해서는 안 된다. 다양한 특성을 갖고 있는 인재들을 특성에 맞게 활용하고자 하는 데에 인성검사의 목적이 있으므로 솔직하게 답할 필요가 있다. 비슷한 내용의 문항이 반복되어 나오기 때문에 인위적인 응답은 일관성이 결여된 사람으로 보일 수 있다. 솔직하게 문항에 응답하고, 면접 시 적절한 답변으로 대응하는 것이 좋다.
02 일관성	인성검사의 문항을 풀다 보면 일정한 간격으로 유사한 내용의 문항이 반복된다는 것을 알 수 있다. 무심코 문제를 풀다 보면 유사한 내용의 문항에 다른 답을 체크하는 결과가 종종 생기기도 한다. 유사한 내용에 다른 답을 체크하는 것은 일관성이 없어 보일 수 있으며, 이는 결코 좋은 인상을 심어 줄 수가 없다. 많은 문항을 풀다 보면 지루함에 빠지기 쉽지만, 긴장을 늦추지 말고 문항의 내용을 기억해 가며 차분히 풀어 나가도록 한다.
03 연관성	지원한 직무에서 요구하는 성향이 무엇인지 파악해 두는 것도 좋은 방법이다. 인성검사를 통해 나타나는 성격과 지원한 직무와의 연계성이 높을수록 같은 조건의 타 지원자보다 유리한 위치에 설 수 있기 때문이다. 따라서 자신이 지원한 직무에 대해서 미리 생각해 보는 것도 필요하다.

유의사항 | 인성검사 전에는 충분한 휴식을 가져야 한다. 정서적인 안정감을 갖고 편안하게 검사에 응해야 한다. 하나의 문항에 너무 몰두하여 시간을 할애할 필요는 없으며, 문항마다 생각나는 대로 체크해 나가야 한다. 선택이 곤란한 문항들이라고 해서 건너뛰다 풀다 보면 답을 하지 않은 문항이 생길 수도 있으므로, 뒤로 미루지 말아야 한다. 명확한 정답이 없으므로 있는 그대로 자신의 생각을 표출해야 한다. 단, 인성검사를 통해 회사의 인재상과 부합하는가를 보기도 하므로 포스코의 인재상, 핵심가치에 대해 미리 생각해야 한다.

[1~260] 다음 문항을 읽고 자신과 맞는 성향에 따라 '매우 그렇다'(1)부터 '매우 아니다'(6)의 6가지 중 해당하는 것을 고르시오.

(1: 매우 그렇다, 2: 그렇다, 3: 조금 그렇다, 4: 조금 아니다, 5: 아니다, 6: 매우 아니다)

번호	문항	1	2	3	4	5	6
1	항상 새로운 것에 도전한다.						
2	긍정적이라는 말을 자주 듣는다.						
3	어떠한 일에 관하여 과장해 본 적이 한 번도 없다.						
4	일을 시작할 때 철저한 계획을 세운다.						
5	무슨 일이든 쉽게 싫증이 나서 하기 싫을 때가 많다.						
6	지금껏 누군가와 싸워 본 적이 없다.						
7	감정 조절을 잘하는 편이다.						
8	의견이 대립되었을 때 조정을 잘한다.						
9	마음이 상해도 참으려고 노력하는 편이다.						
10	주목받는 것을 좋아한다.						
11	지나친 고민으로 기회를 놓친 적이 있다.						
12	꼭 갖고 싶었던 물건을 보더라도 훔치고 싶은 마음이 들지는 않는다.						
13	여유를 가지고 생활한다.						
14	운동 경기를 좋아한다.						
15	어디론가 자주 떠나고 싶다.						
16	신중한 편이어서 어떤 일을 시작할 때 준비 기간이 길다.						
17	평소 활동적인 취미를 즐긴다.						
18	우연히 아는 사람을 만나면 나도 모르게 피하게 된다.						
19	가치 있는 실수란 없다고 생각한다.						
20	남들과 경쟁하는 것에 관심이 없다.						
21	내 물건을 남이 만지면 속상하다.						
22	항상 시작 전에는 세부적인 계획을 먼저 세운다.						
23	낯선 사람과 대화한다는 것은 무척이나 어려운 일이다.						
24	호의에는 대가가 항상 필요하다.						
25	이루고자 하는 목표가 명확하다.						
26	잘못이 생기면 그 사정에 대해 이해를 하는 편이다.						
27	여러 사람 앞에서 이야기하는 것이 좋다.						
28	쉽게 설득을 당하는 편이다.						
29	도전적인 사람을 좋아한다.						
30	남을 칭찬하는 것이 익숙하다.						

번호	문항	1	2	3	4	5	6
31	가끔 걱정 때문에 잠을 이루지 못할 때가 있다.						
32	갑자기 식은땀이 날 때가 있다.						
33	다른 사람을 쉽게 믿지 않는 편이다.						
34	무슨 일이든 잘할 수 있다는 자신감이 있다.						
35	이유 없이 불안하다.						
36	모임에 가는 것을 싫어한다.						
37	여러 사람 앞에서 내 자랑을 잘한다.						
38	당황스러운 질문에도 능청스럽게 대답할 수 있다.						
39	가끔 아무 이유 없이 다른 사람들을 때리고 싶은 생각이 든다.						
40	나는 정말 쓸모없는 사람이라고 느낄 때가 있다.						
41	항상 자기 계발을 추구한다.						
42	해외에 나가서 살고 싶다.						
43	나는 최고라고 생각한다.						
44	돌발 상황이 생겨도 대안이 바로 떠오른다.						
45	나보다 급한 사람이 있으면 순서를 양보한다.						
46	계획대로 안 되면 스트레스를 받는다.						
47	혼자만의 생각에 빠질 때가 많다.						
48	다른 사람으로부터 이해를 받지 못해도 상관없다.						
49	인간관계가 편협하다는 말을 듣는 편이다.						
50	주위로부터 활력이 넘친다는 말을 자주 듣는다.						
51	불편한 이야기를 나누는 상황은 피하고 싶어 한다.						
52	해야 하는 일을 미루지 않는다.						
53	인상이 좋다는 말을 자주 듣는다.						
54	인내력이 강하다고 생각한다.						
55	나 스스로 흥분을 잘하는 편이라고 생각한다.						
56	자존감이 높다.						
57	종종 심장이 두근거린다.						
58	융통성이 부족한 편이다.						
59	한껏 들뜬 기분에 가만히 있지 못하고 설치는 경우가 있다.						
60	남에게 엄격한 편이다.						

번호	문항	1	2	3	4	5	6
61	혼자만의 힘으로도 최고의 성과를 낼 수 있다.						
62	혼자 여행 다니는 것을 좋아한다.						
63	남들보다 유능하고 똑똑하다.						
64	내가 시작한 일은 남에게 맡기기 불안하다.						
65	권위적인 방식으로 나를 대하면 반항한다.						
66	즉흥적으로 행동하는 일이 거의 없다.						
67	이견이 있다면 마음이 불편하다.						
68	생각하고 나서 행동한다.						
69	주도적이다.						
70	새로운 일에 도전하는 것이 즐겁다.						
71	어려워 보이는 목표부터 달성한다.						
72	어떠한 결정이 나면 즉각 행동으로 옮기는 편이다.						
73	결점을 지속적으로 지적받으면 스트레스를 받는다.						
74	불쌍한 사람을 보면 도와주고 싶다.						
75	내 말투나 음성은 언제나 일정한 편이다.						
76	누군가로부터 빨리 하라는 말을 들으면 왠지 모르게 화가 난다.						
77	감정을 잘 드러낸다.						
78	타인의 충고를 듣고 나면 모두가 내 탓인 것 같다.						
79	결과보다 과정이 중요하다.						
80	하고 나서 후회하는 일이 많다.						
81	지식을 얻고 기술을 익히는 데 적극적이다.						
82	약속 시간에 늦은 적이 한 번도 없다.						
83	차분하다는 말을 자주 듣는다.						
84	잘하는 일보다는 좋아하는 일을 하고 싶다.						
85	계획이 틀어지면 스트레스를 받는다.						
86	문화생활을 즐기는 편이다.						
87	처음 보는 사람과 쉽게 친해진다.						
88	리더십이 강하다.						
89	가끔 울음이나 웃음을 참지 못할 때가 있다.						
90	생각을 먼저 하고 나중에 행동하는 편이다.						

PART 4

인성검사

번호	문항	1	2	3	4	5	6
91	다수의 의견은 최선의 선택이라고 생각한다.						
92	일을 마치기 위해 즐거움을 잠시 미루는 것이 어렵지 않다.						
93	하루 일과가 끝나고 돌아볼 때 반성하는 경우가 많다.						
94	나에 관한 다른 사람들의 생각이 궁금하다.						
95	창의적이다.						
96	낯가림을 하는 편이다.						
97	넓은 교제보다 좁은 교제를 한다.						
98	아침에 쉽게 일어난다.						
99	신기한 물건들을 자주 구매한다.						
100	개인보다 집단의 이익을 우선시한다.						
101	주변의 말에 비교적 상처를 잘 받는다.						
102	내가 맡은 일은 끝까지 해야 한다.						
103	정해진 방식을 따르는 것이 좋다.						
104	다른 사람들의 시선을 많이 신경 쓴다.						
105	어떤 분야의 개척자가 되는 것을 좋아한다.						
106	남들과 경쟁하는 것이 불편하다.						
107	무언가를 새롭게 창조하는 것을 좋아한다.						
108	포기하지 않고 노력하고 있다는 사실이 중요하다.						
109	자존심이 무척 센 편이다.						
110	학창 시절, 학급에서 눈에 띄는 편은 아니었다.						
111	나를 싫어하는 사람이 있다.						
112	남에게 피해를 입힌 적이 없다.						
113	융통성 있게 잘 대처하는 사람을 보면 믿음이 간다.						
114	처음 보는 사람과 대화하기까지는 많은 노력이 필요하다.						
115	몸을 움직이는 것을 좋아한다.						
116	나쁜 사람보다는 착한 사람들이 많다고 생각한다.						
117	나를 화나게 하면 반드시 보복한다.						
118	나의 생활에 만족한다.						
119	신중한 사람이라는 평가를 받는 편이다.						
120	자신을 생각할 때 낙천적인 편은 아닌 것 같다.						

번호	문항	1	2	3	4	5	6
121	모임에서 항상 리더를 맡는다.						
122	감정을 조절하지 못해 싸운 적이 있다.						
123	어두운 곳을 무서워한다.						
124	한껏 고무된 기분 탓에 일을 그르친 경우가 많다.						
125	우울할 때 밖에 나가서 돌아다니면 기분이 좋아진다.						
126	경쟁 구조가 갖추어진 상황에서 더 큰 역량이 발휘된다.						
127	나에 대해 엄격한 편이다.						
128	TV 드라마를 보면서 쉽게 흥분한다.						
129	사람들을 잘 배려한다.						
130	언제나 정직한 편이어서 거짓말을 하지 않는다.						
131	낯을 가리지 않는다.						
132	행복해지기 위해서 돈은 가장 중요한 요인이다.						
133	어떻게 하면 내 화가 풀리는지 알고 있다.						
134	같이 일하는 것을 좋아한다.						
135	다른 사람들과 협상하는 것에 능숙하다.						
136	항상 친구들에게 먼저 연락한다.						
137	좋은 아이디어가 생각나도 한 번 더 검토해 본다.						
138	무슨 일이 있어도 약속을 지킨다.						
139	인간관계가 넓은 편이다.						
140	새로운 사람들과 관계를 만들어 가고 싶지 않다.						
141	봉사 활동하는 것을 좋아한다.						
142	상대방한테 지적을 받는다는 것을 참을 수 없다.						
143	감정의 변화가 심한 편이다.						
144	질서보다는 자유롭게 생활하는 것이 좋다.						
145	어떠한 일이든 꼼꼼히 생각하는 경우가 많다.						
146	부모님에게 반항해 본 적이 한 번도 없다.						
147	자신을 과소평가하는 경향이 있다.						
148	내가 나를 생각해도 융통성이 없다고 생각한다.						
149	과정보다 성공이 중요하다고 생각한다.						
150	목소리가 큰 편이다.						

PART 4

인성검사

번호	문항	1	2	3	4	5	6
151	누군가의 부탁을 거절하지 못하는 편이다.						
152	지루한 것보다는 차라리 어려운 것이 낫다.						
153	어떤 일을 하기 전에 미리 계획을 세운다.						
154	새로운 길로 가는 것이 즐겁다.						
155	실수도 실력이라고 생각한다.						
156	주어진 일을 하는 것이 좋다.						
157	모험을 하는 것을 좋아한다.						
158	의리를 지키는 것은 중요하다고 생각한다.						
159	다른 사람들이 무엇을 하든 그 일에 관심이 없다.						
160	누군가를 설득한다는 것은 어려운 일이 아니다.						
161	시간만 있으면 집에서 공상을 즐기고 싶다.						
162	어렸을 때에도 도둑질한 적이 없다.						
163	내 의견을 확실하게 말하는 편이다.						
164	여러 사람 앞에서 사회를 잘 본다.						
165	당사자가 없는 곳에서 험담한 적이 없다.						
166	독특하다는 말을 많이 듣는다.						
167	작은 일에도 쉽게 우쭐해져서 기분이 좋아진다.						
168	가족이 내 인생의 최우선이다.						
169	내 의견을 상대방에게 주장하는 편은 아니다.						
170	공동 프로젝트보다 혼자 진행하는 것이 좋다.						
171	진정한 프로라는 말을 들으면 기분이 좋아진다.						
172	서두르지 않고 느긋하게 일을 진행한다.						
173	순간적 흥분을 참지 못해 사람을 때린 적이 있다.						
174	한 달간의 계획을 수립하여 생활하는 편이다.						
175	어떤 상황에서도 먼저 상대방의 입장에서 생각한다.						
176	슬퍼하는 친구를 보면 나도 눈물이 난다.						
177	사람이 많은 곳에 가서 활동하는 것이 좋다.						
178	지루한 것을 참지 못한다.						
179	새로운 일을 시작하는 것이 쉽지 않다.						
180	엄격한 질서나 규율에 적응하기 어렵다.						

번호	문항	1	2	3	4	5	6
181	집중을 잘하지 못하고, 다른 일에 자꾸 귀 기울이게 된다.						
182	물건을 살 때 다양한 제품들을 꼼꼼히 비교하고 분석한다.						
183	인생에서 목표를 갖는다는 것은 중요하다.						
184	처음 사람들을 만나면 긴장한 탓에 땀이 많이 나서 불편하다.						
185	명소보다 남들이 잘 모르는 곳에 여행가는 것이 좋다.						
186	의지가 약한 편이다.						
187	울적한 마음에 일이 제대로 되지 않을 때가 있다.						
188	기회는 능력과 상관없이 주어져야 한다고 생각한다.						
189	과학과 수학을 좋아한다.						
190	말이 느린 편이다.						
191	집에만 있는 것은 답답하다.						
192	기분이 고무되는 일을 하는 것이 좋다.						
193	매일 일기를 쓴다.						
194	일단 시작하면 끝장을 봐야 후련하다.						
195	조용하고 차분한 모임보다는 떠들썩한 모임을 더 좋아한다.						
196	정이 많은 푸근한 동료가 많았으면 좋겠다.						
197	언제나 최악의 상황을 생각한다.						
198	전통에 얽매일 필요는 없다고 생각한다.						
199	자살하고 싶은 충동을 가끔 느낀다.						
200	어느 집단에 소속되면 주로 리더의 역할을 맡게 된다.						
201	한번 흥분하면 쉽게 가라앉지 않는다.						
202	한 가지 주제로 세 시간 이상 이야기할 수 있다.						
203	새로운 일에 대한 도전을 즐기는 편이다.						
204	앞으로 진행할 일을 정리해 두지 않으면 불안하다.						
205	적극적이고 의욕적으로 활동하는 편이다.						
206	나 스스로에 대해서 자신이 없다.						
207	약속 장소에 가기 위한 가장 빠른 교통수단을 미리 알아보고 출발하는 편이다.						
208	조그마한 일이라도 계획을 세운다.						
209	역사에 남을 만한 중요한 일을 해 보고 싶다.						
210	공동 업무의 실패는 모두 내 탓이다.						

PART 4

인성검사

번호	문항	1	2	3	4	5	6
211	새로운 일을 시작하는 것이 두렵다.						
212	새해 다짐과 목표를 꼭 챙겨 적는다.						
213	창피를 당할까봐 사람들 앞에 나서는 것이 두렵다.						
214	친절하다는 말을 많이 듣는다.						
215	사려가 깊다는 말을 자주 듣는다.						
216	어렵고 힘들더라도 새로운 일에 도전하는 것을 좋아한다.						
217	가끔 집을 떠나서 여행을 가고 싶다.						
218	한 가지 일에 열중을 잘한다.						
219	미래를 생각하면 종종 불안해진다.						
220	어떠한 운동이든 매우 좋아한다.						
221	욕심이 많다.						
222	사고 관련 뉴스를 보면 나에게도 닥칠 것 같아 불안하다.						
223	불안감에 잠을 못 이룰 때가 많다.						
224	어떠한 일에 대한 비전을 세우고 시작한다.						
225	직관적으로 판단하는 편이다.						
226	조심스러운 성격이다.						
227	공사장 인근을 걷다 보면 위에서 무엇인가 떨어질까 봐 걱정된다.						
228	누가 나의 일에 이러쿵저러쿵 말하는 것이 싫다.						
229	메일을 보내는 것보다 만나서 말로 설득하는 것을 선호한다.						
230	숙취에 자주 시달린다.						
231	나와 다른 관점이 있다는 것을 인정한다.						
232	상대방이 재촉하면 나도 모르게 화가 난다.						
233	술자리에서도 조용히 먹는 것을 좋아한다.						
234	개인 프로젝트 수업이 더 편하다.						
235	이런저런 이유로 몸이 자주 아프다.						
236	하루하루 계획을 세워 생활한다.						
237	학창 시절에 적극적인 편이었다.						
238	머리가 늘 쑤시고 아픈 것 같다.						
239	작은 일에도 쉽게 우울해진다.						
240	돈보다 명예를 중요시한다.						

번호	문항	1	2	3	4	5	6
241	다정한 사람이라는 말을 자주 듣는다.						
242	내가 잘하지 못하는 일이라고 해도 자원해서 하는 편이다.						
243	다른 사람이 옆에 있으면 불편하다.						
244	모르는 사람을 만나는 일은 피곤하다.						
245	무엇인가를 생각한다는 것은 즐거운 일이다.						
246	여러 가지 일을 동시에 할 수 있다.						
247	기분이 좋지 않으면 폭식을 하는 편이다.						
248	내 자신에 대해 대체로 만족한다.						
249	동호회 등 모임에 나가는 것을 좋아하지 않는다.						
250	지각한 적이 한 번도 없다.						
251	상사가 나무라면 짜증이 난다.						
252	어떤 조직에서든 조용히 생활하는 것을 좋아한다.						
253	말로 표현할 수 없는 나쁜 일을 상상한다.						
254	능력을 최대치로 발휘할 수 있는 곳에서 일하고 싶다.						
255	무슨 일이든 하기 전에 곰곰이 생각하는 것을 좋아한다.						
256	책 읽기를 좋아한다.						
257	학창 시절 특별 활동에 적극적이었다.						
258	누군가를 의심해 본 적이 한 번도 없다.						
259	집에 누군가를 초대하는 것을 좋아한다.						
260	어떠한 일이든 변명을 하며 합리화시켜 본 적이 없다.						

PART 4

인성검사

PART

05

면접

POSCO
Aptitude Test

01 면접 소개   310

02 면접 기출 질문   311

01 | 면접 소개

포스코 면접의 특징

포스코 생산기술직의 면접은 인턴 수료 후 1차 면접과 2차 면접으로 진행되었다. 면접은 채용시기별로 차이가 있으므로 아래 내용을 바탕으로 사전준비를 하되, 자세한 내용은 메일을 참고할 것을 권한다.

1차 면접

✓ 인성면접

❶ 면접 형태: 2 대 1(지원자 2명, 면접관 1명)
❷ 면접 시간: 약 20분
❸ 면접 특징
  • 서류 전형에서 제출한 내용을 바탕으로 지원자에 대한 정보를 알아가며, 기본적인 인성을 파악하기 위한 인터뷰 형태로 진행된다.
  • 대체로 편안한 분위기에서 진행되었으나, 정보 불일치 또는 질문의 의도와 다른 답을 하는 경우 압박으로 진행되기도 한다.

✓ 직무면접

❶ 면접 형태: 多 대 多(지원자 2~3명, 면접관 2명)
❷ 면접 시간: 약 15분
❸ 면접 특징
  • 편안한 분위기로 진행된다.
  • 직무별 질문. 지원자의 답변에 대한 꼬리질문으로 직무적합도에 대해 평가한다.

2차 면접

✓ 인성, 직무 면접(임원면접)

  • 편안한 분위기로 진행된다.
  • 1차 면접의 결과를 바탕으로 인성 위주의 질문과 직무 관련한 질문으로 이루어 진다.

02 면접 기출 질문

1차 면접

✓ 인성면접

01. 자기소개를 해 보시오.
02. 지원동기를 말해 보시오.
03. 성격의 장단점을 말해 보시오.
04. 취미와 특기를 말해 보시오.
05. 중학교 때 몇 등 정도 했는가?
06. 마이스터고등학교에 지원한 이유를 말해 보시오.
07. 살면서 억울했던 일과 그 일을 어떻게 해결했는지 말해 보시오.
08. 청소년들이 술을 마시고 늦게 돌아다니는 것에 대해 어떻게 생각하는가?
09. 노동조합에 대해 어떻게 생각하는가?
10. 최근 열정적으로 한 일에 대해 말해 보시오.
11. 돈이랑 명예 중 무엇이 더 중요한가?
12. 연인과의 약속 중 상사가 술을 먹자고 하면 어떻게 할 것인가?
13. 포스코에 몇 번 지원했는가?
14. 지원한 직무와 관련된 경력이 있는가?
15. 자신의 인생에서 가장 중요한 것은 무엇인가?
16. 포스코 직원들의 임금 만족률이 높지 않은데 이유가 뭐라고 생각하는가?
17. 좋아하는 사자성어가 있는가?
18. 입사한다면 어느 부서에서 근무하고 싶은가?
19. 미세먼지에 대해 어떻게 생각하는가?
20. 스트레스를 많이 받는 편인가? 스트레스를 어떻게 해소하는 편인가?
21. 최근에 읽은 책이 있는가?
22. 동료와 갈등이 있을 때 어떻게 해결할 것인가?
23. 지원 분야와 관련하여 회사에 기여할 수 있는 것을 말해 보시오.
24. 퇴근 후에 담당설비 고장으로 긴급히 들어오라고 한다. 어떻게 할 것인가?
25. 봉사활동이 주는 좋은 점은 무엇이라고 생각하는가?
26. 스마트 팩토리란 무엇이며, 지원 직무에서 어떻게 응용할 수 있는가?
27. 업무를 수행할 때, 한 가지 일과 다양한 일 중 어떤 일을 선호하는 성격인가?
28. 상사가 불합리한 일을 시킬 때는 어떻게 할 것인가?
29. 친한 친구를 소개해 보시오.
30. MZ세대와 기성세대 상사가 갈등이 있을 경우 어떻게 해결할 것인가?

✔ **직무면접**

01. 유체역학에 대해 설명해 보시오.
02. 열처리 방법에 대해 설명해 보시오.
03. 코크스 공정에 대해 설명해 보시오.
04. 제강공정에 대해 설명해 보시오.
05. 연주공정에 대해 설명해 보시오.
06. 커플링에 대해 설명해 보시오.
07. 베어링에 대해 설명해 보시오.
08. 열역학 제2법칙에 대해 설명해 보시오.
09. 열역학 제3법칙에 대해 설명해 보시오.
10. 훅의 법칙에 대해 설명해 보시오.
11. 금속결합에 대해 설명해 보시오.
12. 베르누이의 법칙에 대해 설명해 보시오.
13. 강도와 경도의 차이에 대해 설명해 보시오.
14. 철에 탄소 함유량이 많아질수록 어떻게 되는지 설명해 보시오.
15. PLC에 대해 설명해 보시오.
16. 전기집진기의 원리에 대해 설명해 보시오.
17. 변압기에 대해 설명해 보시오.
18. 품질경영시스템에 대해 설명해 보시오.
19. MSDS에 대해 설명해 보시오.
20. 옴의 법칙에 대해 설명해 보시오.
21. 동기 발전기의 원리에 대해 설명해 보시오.
22. 패러데이의 전자기 유도 법칙에 대해 설명해 보시오.
23. PSM에 대해 설명해 보시오.
24. RMS 값의 의미에 대해 설명해 보시오.
25. 앙페르의 오른나사 법칙에 대해 설명해 보시오.
26. 역률에 대해 설명해 보시오.
27. 비파괴검사의 종류에 대해 설명해 보시오.
28. 응력에 대해 설명해 보시오.
29. 응력의 종류에 대해 설명해 보시오.
30. 탄성가공과 소성가공의 차이에 대해 설명해 보시오.
31. 베르누이 방정식으로 비행기가 뜨는 원리를 설명해 보시오.
32. 스테인리스가 잘 녹슬지 않는 이유에 대해 설명해 보시오.
33. 하인리히 법칙에 대해 설명해 보시오.
34. 제강공정에서 하는 일에 대해 설명해 보시오.
35. 허용응력에 대해 설명해 보시오.
36. 항복점에 대해 설명해 보시오.
37. 배가 뜨는 이유와 부력의 원리에 대해 설명해 보시오.
38. 억지끼움을 해결하려면 어떻게 해야 하는지 설명해 보시오.
39. 이상적인 연산증폭기에 대해 설명해 보시오.
40. 신재생에너지에 대해 설명해 보시오.
41. 양극재/음극재에 대한 개념을 설명해 보시오.

🔍 2차 면접

✓ **인성, 직무면접**

01. 자기소개를 해 보시오.

02. 지원동기를 말해 보시오.

03. 봉사활동을 하게 된 계기에 대해 말해 보시오.

04. 자신의 기술력이 뛰어나다고 생각하는가? 그 기술력을 향상시키기 위해 현재 어떤 노력을 하고 있는가?

05. 자기소개서에 꼼꼼하다고 적혀 있는데, 꼼꼼함을 업무에 어떻게 적용할 것인가?

06. 안전자격증이 있는데 왜 취득했는가?

07. 설비가 고장나면 어떻게 할 것인가?

08. 존경하는 인물이 있는가?

09. 학사 학위(4년제)를 가지고 있는데 생산직 업무에 적응할 수 있겠는가?

10. 나이가 많은데 어린 동기들과 어떻게 지낼 것인가?

11. 현재 재직 중인 기업에서는 어떤 일을 하는가?

12. 같이 일하기 싫은 사람은 어떤 사람인가?

13. 친구들에게 본인은 어떤 이미지인가?

14. 포스코의 단점은 무엇인가?

15. 돌발상황이지만 나의 장비(설비)가 아니면 어떻게 할 것인가?

16. 이직 이유에 대해 말해 보시오.

17. 포스코 협력업체에서 일하면서 무엇을 느꼈는가?

18. 인간관계에서 가장 중요한 것은 무엇이라고 생각하는가?

19. 노조에 대해 어떻게 생각하는가?

내가 꿈을 이루면
나는 누군가의 꿈이 된다.

– 이도준

여러분의 작은 소리
에듀윌은 크게 듣겠습니다.

본 교재에 대한 여러분의 목소리를 들려주세요.
공부하시면서 어려웠던 점, 궁금한 점,
칭찬하고 싶은 점, 개선할 점, 어떤 것이라도 좋습니다.

에듀윌은 여러분께서 나누어 주신 의견을
통해 끊임없이 발전하고 있습니다.

에듀윌 도서몰 book.eduwill.net
• 부가학습자료 및 정오표: 에듀윌 도서몰 → 도서자료실
• 교재 문의: 에듀윌 도서몰 → 문의하기 → 교재(내용, 출간) / 주문 및 배송

PAT 포스코그룹
온라인 인적성검사 통합 기본서 [생산기술직]

발 행 일	2025년 2월 26일 초판
편 저 자	에듀윌 취업연구소
펴 낸 이	양형남
개발책임	김기철, 윤은영
개 발	이정은, 윤나라
펴 낸 곳	(주)에듀윌
I S B N	979-11-360-3670-4
등록번호	제25100-2002-000052호
주 소	08378 서울특별시 구로구 디지털로34길 55 코오롱싸이언스밸리 2차 3층

www.eduwill.net
대표전화 1600-6700

누적 판매량 15만 부 돌파
베스트셀러 1위 677회 달성

학사장교·항공준사관·부사관 통합 기본서

2025 최신판

에듀윌 취업

PAT 포스코그룹 생산기술직
온라인 인적성검사 통합 기본서

정답과 해설

eduwill

2025 최신판

에듀윌 취업
PAT 포스코그룹 생산기술직
온라인 인적성검사 통합 기본서

에듀윌 취업
PAT 포스코그룹 생산기술직
온라인 인적성검사 통합 기본서

정답과 해설

01 언어이해
P.22

01	02	03	04	05
③	③	①	②	④

01 | 정답 | ③

| 해설 | 저출산과 고령화 문제는 한국 사회의 주요 문제이며 두 가지 문제는 서로 밀접하게 연관되어 있다. 저출산으로 인한 노동력 부족과 고령화로 인한 경제적 부담은 상호 연결된 문제이므로 두 문제는 동시에 다뤄져야 한다. 따라서 상호 연관성이 떨어지므로 독립적으로 해결해야 한다는 것은 적절하지 않다.

02 | 정답 | ③

| 해설 | '존맛탱', '행쇼', '짤' 등의 단어가 이제 일상적으로 사용되고 있으며, 이를 모르면 대화에서 소외감을 느낄 수 있다고 언급된 부분에서, 젊은 세대의 언어 사용이 사회적 상호작용에서 중요한 역할을 한다는 것을 추론할 수 있다.

오답풀이

① 디지털 환경이 중요한 영향을 미쳤지만, 언어 변화의 유일한 원인이라고 단정할 수는 없다.

② 신조어와 줄임말을 청소년을 대상으로 한 조사에서 80% 이상이 자주 사용한다고 하였으나, 모든 연령대에 대한 내용은 언급하지 않았으므로 추론할 수 없는 내용이다.

④ 신조어와 줄임말 사용이 언어 규범을 훼손하거나 세대 간 소통의 문제를 초래할 수 있다고 언급했지만, 완전히 대체할 가능성이 있다는 주장은 하지 않았으므로 추론할 수 없는 내용이다.

03 | 정답 | ①

| 해설 | 주어진 글에서는 빠르게 걷기가 심장 건강을 알려주는 중요한 지표라고 설명하고 있다.

오답풀이

② 심장 건강을 위해서는 식습관, 금연, 기타 생활 습관 등이 중요하다고 강조하고 있다. 따라서 빠르게 걷기가 심장 건강을 위한 유일한 해결책이라는 설명은 적절하지 않다.

③ 빠르게 걷기가 심장 건강에 부정적인 영향을 준다는 내용은 없다. 오히려 연구 결과를 통해 빠르게 걷는 것이 심장 건강에 도움을 준다는 점을 뒷받침하고 있다.

④ 빠르게 걷기가 심장 건강에 긍정적인 영향을 미친다고 했지만, 심장병 예방을 위해서는 다양한 요인들이 함께 고려되어야 한다고 언급하고 있다. 즉, 빠르게 걷기가 심장병 예방을 위한 최선의 운동이라고 단정할 수 없다.

04 | 정답 | ②

| 해설 | 성차별적 언어가 성별에 따른 불평등을 반영한다고 언급되었으므로 ㉠은 '성별'이 적절하고, ㉡은 여성과 남성의 전통적인 가치관에서 비롯된 성차별적 언어에 대해 설명하고 있으므로 '가치관'이 적절하다. 마지막으로 ㉢은 성차별적 언어의 문제를 해결하려는 노력은 성평등에 대한 인식이 높아짐에 따라 부각되고 있음을 언급하므로 '성평등'이 적절하다.

따라서 빈칸에 들어갈 단어는 '성별', '가치관', '성평등'이다.

05 |정답| ④

|해설| '모든 직원은 업무에 필요한 교육을 충분히 제공받을 수 있다'는 성별에 관계없이 모든 직원에게 평등하게 교육을 제공한다는 것이므로 성차별적인 표현이 아니다.

오답풀이

①, ②, ③ 성별에 따른 편견이나 고정관념을 드러내는 성차별적인 표현이다.

01	02	03	04	05
②	③	①	②	①

01

| 정답 | ②

| 해설 | 전체 발전량 증감 추이: 감소−증가−증가−감소

에너지원별로 보면,

원자력: 증가−감소−증가−증가

석탄: 감소−증가−감소−감소

LNG: 증가−증가−감소−감소

신재생: 증가−증가−증가−증가

유류: 감소−증가−감소−감소

양수: 감소−증가−유지−증가

기타: 증가−감소−감소−증가

따라서 전체 발전량과 증감 추이가 동일한 에너지원은 없다.

오답풀이

① 전년 대비 2023년의 유류 발전량의 감소율은 $\frac{20-15}{20} \times 100 = 25(\%)$이다.

③ 2023년 전체 발전량 중 원자력 발전량이 차지하는 비중은 $\frac{1,805}{5,880} \times 100 ≒ 30.7(\%)$이다.

④ 조사기간 동안 신재생 발전량의 평균 증가량은 $\frac{566-364}{4} = 50.5(100\text{GWh}) = 5,050(\text{GWh})$이다.

02

| 정답 | ③

| 해설 | 유류와 양수 발전량의 합은 2019년에 $33+36=69(\text{GWh})$, 2020년에 $23+33=56(\text{GWh})$, 2021년에 $24+37=61(\text{GWh})$, 2022년에 $20+37=57(\text{GWh})$, 2023년에 $15+38=53(\text{GWh})$이다.

오답풀이

① 전년 대비 석탄 발전량의 증감폭은 2020년에 $2,274-1,963=311(\text{GWh})$, 2021년에 $1,980-1,963=17(\text{GWh})$, 2022년에 $1,980-1,932=48(\text{GWh})$, 2023년에 $1,932-1,849=83(\text{GWh})$이다.

② 전년 대비 기타 발전량의 증가율은 2022년에 $\frac{27-33}{33} \times 100 ≒ -18(\%)$, 2023년에 $\frac{30-27}{27} \times 100 ≒ 11(\%)$이다.

④ 원자력과 LNG 발전량의 차는 2019년에 $1,459-1,444=15(\text{GWh})$, 2020년에 $1,602-1,459=143(\text{GWh})$, 2021년에 $1,684-1,580=104(\text{GWh})$, 2022년에 $1,761-1,636=125(\text{GWh})$, 2023년에 $1,805-1,577=228(\text{GWh})$이다.

03

| 정답 | ①

| 해설 | G도시의 인구수는 2023년에 14만 명이고, 2024년에는 21만 명이므로 $21-14=7$(만 명) 증가하였다. 그리고 증가율은 $\frac{2,100-1,400}{1,400} \times 100 = 50(\%)$이다. 그런데 밑줄 친 부분에서는 '7만 명이 넘는 인구가 증가하였다'라고 하였으므로 옳지 않다.

오답풀이

② B도시는 유일하게 인구수가 12만 명에서 10만 명으로 2만 명 감소하였다. 감소율은 $\frac{1,200-1,000}{1,200} \times 100 ≒ 16.7(\%)$이므로 15% 이상 감소하였고, 주어진 [표]의 수치를 통해 남자와 여자 모두 감소하였음을 확인할 수 있다.

③ 2024년 주요 도시 중 인구수가 가장 적은 두 도시는 C와 D이다. 두 도시의 인구수의 합은 $700+900=1,600$(백 명)인데, 이는 전체에서 $\frac{1,600}{10,000} \times 100 = 16(\%)$를 차지한다.

④ 여자 인구수는 G도시가 $1,000-600=400$(백 명) 증가하여 가장 많이 증가하였다.

04 | 정답 | ②

| 해설 | 2023년과 2024년 도시별 인구수 비중을 구하면 다음과 같다.

구분	2023년	2024년
A도시	$\dfrac{8}{80} \times 100 = 10(\%)$	$\dfrac{10}{100} \times 100 = 10(\%)$
B도시	$\dfrac{12}{80} \times 100 = 15(\%)$	$\dfrac{10}{100} \times 100 = 10(\%)$
C도시	$\dfrac{5}{80} \times 100 = 6.25(\%)$	$\dfrac{7}{100} \times 100 = 7(\%)$
D도시	$\dfrac{6}{80} \times 100 = 7.5(\%)$	$\dfrac{9}{100} \times 100 = 9(\%)$
E도시	$\dfrac{20}{80} \times 100 = 25(\%)$	$\dfrac{25}{100} \times 100 = 25(\%)$
F도시	$\dfrac{15}{80} \times 100 = 18.75(\%)$	$\dfrac{18}{100} \times 100 = 18(\%)$
G도시	$\dfrac{14}{80} \times 100 = 17.5(\%)$	$\dfrac{21}{100} \times 100 = 21(\%)$

따라서 도시별 인구수 비중을 나타낸 그래프로 옳은 것은 ②이다.

✅ | 문제 해결 TIP

2024년 전체 인구수가 100만 명이고, 백분율을 구할 때 분모를 100으로 생각할 수 있으므로 주어진 수치를 바로 백분율로 생각할 수 있다. 즉, 수치가 그래프에 그대로 드러나지 않으므로 선택지 ③, ④는 정답이 아님을 알 수 있다.

05 | 정답 | ①

| 해설 | '30인 미만 사업장의 근로자 수'는 '5인 미만 사업장의 근로자 수'와 '5~29인 사업장의 근로자 수'의 합이다. 각 제도유형에 대해, 퇴직연금 가입 근로자 중 30인 미만 사업장의 근로자가 차지하는 비중은 확정급여형 (DB)이 $\dfrac{278+3,457}{31,044} \times 100 ≒ 12.0(\%)$, 확정기여형(DC)이 $\dfrac{1,251+13,330}{38,372} \times 100 ≒ 38.0(\%)$, IRP특례가 $\dfrac{216+392}{621} \times 100 ≒ 97.9(\%)$, 병행이 $\dfrac{6+107}{1,408} \times 100 ≒ 8.0(\%)$이다. 따라서 비중이 두 번째로 낮은 제도유형은 확정급여형(DB)이다.

01	02	03	04	05
①	④	③	①	③

01 | 정답 | ①

| 해설 | 아래와 같이 이동할 때 거리가 가장 짧다.

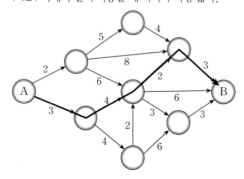

따라서 거리는 총 3+4+2+3=12(km)이고, 시간당 40km를 이동하므로 12km를 이동하는 데 걸리는 시간은 $\frac{거리}{속력}=\frac{12}{40}\times 60=18$(분)이다.

02 | 정답 | ④

| 해설 | [보기]의 그림에 버튼을 눌렀더니 반시계 방향으로 90° 회전한 그림이 나타났다.

↑	→	↑

따라서 [문제]의 그림을 반시계 방향으로 90° 회전하면,

→	↑	→
←	↓	→

의 그림이 된다.

03 | 정답 | ③

| 해설 | 각 직원들의 사용량 설문조사 결과를 보면 데이터는 7.5GB 이하가 83%, 음성은 300분 이하가 86%, 문자는 150건 이하가 94%이다.
이를 고려할 때, 가장 적절한 요금제는 데이터 7.5GB, 음성 300분, 문자 150건으로 C요금제가 가장 적절하다.

오답풀이

①, ② A, B요금제의 경우, 데이터, 음성, 문자 사용량 모두 부족할 것으로 예상된다.

④ D요금제의 경우, 직원들의 사용량은 80% 이상 충족하지만, C요금제보다 비싸다.

04 | 정답 | ①

| 해설 | 회사에서 거래처 4곳을 방문하는 경우의 수는 8가지이다.
• 회사−B−A−C−D: 20+15+15+10=60(km)
• 회사−B−A−D−C: 20+15+15+10=60(km)
• 회사−B−C−A−D: 20+20+15+15=70(km)
• 회사−B−C−D−A: 20+20+10+15=65(km)
• 회사−D−A−B−C: 25+15+15+20=75(km)
• 회사−D−A−C−B: 25+15+15+20=75(km)
• 회사−D−C−A−B: 25+10+15+15=65(km)

• 회사—D—C—B—A : 25＋10＋20＋15＝70(km)

따라서 최단거리로 이동할 때, 총 이동거리는 60km이다.

05 | 정답 | ③

| 해설 |

7시 정각의 시계는 위와 같다. 분침은 0°에서 분당 6°씩 이동하며, 시침은 7시부터 시작하므로 210°에서 분당 0.5°씩 이동한다.

시침과 분침이 서로 반대 방향으로 일직선이라는 것은 서로의 각도가 180°라는 의미이므로 시계가 x분 이동한다고 할 때, 다음과 같은 식이 성립한다.

$210＋0.5x＝6x＋180$

$5.5x＝30$

$\therefore x＝\dfrac{30}{5.5}＝\dfrac{300}{55}＝\dfrac{60}{11}$

따라서 시침과 분침이 서로 반대 방향으로 일직선을 이루는 시각은 7시 $\dfrac{60}{11}$ 분이다.

01	02	03	04	05
③	③	④	④	④

01 | 정답 | ③

| 해설 | 전제에서 어떤 물고기는 포유동물이라고 했지만, 산소가 필요한 물고기 중 포유동물이 아닌 물고기도 있을 수 있으므로 항상 참이라고 할 수 없다.

오답풀이

① 모든 포유동물은 산소를 필요로 하며, 산소가 필요하지 않은 동물은 포유동물이 아니다.

② 전제2 → 전제1로 이어지는 결론이다.

④ 모든 물고기는 포유동물이라는 전제가 없기 때문에 참이다.

02 | 정답 | ③

| 해설 | 주어진 도면의 배열된 수는 정육면체의 마주 보는 면의 숫자 합이 10인 규칙을 갖고 있다. 세 번째 정육면체 도면에서 (A)와 마주 보는 면은 4이므로 (A) 값은 6이다.

03 | 정답 | ④

| 해설 | '뚜렷하고 분명하다'는 뜻의 '명료'와 '말이나 태도가 흐리터분하여 분명하지 않다'는 뜻의 '모호'는 반의 관계이고, '억압', '압제'는 유의 관계이다.

• 억압: 자기의 뜻대로 자유로이 행동하지 못하도록 억지로 억누름

• 압제: 권력이나 폭력으로 남을 꼼짝 못하게 강제로 누름

오답풀이

• 조화: 서로 잘 어울림

• 충돌: 서로 맞부딪치거나 맞섬

• 영속: 영원히 계속함

• 단절: 유대나 연관 관계를 끊음

• 귀속: 재산이나 영토, 권리 따위가 특정 주체에 붙거나 딸림

• 분리: 서로 나뉘어 떨어짐. 또는 그렇게 되게 함

04 | 정답 | ④

| 해설 | 각 도형의 패턴은 다음과 같다.

(도형)	오른쪽으로 한 칸씩 이동한다.
(도형)	위쪽으로 한 칸씩 이동한다.
(도형)	제자리에서 시계 방향으로 90° 회전한다.
(도형)	왼쪽으로 한 칸씩 이동하면서 반시계 방향으로 90° 회전한다.

따라서 정답은 ④이다.

05 | 정답 | ④

| 해설 | ■, ▲버튼을 누르면 자음 2개, 모음 2개를 각각 사용해야 한다. 그러나 '지리'는 자음 2개, 모음 1개만 사용하기 때문에 만들 수 없는 글자이다.

01	02	03	04	05
③	②	④	④	②

01 | 정답 | ③

| 해설 | '책임광물'이란 분쟁의 자금줄이 되지 않고, 인권과 환경을 존중하며 사회적 책임을 다하는 방식으로 채굴된 광물이다. 따라서 책임광물 거래는 지배구조의 공정거래 및 윤리 강화를 위한 Governance보다는 사회적 책임의 Social에 해당한다.

오답풀이

① '친환경컨설팅지원단'은 환경 경영의 Environment에 해당한다.

② 'GEM(Go Extra Mile)매칭펀드'는 '보석'이라는 사전적 의미 외에 기업시민 포스코가 '사회발전에 한 걸음 더 나아간다.'는 뜻의 사업으로 사회적 책임의 Social에 해당한다.

④ 'CP(Compliance Program)'는 기업이 스스로 공정거래 관련 법규를 준수하기 위해 자체적으로 제정하여 운영하는 내부준법시스템을 의미하므로 지배구조의 공정거래 및 윤리 강화를 위한 Governance에 해당한다.

02 | 정답 | ②

| 해설 | 철광석으로부터 철을 생산할 때 석탄 대신 수소를 환원제로 사용하여 이산화탄소 발생을 줄이는 새로운 기술을 '하이렉스(HyREX)'라고 한다. 이 기술은 탄소중립 실현을 위한 포스코그룹의 핵심기술이다.

오답풀이

① '파이넥스(FINEX)'는 하이렉스와 근접한 기술로, 가루 형태의 철광석과 석탄을 고로에 넣지 않고 유동환원로와 용융로라는 설비를 통해 쇳물을 생산하는 방식이다. 환원제로는 공정 중에 발생하는 수소 25%, 일산화탄소 75%를 사용한다.

③ '직접공기포집(DAC)'은 기후변화를 유발하는 대기 중의 이산화탄소를 직접 포집해 제거하는 기술이다.

④ '이산화탄소 포집 및 저장(CCS)'은 화석연료 연소에서 배출되는 온실가스를 포집하고, 수송하여 저장하거나 전환처리(고정화)하는 기술이다.

03 | 정답 | ④

| 해설 | PARK1538은 포스코가 2022년에 발표한 브랜드 비전으로, 철강 산업과 관련된 혁신과 지속 가능성을 상징한다. '1538'은 철의 녹는점인 1,538℃를 뜻하며, 이는 철강의 본질을 기반으로 친환경적인 가치를 창출하겠다는 포스코의 의지를 나타낸다. 또한, 'PARK'는 포스코의 철강 사업이 공원처럼 조화롭고 지속 가능한 환경을 만드는 데 기여하겠다는 의미를 담고 있다. 하지만 '포스코 설립 15주년'이나 '연 매출 38조 원'과는 관련이 없다.

04 | 정답 | ④

| 해설 | ㉠, ㉡, ㉢에서 설명하고 있는 철강의 특징이 모두 적절하다.

05 | 정답 | ②

| 해설 | 빈칸에 들어갈 포스코그룹의 친환경에너지 브랜드는 '그린어블(Greenable)'로, '친환경'의 Green과 '가능하게 하다'의 Enable의 합성어이다.

03 | 유형연습 문제

P.52

01	02	03	04	05	06	07	08	09	10
③	②	②	②	③	④	②	②	②	③

01 | 정답 | ③

| 해설 | 글의 주요 내용인 소셜 미디어에서 가짜 뉴스의 확산과 그로 인한 사회적 혼란 및 문제를 잘 반영하고 있으므로 '가짜 뉴스의 확산과 사회에 미치는 영향'이 적절하다.

오답풀이

① 미디어 리터러시 교육이 중요한 역할을 한다는 언급은 있지만, 이 글의 주요 내용은 가짜 뉴스의 확산과 사회적 영향에 관한 것이므로 적절하지 않다.

② 소셜 미디어의 긍정적인 측면을 강조하는 내용으로, 글의 주제와는 거리가 있는 내용이다.

④ 미래의 언론 환경에 대한 내용은 글에서 언급되지 않았으므로 적절하지 않다.

02 | 정답 | ②

| 해설 | 우선 저영향 개발에 대한 설명과 주요 국가별 기술 적용 방식을 언급하고 있는 [나] 문단이 가장 먼저 와야 한다. 그리고 [나] 문단의 국가별 간략한 소개에 이어 [가] 문단에서와 같이 우리나라의 LID 기법 적용 사례를 소개하는 것이 자연스럽다. [다]와 [라] 문단에서는 논지가 전환되며 앞서 제시된 LID 기법의 적용 및 파급 확대를 위한 방안에 대하여 소개하고 있는데, [라] 문단에서 시급히 보완해야 할 문제점을 제시하며 한국 그린인프라·저영향 개발 센터를 소개하였고, 이곳에서의 활동 내역을 [다] 문단에서 구체적으로 제시하고 있다. 따라서 문단을 논리적인 순서에 맞게 배열하면 [나]-[가]-[라]-[다]이다.

03 | 정답 | ②

| 해설 | ㉠의 앞에서는 중국 내 철강수요의 위축이 제한될 것이라는 전망을 언급하고 있고, 뒤에서는 철강경기에 부정적인 영향을 줄 수 있는 요인에 대해 언급하고 있으므로 '그러나'가 적절하다.

㉡의 앞에서는 중국의 생산 통제가 지속될 것이라고 언급하고 있고, 뒤에서는 중국 정부의 규제 강도가 탄력적으로 조정될 여지가 있다고 언급하고 있으므로 '그러나'가 적절하다.

04 | 정답 | ②

| 해설 | 가상화폐 시장의 문제를 해결하기 위해서는 기술 발전과 규제의 균형을 맞추고 글로벌 차원의 협력이 필요하다고 강조하고 있다. 여러 요소들이 복합적으로 작용하는 문제이므로, 기술과 규제만으로 해결하기 어려운 복잡한 문제라는 점을 이해해야 한다.

05 | 정답 | ③

| 해설 | 문화적 다양성의 존중이 사회의 발전, 창의성 촉진, 사회적 통합, 그리고 지속 가능한 발전에 중요한 역할을 한다고 강조하고 있으므로 적절하다.

오답풀이

① 경제적 불평등과 정치적 갈등이 문화적 차이를 부각시키고, 사회적 갈등을 일으킬 수 있다고 언급하지만, 어느 갈등이 더 큰 요인으로 작용하는지는 구체적인 비교가 없으므로 적절하지 않다.

② 상호 존중과 이해를 바탕으로 다문화 사회가 건강하고 협력적인 사회로 발전할 수 있다고 하지만, 자동적으로 이루어지지 않고, 구체적인 노력과 정책이 필요하다고 언급한다.

④ 교육과 정책적 노력 모두가 다문화 사회에서 중요한 역할을 한다고 언급하고 있으며, 교육만이 가장 우선 과제가 되어야 한다는 표현은 일반화된 결론이므로 적절하지 않다.

06 | 정답 | ④

| 해설 | 주어진 글의 첫 번째 문단에는 법 제정의 이유가 나와 있고, 두 번째 문단에는 법의 세 가지 특징이 나와 있다. 따라서 글의 주제로 '법 제정의 이유와 법의 특징'이 가장 적절하다.

오답풀이

① 법이 집단생활에 꼭 필요한 것이라는 내용은 있지만, 주어진 글의 주제로 보기는 어렵다.

② 법이 개인이 처리해도 되는 일까지 간섭할 때의 문제점이 나와 있기는 하지만, 주어진 글의 주제로 보기는 어렵다.

③ 인간 사회에서 법이 중요하다는 것을 추론할 수는 있지만, 주어진 글의 주제로 보기는 어렵다.

07 | 정답 | ②

| 해설 | '부아가 치민다'는 감정은 주로 분노나 억울함 같은 감정이 억누를 수 없이 폭발할 준비가 되어 있다는 의미를 담고 있다. 따라서 강한 분노를 나타내는 것이기 때문에, 가장 비슷한 의미를 가지는 단어는 '분노'이다.

오답풀이

① '서러움'은 부아와 비슷하게 억눌린 감정을 표현할 수 있지만, '부아가 치민다'는 주로 분노와 관련된 표현이므로 완벽하게 일치하지는 않는다.

③ '불안'은 감정이 통제되지 않는 상태를 나타내는 측면에서 비슷할 수 있으나, '부아가 치민다'는 분노를 나타내는 표현이므로 불안과는 차이가 있다.

④ '행복'은 감정의 폭발적 성격과는 거리가 멀고, 긍정적인 감정 상태를 나타내므로 적합하지 않다.

08 | 정답 | ②

| 해설 | 지문은 진피 부분이 손상될 경우 변할 수 있음을 알 수 있다.

오답풀이

① 지문은 손가락의 진피로부터 땀샘이 표피로 융기되어 일정한 흐름 모양으로 만들어진 것으로 솟아오른 부분을 융선, 파인 부분을 골이라고 한다.

③ 지문뿐만 아니라 홍채, 정맥, 목소리 등으로도 신원을 확인할 수 있다.

④ 지문 입력 장치는 손가락과의 접촉을 통해 정보를 얻는데, 융선은 접촉면에 닿고 골은 닿지 않는 것을 이용하여 신원을 확인한다. 따라서 지문을 등록할 때는 융선과 골이 잘 드러나도록 해야 한다.

09 | 정답 | ②

| 해설 | 로켓의 연료 중 역사가 가장 오래된 것은 고체연료라고 하였으므로 최초의 로켓은 고체연료가 이용되었을 것임을 알 수 있다. 이때 고체연료는 한번 점화하면 제어할 수 없다는 단점이 있다고 하였으므로, 이를 통해 추론할 수 있다.

오답풀이

① 노즐은 고압의 가스가 배출되는 로켓의 추진 기관의 맨 뒤에 위치한다고 하였다.

③ 액체연료 로켓에서 액체 상태의 연료와 연료에 불을 붙게 하는 산화제는 각각 다른 공간에 주입한다고 하였으므로 연료인 등유와 산화제인 과산화수소는 같은 공간에 보관할 수 없다.

④ 공기를 가득 채운 풍선을 주둥이가 열린 채 공중에 놓았을 때 풍선의 탄성력이 풍선을 쭈그러트리며 속의 공기를 밖으로 밀어내면, 반작용으로 공기가 풍선을 밀어낸다고 하였으므로 풍선 내부에 채운 공기가 빠질 때 반작용은 풍선 외부에서 관찰된다.

10 | 정답 | ③

| 해설 | 주어진 글은 자기 냉각 기술로 인해 실온 자기 냉장고를 만들 수 있음을 밝히고 있다. 따라서 자기 냉각 기술에 대해 소개하고 일반 냉장고의 원리를 설명하는 [라] 문단이 가장 먼저 와야 하며, 이어서 일반 냉장고의 한계를 설명하는 [가] 문단이 제시되어야 한다. 그리고 일반 냉장고를 대신할 수 있는 냉장고의 개발과 그 개발에 자기 물질의 개발이 필요함을 설명하는 [나] 문단과 [다] 문단이 순서대로 와야 한다.

03 | 유형연습 문제
P.68

01	02	03	04	05	06	07	08	09	10
③	④	②	②	④	①	③	②	③	④

01 | 정답 | ③

| 해설 | 비지배지분은 2021년에 75억 원이고, 2023년에 80억 원이다. 따라서 2023년 비지배지분은 2년 전 대비 $\frac{80-75}{75} \times 100 ≒ 6.7(\%)$ 증가하였으므로 7% 미만으로 증가하였다.

오답풀이

① 2021년 유동비율은 $\frac{1,745}{690} \times 100 ≒ 252.9(\%)$이므로 200% 이상이다.

② 비유동부채는 2021년에 225억 원이고, 2024년에 315억 원이다. 따라서 2024년 비유동부채는 3년 전 대비 315−225＝90(억 원) 증가하였다.

④ [표]에서 자산에 해당하는 유동자산과 비유동자산 모두 2022~2024년에 전년 대비 해마다 꾸준히 증가하였음을 알 수 있다.

02 | 정답 | ④

| 해설 | 연도별로 부채비율을 구하면 다음과 같다.

• 2021년: $\frac{690+225}{2,400+75} \times 100 ≒ 37.0(\%)$

• 2022년: $\frac{635+260}{2,550+80} \times 100 ≒ 34.0(\%)$

• 2023년: $\frac{755+265}{2,675+80} \times 100 ≒ 37.0(\%)$

• 2024년: $\frac{820+315}{2,885+85} \times 100 ≒ 38.2(\%)$

따라서 부채비율이 가장 높은 연도는 2024년이다.

03 | 정답 | ②

| 해설 | 연도별로 자산을 구하면 다음과 같다.
• 2021년: 1,745＋1,645＝3,390(억 원)
• 2022년: 1,815＋1,710＝3,525(억 원)
• 2023년: 1,975＋1,800＝3,775(억 원)
• 2024년: 2,130＋1,975＝4,105(억 원)
이에 따라 전년 대비 자산 증가량을 확인해 보면 다음과 같다.
• 2022년: 3,525−3,390＝135(억 원)
• 2023년: 3,775−3,525＝250(억 원)
• 2024년: 4,105−3,775＝330(억 원)
따라서 전년 대비 자산 증가량을 나타낸 그래프로 옳은 것은 ②이다.

04 |정답| ②

|해설| 2018~2020년 동안 다른 모든 항목의 도심 연비와 복합 연비의 증감 추이는 동일하나, 승용차 전체는 도심 연비가 14.19 → 14.41 → 14.42(km/L)로 증가하지만, 복합 연비는 16.63 → 16.83 → 16.80(km/L)로 증가 후 감소한다.

05 |정답| ④

|해설| 3년간 B회사의 총매출액은 1,500＋1,800＋2,000＝5,300(억 원)이다. 따라서 2023년이 차지하는 비중은 $\frac{1,800}{5,300} \times 100 ≒ 34.0(\%)$이므로 35% 미만이다.

오답풀이

① A회사의 영업이익은 증가 후 감소하고, B회사의 영업이익은 감소 후 증가하므로 일치하지 않는다.

② A회사의 매출액은 2022년에 1,200억 원이고, 2023년에 1,450억 원이므로 2023년 매출액은 전년 대비 1,450－1,200＝250(억 원) 증가하였다.

③ A회사의 영업비용은 2022년에 1,200－200＝1,000(억 원)이고, 2024년에는 1,000－180＝820(억 원)이다. 따라서 2024년 A회사의 영업비용은 2년 전 대비 1,000－820＝180(억 원) 감소하였다.

06 |정답| ①

|해설| 영업이익률＝$\frac{영업이익}{매출액} \times 100$

따라서 2023년 A회사의 영업이익률은 $\frac{250}{1,450} \times 100 ≒ 17.2(\%)$이고, B회사의 영업이익률은 $\frac{100}{1,800} \times 100 ≒ 5.6(\%)$이다.

07 |정답| ③

|해설| D에서 전출한 사람은 50＋15＋10＝75(명), D로 전입한 사람은 60＋25＋20＝105(명)이다. 따라서 D의 인구 순증가량은 105－75＝30(명)으로 50명 미만이다.

오답풀이

① [표]를 통해 전출 지역인 D에서 전입 지역인 B로 전출자 수가 15명임을 알 수 있다.

② [표]를 통해 C 내에서 이사를 한 사람이 550명임을 알 수 있다.

④ A의 전출자 수는 1,500＋240＋60＝1,800(명), B의 전출자 수는 1,000＋225＋25＝1,250(명), C의 전출자 수는 350＋80＋20＝450(명), D의 전출자 수는 50＋15＋10＝75(명)이다. 따라서 A의 전출자 수(1,800명)는 나머지 도시의 전출자 수의 합(1,775명)보다 많다.

08 |정답| ②

|해설| 여름철 판매 비율이 55%이므로 판매 금액은 2,000×0.55＝1,100(억 원)이다.

09 |정답| ③

|해설| 계절별 에어컨 판매 비율을 보면 봄 25%, 가을과 겨울은 7＋13＝20(%)이다. 따라서 봄의 에어컨 판매 금액이 가을과 겨울의 에어컨 판매 금액의 합보다 크다.

오답풀이

① 여름에 판매 금액이 가장 크기는 하지만 몇 월인지는 알 수 없다.

② 봄과 여름의 TV 판매 금액은 전체 TV 판매 금액의 19＋25＝44(%)로 절반을 넘지는 않는다.

④ 가을보다 겨울에 에어컨 판매 비율이 높으므로 날씨가 더울수록 에어컨 판매 금액이 크다고 할 수는 없다.

10 |정답| ④

|해설| 2017~2020년 모두 비주거용 건물 자산액이 주거용 건물 자산액보다 적었으므로 옳은 그래프는 다음과 같다.

(단위: 조 원)

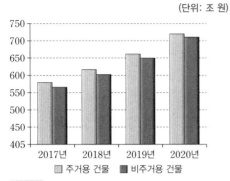

오답풀이

① 유형 고정 자산액은 2018년에 2,281−2,165＝116(조 원), 2019년에 2,424−2,281＝143(조 원), 2020년에 2,625−2,424＝201(조 원) 증가했다.

② 2017~2020년 기계 장치 고정 자산액은 314조 원, 316조 원, 322조 원, 343조 원이다.

③ 2020년 자본재 형태별 유형 고정 자산액 비중은 다음과 같다.

주거용 건물	비주거용 건물	구축물	운수 장비	기계 장치
$\dfrac{719}{2,625}\times100≒27(\%)$	$\dfrac{712}{2,625}\times100≒27(\%)$	$\dfrac{755}{2,625}\times100≒29(\%)$	$\dfrac{96}{2,625}\times100≒4(\%)$	$\dfrac{343}{2,625}\times100≒13(\%)$

03 | 유형연습 문제 P.82

01	02	03	04	05	06	07	08	09	10
④	②	③	②	②	②	③	②	③	②

01 | 정답 | ④
| 해설 | 평점과 평점 가중치를 고려하여 계산하면 다음과 같다.

영화	갑	을	병	정
장르	액션	코미디	로맨틱	가족
관객 평점	8.3	7.8	8.5	9.1
가중치(0.4)	3.32	3.12	3.4	3.64
전문가 평점	8	8.8	7.9	8.2
가중치(0.6)	4.8	5.28	4.74	4.92
합계	8.12	8.4	8.14	8.56

따라서 가장 고득점인 영화는 8.56인 정 영화다.

02 | 정답 | ②
| 해설 | 영화추천 알고리즘은 1번 문제에서 계산한 합계에 사용자 데이터 가중치를 더하여 구한다.

영화	갑	을	병	정
장르	액션	코미디	로맨틱	가족
평점× 평점가중치 합계	8.12	8.4	8.14	8.56
사용자 데이터 가중치	0.3	0	0.5	−0.3
합계	8.42	8.4	8.64	8.26

따라서 추천하는 2편의 영화는 병(8.64)과 갑(8.42) 영화이다.

03 | 정답 | ③
| 해설 | 각 항목별 순위는 다음과 같다.

요금제	영상통화	음성통화	메시지	데이터	가격
A	4위	2위	3위	4위	2위
B	1위	4위	4위	2위	3위
C	2위	1위	1위	1위	4위
D	3위	3위	2위	3위	1위

이에 대한 점수는 다음과 같다.

요금제	영상통화	음성통화	메시지	데이터	가격	합계
A	2	4	3	2	4	15점
B	5	2	2	4	3	16점
C	4	5	5	5	2	21점
D	3	3	4	3	5	18점

따라서 C요금제를 선택한다.

04 | 정답 | ②

| 해설 | AI AF 기능이 지원되는 기종은 A, B, D이다. 화소는 모든 카메라가 2,000만 화소 이상이므로 고려할 필요가 없고, 손떨림 방지 기능 역시 고려할 대상이 아니다. 무게는 1kg 미만인 제품이어야 하므로 A, B가 가능하며, 이 중 가격이 저렴한 더 저렴한 제품은 B이다.

05 | 정답 | ②

| 해설 | 영업사원 김씨가 모든 거래처를 방문하는 경우는 4가지가 있고, 각각의 이동거리를 합산하면 다음과 같다.
- 회사－A－B－C－D : 5+10+15+10=40(km)
- 회사－A－B－D－C : 5+10+20+10=45(km)
- 회사－A－C－B－D : 5+15+15+20=55(km)
- 회사－A－C－D－B : 5+15+10+20=50(km)

따라서 최단거리는 회사－A－B－C－D로 40km이다.

06 | 정답 | ②

| 해설 | 거래처 4곳의 미팅 소요시간은 4시간이다. 이동 소요시간은 $\frac{이동거리}{이동속도}=\frac{40km}{20km/h}=2$(시간)이다. 따라서 거래처 미팅시간 4시간+이동 소요시간 2시간으로 총 소요시간은 6시간이다.

07 | 정답 | ③

| 해설 | KTX를 이용하면 교통비 제한으로 인해 택시를 이용할 수 없다. 버스－KTX를 이용한다면 버스 이용시간+대구역 내 이동시간이 40분인데, KTX는 매시간 정각에만 출발하므로 3시에 KTX를 타게 된다. 따라서 부산역 도착 시각은 3시 55분이다. 도보－KTX는 더 느리므로 고려할 필요가 없다.
한편, 새마을호를 이용하면 택시를 이용할 수 있다. 택시－새마을호를 이용한다면 택시 이용시간+대구역 내 이동시간이 25분으로, 2시 30분에 출발하는 새마을호에 탑승할 수 있다. 따라서 부산역 도착 시각은 4시 5분이다. 도보－새마을호, 버스－새마을호는 더 느리므로 고려할 필요가 없다. 또한, 무궁화호를 이용하는 것도 더 느리므로 고려할 필요가 없다.
따라서 버스－KTX를 이용해야 가장 빠르게 도착할 수 있다.

08 | 정답 | ②

| 해설 | • 김대리 : 미사용 연가일수가 12일인데, 연가보상비 지급가능일수 10일 중 9일만 연가보상비를 지급받았다. 즉, 연가보상비를 지급받지 못한 잔여 연가일수가 1일이 있으므로 1일의 연가가 가산되어야 한다.
- 오과장 : 미사용 연가일수가 9일인데, 8일은 연가보상비를 지급받았고 1일은 이후에 사용하였으므로 연가보상비를 지급받지 못한 잔여 연가일수는 0일이다. 그러므로 연가가산 대상에 해당되지 않는다.

따라서 병가를 모두 사용한 두 사람에게 가산되는 연가는 각각 1일과 0일이다.

09 | 정답 | ③

| 해설 | 정확성이 '좋음' 이상인 업체는 A와 C이다. 두 업체 모두 신속성과 친절도가 '보통' 이상이므로 가격이 '나쁨'인 A업체와 '보통'인 C업체 중에서 C업체를 선정한다.

10 | 정답 | ②

| 해설 | 출장비 지급 규정을 바탕으로 출장비를 다음과 같이 산출할 수 있다.

(단위: 천 원)

구분	교통비		활동비	식비	숙박비	계
	항공	버스				
A상무	120	55	235×3＝705	30×3＝90	75×2＝150	1,120
B부장		50×2＝100	195×3＝585	30×3＝90	70×2＝140	915
C대리	85	45	150×3＝450	25×3＝75	60×2＝120	775

따라서 일행에게 지급될 총 출장비는 1,120＋915＋775＝2,810(천 원)이다.

03 | 유형연습 문제

P.98

01	02	03	04	05	06	07	08	09	10
③	①	③	①	④	②	②	④	②	①

01 | 정답 | ③

| 해설 | 전제 2에 some 개념이 있으므로 벤다이어그램을 활용한다. 전제 1을 만족하는 벤다이어그램은 [그림1]과 같다.

[그림1]

여기에 전제 2를 덧붙인 기본적인 벤다이어그램은 [그림2]와 같이 나타낼 수 있으며, '미술'과 '수학'의 공통영역에 해당하는 색칠된 부분이 반드시 존재해야 한다.

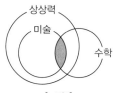

[그림2]

[그림2]에서 '상상력'과 '수학' 사이의 관계를 보면, 최소한 색칠된 부분만큼은 공통으로 포함하고 있다는 것을 알 수 있다. 따라서 수학을 좋아하는 어떤 사람은 상상력이 풍부하다.

오답풀이

①, ② [그림2]를 통해 옳지 않음을 알 수 있다.

④ [그림2]의 색칠된 부분이 존재하기만 하면 되므로 [그림3]과 같이 '수학'의 범위를 늘릴 수 있다.

[그림3]

따라서 옳지 않음을 알 수 있다.

02 | 정답 | ①

| 해설 | 제시된 명제를 단순화하여 대우 명제와 함께 기호로 나타내 보면 다음과 같다.

- 드라마 → ~영화   ↔   영화 → ~드라마
- ~뉴스 → 스포츠   ↔   ~스포츠 → 뉴스
- 예능 → 영화   ↔   ~영화 → ~예능
- ~예능 → 뉴스   ↔   ~뉴스 → 예능

세 번째 명제의 대우 명제와 네 번째 명제를 통해 '~영화 → ~예능 → 뉴스'의 관계가 성립함을 알 수 있다. 그러나 '뉴스를 좋아하는 사람은 영화를 좋아하지 않는다.'는 해당 명제의 역으로 항상 참이라고 할 수 없다.

오답풀이

② 첫 번째 명제, 세 번째 명제의 대우 명제, 네 번째 명제를 통해 '드라마 → ~영화 → ~예능 → 뉴스'의 관계가 성립함을 알 수 있다. 따라서 드라마를 좋아하는 사람은 뉴스를 좋아한다.

③ 네 번째 명제의 '대우 명제'이므로 참이다.

④ 첫 번째 명제, 세 번째 명제의 대우 명제를 통해 '드라마 → ~영화 → ~예능'의 관계가 성립함을 알 수 있다. 따라서 드라마를 좋아하는 사람은 예능을 좋아하지 않는다.

03 | 정답 | ③

| 해설 | 다음과 같이 각 칸에 쓰인 수를 순서대로 a, b, c, d라고 하면

$a+b=c+d$가 성립함을 알 수 있다. 빈칸에 들어갈 숫자를 x라고 하면 $x+10=21+3 \rightarrow \therefore x=14$
따라서 빈칸의 숫자는 14이다.

04 | 정답 | ①

| 해설 | 다음과 같이 각 칸에 쓰인 수를 순서대로 a, b, c라고 하면

$3a-b=c$가 성립함을 알 수 있다. 빈칸에 들어갈 숫자를 x라고 하면 $3 \times 8-x=12 \rightarrow \therefore x=12$
따라서 빈칸의 숫자는 12이다.

05 | 정답 | ④

| 해설 | 실제로 있었던 일이나 현재에 있는 일을 의미하는 '사실'과 사실이 아닌 일을 사실처럼 꾸며 만든다는 뜻의 '허구'는 반의어 관계이다. 따라서 생각할 수 있는 범위 안에서 가장 완전하다고 여겨지는 상태를 의미하는 '이상'과 반의어 관계인 단어는, 현재 실제로 존재하는 사실이나 상태를 뜻하는 '현실'이다.

오답풀이

① 환상: 현실적인 기초나 가능성이 없는 헛된 생각이나 공상

② 희망: 어떤 일을 이루거나 하기를 바람

③ 실체: 실제의 물체. 또는 외형에 대한 실상

06 | 정답 | ②

| 해설 | 시간이 오후 3시에서 오후 5시 45분으로 2시간 45분 흘렀다.
시침이 90° 움직이면 3시간 이동하고 분침이 90° 움직이면 15분 이동하며 시침도 그에 따라 움직인다.
따라서 시침이 시계 방향으로 90°, 분침이 반시계 방향으로 90° 움직이면 오후 5시 45분이 된다.

① △▲을 누르면 오후 6시 15분이 된다.

③ ▲▽을 누르면 오후 12시 15분이 된다.

④ ▲▼을 누르면 오후 3시가 된다.

|정답| ②

|해설| 각 타일은 다음과 같이 이동한다.

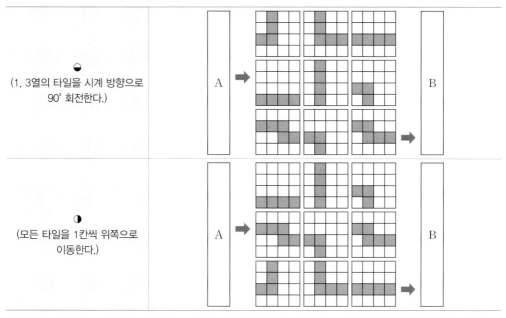

따라서 정답은 ②이다.

08 |정답| ④

|해설| 각 타일은 다음과 같이 이동한다.

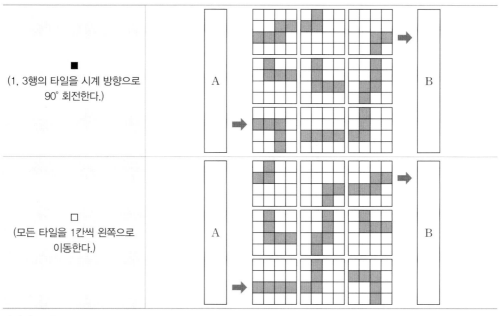

따라서 정답은 ④이다.

09 |정답| ②

|해설| ▽는 도형이 모두 1칸 아래로, ▲는 도형이 모두 2칸 위로 이동하는 기능이므로 ▽▲를 누르면 도형이 모두 1칸 위로 이동한 것과 동일한 결과가 나온다.

도형 모두 1칸 위로 ➡

10 |정답| ①

|해설| 주어진 그래프 구성 명령어 실행 예시를 보면 H와 V는 순서대로 각각 그래프의 가로축 범위와 세로축 범위를 의미하는 것을 알 수 있다. 또한 A, B, C는 순서대로 각각 사각형, 별, 원 모양을 의미하며, 알파벳 다음의 두 숫자는 좌표를 나타낸다.

• 가로축 범위가 5, 세로축 범위가 5이므로 L: H5 / V5이다.
• A(사각형)의 좌표는 (3, 4), B(별)의 좌표는 (5, 1), C(원)의 좌표는 (2, 1)이므로 C: A(3, 4) / B(5, 1) / C(2, 1)이다.

03 | 유형연습 문제

P.108

01	02	03	04	05	06	07	08	09	10
②	③	④	①	②	①	①	①	③	④

01 | 정답 | ②

| 해설 | 포스코그룹의 인재상은 '실천의식과 배려의 마인드를 갖춘 창의적 인재'이다. 따라서 ㉠에 들어갈 말은 '실천', ㉡에 들어갈 말은 '배려', ㉢에 들어갈 말은 '창의'이다.

02 | 정답 | ③

| 해설 | 포벤처스(FOVENTURES)는 사내벤처 육성 프로그램으로, 도전적이고 창의적인 조직문화 조성과 미래 신성장 사업 발굴을 위해 도입한 것이다. 포벤처스로 선정된 팀은 최대 1년간 인큐베이팅을 거친 후 창업 여부가 결정되며, 인큐베이팅 기간에는 사무공간, 마케팅을 위한 지원금 및 멘토링 등의 혜택을 받는다. 즉 포벤처스는 '함께 거래하고 싶은 회사'에 해당하기보다는 포스코 벤처플랫폼 구축을 통해 100년 기업을 향한 신성장사업 발굴 기반을 만들려는 '함께 성장하고 싶은 회사'에 해당한다.

오답풀이

①, ②, ④ '함께 거래하고 싶은 회사'에 해당하는 프로그램으로는 성과공유제, Smart化 역량강화, 1~2차 대금직불체계, 철강 ESG 상생펀드, 기업시민 프렌즈, 포유드림 잡매칭, 동반성장지원단, GEM 매칭펀드 등이 있다.

03 | 정답 | ④

| 해설 | 포스코그룹의 핵심가치는 안전, 도전, 윤리, 창의, 신뢰이다.
- 안전: 행복한 일터의 기본
- 도전: 성장과 성취의 열정
- 윤리: 건강한 공존의 원칙
- 창의: 더 나은 성과의 원천
- 신뢰: 소통과 화합의 토대

04 | 정답 | ①

| 해설 | '정보보호 정책 수립' 단계에서는 정보보호 규정과 지침을 개정하고 정보보호위원회의 심의가 이루어진다.

오답풀이

② '정책의 시행' 단계에서는 규정/지침에 의거 운영, 변화관리를 실시한다.

③ '정책 이행의 점검' 단계에서는 주기적인 점검과 모니터링이 이루어진다.

④ '정책의 지속적 개선' 단계에서는 미흡사항을 조치·개선하며 그 변화를 관리한다.

05 | 정답 | ②

| 해설 | 언급된 설명은 포스코가 출시한 'Greenate certified steelTM'에 대한 설명이다.

포스코가 해당 제품 판매를 위해 검증받은 탄소감축량은 총 59만tCO_2다. 2023년 1월부터 8월까지 고로와 전로에서 각각 펠렛과 스크랩 사용 비율을 높여 전년 동기 대비 탄소 배출량을 감축했다. 유럽·일본의 철강사들은 2021년부터 Mass Balance방식을 도입했다. 포스코는 국내 기업 가운데 최초로 해당 방식을 채택해 탄소저감 제품을 출시했다. 일본에서는 다수 조선사 및 글로벌 자동차사 등이 선박과 차량 모델에 쓰는 대표적 탄소저감 제품으로 판매되고 있다. 유럽에선 소비재를 비롯해 다양한 분야에서 10만t 이상 쓰이고 있다.

06 | 정답 | ①

| 해설 | HyREX는 수소환원제철기술을 의미하는 말로, 3대 친환경 브랜드는 아니다.

오답풀이

②, ③, ④ 포스코는 3대 친환경 제품 브랜드인 'e Autopos(이 오토포스)', 'INNOVILT(이노빌트)', 'Greenable(그린어블)'을 중심으로 제품 포트폴리오를 강화하고, 국내 제조업의 친환경 전환을 지원하는 고기능 제품, 솔루션 개발을 확대해 나가면서 탄소 배출량을 2040년까지 50% 감축, 2050년까지 Net-zero를 달성한다는 비전을 실천해 나가고 있다.

07 | 정답 | ①

| 해설 | 1990년 정부 공업기반 기술과제로 개발하기 시작한 포스코의 독자기술 '파이넥스(Finex) 공법'은 글로벌 철강산업의 패러다임을 바꾼 혁신기술이다. 비(非)용광로 제철기술인 파이넥스 공법은 환경성·경제성을 모두 갖춘 획기적인 기술이다.

오답풀이

② 하이렉스(HyREX): 석탄 대신 그린수소를 환원제로 사용해 탄소 배출을 획기적으로 줄인 수소환원제철법이다.

③ 합성기둥(P-Box Column) 공법: 콘크리트와 강재의 합성효과에 의해 압축 강도를 2배가량 향상시킬 수 있는 기술로, 포스코는 2023년에 이 기술에 대한 녹색기술 인증을 획득했다.

④ PCFT(Prestressed Concrete Filled steel Tube) 복합말뚝공법: 콘크리트 단면에 얇은 강관을 둘러싸는 기술로, 강관 두께를 반으로 줄여 경제성을 높이고 구조적 안전성을 확보한 공법이다.

08 | 정답 | ①

| 해설 | 포스코그룹의 활동영역 중 Business는 공정·투명·윤리 실천, 동반성장 및 최고의 제품과 서비스 등을 뜻한다. People은 안전하고 쾌적한 근무환경 조성, 다양성 포용과 일과 삶의 균형 등을 뜻하고, Society는 사회문제 공감·해결 기여 및 지역사회 발전과 환경경영 실천 등을 뜻한다.

09 | 정답 | ③

| 해설 | 포스코그룹의 행동강령은 '실질'을 우선하고 '실행'을 중시하며 '실리'를 추구해 나가는 가치를 실천해 나간다는 3실(實)이다. 포스코그룹은 형식보다는 '실질'을 우선하고, 보고보다는 '실행'을 중시하며, 명분보다는 '실리'를 추구함으로써 가치경영, 상생경영, 혁신경영을 실현해 나가려고 한다.

10 | 정답 | ④

| 해설 | 포스코의 비전인 '그린스틸로 창조하는 더 나은 세계'는 다음과 같은 실질가치를 포함한다.

• 환경적 가치: 핵심기술로 탄소중립 사회를 선도
• 경제적 가치: 철의 새로운 가치 창조를 통해 지속 성장
• 사회적 가치: 인류의 더 나은 미래를 건설

01	02	03	04	05	06	07	08	09	10
②	④	③	①	④	②	②	④	①	④
11	12	13	14	15	16	17	18	19	20
②	③	①	③	④	④	②	④	④	③
21	22	23	24	25	26	27	28	29	30
②	④	④	④	②	③	①	③	②	④
31	32	33	34	35	36	37	38	39	40
①	④	②	④	②	④	①	③	②	④
41	42	43	44	45	46	47	48	49	50
②	④	②	②	③	①	④	②	④	②
51	52	53	54	55	56	57	58	59	60
③	③	④	③	③	④	④	①	①	①
61	62	63	64	65					
④	②	④	①	②					

01 | 정답 | ②

| 해설 | 세 번째 문단에서 꽃게는 먹이를 먹지 못해 생존할 때에는 자기 살을 소진한다고 설명하고 있으므로 유통기간이 길어질 경우 활꽃게는 냉동꽃게보다 수율이 떨어진다고 유추할 수 있다.

오답풀이

① 첫 번째 문단에서 꽃게의 이름은 '곶'에서 유래했다고 설명하고 있다.

③ 두 번째 문단에서 붉은색을 띠는 아스타크산틴이 열에 의해 단백질과 분리되므로 꽃게를 익히면 붉게 변한다고 설명하고 있다.

④ 네 번째 문단에서 꽃게는 부패가 빠르고 외피가 단단해 말리기 어려웠고 다리에 살이 적어 찐 후에 말리는 것도 효과적이지 않았다고 설명하고 있다.

02 | 정답 | ④

| 해설 | 식물성 대체 음료보다 저지방 우유가 건강에 유익하다는 연구 결과를 소개한 후[다], 연구팀의 연구 결과를 보다 구체적으로 부연 설명한다[라]. 그리고 좋은 지방을 설명하고[나], 나쁜 지방인 포화지방을 피하면서도 세로토닌을 흡수할 수 있는 방법을 소개하며 글을 마무리한다[가].

03 | 정답 | ③

| 해설 | 주어진 글에서는 드론이 농업, 물류, 환경 모니터링 등 다양한 분야에서 긍정적인 영향을 미칠 수 있다는 가능성을 언급하면서도, 그 확산에 따른 안전성 문제, 개인정보 보호 문제, 기술적 격차 등 여러 사회적 문제와 도전 과제도 함께 논의하고 있다. 따라서 드론 기술의 발전과 사회적 도전 과제라는 제목이 가장 적합하다.

① 환경 보호는 글에서 언급된 주제 중 하나로, 드론이 환경 모니터링에 중요한 역할을 한다고 언급되지만, 글의 핵심은 드론 기술의 발전과 이에 따른 여러 도전 과제에 초점이 맞춰져 있다. 따라서 환경 보호만을 강조하는 제목은 글의 내용을 충분히 반영하지 못하므로 적절하지 않다.

② 상업적 활용에 대한 부정적 영향만을 강조하는 제목은 글의 내용과 맞지 않다.

④ 주어진 글에서는 드론 기술의 발전과 그로 인한 사회적·기술적 도전 과제를 다루고 있으며, 글로벌 협력에 대한 언급은 상대적으로 적은 부분에 불과하므로 적절하지 않다.

04 | 정답 | ①

| 해설 | 주어진 글에서는 식욕 조절에 영향을 주는 여러 요소들로 식욕 중추, 혈액 속의 영양소, 감정적 식욕을 설명하고 이들이 식욕에 영향을 주는 각각의 과정을 설명하고 있다.

② 현상의 문제점은 나타나지 않으므로 적절하지 않다.

③ 여러 가지 특수한 사례가 나타나지 않으므로 적절하지 않다.

④ 현상에 대한 관심을 시대 순으로 설명하고 있지 않으므로 적절하지 않다.

05 | 정답 | ④

| 해설 | 주어진 글에서 협동조합의 단점은 나타나지 않는다.

① 첫 번째 문단에서 협동조합의 개념에 대해 설명하고 있다.

② 세 번째 문단에서 협동조합의 사업 목적에 대해 설명하고 있다.

③ 네 번째 문단에서 협동조합과 주식회사의 차이점에 대해 설명하고 있다.

06 | 정답 | ②

| 해설 | ㉡의 앞에서는 모나리자의 중요한 특징에서 대해서 설명하였으며 [보기]는 또 하나의 중요한 특징을 언급하고 있으므로 적절한 위치는 ㉡이다.

① [보기]는 또 하나의 중요한 특징이라고 하였으므로 앞에서 중요한 특징이 나타나지 않은 ㉠은 적절하지 않다.

③ 모나리자의 모델에 관한 이야기이므로 ㉢은 적절하지 않다.

④ 모나지라의 영향력에 관한 이야기이므로 ㉣은 적절하지 않다.

07 | 정답 | ②

| 해설 | 학생증 신청 절차를 살펴보면, '최근 6개월 이내에 촬영된 얼굴이 잘 보이는 사진이어야 하며, 부적합한 사진이 제출될 경우 신청이 거절될 수 있습니다'라고 명시되어 있다. 이 내용은 사진의 품질을 충족해야 한다는 요구를 나타내므로 학생증 수령 지침의 내용과 일치하는 내용이다.

① 학생증 발급은 대리 수령이 불가능하며 본인만 수령이 가능하다.

③ 학생증 발급을 위한 절차에는 학비 납부 영수증을 제출해야 한다는 내용은 없다. 학생증을 발급받기 위해 필요한 서류는 온라인 신청서와 사진이 전부이다.

④ 오류가 있는 경우 지정된 학생증 서비스 센터에 방문하면 오류 수정이 가능하다고 언급하므로 온라인으로 오류를 수정하는 것은 불가능하다.

08 |정답| ④

|해설| 재발급 신청 후와 학생증 오류 수정과 관련된 내용이 다뤄졌으므로 ㉣이 가장 문맥이 자연스럽게 이어진다.

오답풀이

① 학생증 발급을 위한 사진에 대한 요구 사항을 설명하고 있으므로 적절하지 않다.

② 학생증 수령 시 신분증을 지참해야 한다는 내용이므로 적절하지 않다.

③ 서비스 센터의 운영시간에 대한 내용이므로 적절하지 않다.

09 |정답| ①

|해설| 세 번째 문단에서 철강사는 시장적응력을 높이기 위해 정확한 시장예측과 철강사 내부의 빠른 의사결정이 필요하다고 하였으므로 적절한 반응이다.

오답풀이

② 해외 철강사의 경영전략을 참고해야 한다는 내용은 언급되지 않았으므로 적절하지 않다.

③ 제도적 차원의 지원이 요구된다는 내용은 언급되지 않았으므로 적절하지 않다.

④ 세 번째 문단에서 철강산업이 가지고 있는 생산중심의 경직성 때문에 시장적응력을 높이기가 쉽지 않다고 했으므로 적절하지 않다.

10 |정답| ④

|해설| 주어진 글은 메타버스를 통해 가상 도시를 구현하여 현실 도시에서 발생하는 문제를 해결하는 디지털 트윈 기술을 소개하는 한편 싱가포르를 성공 사례로 제시하며 설명하고 있다. 따라서 글의 주제로는 '도시문제 해결을 위한 메타버스의 활용과 성공 사례'가 가장 적절하다.

11 |정답| ②

|해설| 네 번째 문단에서 스마트시티 구축을 위해서는 물리적 환경과 가상 환경을 연결하는 디지털 트윈 기술이 필요하다고 하였다.

오답풀이

① 세 번째 문단에서 싱가포르는 전 국토를 3D 가상현실로 구현함으로써 스마트시티를 구축했다고 하였다.

③ 세 번째 문단에서 버추얼 싱가포르는 2018년에 완성했다고 하였다.

④ 두 번째 문단에서 디지털 트윈을 통해 바람길 예측, 일조량 변화, 홍수 진행 방향 등을 시뮬레이션할 수 있다고 하였다.

12 |정답| ③

|해설| 주어진 글은 초경쟁환경에서 기업이 경쟁우위를 위해 추구해야 하는 경영방식인 민첩성, 모듈형 조직, 고객중심성에 대해 설명하고 있다. 따라서 글의 제목으로는 '초경쟁환경에서 기업이 추구해야 하는 경영방식은 무엇인가?'가 가장 적절하다.

오답풀이

① 초경쟁환경의 정의는 언급되지 않았다.

② 초경쟁환경이 도래한 배경은 언급되지 않았다.

④ 초경쟁환경 속 기업의 변화가 사회 전반에 미치는 영향에 대해 추론할 수 있지만 이를 제목으로 하기는 어렵다.

13 |정답| ①

|해설| 두 번째 문단에서 민첩성은 예측불가능한 초경쟁환경에서 예측 못한 환경변화가 발생할 때 각자가 자율적으로 신속하게 대응하는 것이라고 하였다.

오답풀이

② 세 번째 문단에서 모듈형 조직은 각 단위가 한 가지 특정 기능에만 집중하지 않고 상황 변화에 따라 유연하게 복수의 기능을 수행할 수 있는 독립적 모듈들의 집합체로 구성된다고 하였다.

③ 네 번째 문단에서 고객중심성은 각 고객에게 서로 다른 상품과 서비스를 제공하는 것으로, AI가 각 고객의 소비 취향과 선호도를 정확히 파악해 각자가 원하는 것들을 알아서 추천한다고 하였다.

④ 다섯 번째 문단에서 현재 환경변화의 성격은 최대한 신속한 패러다임 전환을 요구하고 있다고 하였다.

14 | 정답 | ③

| 해설 | 주워 버렸다: 주웠다(본용언)＋버렸다(본용언)

오답풀이

① 입어 보았다: 입었다(본용언)＋보았다(보조용언)

② 쓰고 있다: 쓰다(본용언)＋있다(보조용언)

④ 먹어 본다: 먹는다(본용언)＋본다(보조용언)

15 | 정답 | ④

| 해설 | 주어진 글에서 아일랜드의 예는 다양성이 인간에게 중요한 의의를 가진다는 것을 보여 준다.

16 | 정답 | ④

| 해설 | 조사기간 동안 초혼인 신혼부부는 재혼인 신혼부부의 2020년에 $938 \div 243 ≒ 3.9$(배), 2021년에 $871 \div 227$ $≒3.8$(배), 2022년에 $815 \div 214 ≒ 3.8$(배), 2023년에 $769 \div 203 ≒ 3.8$(배)이다.

오답풀이

① 전년 대비 2023년에 남편이 초혼이고 아내가 재혼인 신혼부부는 $\frac{61-57}{61} \times 100 ≒ 6.6$(%) 감소했다.

② 남편이 재혼인 신혼부부는 2020년에 $44+129=173$(천 쌍), 2023년에 $36+110=146$(천 쌍)이다. 따라서 $173-146=27$(천 쌍)$=27,000$(쌍) 감소했다.

③ 조사기간 동안 매년 신혼부부는 감소했다.

17 | 정답 | ②

| 해설 | 2022년 B반도체의 매출액은 $45,972-27,009-11,499=7,464$(백만 원), 즉 74억 6,400만 원이므로 75억 원 미만이다.

오답풀이

① 2024년 A반도체의 매출액은 전년 대비 $34,202-34,017=185$(백만 원), 즉 1억 8,500만 원 증가하였다.

③ 2023년 반도체 부품의 매출액은 $55,255-34,017-6,459=14,779$(백만 원)이다. 이는 2022년보다 많고 2024년보다 적은 수치이다.

④ ㉠, ㉡에 해당하는 값을 선택지 ②, ③에서 각각 구할 수 있으므로 주어진 [표]에서 2021년부터 2024년까지의 매출액은 매년 A반도체의 비중이 가장 높고, B반도체의 비중이 가장 낮다는 것을 알 수 있다.

18 | 정답 | ④

| 해설 | 2021년 매출액은 $25,831+6,277+10,061=42,169$(백만 원)이다. 따라서 2021년 대비 2024년 매출액 증가율은 $\frac{58,019-42,169}{42,169} \times 100 ≒ 37.6$(%)이다.

19 | 정답 | ④

| 해설 | 전체 가구는 2022년에 $750+626+419+383=2,178$(만 가구), 2023년에 $783+635+420+370=2,208$(만 가구)이다. 따라서 $2,208-2,178=30$(만 가구) 증가했다.

① 조사기간 동안 전체 가구 중 1인 가구가 차지하는 비중은 2020년에 $\frac{664}{2,093} \times 100 ≒ 31.7(\%)$, 2021년에 $\frac{717}{2,139} \times 100 ≒$

33.5(%), 2022년에 $\frac{750}{2,178} \times 100 ≒ 34.4(\%)$, 2023년에 $\frac{783}{2,208} \times 100 ≒ 35.5(\%)$이다.

② 조사기간 동안 1인 가구는 매년 증가했고, 4인 이상 가구는 매년 감소했다.

③ 2021~2023년 동안 전년 대비 2인 가구의 증가량이 가장 많았던 해는 2022년(25만 가구 증가)이고, 3인 가구의 증가량이 가장 많았던 해 또한 2022년(2만 가구 증가)이다.

20 | 정답 | ③

| 해설 | 부산의 경우, 식중독 발생건수는 2019년에 가장 적지만 식중독 발생환자 수는 2020년에 가장 적다.

① 2018~2020년 인천과 광주의 식중독 발생건수당 발생환자 수를 구하면 다음과 같다.

(단위: 명)

구분	2018년	2019년	2020년
인천	$\frac{334}{32} ≒ 10.4$	$\frac{397}{17} ≒ 23.4$	$\frac{128}{4} = 32$
광주	$\frac{43}{5} = 8.6$	$\frac{53}{8} ≒ 6.6$	$\frac{70}{5} = 14$

따라서 인천과 광주는 2018~2020년 중 식중독 발생건수당 발생환자 수가 가장 많은 해가 2020년으로 동일하다.

🔑 | 문제 해결 TIP

수치의 비교를 통해 간단하게 문제를 해결할 수 있다.

인천의 경우, 식중독 발생건수는 2018년이 2020년의 8배, 2019년이 2020년의 약 4배인데 식중독 발생환자 수는 2018년이 2020년의 3배 미만, 2019년이 2020년의 약 3배이므로 식중독 발생건수당 발생환자 수가 가장 많은 해는 2020년이다.

광주의 경우, 2018년과 2019년의 식중독 발생건수가 2020년의 식중독 발생건수 이상이고, 식중독 발생환자 수는 2020년이 가장 많다. 따라서 광주의 식중독 발생건수당 발생환자 수가 가장 많은 해도 2020년이다.

② 2018~2020년 6개 광역시의 식중독 총발생건수 및 총발생환자 수를 구하면 다음과 같다.

(단위: 건, 명)

구분	2018년	2019년	2020년
총발생건수	19+10+32+5+1+6 =73	15+11+17+8+6+3 =60	17+9+4+5+3+4 =42
총발생환자 수	637+245+334+43+4 +102=1,365	263+157+397+53+64 +20=954	248+74+128+70+52 +32=604

따라서 2018~2020년 중 6개 광역시의 식중독 총발생건수가 가장 많은 해인 2018년에 식중독 총발생환자 수도 1,365명으로 가장 많다.

④ 2018~2020년 동안 식중독이 가장 적게 발생한 광역시는 총 1+6+3=10(건) 발생한 대전으로, 식중독 발생환자 수도 총 4+64+52=120(명)으로 가장 적다.

21 | 정답 | ②

| 해설 | ⓒ 월평균 생산량의 대소는 생산량 총합의 대소와 동일하므로 총합만 계산하여 비교한다. H형강의 1~5월 생산량 총합은 260+210+310+314+295=1,389(톤)이고, 선재의 1~5월 생산량 총합은 286+249+251+280+304=1,370(톤)이므로 월평균 생산량은 H형강이 선재보다 많다.

ⓔ 냉연강판 생산량은 2~5월에 감소−증가−감소−증가의 증감 추이를 보이고 있다. 이와 동일한 증감 추이를 보이는 철강은 조강, 철강재, 봉강, 열연강판, 컬러강판, 강관으로 여섯 종류이다.

오답풀이

㉠ 1~5월 중 1월에 생산량이 가장 많은 철강은 조강, 철강재, 중후판, 열연강판, 냉연강판, 용융아연도강판으로 여섯 종류이다.

㉣ 1~5월 석도강판의 총생산량은 47+45+54+56+57=259(톤)으로, 2월 선재의 생산량인 249톤보다 많다.

22 | 정답 | ④

| 해설 | 대구는 에너지 감축 목표가 20.0%로 가장 높으나, 재생에너지 발전 비중 목표는 9.1%로 8번째로 낮다.

오답풀이

① 두 그래프에서 현재 에너지 소비량에 대해서는 나타내지 않고 있다.

② 에너지 소비량 감축 목표가 10% 초과인 지역은 서울, 대구, 경북, 제주, 세종으로 총 다섯 곳이다.

③ 강원의 재생에너지 발전 비중 목표는 24.7%이고, 전북의 재생에너지 발전 비중 목표는 49.4%이다. 따라서 24.7×2=49.4(%)이므로 강원의 발전 비중 목표는 전북의 절반이다.

23 | 정답 | ④

| 해설 | 연도별로 건설업의 무역수지를 계산하면 다음과 같다.

• 2019년: 3,600−9,000=−5,400(천 달러)
• 2020년: 3,500−6,000=−2,500(천 달러)
• 2021년: 4,000−12,000=−8,000(천 달러)

따라서 건설업의 무역수지가 잘못되었으므로 정답은 ④이다.

24 | 정답 | ④

| 해설 | 금융자산이 가장 많은 사람은 C로, C의 전체 자산은 7,500+11,900+600=20,000(만 원)이다. C의 기타 자산이 모두 금융자산일 경우 전체 자산에서 금융자산이 차지하는 비율은 $\frac{11,900+600}{20,000} \times 100 = 62.5(\%)$로, 60%를 넘는다.

오답풀이

① A~D 각각의 전체 자산을 구하면 다음과 같다.

　• A: 1,000＋1,150＋550＋1,200＝3,900(만 원)

　• B: 6,000＋1,000＋1,500＋2,500＝11,000(만 원)

　• C: 7,500＋11,900＋600＝20,000(만 원)

　• D: 23,000＋5,000＋1,500＝29,500(만 원)

　따라서 연간소득이 가장 높은 사람인 D는 보유한 자산규모가 가장 크다.

② 연령이 가장 높은 사람인 C가 보유한 주식의 액수는 11,900만 원으로 가장 많다.

③ 주택을 보유하지 않은 사람은 B로, B의 기타자산이 모두 금융자산이라 하더라도 금융자산은 1,000＋1,500＋2,500＝5,000(만 원), 비금융자산은 6,000만 원이므로 B는 금융자산보다 비금융자산을 더 많이 보유하고 있다.

25　| 정답 | ②

| 해설 | 기타자산을 모두 금융자산으로 분류했을 때 금융자산의 비율이 최대가 된다. 기타자산을 모두 금융자산으로 분류했을 때 금융자산 규모는 550＋1,200＋1,000＋1,500＋2,500＋11,900＋600＋5,000＋1,500＝25,750 (만 원)이고, 비금융자산 규모는 1,000＋1,150＋6,000＋7,500＋23,000＝38,650(만 원)이다. 따라서 총자산에서 금융자산이 차지하는 비율의 최댓값은 $\dfrac{25,750}{25,750+38,650} \times 100 ≒ 40(\%)$이다.

26　| 정답 | ③

| 해설 | 2018년과 2019년 개인정보 침해신고 상담건수의 전년 대비 증가율을 구하면 다음과 같다.

• 2018년: $\dfrac{54,832-35,167}{35,167} \times 100 ≒ 55.9(\%)$

• 2019년: $\dfrac{122,215-54,832}{54,832} \times 100 ≒ 122.9(\%)$

따라서 2019년의 전년 대비 증가율이 2018년의 전년 대비 증가율의 2배 이상이다.

오답풀이

① 개인정보 침해신고 상담건수는 2014년에 23,333건, 2021년에 177,735건으로, 2021년이 2014년의 8배(23,333×8＝186,664) 미만이므로 700% 미만 증가했다.

📖 | **핵심이론**

증가율과 배수의 관계

수치가 A에서 B로 $C\%$ 증가할 경우 다음과 같은 식이 성립한다.

$$\frac{B-A}{A} \times 100 = C$$

$$\frac{B}{A} - 1 = \frac{C}{100}$$

$$\frac{B}{A} = \frac{C}{100} + 1$$

따라서 '$C\%$ 증가'는 '$\left(\dfrac{C}{100}+1\right)$배'와 같은 의미이다.

② 개인정보 무단수집으로 인한 개인정보 침해신고 상담건수는 2021년에 전년 대비 감소했다.

④ 2020년의 경우 주민번호 등 타인정보도용 건수가 개인정보 침해신고 상담건수의 절반을 크게 웃도는데, 2017년과 2018년은 절반을 크게 밑돌고, 2019년은 절반을 살짝 넘으므로 계산 없이도 주민번호 등 타인정보도용이 차지하는 비율이 가장 높은 해는 2020년인 것을 알 수 있다.

27 | 정답 | ①

| 해설 | 2021년의 개인정보 침해신고 상담건수는 177,735건, 법적용 불가 침해 사례는 35,547건이므로, 2021년 개인정보 침해신고 상담건수 중 법적용 불가 침해 사례가 차지하는 비율은 $\frac{35,547}{177,735} \times 100 = 20(\%)$이다.

28 | 정답 | ③

| 해설 | 2018~2021년 개인정보 무단이용제공으로 인한 개인정보 침해신고 상담건수의 전년 대비 증가율을 구하면 다음과 같다.

- 2018년: $\frac{1,202-1,171}{1,171} \times 100 = 2.6(\%)$
- 2019년: $\frac{1,500-1,202}{1,202} \times 100 = 24.8(\%)$
- 2020년: $\frac{2,196-1,500}{1,500} \times 100 = 46.4(\%)$
- 2021년: $\frac{1,988-2,196}{2,196} \times 100 = -9.5(\%)$

따라서 2018~2021년 중 개인정보 무단이용제공으로 인한 개인정보 침해신고 상담건수의 전년 대비 증가율이 가장 높은 해는 2020년이다.

> **⚡ | 문제 해결 TIP**
>
> 개인정보 무단이용제공으로 인한 개인정보 침해신고 상담건수를 보면, 2020년에 전년 대비 1.5배 가까이 증가하여 가장 증가율이 크다는 것을 쉽게 확인할 수 있다.

29 | 정답 | ②

| 해설 | • 2008년 서울의 투표자 수: 800×0.46=368(만 명)
• 2016년 서울의 투표자 수: 840×0.6=504(만 명)
따라서 그 차는 504-368=136(만 명)이다.

30 | 정답 | ④

| 해설 | [표2]를 보면 2012년과 2016년에 제시된 6개 지역의 투표율이 모두 직전 선거 투표율보다 증가했음을 알 수 있다.

오답풀이

① [표2]에서 지역별 투표율은 알 수 있으나 투표자 수는 알 수 없다.

② 2004년 전체 유권자 수는 $21,582 \times \frac{100}{61} = 35,380$(천 명), 2000년 전체 유권자 수는 $19,157 \times \frac{100}{57} = 33,609$(천 명)이므로 2004년 전체 유권자 수는 2000년보다 많다.

③ 2016년의 경우, 광주가 서울보다 투표율이 높았다.

31 | 정답 | ①

| 해설 | • A: 성인인 A와 어린이인 아들이 함께 생활체육 프로그램을 주 2회 이용하기 위해 납부한 이용료는 (16,800 +11,200)×1.1=30,800(원)이다. 그리고 A가 아들과 별도로 헬스장을 이용하기 위해 납부한 이용료는 45,000× 1.1=49,500(원)이다. 그런데 A는 개강 일주일 전 헬스장 등록을 취소하였으므로 반환받을 이용료는 49,500× 0.3=14,850(원)이다. 따라서 A가 최종적으로 납부한 이용료는 30,800+49,500-14,850=65,450(원)이다.
• B: 성인인 B와 청소년인 딸이 함께 수영장을 주 5회 이용하기 위해 납부한 이용료는 (63,000+45,000)×1.1 =118,800(원)이다.

32 | 정답 | ④

| 해설 | 취사가 불가능한 A숙소, C숙소를 제외하고 총점을 구하면 다음과 같다.(거리점수와 가격점수는 A숙소, C숙소도 포함하여 산정)

구분	거리점수	예약사이트 평점	가격점수	총점
B숙소	2점	4.5점	1점(120,000원)	7.5점
D숙소	4점	3.5점	2점(105,000원)	9.5점

따라서 김 상무가 예약할 숙소는 D숙소이다.

33 | 정답 | ②

| 해설 | 3년 동안 총 36회를 옐로우석에서 관람한다면 회원권이 없을 경우에는 $9,000 \times 36 = 324,000$(원)이 발생하며, 회원권이 있을 경우 $120,000 + 6,000 \times 36 = 336,000$(원)이 발생한다. 따라서 회원권을 구매하지 않고 관람하는 것이 더 저렴하다.

오답풀이

① 최 부장, 박 부장: $40,000 \times 2 = 80,000$(원)

　나머지 6명: $7,000 \times 6 = 42,000$(원)

　따라서 총 관람료는 122,000원이다.

③ C사원: $70,000 \times 4 = 280,000$(원)

　김 대리: $120,000 + 12,000 \times 6 = 192,000$(원)

　따라서 김 대리가 지불한 총액이 88,000원 더 적다.

④ 할인된 회원권 가입비는 60,000원이다. 하 대리는 연간 8회 관람하므로 회원권이 없을 경우 $12,000 \times 8 = 96,000$(원)이 발생하며, 회원권이 있을 경우 $60,000 + 9,000 \times 8 = 132,000$(원)이 발생하므로 회원권 구매 후 처음 1년 동안은 회원권을 구매하지 않을 때보다 36,000원 손해를 보게 된다.

34 | 정답 | ④

| 해설 | 연간 p회 관람한다고 할 때,

• 회원권이 없을 경우 관람료: 12,000p

• 회원권이 있을 경우 관람료: $120,000 \times (1-0.3) + (9,000 \times p) = 84,000 + 9,000p$

따라서 이득을 보기 위해서는 $12,000p > 84,000 + 9,000p$여야 한다.

이를 풀면, $p > 28$이므로 처음 1년간 적어도 29회 이상 관람을 해야 이득을 볼 수 있다.

35 | 정답 | ②

| 해설 | 외주업체 A~E의 평가 항목별 점수를 환산하면 다음과 같다.

(단위: 점)

구분	기업신뢰도	업무수행능력	사업적합성	지원서비스능력	입찰가격	합산 점수
A	20	18	16	18	18	90
B	18	20	18	20	12	88
C	18	18	20	18	20	94
D	16	20	18	20	16	90
E	20	16	18	18	14	86

항목별 합산 점수가 94점으로 가장 높은 C업체와 90점으로 같은 A업체와 D업체 중 기업신뢰도가 더 높은 A업체가 선정된다.

> **💡 | 문제 해결 TIP**
>
> 입찰가격은 최저가 순으로 수, 우, 미, 양, 가로 평가하여 점수를 환산한 것으로 C업체의 가격이 가장 낮고, B업체의 가격이 가장 높다.

36 | 정답 | ④

| 해설 | ⓒ A재와 C재는 보완 관계이므로 A재의 공급 증가로 인해 A재의 가격이 하락하면 C재 수요는 증가한다. C재의 수요 증가로 균형 거래량은 증가한다. 그러나 C재의 가격 탄력성이 1보다 크므로 가격이 하락할 가능성이 있으며, 이 경우 판매 수입이 증가할 수도 있고 감소할 수도 있다.

ⓔ A재의 부품 가격 하락은 A재 시장의 공급 증가 요인이다. 다른 요인의 변화가 없을 때 A재의 공급이 증가하면 공급 곡선이 오른쪽으로 이동하여 A재 균형 가격이 하락하고 균형 거래량이 증가한다. 그런데 A재의 수요의 가격 탄력성이 1보다 작으므로 가격의 하락률에 비해 수요량의 증가율이 작아서 가격 하락으로 인해 감소하는 매출액이 수요량 증가로 인해 증가하는 매출액에 비해 커서 A재의 판매 수입은 감소하게 된다.

오답풀이

ⓖ, ⓒ A재와 B재는 대체 관계이므로 A재의 공급 증가로 인해 A재의 가격이 하락하면 B재 수요는 감소한다. 수요가 감소하는 경우 다른 요인의 변화가 없으면 B재의 수요의 가격 탄력성과 무관하게 균형 가격은 하락하고 균형 거래량은 감소하여 B재의 판매 수입은 감소하게 된다.

37 | 정답 | ①

| 해설 | 네 개 업체의 비용과 제작기간을 표로 정리하면 다음과 같다.

구분	A업체	B업체	C업체	D업체
종이	100,000원	100,000원	120,000원	110,000원
CTP	80,000원	70,000원	80,000원	70,000원
인쇄	80,000원	70,000원	60,000원	50,000원
제본	240,000원	200,000원	240,000원	200,000원
총 비용	500,000원	440,000원	500,000원	430,000원
완료일	월요일	화요일	일요일	월요일

따라서 D업체에서 430,000원으로 가장 저렴하게 제작이 가능하며, 완료일은 월요일이다.

38 | 정답 | ③

| 해설 | 원래의 견적에서 B업체의 경우 페이지 수가 증가했고, D업체의 경우 부수가 증가했으므로 다음과 같이 계산할 수 있다.

- B업체: 네 가지 공정의 비용이 모두 100% 상승하므로 총 비용은 $440,000 \times 2 = 880,000$(원)이 된다.
- D업체: 종이 80%, 인쇄 90%, 제본 100% 상승하므로 총 비용은 $(110,000 \times 1.8) + 70,000 + (50,000 \times 1.9) + (200,000 \times 2) = 763,000$(원)이 된다.

39 | 정답 | ②

| 해설 | ⓒ C역에서 D역까지 수송거리가 400km이고, 40피트인 공컨테이너 1개의 임률은 $(800 \times 74\%)$원/km, 즉 592원/km이므로 수수해야 하는 컨테이너 화물 운임은 $400 \times 592 = 236,800$(원)이다.

오답풀이

ⓖ 일반 화물 최저 운임의 수송거리는 100km이므로 화차표기하중이 50톤인 화차의 수송거리가 50km인 일반 화물의 운임은 $100 \times 50 \times 45.9 = 229,500$(원)이다.

ⓒ 일반 화물 운임은 화차표기하중으로 계산되므로 수송거리 250km인 화차표기하중이 50톤인 화물의 실적재중량이 30톤인 품목의 일반 화물의 운임은 $250 \times 50 \times 45.9 = 573,750$(원)이다.

40 | 정답 | ④

| 해설 | a의 1월 상수도 사용량이 15m³이면 납부요금은 $\{(10 \times 700) + (5 \times 800) - 350\} = 10,650$(원)이고, b의 1월 상수도 사용량이 15m³이면 납부요금은 $\{(5 \times 600) + (10 \times 900) - 650\} = 11,350$(원)이므로 b의 납부요금이 더 많다.

오답풀이

① 요율표 3단계의 단위부피당 상수도요금은 B시가 1,200원으로 A시보다 더 크다.

② b의 1월 상수도 사용량이 $15m^3$이면 2단계이므로 650원을 공제받는다.

③ a의 1월 상수도 사용량이 $22m^3$이면 3단계이므로 $350+2,500=2,850$(원)을 공제받는다.

41 | 정답 | ②

| 해설 | 2022년 3월 a, b의 상수도 사용량이 $23m^3$이면 a와 b의 납부요금은 다음과 같다.

- a의 납부요금: $\{(10×700×1.1)+(10×800×1.1)+(3×1,000×1.1)-350-2,500\}=16,950$(원)
- b의 납부요금: $\{(5×600×1.1)+(10×900×1.1)+(8×1,200×1.1)-650-5,000\}=18,110$(원)

따라서 a, b의 납부요금의 합은 $16,950+18,110=35,060$(원)이다.

42 | 정답 | ④

| 해설 | 생산량이 증가함에 따라 추가적인 비용은 더 크게 증가하므로 1개를 추가로 생산하는 데 들어가는 비용도 증가한다.

오답풀이

① 항상 임대비용이 존재하기 때문에 이를 포함하여 비용을 계산하면 생산량이 0개일 때 월 1억 원의 비용이 발생한다.

② 최대로 얻을 수 있는 이윤은 생산량이 2억 개 또는 3억 개일 때 9억 원이다.

③ 1개당 비용이 가장 적은 생산량은 1억 개이며, 이때 이윤은 5억 원(=10억 원-4억 원-1억 원)이다.

43 | 정답 | ②

| 해설 | ㉠ 월 1억 개를 생산할 때, 월 인건비는 4억 원이고 1인당 월 인건비는 100만 원이므로 4(억 원)÷100(만 원/명)=400(명)을 고용해야 한다.

㉢ 월 1억 개를 생산할 때 400명이 1억 개(1인당 25만 개), 월 2억 개를 생산할 때 600명이 1억 개(1인당 약 17만 개)를 추가로 생산하게 된다. 따라서 생산량이 증가할수록, 추가로 고용된 1명의 생산량은 감소한다.

오답풀이

㉡ 월 1억 개에서 2억 개로 생산을 늘릴 때 600명을 추가로 고용해야 한다.

㉣ 0개에서 1억 개로 생산을 늘릴 때, 판매 수입은 1인당 250만 원으로 100만 원보다 많다.

44 | 정답 | ②

| 해설 | 출장비를 항목별로 계산하면 다음과 같다.

- 숙박비: (8만 원×2명×3박)+(4만 원×3명×3박)=84(만 원)
- 일비: (9만 원×2명×4일)+(7만 원×3명×4일)=156(만 원)
- 교통비: 20만 원×5명=100(만 원)

따라서 전체 출장비는 $84+156+100=340$(만 원)이다.

출장 기간을 1박 더 연장했을 때, 비용은 다음과 같다.

- 숙박비: (8만 원×2명×4박)+(4만 원×3명×4박)=112(만 원)
- 일비: (9만 원×2명×5일)+(7만 원×3명×5일)=195(만 원)
- 교통비: 20만 원×5명=100(만 원)

따라서 전체 출장비는 $112+195+100=407$(만 원)이므로 예산 한도인 400만 원을 초과한다.

오답풀이

① 선택지 ②에 의해 전체 출장비는 총 340만 원이다.

③ 1인당 교통비가 10만 원씩, 총 50만 원이 증액되면 전체 출장비는 $340+50=390$(만 원)으로 예산 한도를 초과하지 않는다.

④ 부장 이상 1인당 숙박비와 일비 기준액을 1만 원씩 줄이고, 과장 1명을 출장자에 추가하여 계산하면 다음과 같다.

- 숙박비: (7만 원×2명×3박)+(4만 원×4명×3박)=90(만 원)
- 일비: (8만 원×2명×4일)+(7만 원×4명×4일)=176(만 원)
- 교통비: 20만 원×6명=120(만 원)

따라서 전체 출장비는 90+176+120=386(만 원)이므로 예산 한도를 초과하지 않는다.

45 | 정답 | ③

| 해설 | ⓒ 형과 동생은 직계존비속에 해당되지 않으므로 형제자매의 주택 소유 여부에 관계없이 무주택자로 판단 될 수 있다.

ⓔ 배우자와 별도 세대를 이룬 부모이므로 무주택자 자격에 영향을 주지 않는다.

오답풀이

ⓐ 예비신혼부부이며, 분양권을 소유하고 있으므로 무주택자로 판단될 수 없다.

ⓓ ⓒ과 달리, '주민등록표등본에 등재된 직계존속(배우자의 직계존속 포함)'의 경우에 해당하므로 무주택자로 판단될 수 없다.

46 | 정답 | ①

| 해설 | L는 가로축, H는 세로축을 의미하며, A는 ●, B는 ★, C는 ♥표시를 의미한다.

이러한 방법으로 그래프를 해석해보면 다음과 같다.

가로축은 5, 세로축은 6이므로 L: 5, H: 6

A(●)의 좌표는 (5, 6), B(★)의 좌표는 (4, 1), C(♥)의 좌표는 (1, 4)이다.

오답풀이

② A, B좌표가 잘못 표시되어 있다.

③ C좌표가 잘못 표시되어 있다.

④ L(가로축)과 H(세로축)가 뒤바뀌어 있다.

47 | 정답 | ④

| 해설 | 주어진 그래프를 $y=x$ 대칭이동하면 가로축(L)은 6, 세로축(H)은 5가 된다.

A, B, C의 좌표 역시 가로축과 세로축이 바뀌게 되므로 A의 좌표는 (6, 5), B의 좌표는 (1, 4), C의 좌표는 (4, 1)이 된다. 이를 그래프로 표현하면 아래와 같다.

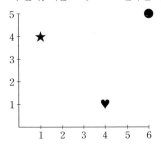

오답풀이

① 제시된 그래프의 좌표를 나타낸 것이다.

② L(가로축)과 H(세로축)가 뒤바뀌어 있다.

③ A, B, C좌표를 $y=x$ 대칭 이동하지 않았다.

48 | 정답 | ②

| 해설 | 삼각형의 왼쪽과 오른쪽의 수를 더한 후, 삼각형 아래의 수를 곱한 값이 가운데 수이다.

- $(9+7)×2=32$
- $(4+5)×3=27$

• $(6+3) \times 6 = 54$

따라서 정답은 ②이다.

49 | 정답 | ④

| 해설 |

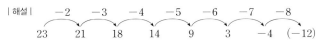

50 | 정답 | ②

| 해설 | '보전'과 '보호'는 서로 비슷한 의미를 가진 유의어관계이다.

• 수확: 익은 농작물을 거두어들임. 또는 거두어들인 농작물
• 추수: 가을에 익은 곡식을 거두어들임

오답풀이

① 경작: 땅을 갈고 농사를 짓는 행위

③ 농사: 농작물을 재배하거나 가축을 기르는 일

④ 비료: 식물의 성장을 돕기 위해 사용하는 물질

51 | 정답 | ③

| 해설 | B는 C보다 직급이 낮다고 하였는데, B가 대리라면 B의 말은 진실이지만 C보다 직급이 낮을 수 없으므로 모순이다. 그러므로 B의 말은 거짓이고 B는 사원이다. B의 말이 거짓이므로 B는 C보다 직급이 낮지 않아야 한다. 즉, C도 사원이다. 따라서 A, B, C, D 네 사람 중 2명은 대리이고 2명은 사원인데 B와 C가 사원이므로 남은 A와 D는 대리이다.

오답풀이

① A는 대리이다.

② A는 대리, C는 사원이므로 서로 직급이 다르다.

④ D는 대리이고, B는 사원이므로 D는 B보다 직급이 높다.

52 | 정답 | ③

| 해설 | ◎는 위에서 첫 번째, 네 번째 삼각형을, ▽는 위에서 세 번째, 네 번째 삼각형을 180° 회전하는 기능이므로 ◎▽를 누르면 위에서 첫 번째, 세 번째 삼각형을 180° 회전한 것과 동일한 결과가 나온다.

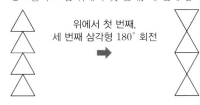

오답풀이

① ☆는 위에서 첫 번째, 두 번째 삼각형을, ◎는 위에서 첫 번째, 네 번째 삼각형을 180° 회전하는 기능이므로 ☆◎를 누르면 위에서 두 번째, 네 번째 삼각형을 180° 회전한 것과 동일한 결과가 나온다.

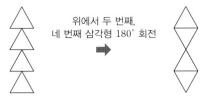

② ◎는 위에서 첫 번째, 네 번째 삼각형을, ◇는 위에서 두 번째, 세 번째 삼각형을 180° 회전하는 기능이므로 ◎◇를 누르면 모든 삼각형을 180° 회전한 것과 동일한 결과가 나온다.

④ ◇는 위에서 두 번째, 세 번째 삼각형을, ▽는 위에서 세 번째, 네 번째 삼각형을 180° 회전하는 기능이므로 ◇▽를 누르면 위에서 두 번째, 네 번째 삼각형을 180° 회전한 것과 동일한 결과가 나온다.

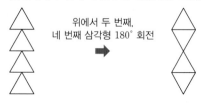

53 | 정답 | ④

| 해설 | ▽는 위에서 세 번째, 네 번째 삼각형을, ◇는 위에서 두 번째, 세 번째 삼각형을 180° 회전하는 기능이므로 ▽◇를 누르면 위에서 두 번째, 네 번째 삼각형을 180° 회전한 것과 동일한 결과가 나온다.

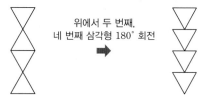

오답풀이

① ☆는 위에서 첫 번째, 두 번째 삼각형을, ◇는 위에서 두 번째, 세 번째 삼각형을 180° 회전하는 기능이므로 ☆◇를 누르면 위에서 첫 번째, 세 번째 삼각형을 180° 회전한 것과 동일한 결과가 나온다.

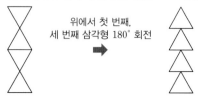

② ◎는 위에서 첫 번째, 네 번째 삼각형을, ◇는 위에서 두 번째, 세 번째 삼각형을 180° 회전하는 기능이므로 ◎◇를 누르면 모든 삼각형을 180° 회전한 것과 동일한 결과가 나온다.

③ ◎는 위에서 첫 번째, 네 번째 삼각형을, ▽는 위에서 세 번째, 네 번째 삼각형을 180° 회전하는 기능이므로 ◎▽를 누르면 위에서 첫 번째, 세 번째 삼각형을 180° 회전한 것과 동일한 결과가 나온다.

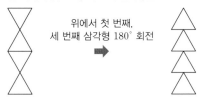

위에서 첫 번째,
세 번째 삼각형 180° 회전

54 | 정답 | ③

| 해설 | 두 번째 명제의 대우 명제는 '건강이 좋지 않은 사람은 일찍 일어나지 않는 사람이다.'이다. 따라서 '첫 번째 명제+세 번째 명제+두 번째 명제의 대우 명제'를 연결하면, '오래 앉아 있는 사람은 근력이 약한 사람이고, 근력이 약한 사람은 건강이 좋지 않은 사람이며, 건강이 좋지 않은 사람은 일찍 일어나지 않는 사람'이 성립한다. 또한, 이의 대우 명제인 '일찍 일어나는 사람은 건강이 좋은 사람이며, 건강이 좋은 사람이면 근력이 강한 사람이고, 근력이 강한 사람이면 오래 앉아 있지 않는 사람' 역시 성립한다.

오답풀이

① '오래 앉아 있는 사람은 근력이 약한 사람이고, 근력이 약한 사람은 건강이 좋지 않은 사람이며'를 참고할 때, 선택지의 내용은 항상 옳다고 할 수 없다.

② '근력이 약한 사람은 건강이 좋지 않은 사람이며, 건강이 좋지 않은 사람은 일찍 일어나지 않는 사람'에 따라 옳지 않다.

④ '일찍 일어나는 사람은 건강이 좋은 사람이며, 건강이 좋은 사람은 근력이 강한 사람이며, 근력이 강한 사람은 오래 앉아 있지 않는 사람'에 따라 옳지 않다.

55 | 정답 | ③

| 해설 | 두 번째 명제의 대우 명제, 네 번째 명제의 대우 명제, 첫 번째 명제를 살펴보면, 운동을 좋아하지 않는 사람은 그림 그리기를 좋아하지 않고, 그림 그리기를 좋아하지 않는 사람은 시 읽기를 좋아하며, 시 읽기를 좋아하는 사람은 음악 듣기를 좋아하지 않는다. 따라서 운동을 좋아하지 않는 사람은 음악 듣기를 좋아하지 않는다.

오답풀이

① 세 번째 명제와 첫 번째 명제의 대우 명제를 살펴보면, 요리를 좋아하지 않는 사람은 음악 듣기를 좋아하고, 음악 듣기를 좋아하는 사람은 시 읽기를 좋아하지 않는다. 따라서 요리를 좋아하지 않는 사람은 시 읽기를 좋아하지 않는다.

② 첫 번째 명제의 대우 명제와 네 번째 명제를 살펴보면, 음악 듣기를 좋아하는 사람은 시 읽기를 좋아하지 않고, 시 읽기를 좋아하지 않는 사람은 그림 그리기를 좋아한다. 따라서 음악 듣기를 좋아하는 사람은 그림 그리기를 좋아한다.

④ 네 번째 명제의 대우 명제, 첫 번째 명제, 세 번째 명제의 대우 명제를 살펴보면, 그림 그리기를 좋아하지 않는 사람은 시 읽기를 좋아하고, 시 읽기를 좋아하는 사람은 음악 듣기를 좋아하지 않으며, 음악 듣기를 좋아하지 않는 사람은 요리를 좋아한다. 따라서 그림 그리기를 좋아하지 않는 사람은 요리를 좋아한다.

🖋 | 문제 해결 TIP

제시된 명제를 단순화하여 대우 명제와 함께 기호로 나타내 보면 다음과 같다.

- 시 → ~음   ↔   음 → ~시
- 그 → 운   ↔   ~운 → ~그
- ~요 → 음   ↔   ~음 → 요
- ~시 → 그   ↔   ~그 → 시

③ 두 번째 명제의 대우 명제, 네 번째 명제의 대우 명제, 첫 번째 명제를 통해 '~운 → ~그 → 시 → ~음'의 관계가 성립함을 알 수 있다. 따라서 운동을 좋아하지 않는 사람은 음악 듣기를 좋아하지 않는다.

56 | 정답 | ④

| 해설 | 스위치를 한 번 눌렀을 때 4개 전등의 상태는 다음과 같다.

- ◁을 누른 경우: | 1번 | 2번 | 3번 | 4번 |

- ▷을 누른 경우: | 1번 | 2번 | 3번 | 4번 |

- △을 누른 경우: | 1번 | 2번 | 3번 | 4번 |

- ▽을 누른 경우: | 1번 | 2번 | 3번 | 4번 |

스위치를 두 번 눌렀을 때 나올 수 있는 전등의 상태는 다음과 같다.

| 1번 | 2번 | 3번 | 4번 | , | 1번 | 2번 | 3번 | 4번 | , | 1번 | 2번 | 3번 | 4번 | , | 1번 | 2번 | 3번 | 4번 |

스위치를 세 번 눌렀을 때 나올 수 있는 전등의 상태는 다음과 같다.

| 1번 | 2번 | 3번 | 4번 | , | 1번 | 2번 | 3번 | 4번 | , | 1번 | 2번 | 3번 | 4번 | , | 1번 | 2번 | 3번 | 4번 |

따라서 스위치를 세 번 눌렀을 때, 4개 전등의 상태로 가장 적절한 것은 ④이다.

57 | 정답 | ④

| 해설 | 제시된 그래프 구성 명령어 실행 예시를 보면 H와 V는 순서대로 각각 그래프의 가로축 범위와 세로축 범위를 의미하는 것을 알 수 있다. 또한 A, B, C, D는 순서대로 각각 내부 흰색 평행사변형, 내부 검은색 평행사변형, 내부 흰색 마름모, 내부 검은색 마름모 모양을 의미하며, 알파벳 다음의 두 숫자는 좌표를 나타낸다.

- 가로축 범위가 6, 세로축 범위가 4이므로 L: H6 / V4이다.
- A(내부 흰색 평행사변형)의 좌표는 (2, 0), C(내부 흰색 마름모)의 좌표는 (6, 4), D(내부 검은색 마름모)의 좌표는 (1, 0)이므로 C: A(2, 0) / C(6, 4) / D(1, 0)이다.

오답풀이

① L명령어는 옳으나, C명령어에 C가 B로 잘못 표시되어 있다.

② L명령어의 가로축과 세로축 범위가 뒤바뀌어 있으며, C명령어의 C와 D좌표 역시 뒤바뀌어 있다.

③ L명령어의 가로축과 세로축 범위가 옳지 않으며, C명령어에 A가 B로 잘못 표시되어 있고 A와 C좌표도 뒤바뀌어 있다.

✎ | 문제 해결 TIP

1. 간단하게 확인할 수 있는 L명령어를 먼저 확인하여 선택지를 소거한다.
   가로축 범위가 6, 세로축 범위가 4이므로 L: H6 / V4이다. → ②, ③은 정답이 아니다.
2. 남은 선택지의 C명령어를 비교하여 서로 다른 부분만 확인해 본다.
   C명령어를 구성하는 알파벳이 서로 다르다. 제시된 그래프는 A(내부 흰색 평행사변형), C(내부 흰색 마름모), D(내부 검은색 마름모)로 구성되어 있으므로 정답은 ④이다.

58 | 정답 | ①

| 해설 | · 가로축 범위가 6, 세로축 범위가 4이므로 L: H6 / V4이다.
- A(내부 흰색 평행사변형)의 좌표는 (1, 4), B(내부 검은색 평행사변형)의 좌표는 (3, 2), C(내부 흰색 마름모)의 좌표는 (2, 3), D(내부 검은색 마름모)의 좌표는 (4, 1)이므로 C: A(1, 4) / B(3, 2) / C(2, 3) / D(4, 1)이다.

따라서 D의 H축 좌표가 4로 가장 크다.

② 그래프의 좌측부터 A, C, B, D의 순서대로 배치되어 있다.

③ 명령어에 B(2, 3)은 포함되어 있지 않으며, B(3, 2)가 포함되어 있다.

④ 명령어에 A(1, 4)는 포함되어 있다.

59 | 정답 | ①

| 해설 | 물, 장마, 날씨에서 비를 연상할 수 있으므로 적절하다.

② 무좀, 난청으로만 연상할 수 있으므로 적절하지 않다.

③ 인도로만 연상할 수 있으므로 적절하지 않다.

④ 물, 멸치로만 연상할 수 있으므로 적절하지 않다.

60 | 정답 | ①

| 해설 | 바깥에 위치한 4개의 사각형에 적힌 숫자의 합이 가운데 사각형에 적힌 숫자가 되는 규칙이 있다.

$$a+b+c+d=e$$

- $6+2+5+7=20$
- $1+10-9+3=5$
- $4+2+7+1=14$
- $5+(\quad)+3+12=8$

따라서 빈칸에 들어갈 숫자는 $8-5-3-12=-12$이다.

61 | 정답 | ④

| 해설 | 포스코그룹은 1968년 4월 1일 회사 창립식을 갖고 1970년 포항 1기 설비를 종합착공하는 등 1967~1970년은 포스코 창업기라 할 수 있다. 그리고 1976년에 포항 2기 설비, 1978년에 포항 3기 설비를 종합준공하는 등 포항건설기를 가지다가 1981년에 제2공장 입지를 광양만으로 최종 확정하고, 1987년에 광양 1기 설비, 1988년에 광양 2기 설비, 1990년에 광양 3기 설비를 종합준공하였다. 따라서 1971~1981년은 포항건설기이고, 1982~1992년은 광양건설기이다. 그리고 나서 1993년 4월 1일 신포스코 창조를 선포하고, 2000년 신세기통신을 매각하였으며, 2002년에 사명을 포항종합제철주식회사에서 주식회사 포스코로 바꾸는 민영화시기를 거치게 된다. 그리고 현재까지 글로벌 초우량 기업으로 성장하기 위해 끊임없이 노력하고 있다.

62 | 정답 | ②

| 해설 | INNOVILT(이노빌트)는 Innovation(혁신)＋Value(가치)＋Built(건설)의 합성어로, 이노빌트 핵심가치는 Sustainability(지속가능성), Partnership(파트너십), Creativity(창의, 창조성), Hi-tech(첨단기술)의 가치를 담고 있다.

- Sustainability: 자원순환이 가능한 친환경소재 철(Steel)로 우리 삶의 터전을 더 친환경적으로 만드는 것
- Partnership: 포스코 소재를 사용하는 고객사와 함께 공생발전을 추구하여 함께 지속 성장하는 것
- Creativity: 철을 통해 창의적이고 아름다운 건축물을 실현하기 위한 노력
- Hi-Tech: 스마트건설 기반 기술의 확산을 통한 경쟁력 강화

① 그리닛(Greenate): '그린(green)'이 '되게 하다(-ate)'라는 의미의 합성어로 녹색지구를 만들어 나가겠다는 포스코의 의지를 담았으며, 철자 속 'ee'의 무한대 형상은 그리닛이 만드는 지속 가능한 녹색지구를 표현한다. Greenate은 저탄소 철강 제품, 저탄소 철강 기술과 공정, 미래 수소환원제철 등 포스코그룹의 모든 친환경 활동과 사업을 대표하는 마스터브랜드이다.

③ 이 오토포스(e Autopos): 친환경의 eco-friendly, 전동화 솔루션의 electrified AUTOmotive Solution of POSco을 결합한 합성어로, 친환경성, 협업 시너지, 미래 지향을 담은 혁신을 통해 친환경차 시장을 선도하겠다는 의미가 담겨있다. 알파벳 'A'는 친환경차 미래 지향점에 대한 혁신, 협업 시너지 창출의 3대 브랜드 핵심 가치를 형상화하였다.

④ 그린어블(Greenable): '친환경'의 Green과 '가능하게 하다'의 Enable의 합성어이다. 철은 바람, 태양, 수소로 청정한 에너지를 만들고, 이 에너지는 다시 탄소 없이 철을 만든다. 이 끊임없는 순환은 새로운 가치들로 확장되고, 우리 삶이 지속가능한 방향으로 흘러가게 한다.

63 | 정답 | ④

| 해설 | 체인지업 그라운드는 포스코에서 운영하는 스타트업 공간으로, 포스코는 체인지업 그라운드를 통해 미국의 실리콘 밸리에 필적하는 유니콘 기업을 꿈꾸고 있다. 사업영역은 기계·소재, 전기·전자·반도체, 정보통신·소프트웨어, 바이오·의료, 화학·에너지·자원 등 다양한 분야에 걸쳐 있으며, 대한민국과 세계의 기술 경계를 책임질 탄탄한 기술력을 보유하고 있다.

① 'Park1538'은 포스코 본사 인근에 포스코 홍보관과 역사박물관, 명예의 전당을 테마파크 형태로 조성한 공간이다.

② '스페이스워크'는 포항 환호공원에 있는 공공미술 작품으로 총 트랙 길이는 333미터, 폭은 가로 60미터, 세로 57미터, 높이 25미터로 변화무쌍한 곡선의 부드러움과 웅장한 자태를 지니고 있다. 스페이스워크는 100% 포스코 강재로 제작되었고, 포스코의 역량과 기술력이 총동원된 작품이라고 할 수 있다.

③ '글로벌 안전센터'는 포스코의 안전교육을 하는 곳으로 교육 효과를 높이기 위해 최첨단 멀티미디어 교육시설과 산업현장 및 일상생활 속에서 직면할 수 있는 다양한 위험요소를 실제와 같은 환경 속에서 직접 체험하고, 안전하게 해결할 수 있는 능력을 향상시키는 실감나고 재미있는 체험실습교육의 장이다.

64 | 정답 | ①

| 해설 | 주어진 글을 보면 포스코그룹에서 개발한 새로운 쇔줄은 기존 합성섬유와 와이어의 장점을 결합했다고 했다. 보편적으로 사용되는 합성섬유 소재는 날카로운 물체와 마찰에 의한 전단에 취약하다.

65 | 정답 | ②

| 해설 | 포스코는 2006년 온실가스 에너지 시스템을 구축해 체계적으로 온실가스를 감축하고 있으며, 2022년에는 탄소중립 추진 전담 조직을 신설해 저탄소 철강 생산-기술-판매-원료-투자 체계로의 대전환에 속도를 내고 있다.

01	02	03	04	05	06	07	08	09	10
③	②	①	②	③	④	③	②	②	④
11	12	13	14	15	16	17	18	19	20
①	④	④	④	②	④	②	③	④	①
21	22	23	24	25	26	27	28	29	30
①	②	③	②	④	③	②	④	③	③
31	32	33	34	35	36	37	38	39	40
②	④	③	④	③	④	①	③	②	②
41	42	43	44	45	46	47	48	49	50
②	③	③	③	④	①	③	③	②	②
51	52	53	54	55	56	57	58	59	60
②	②	①	③	①	③	④	③	④	③
61	62	63	64	65					
③	②	③	②	④					

01 | 정답 | ③

| 해설 | 주어진 글에서 '노멀 크러시'의 부정적 영향은 나타나지 않는다. 따라서 답을 할 수 없는 질문이다.

오답풀이

① '노멀 크러시'의 의미에 대해 첫 번째 문단에서 설명하고 있다.

② '노멀 크러시'의 발생 원인에 대해 첫 번째 문단에서 설명하고 있다.

④ '노멀 크러시'의 대표적인 사례는 두 번째 문단에서 설명하고 있다.

02 | 정답 | ②

| 해설 | ㉠의 뒷내용은 앞에서 설명한 문장을 반복하여 정리하고 있으므로 접속어 '즉'이 적합하다.

㉡의 뒷내용은 앞에서 설명한 회색 신월환의 기능에 대해, 예를 들어 설명하고 있으므로 접속어 '예를 들어'가 적합하다.

03 | 정답 | ①

| 해설 | 글의 핵심은 환경 문제 해결, 지속 가능한 발전, 기후 변화 대응, 효율적인 자원 관리 등을 다루고 있다. 특히, 지속 가능한 미래와 환경 문제 해결을 강조하고 있으므로 '지속 가능한 미래를 위한 환경 문제 해결'이 제목으로 적절하다.

오답풀이

② 개인 소비보다는 국제 협력, 기업의 역할, 재생 가능 에너지 확대 등 더 큰 차원에서의 해결책을 논의하고 있기 때문에 제목으로 적절하지 않다.

③ 기후 변화가 가져오는 경제적 혜택에 대해 언급하지 않으므로 제목으로 적절하지 않다.

④ 단기적인 경제 성장보다는 지속 가능한 미래를 위한 해결책을 다루고 있으므로 제목으로 적절하지 않다.

04 | 정답 | ②

| 해설 | 주어진 글은 마이데이터 개념과 그 장점, 과제를 다루고 있으며, 특히 마이데이터의 도입과 함께 개인정보 보호의 문제와 법적 · 제도적 장치에 대한 논의를 포함하고 있다. 따라서 마이데이터와 개인정보 보호 간의 균형을 맞추는 문제에 집중하고 있으므로 '마이데이터와 개인정보 보호의 균형'이 주제로 적절하다.

① 마이데이터라는 새로운 개념 위주의 논의가 중심이기 때문에 개인정보 보호와 관리의 중요성만을 강조하는 것은 주제로 적합하지 않다.

③ 디지털 사회에서의 데이터 위험을 다룬 내용을 일부 포함하고 있으나, 마이데이터와 개인정보 보호의 균형이 더 정확한 주제이다.

④ 정부의 데이터 활용 방식 변화라는 주제는 글의 주요 주제를 제대로 반영하지 못하므로 적절하지 않다.

05 | 정답 | ③

| 해설 | 마이데이터의 개념은 개인이 자신의 데이터를 주도적으로 관리하고 활용하는 것을 의미한다. 따라서 정부나 기업이 무단으로 개인정보를 수집하고 활용하는 경우는 마이데이터의 정의에 맞지 않으며, 개인정보 보호와 관련된 법적 문제가 발생할 수 있으므로 ③은 마이데이터의 원칙을 벗어난 사례이다.

06 | 정답 | ④

| 해설 | 대기질 개선을 위한 방향성을 수립하여 정부가 취해야 할 역할 검토는 연구 내용의 구체적인 실행 방안 도출과는 거리가 있다. 실행 방안 도출은 구체적이고 실용적인 방법을 요구하는데, ㉣은 다소 추상적이고 전략적인 접근을 제시하고 있어 연구내용에 적합하지 않다.

① 각 정책별로 발생한 사회적 변화와 그 효과를 분석하고, 개선이 필요한 정책 요소를 도출하는 방법으로 연구 내용에 적합하다.

② 대기 오염 문제와 관련된 사회적 원인을 진단하고, 이를 해결하기 위한 정책적 접근 방안을 제시하는 방법으로 연구 내용에 적합하다.

③ 해외 대기질 개선을 위한 선진국의 정책 사례를 조사하여, 해당 사례의 성공적인 요소를 한국에 맞게 적용 가능한지 분석하는 방법으로 연구 내용에 적합하다.

07 | 정답 | ③

| 해설 | 주어진 글은 신기전의 종류 및 구조에 대해 설명하고 있다. 우선 신기전의 종류를 밝히고 있는 [라]가 가장 먼저 나와야 하며, 신기전의 전체적인 구조를 설명하고 있는 [나]가 두 번째로 와야 한다. 그다음으로 화살과 발화통, 약통을 만드는 재료를 설명하는 [가]가 오고, 약통 만드는 방법을 설명한 [마]와 발화통 만드는 방법을 설명한 [다]가 순서대로 오면 된다.

① [나]는 신기전의 구조를 설명하는 부분으로 가장 먼저 나오면 어색하다.

② [다]의 '폭발물인 발화통을 만드는 방법도 약통과 크게 다르지 않았다'라는 문장을 보면, [다]의 발화통 이전에 [마]의 약통이 먼저 설명되어야 함을 짐작할 수 있다.

④ [가]의 '발화통과 약통은 종이로 만들었다'라는 문장을 통해 발화통과 약통을 만드는 방법보다 [가]가 더 먼저 나와야 함을 짐작할 수 있다.

08 | 정답 | ②

| 해설 | 사람이 먹는 물고기의 20~25% 정도가 산호초 부근에서 잡힌다는 내용이 있긴 하지만, 산호초 부근에 사는 물고기들을 대부분 사람이 먹을 수 있다는 의미는 아니다.

① 산호초의 광합성이 활발해지면 지구의 열도 내려간다고 서술되어 있다.

③ 산호초는 쓰나미나 태풍으로 인한 해일로부터 연안을 보호하는 역할도 한다고 서술되어 있다.

④ 산호초는 왕성한 생명 활동으로 바닷속 삶의 공동체를 형성한다고 서술되어 있다. 그리고 그 공동체를 형성하는 방법으로 산호와 공생하는 주산텔라가 광합성을 통해 영양물질과 산소를 만들어 내고, 이는 작은 바다 동물의 먹이가 되며 이

작은 바다 동물을 포식하기 위해 큰 바다 동물이 모여든다고 서술되어 있다. 즉, 공생 관계를 통해 바닷속 삶의 공동체를 형성하고 있음을 알 수 있다.

09 | 정답 | ②

| 해설 | 주어진 글의 첫 번째 문단에서는 플라스마의 개념을 정의하고 있으며, 두 번째 문단에는 플라스마가 미래 첨단 기술의 원천이 되는 것, 일상생활에 적용되는 것, 그리고 환경 문제를 해결하는 것 등이 어떤 효과가 있는지 설명하고 있다. 따라서 글의 논지 전개 방식에 대한 설명은 ②가 가장 적절하다.

10 | 정답 | ④

| 해설 | 새로 건축된 집에서 두통과 어지럼증 등의 불쾌감을 느끼게 되는 것은 새집 증후군의 전형적인 증상이므로, 주어진 글의 내용과 일치한다.

오답풀이

① 실내 공기 오염 물질 중 여러 가지 화학 물질의 복합적인 작용으로 인체에 영향을 미치는 현상이 새집 증후군이지만, 항상 새집에서만 새집 증후군이 발생한다는 언급은 없다.

② 물리적 요인과 정신적 요인의 복합적인 영향으로 나타난다고 설명하고 있다. 하지만 개인마다 반응 정도가 다를 수 있으므로 모든 사람이 새집 증후군을 겪게 된다는 내용은 옳지 않다.

③ '새집 증후군은 물리적 요인과 정신적 요인의 복합적인 영향에 의해 나타나는 경우가 많으며, 어느 한 가지 요인에 의해서 나타나는 경우만 있는 것은 아니다.'의 내용을 통해 건축 자재만으로도 새집 증후군이 발생할 수 있다는 설명은 옳지 않다.

11 | 정답 | ①

| 해설 | 빈칸의 앞 문단에서 대출 시장에의 영향에 대한 의견이 다소 엇갈리고 있음을 알 수 있고, 빈칸이 있는 문단에서 관계형 금융이 갖는 어려움을 제시하고 있으므로 관계형 금융은 제한적일 것이라는 내용이 들어가는 것이 적절하다.

오답풀이

② 관계형 금융이 보편화될 것이라는 의견은 찾아보기 어렵다.

③ 첫 번째 문단과 세 번째 문단에서 경쟁이 격화될 것이라는 내용은 확인할 수 있지만, 보완할 것이라는 견해는 알 수 없다.

④ 첫 번째 문단에서 새로운 형태의 금융임은 알 수 있지만, 차별화가 덜하다는 견해는 알 수 없다.

12 | 정답 | ④

| 해설 | 중소기업의 경우 신용 평가가 어려우므로 상시 탐방할 수 있는 대출전문 사원을 채용하여 활용하는 것은 기업 고유의 특성이 반영된 정보를 발굴하기 위한 방법으로 볼 수 있다.

13 | 정답 | ④

| 해설 | 주어진 글은 조선 시대의 초상화의 화법을 설명하고, 그 특징을 서술한 내용이다.

오답풀이

① 초상화가 조선 시대 그림의 대표라는 내용은 나와 있지 않다.

② 글의 서술 내용은 초상화에 집중되어 있으므로 조선 시대 그림의 화법 및 특징이라고 보기 어렵다.

③ 조선 시대 초상화의 변천 및 역할은 나와 있지 않다.

14 | 정답 | ④

| 해설 | '−시지요'는 '−십시오/−으십시오, −습니다/−ㅂ니다, −습니까/−ㅂ니까'와 함께 하십시오체의 어미이다.

ㄹ 해요체는 '−아요/−어요, −군요' 등의 어미로 표현된다.

15 | 정답 | ②

| 해설 | 인공조명으로 재배된 농산물이 인체에 해를 끼친다는 것을 추론할 만한 내용은 드러나 있지 않다.

오답풀이

① 발달된 시설재배는 농산물의 안정적인 생산을 위한 하나의 대안이 될 수 있다. 식물 배양에 필요한 태양광은 비가 오거나 눈이 오는 날에는 부족하게 될 수 있는데, 인공조명을 사용하면 날씨에 영향을 받지 않게 되므로 인공조명으로 농산물을 재배하면 연중 안정적인 생산이 가능해진다.
③ 다단형 설비나 복층형 건물은 조명을 인공광에 의존하였을 때 가능하므로 최소 지대에 최대의 농산물을 심기 위한 방법이라 볼 수 있다. 따라서 이러한 시설은 효율성을 최우선으로 고려한 것이다.
④ 이상 기후 현상이 빈발하는 가운데, 발달된 시설재배는 농산물의 안정적인 생산을 위한 대안이라고 언급하고 있다. 즉이상 기후 현상은 농산물의 생산을 불안정하게 만들고 있음을 의미한다.

16 | 정답 | ④

| 해설 | 2022년 3분기 대비 2024년 3분기의 해외 STS 매출액은 $\frac{186-115}{115} \times 100 ≒ 61.7(\%)$ 증가했다.

오답풀이

① 전년 동 분기 대비 2023년 3분기의 냉연 매출액 증가량은 국내가 404−345=59(백억 원), 해외가 646−502=144(백억 원)이다. 따라서 해외가 국내의 144÷59≒2.4(배)이다.
② 전체 매출액은 2023년 3분기에 1,841+1,586=3,427(백억 원), 2024년 3분기에 1,736+1,910=3,646(백억 원)이다. 따라서 3,646−3,427=219(백억 원) 증가했다.
③ 기타 매출액은 국내가 해외보다 2022년 3분기에 582−243=339(백억 원), 2023년 3분기에 760−373=387(백억 원), 2024년 3분기에 715−494=221(백억 원) 많다.

17 | 정답 | ②

| 해설 | 2024년 3분기의 전체 매출액 중 열연 매출액이 차지하는 비중은 $\frac{414+469}{1,736+1,910} \times 100 ≒ 24(\%)$이다.

18 | 정답 | ③

| 해설 | 인건비가 1,000만 원 이상 5,000만 원 미만인 비율이 가장 높은 지역은 '전라남도, 전라북도, 충청남도, 충청북도'로 4곳이다.

오답풀이

① 인건비가 1.5억 원, 즉 15,000만 원 이상인 사례 수가 없는 지역은 충청북도이다.
② 사례수가 40개 미만인 지역은 '강원도, 경기도, 경상북도, 충청북도'이며, 이 지역들의 평균 금액의 총합은 1,511+3,659+3,213+3,206=11,589(만 원)이다.
④ 충청남도와 전라북도에서 인건비가 1,000만 원 미만인 비율의 차이는 31.1−9.1=22(%p)이다.

19 | 정답 | ④

| 해설 | ㉠ 2020년 수출액은 13.5조 원이고 2023년 수출액은 18조 원이다. 따라서 2023년 수출액은 2020년 대비 $\frac{18-13.5}{13.5} \times 100 ≒ 33(\%)$ 증가하였다.
㉡ 7년 동안 무역수지가 흑자인 해는 2019년, 2022년, 2023년인 3개년이므로 적자인 해가 더 많다.

ⓔ 2024년 수입품목에서 반도체 및 기술이 차지하는 비중은 전년 대비 31.5-24.5=7.0(%p) 증가하였다.

오답풀이

ⓒ 2020년부터 2024년까지 수출입 총액 및 각각의 평균을 확인해 보면 다음과 같다.
- 수출 총액: 135+105+150+180+125=695(천억 원) → 수출액 평균: 695÷5=139(천억 원)
- 수입 총액: 150+135+120+125+160=690(천억 원) → 수입액 평균: 690÷5=138(천억 원)

따라서 수입액 평균은 수출액 평균보다 139-138=1(천억 원) 적다.

---

20 | 정답 | ①

| 해설 | 2023년 수입액은 12.5조 원이므로 품목별로 수입액을 확인하면 다음과 같다.
- 농축산품: 125×0.05=6.25(천억 원)
- 공산품: 125×0.155=19.375(천억 원)
- 반도체 및 기술: 125×0.245=30.625(천억 원)
- 철강 및 원재료: 125×0.2=25(천억 원)
- 기타: 125×0.35=43.75(천억 원)

따라서 품목별 수입액을 바르게 나타낸 그래프는 ①이다.

🖋️ | 문제 해결 TIP

모든 품목에 대해 계산을 정확하게 하여 그래프를 찾기에는 시간이 많이 걸리므로 연도별로 구분하고, 같은 연도 내에서는 품목의 수치가 다른 것만 확인하면 된다. 예를 들어, 2023년의 경우 선택지 ①, ②에서 기타, 철강 및 원재료, 농축산품의 수입액이 같으므로 수치가 다른 공산품, 반도체 및 기술의 수입액만 확인하면 된다. 이때, 공산품이 차지하는 비중이 15.5%이므로 125×0.155를 계산하였을 때, 소수점 첫째 자리에서 계산이 끝나지 않는다는 것을 알 수 있다. 즉, 직접 계산하지 않더라도 선택지 ②는 옳지 않다.

---

21 | 정답 | ①

| 해설 | ⓖ 5인 이상 가구에는 최소 5명이 있다. 따라서 2030년 인구수는 최소 7,440+2×7,022+3×4,500+4×2,452+5×623=47,907(천 명)=4,790.7(만 명)이므로 최소 4,700만 명 이상일 것이다.

오답풀이

ⓛ 1인 가구와 2인 가구의 가구 수는 2020년부터 2040년까지 10년 주기로 꾸준히 증가할 것으로 보이지만, 3인 가구는 2030년 대비 2040년에 감소할 것이고, 4인 가구는 꾸준히 감소할 것이다.

ⓒ 2040년 1인 가구로 생활하는 사람은 8,237천 명이고, 3인 가구로 생활하는 사람은 4,421×3=13,263(천 명)이므로 1인 가구로 생활하는 사람이 더 적을 것이다.

---

22 | 정답 | ②

| 해설 | A지점은 220억 원에서 310억 원, B지점은 170억 원에서 230억 원, D지점은 190억 원에서 300억 원으로 증가했고, C지점은 260억 원에서 200억 원으로 감소했다.

오답풀이

① 4분기 매출액은 전분기 대비 감소했다.

③ 3분기와 4분기 모두 4위이다.

④ D지점의 매출액은 2분기에는 30억 원 증가, 3분기에는 60억 원 증가, 4분기에는 20억 원 증가했다. 따라서 D지점의 전분기 대비 매출액 상승폭은 4분기에 축소되었다.

23 |정답| ③

|해설| 전년 대비 IGCC 에너지 발전량의 증가량이 가장 많았던 해는 약 1,346,000MWh 증가한 2020년이다. 연료전지 에너지 발전량의 증가량이 가장 많은 해도 약 1,237,000MWh 증가한 2020년이므로, 전년 대비 IGCC 에너지 발전량의 증가량이 가장 많았던 해에 연료전지 에너지 발전량의 증가량도 가장 많았다.

오답풀이

① 2017~2020년 동안 매년 발전량이 증가한 에너지는 태양광, 풍력, 연료전지로 총 3개이다.

② 폐기물 에너지 발전량은 2018년-2017년-2016년-2019년-2020년 순으로 많고, 재생에너지 총 발전량은 2018년-2019년-2017년-2016년-2020년 순으로 많다. 따라서 옳지 않다.

④ 2020년에는 재생에너지 총 발전량 중 태양광 에너지 발전량의 비중이 가장 컸다.

24 |정답| ②

|해설| 2016년 대비 2020년에 발전량이 감소한 에너지는 해양, 폐기물로 총 2개이다.

25 |정답| ④

|해설| 중학교 유학생이 가장 많은 연도인 2019년 대비 가장 적은 연도인 2021년에 중학교 유학생 감소율은 $\frac{2,752-1,029}{2,752} \times 100 ≒ 63(\%)$이므로 60% 이상이다.

오답풀이

① 국외로 대학 연수만 받은 유학생 수를 구하면 다음과 같다.

- 2019년: 213,000-131,518=81,482(명)
- 2020년: 194,916-124,927=69,989(명)
- 2021년: 156,520-105,657=50,863(명)
- 2022년: 124,320-100,514=23,806(명)

따라서 국외로 대학 연수만 받은 유학생 수는 매년 감소한다.

② 2019~2022년 고등학교 유학생의 수는 1,516+514+796+713=3,539(명)이므로 2019년 초등학교 유학생 수 4,693명보다 적다.

③ 주어진 자료로는 초등학교부터 고등학교까지 교육을 받은 유학생 수를 알 수 없다.

26 |정답| ③

|해설| 2019~2020년 유학·연수 수지를 계산하면 다음과 같다.

(122.5-3,478.9)+(91.5-2,707.50)=-3,356.4-2,616=-5,972.4(백만 달러)

즉, 2년 동안 약 60억 달러가 적자이므로 6억 달러 이상 적자이다.

오답풀이

① 2019년 유학·연수 수지는 122.5-3,478.9=-3,356.4(백만 달러)이고, 2020년 유학·연수 수지는 91.5-2,707.5=-2,616(백만 달러)이므로 증가하는 추이를 보인다.

② 유학·연수 수지가 적은 해인 2019년에 초등학교, 중학교, 고등학교, 대학 유학생 수가 가장 많으므로 국외 한국인 유학생 수가 가장 많다.

④ 2019년 대비 2020년에는 국외 한국인 유학생 수와 해외지급액 모두 줄었다.

27 |정답| ②

|해설| 2021년 2분기 식품 매출액을 x원이라 하면 2022년 2분기 식품 매출액은 $(1-0.023)x=0.977x$이고, 2021년 3분기 매출액을 y원이라 하면 2022년 3분기 매출액은 $(1+0.005)y=1.005y$이다.

이때, 2021년 3분기 식품 매출액이 전 분기 대비 증가했다면 $x<y$이다. 즉, $0.977x<1.005y$가 성립한다. 따라서 2022년 3분기에도 전 분기 대비 매출이 증가했음을 알 수 있다.

① 주어진 자료는 전년 동분기 대비 매출 증감률이므로 전 분기 매출 증감률은 알 수 없다.

③ 항목별 매출액이 제시되어 있지 않으므로 알 수 없다.

④ 2020년 3분기 가전 매출액을 a원이라 하면 2021년 3분기 매출액은 $a(1-0.017)$원, 2022년 3분기 매출액은 $a(1-0.017)(1+0.035)=1.017405a$(원)이다. 따라서 2020년 3분기 매출액 a원보다 약 1.7% 정도 증가했다.

28 | 정답 | ④

| 해설 | ㉠ $55.3 \to 57.3 \to 58.9 \to 60.3 \to 60.9 \to 66.2 \to 71 \to 75.8$억 원으로 매 분기 증가하고 있다.

㉢ 2021년 3분기 무역특화지수는 $\dfrac{71-64.5}{71+64.5}≒0.048$, 2021년 4분기 무역특화지수는 $\dfrac{75.8-61.7}{75.8+61.7}≒0.103$으로 2021년 4분기 무역특화지수가 전 분기의 2배 이상이다.

㉡ 분기별 무역수지는 $-7 \to -3.7 \to -5.1 \to 1.7 \to 3.3 \to 3.9 \to 6.5 \to 14.1$억 원으로 매 분기 증가하고 있지 않을 뿐만 아니라 흑자로 전환된 것은 2020년 4분기부터이다.

> 📝 **| 문제 해결 TIP**
>
> ㉡ 두 가지 정보에 대해 묻고 있다. 이 중 매 분기 무역수지가 증가한다는 정보는 8개의 값을 모두 계산해야 알 수 있지만 2021년 1분기부터 흑자로 전환되었다는 정보는 수출액과 수입액의 대소 비교만으로 쉽게 찾을 수 있으므로 두 번째 정보부터 확인한다.

29 | 정답 | ③

| 해설 | 연도별로 업무상 손상 발생률을 확인해보면 다음과 같다.

- 2021년: $\dfrac{21+10+23}{150+120+230}\times100=10.8(\%)$
- 2022년: $\dfrac{12+19+31}{80+250+170}\times100=12.4(\%)$
- 2023년: $\dfrac{9+31+15}{100+240+260}\times100≒9.2(\%)$
- 2024년: $\dfrac{35+18+16}{240+210+250}\times100≒9.9(\%)$

따라서 업무상 손상 발생률이 가장 낮은 연도는 2023년이다.

30 | 정답 | ③

| 해설 | 2023년 근속 연수에 따른 업무상 손상 발생률을 확인하면 다음과 같다.

- 5년 미만: $\dfrac{9}{100}\times100=9(\%)$
- 5~10년: $\dfrac{31}{240}\times100≒12.9(\%)$
- 10년 초과: $\dfrac{15}{260}\times100≒5.8(\%)$

따라서 바르게 나타낸 그래프는 ③이다.

31 | 정답 | ②

| 해설 | 기획팀은 12명이므로 정원이 9명인 C회의실은 사용할 수 없다. 또한 컨퍼런스 콜이 필요한데, D회의실에는 컨퍼런스 콜이 없으므로 D회의실도 사용할 수 없다. 한편 두바이의 시각은 한국보다 5시간 느려서 두바이 시각 기준 9~12시에 회의를 하려면 한국에서는 14~17시에 회의를 진행해야 한다. A회의실은 15~17시에 품질팀의 예약이 잡혀있으므로 회의를 하기에 적합한 회의실은 B회의실이다.

32 | 정답 | ④

| 해설 | A지점을 가장 먼저 방문하고 출장지 도착 전 D지점을 가장 마지막으로 방문하는 방법은 '회사 − A − C − B − E − D − 출장지'밖에 없다.

- 시내도로: 회사 − A이고, 25km이다. 연비가 10km/L이므로 휘발유는 $25 \div 10 = 2.5$(L)가 필요하다.
- 국도: A − C − B − E − D이고, 이 경로는 $60 + 75 + 90 + 60 = 285$(km)이다. 연비가 15km/L이므로 휘발유는 $285 \div 15 = 19$(L)가 필요하다.
- 고속도로: D − 출장지이고, 50km이다. 연비가 20km/L이므로 휘발유는 $50 \div 20 = 2.5$(L)가 필요하다.

따라서 필요한 총 휘발유량은 $2.5 + 19 + 2.5 = 24$(L)이므로 총 주유비는 $24 \times 1,000 = 24,000$(원)이다. 고속도로는 한 번만 거치므로 톨게이트비 4,000원이 추가되어 총 출장비는 $24,000 + 4,000 = 28,000$(원)이다.

33 | 정답 | ③

| 해설 | 주어진 기준에 따라 업체별 점수를 계산해 보면 다음과 같다. 항목당 배점 비율이 다르므로 점수에 배점 비율을 곱하여 계산한다.

(단위: 점)

업체	품질 점수	가격 점수	직원 점수	총점
갑	$88 \times 0.5 = 44$	$96 \times 0.4 = 38.4$	$97 \times 0.1 = 9.7$	92.1
을	$85 \times 0.5 = 42.5$	$100 \times 0.4 = 40$	$97 \times 0.1 = 9.7$	92.2
병	$87 \times 0.5 = 43.5$	$96 \times 0.4 = 38.4$	$91 \times 0.1 = 9.1$	91.0
정	$87 \times 0.5 = 43.5$	$94 \times 0.4 = 37.6$	$94 \times 0.1 = 9.4$	90.5

따라서 총점이 가장 높은 업체와 가장 낮은 업체는 각각 을과 정이 된다.

34 | 정답 | ④

| 해설 | A사에서 R제품을 판매하고 B사에서 N제품을 판매할 때의 양사의 월 수익 금액의 합은 $9 + 4 = 13$(억 원)으로 최대가 된다.

35 | 정답 | ③

| 해설 | 1분기에 B사가 M제품을 판매한다면, P제품, Q제품, R제품을 판매할 때의 A사의 수익 금액은 각각 3억 원, 1억 원, 6억 원이 된다. 따라서 A사는 R제품을 판매해야 수익 금액이 가장 커지게 된다. 같은 논리로 2분기에는 B사의 N제품 판매에 따른 A사의 수익 금액이 각각 3억 원, 6억 원, 9억 원이 되므로 역시 A사는 R제품을 판매해야 한다. 따라서 1분기와 2분기 모두 R제품을 판매해야 A사의 수익 금액이 극대화된다.

36 | 정답 | ④

| 해설 | 사은품 A~D의 총점을 구하면 다음과 같다.

구분	총점(점)
A	$\{(4 \times 2) + (3 \times 2.5)\} \div \frac{900}{100} \times 4 \fallingdotseq 6.9$
B	$\{(3.5 \times 2) + (4 \times 2.5)\} \div \frac{800}{100} \times 3 \fallingdotseq 6.4$

C	$\{(4.5\times2)+(2\times2.5)\}\div\dfrac{700}{100}\times5=10$
D	$\{(3\times2)+(5\times2.5)\}\div\dfrac{600}{100}\times3\fallingdotseq9.3$

따라서 선택되는 사은품은 C, D이다.

37 | 정답 | ①

| 해설 | ㉠ 최대편익기준을 따르고 비용의 한도를 4,000만 원 이하로 선정하는 경우 E안이 선택된다.

오답풀이

㉡ 최소비용기준을 따르고 편익을 60,000만 원 이상으로 선정하는 경우 C안이 선택된다.

㉢ 편익/비용은 비용 대비 편익 수치이므로 비용 대비 편익이 가장 큰 C안과 E안만 비교하면 다음과 같다.

- C안: $\dfrac{72,000}{3,000}=24$
- E안: $\dfrac{84,000}{4,000}=21$

따라서 편익/비용 기준으로 선정하는 경우 C안이 선택된다.

38 | 정답 | ③

| 해설 | 방수 기능이 보통 이상이어야 하므로 C, D 중 골라야 하는데 가격적인 면에서는 C, 브랜드 가치 면에서는 D가 가장 적절하다. 휴대폰을 구매할 고객은 브랜드 가치보다 가격을 더 중요시한다고 했으므로 C를 제안하는 것이 가장 적절하다.

39 | 정답 | ②

| 해설 | 을은 가격이 저렴한 것을 중요시하므로 B모델을 구입한 것은 적절한 선택이다.

오답풀이

① 갑은 보조 배터리를 가장 많이 제공해주는 B모델을 구입했어야 한다.

③ 병이 구입한 D모델은 방수 기능이 보통이라 적절하지 않다.

④ 정이 구입한 C모델은 보조 배터리를 제공해 주지 않으므로 적절하지 않다.

40 | 정답 | ②

| 해설 | 최종 징계를 받는 사람은 벌점이 1,000점 이상이면서 업무처리 건수 대비 오류건수가 10% 이상인 직원으로 B, D 2명이다.

상세해설

A~D의 총 오류건수와 벌점 총점은 다음과 같다.

구분	업무처리 건수(건)	총 오류건수(건)	벌점 총점(점)
A	400	25+18=43	$25\times20+18\times40-300=920$
B	400	30+15=45	$30\times20+15\times40=1,200$
C	300	10+15=25	$10\times20+15\times40=800$
D	400	17+24=41	$17\times20+24\times40-300=1,000$

벌점이 1,000점 이상인 직원은 B, D이고, 업무처리 건수 대비 오류건수가 10% 이상인 직원은 A, B, D이다.

따라서 최종 징계를 받는 사람은 B, D 2명이다.

41 | 정답 | ②

| 해설 | [설문조사 응답]에 따라 필수로 만족해야 하는 평가항목은 사용면적, 센서, 단가 3가지이다.

직원2의 의견에 만족하는 제품은 A, B, C, D 모두 해당된다.

직원3의 의견에 만족하는 제품은 A, B가 해당된다.

직원5의 의견에 만족하는 제품은 B, D가 해당된다.

따라서 상대적으로 소비전력과 소음이 모두 낮은 B제품이 가장 적합한 제품이다.

42 | 정답 | ③

| 해설 | A~D의 승진대상자 점수는 다음과 같다.

승진대상자	점수(점)
A	$2+2+(1\times2)+(5\times5)+(3\times4)=43$
B	$(5\times2)+(3\times5)+(5\times4)=45$
C	$2+2+(3\times2)+(3\times5)+(5\times4)=45$
D	$2+(3\times2)+(1\times5)+(3\times4)=25$

가장 점수가 높은 사람은 B, C로 동점이고, 해외출장이 4회 이상인 C가 승진대상자이다.

43 | 정답 | ③

| 해설 | 각 선호 순위에 대한 가중치가 모두 동일하다고 하였으므로, 1순위부터 4순위까지에 각각 4, 3, 2, 1점을 부여하여 각 에너지원의 경영진별 선호도를 점수화해 보면 다음과 같다.

- 태양광: $2+1+4+1=8$(점)
- 풍력: $4+3+2+3=12$(점)
- 바이오: $1+2+3+4=10$(점)
- 폐기물: $3+4+1+2=10$(점)

따라서 바이오와 폐기물이 선정되었을 경우 두 개의 에너지원이 동일한 선호도를 나타내게 되며, 이때 C경영진이 바이오에 더 높은 선호 순위를 부여했으므로 최종 에너지원으로 선정될 에너지원은 바이오가 된다.

44 | 정답 | ③

| 해설 | **43**번에 따라 풍력은 선호도 합계 순위가 1위이므로 어느 에너지원과 함께 선정되어도 항상 최종 에너지원으로 결정된다.

오답풀이

① 태양광은 선호도 합계 순위가 4위이므로 어느 에너지원과 함께 선정되어도 최종 에너지원으로 결정될 수 없다.

② 바이오는 태양광, 폐기물과 선정되면 최종 에너지원으로 결정될 수 있다.

④ 동일 선호도를 나타내는 경우는 바이오와 폐기물이 선정되는 경우밖에 없다.

45 | 정답 | ④

| 해설 | 발생 건수가 매달 가장 많은 항목은 ㉣이므로 A형 간염은 ㉣이다. ㉠~㉢의 발생 건수가 가장 적은 달은 순서대로 각각 7월과 9월, 5월, 5월이므로, 두 번째 [조건]에 따라 장출혈성 대장균감염증과 파라티푸스는 각각 ㉡, ㉢ 중 하나이다. 또한, 발생 건수가 가장 많은 달은 ㉡, ㉢이 순서대로 각각 9월, 7월이고, ㉡의 발생 건수가 가장 많은 달인 9월에 ㉠의 발생 건수가 같으므로, 세 번째 [조건]에 따라 ㉡이 파라티푸스, ㉠이 장티푸스이다. 따라서 남은 ㉢이 장출혈성 대장균감염증이다.

46 | 정답 | ①

| 해설 | 전제 1의 대우 명제와 전제 2를 살펴보면, 자동차가 있는 사람은 버스로 통근하지 않고, 버스로 통근하지 않는 사람은 주차권을 갖고 있다. 따라서 자동차가 있는 사람은 주차권을 갖고 있다.

오답풀이

② 전제 1의 역이므로 참인지 알 수 없다.

③ '버스로 통근하지 않는 사람은 자동차가 없다'의 대우 명제는 '자동차가 있는 사람은 버스로 통근한다'인데, 전제 1의 대우 명제인 '자동차가 있는 사람은 버스로 통근하지 않는다'가 참이므로 항상 거짓이다.

④ '주차권을 갖고 있는 사람은 버스로 통근한다'의 대우 명제는 '버스로 통근하지 않는 사람은 주차권을 갖고 있지 않다'인데, 전제 2인 '버스로 통근하지 않는 사람은 주차권을 갖고 있다'가 참이므로 항상 거짓이다.

> ✅ | **문제 해결 TIP**
>
> 제시된 명제를 단순화하여 대우 명제와 함께 기호로 나타내 보면 다음과 같다.
> - 버 → ~자   ↔   자 → ~버
> - ~버 → 주   ↔   ~주 → 버
>
> ① 첫 번째 명제의 대우 명제와 두 번째 명제를 통해 '자 → ~버 → 주'의 관계가 성립함을 알 수 있다. 따라서 자동차가 있는 사람은 주차권을 갖고 있다.

---

47 | 정답 | ③

| 해설 | • A의 말이 참이라면 A는 총무 업무를 담당해야 한다. 이 경우, B의 말은 거짓이 되고 B도 총무 업무를 담당해야 하므로 모순이 발생한다.

• B의 말이 참이라면 B는 인사 업무 또는 홍보 업무를 담당해야 한다. C의 말은 거짓이어야 하므로 C는 홍보 업무를 담당하는 것이 된다. 이 경우, B가 인사 업무, A가 총무 업무를 담당하는 것이 되는데 이것은 한 명만 진실을 말한다는 전제에 위배가 되어 역시 모순이 발생한다.

• C의 말이 참이라면 A와 B는 각각 거짓을 말한 것이므로 B는 총무 업무, B로 인해 C는 인사 업무, C로 인해 A는 홍보 업무를 담당하게 되며 이는 모순이 발생하지 않는다.

---

48 | 정답 | ③

| 해설 | 두 번째~네 번째 [조건]에 따라 A<C<D<F<B의 순서임을 알 수 있다. 이때, B의 층수가 D의 층수보다 2층 이상 높기 때문에 마지막 [조건]에 따라 B와 E의 층수의 합이 C와 D의 층수의 합과 같기 위해서는 E의 층수가 C의 층수보다 2층 이상 낮아야 한다. 이에 부합하기 위해서는 E가 1층이 되는 경우밖에 없으므로, 1층부터 6층까지의 거주자 순서는 E − A − C − D − F − B이다.

---

49 | 정답 | ②

| 해설 | '절기(節氣)'와 '절후(節侯)'는 '한 해를 스물넷으로 나눈, 계절의 표준이 되는 것'이라는 뜻이므로 서로 유의 관계이다. 한편 '감봉(減俸)'은 '봉급을 줄임'이라는 뜻이므로, 빈칸에는 동일한 뜻을 가진 '월봉(越俸)'이 들어가는 것이 알맞다.

오답풀이

① 증봉(增俸): 봉급을 더 늘림.

③ 정직(停職): 공무원에 대한 징계의 하나. 공무원의 신분은 그대로 지닌 채 일정 기간 직무에 종사하지 못하고 보수의 3분의 2가 감소한다.

④ 증질(增秩): 봉급을 더 늘림.

50 | 정답 | ②

| 해설 | 첫 번째 그림에서 억압, 속박, 구속의 뜻은 다음과 같다.

- 억압: 자기의 뜻대로 자유로이 행동하지 못하도록 억지로 억누름
- 속박: 어떤 행위나 권리의 행사를 자유로이 하지 못하도록 강압적으로 얽어매거나 제한함
- 구속: 행동이나 의사의 자유를 제한하거나 속박함

두 번째 그림에서 파란, 난관, 시련의 뜻은 다음과 같다.

- 파란: 순탄하지 아니하고 어수선하게 계속되는 여러 가지 어려움이나 시련
- 난관: 일을 하여 나가면서 부딪치는 어려운 고비
- 시련: 겪기 어려운 단련이나 고비

세 번째 그림에서 전이, 천이, 이동의 뜻은 다음과 같다.

- 전이: 자리나 위치 따위를 다른 곳으로 옮김
- 천이: 옮기어 바뀜
- 이동: 움직여 옮김. 또는 움직여 자리를 바꿈

즉, 한 그림에 쓰인 세 단어는 모두 유의어에 해당한다. 이때, 마지막 그림에서 '반복'은 '같은 일을 되풀이함'이라는 뜻이므로 유의어에 해당하는 '되풀이', '중복'이 정답이다.

- 되풀이: 같은 말이나 일을 자꾸 반복함. 또는 같은 사태가 자꾸 일어남
- 중복: 거듭하거나 겹침

💡 | 문제 해결 TIP

- 반한: 흐르는 땀을 다시 몸속으로 되돌린다는 뜻으로, 이미 내린 명령을 취소하거나 고침을 이르는 말
- 연속: 끊이지 아니하고 죽 이어지거나 지속함

---

51 | 정답 | ②

| 해설 | 제시된 수열은 앞의 두 항의 곱이 다음 항이 되는 규칙이 있다.

- $1 \times 3 = 3$
- $3 \times 3 = 9$
- $3 \times 9 = 27$
- $9 \times 27 = (243)$
- $27 \times 243 = 6,561$

따라서 빈칸에 들어갈 숫자는 243이다.

52 | 정답 | ②

| 해설 | 다섯 개의 정사각형 속의 숫자들이 하나의 배열 규칙을 나타내고 있다. 세로로 위치한 정사각형은 위에서 아래로 곱셈 연산이, 가로로 위치한 정사각형은 좌에서 우로 나눗셈 연산이 적용된다.

따라서 $4 \times (7) = 28$, $42 \div (7) = 6$이 되어 빈칸에 들어갈 숫자는 7이다.

53 | 정답 | ①

| 해설 | 주어진 수열에서 앞의 수와 뒤의 수의 관계를 확인해 보면 다음과 같다.

$$17 \xrightarrow{-5} 12 \xrightarrow{+3} 15 \xrightarrow{-5} 10 \xrightarrow{+3} 13 \xrightarrow{-5} (\quad) \xrightarrow{+3} 11$$

5가 줄어들었다가 3이 늘어나는 규칙이므로 빈칸에 들어갈 숫자는 $13-5=8$이다.

54 | 정답 | ③

| 해설 | 도넛 모양의 그림 속 네 개의 숫자를 모두 곱하면 항상 720이 나오는 배열 규칙이다. 따라서 $10 \times 3 \times 4 \times$ (6)＝720이므로 빈칸에 들어갈 숫자는 6이다.

55 | 정답 | ①

| 해설 | 주어진 그래프 구성 명령어 실행 예시를 보면 H와 V는 순서대로 각각 그래프의 가로축 범위와 세로축 범위를 의미하는 것을 알 수 있다. 또한 A, B, C, D는 순서대로 각각 내부 검은색 마름모, 내부 흰색 평행사변형, 내부 흰색 덧셈 기호, 내부 검은색 별 모양을 의미하며, 알파벳 다음의 두 숫자는 좌표를 나타낸다.

- 가로축의 범위가 5, 세로축의 범위가 3이므로 L: H5 / V3이다.
- A(내부 검은색 마름모)의 좌표는 (5, 1), B(내부 흰색 평행사변형)의 좌표는 (0, 1), C(내부 흰색 덧셈 기호)의 좌표는 (2, 0)이므로 C: A(5, 1) / B(0, 1) / C(2, 0)이다.

오답풀이

② L명령어는 옳으나, C명령어에 A, B, C가 B, C, D로 잘못 표시되어 있다.

③ C명령어는 옳으나, L명령어의 가로축과 세로축 범위가 뒤바뀌어 있다.

④ L명령어의 가로축과 세로축 범위가 뒤바뀌어 있으며, C명령어에 A, B, C가 B, C, D로 잘못 표시되어 있다.

> **💡 | 문제 해결 TIP**
>
> 1. 간단하게 확인할 수 있는 L명령어를 먼저 확인하여 선택지를 소거한다.
>   가로축 범위가 5, 세로축 범위가 3이므로 L: H5 / V3이다. → ③, ④는 정답이 아니다.
> 2. 남은 선택지의 C명령어를 비교하여 서로 다른 부분만 확인해 본다.
>   C명령어를 구성하는 알파벳이 서로 다르다. 제시된 그래프는 A(내부 검은색 마름모), B(내부 흰색 평행사변형), C(내부 흰색 덧셈 기호)로 구성되어 있으므로 정답은 ①이다.

56 | 정답 | ③

| 해설 | [산출된 그래프]에서는 가로축 범위가 6, 세로축 범위가 4이고, A(내부 검은색 마름모)의 좌표가 (4, 0), D(내부 검은색 별)의 좌표가 (0, 3)이므로 오류가 발생한 값은 H6 / V5, A(0, 3), D(4, 0)으로 총 3개이다.

오답풀이

- B(내부 흰색 평행사변형)의 좌표가 (5, 1)이므로 B(5, 1)은 옳다.
- C(내부 흰색 덧셈 기호)의 좌표가 (0, 2)이므로 C(0, 2)는 옳다.

57 | 정답 | ④

| 해설 | • 가로축 범위가 6, 세로축 범위가 5이므로 L: H6 / V5이다.

- A(내부 검은색 마름모)의 좌표는 (0, 1), B(내부 흰색 평행사변형)의 좌표는 (2, 3), C(내부 흰색 덧셈 기호)의 좌표는 (6, 1), D(내부 검은색 별)의 좌표는 (4, 3)이므로 C: A(0, 1) / B(2, 3) / C(6, 1) / D(4, 3)이다.

따라서 A~D의 H축 좌표는 0, 2, 6, 4로 모두 다르다.

오답풀이

① 그래프의 좌측부터 A, B, D, C의 순서대로 배치되어 있다.

② 가로축의 범위는 6, 세로축의 범위는 5로 동일하지 않다.

③ 명령어에 C(6, 1)은 포함되어 있다.

58 | 정답 | ③

| 해설 |

● 버튼을 누르면

4	7
14	22

이 된다.

■ 버튼을 누르면

5	6
15	23

이 된다.

오답풀이

① ● ◆ 버튼을 누르면

1	10
11	19

이 된다.

② ◆ ■ 버튼을 누르면

4	10
11	15

이 된다.

④ ◆ ▲ 버튼을 누르면

10	5
14	11

이 된다.

🔍 | **문제 해결 TIP**

숫자 하나를 기준으로 버튼 실행을 해서 비교한다.

59 | 정답 | ④

| 해설 |

◆ 버튼을 누르면

9	12
11	8

이 된다.

● 버튼을 누르면

18	6
22	4

이 된다.

▲ 버튼을 누르면

22	18
4	6

이 된다.

오답풀이

① ● ■ ▲ 버튼을 누르면

6	7
11	19

이 된다.

② ◆ ■ ● 버튼을 누르면

4	26
5	18

이 된다.

③ ■ ● ▲ 버튼을 누르면

30	26
2	4

이 된다.

60 | 정답 | ③

| 해설 | 시계는 다음 규칙에 따라 움직인다.

시침을 3시간
후로 돌림

분침을 50분
전으로 돌림

따라서 정답은 ③이다.

오답풀이

① ◁▷ 버튼을 누르면 8시 50분이 된다.

② ◀◁ 버튼을 누르면 7시 40분이 된다.

④ ◀▷ 버튼을 누르면 6시 10분이 된다.

61 | 정답 | ③

| 해설 | 포스코그룹의 행동강령에는 보고보다는 실행을 중시한다고 명시되어 있다.

62 | 정답 | ②

| 해설 | 포항종합제철주식회사는 1968년 4월 1일 창립되었으며, 이때 박태준 초대 사장이 취임했다.

오답풀이

① 1967년 6월 30일은 정부가 포항을 종합제철 입지로 확정한 날이다.

③ 1968년 5월 20일은 일명 롬멜하우스인 포항 건설사무소가 개설된 날이다.

④ 1970년 4월 1일은 포항 1기 설비가 종합착공된 날이다.

63 | 정답 | ③

| 해설 | 포스코의 전략방향은 저탄소 체제, 지속가능한 미래제품, 원가 경쟁력, DX(디지털전환), 기술(R&D), Block 化 대응, 해외성장, ESG경영, 인적경쟁력이다.

64 | 정답 | ②

| 해설 | 주어진 글은 포스코청암재단에 관한 것으로, 포스코아시아펠로십, 포스코사이언스펠로십, 포스코청암상, 포스코유스펠로십 등 국내는 물론 아시아로 넓혀 글로벌 장학·학술·문화사업을 통해 아시아 국가 간의 상호교류와 공동번영을 추구하고 있으며, 차세대 인재육성, 아시아 네트워킹, 참여와 나눔 실천을 핵심전략으로 삼고 있다.

오답풀이

① '제철장학회'는 포스코청암재단의 전신이다.

③ '포스코교육재단'은 1971년 설립되어 교육보국의 정신 아래 자주인, 도덕인, 창의인을 육성하는 것을 이념으로 삼은 교육재단이다.

④ '포스코 1% 나눔재단'은 포스코그룹 및 협력사 임직원들의 기부와 회사의 매칭그랜트로 운영되는 비영리재단이다.

65 | 정답 | ④

| 해설 | '집단의 문화를 중시하고'가 적절하지 않다. 헌장 세 번째를 보면, 포스코그룹이 창의의 조직문화를 만들고자 하고 있으므로 '다양성을 포용하고'가 적절한 내용이다.

01	02	03	04	05	06	07	08	09	10
③	④	④	③	②	④	①	③	①	③
11	12	13	14	15	16	17	18	19	20
④	①	②	④	④	④	④	④	①	②
21	22	23	24	25	26	27	28	29	30
③	④	④	①	③	①	②	④	③	②
31	32	33	34	35	36	37	38	39	40
③	③	②	②	①	①	④	②	②	①
41	42	43	44	45	46	47	48	49	50
①	④	②	②	④	①	②	③	③	①
51	52	53	54	55	56	57	58	59	60
①	③	④	④	④	②	①	④	②	④
61	62	63	64	65					
④	②	②	③	③					

01 | 정답 | ③

| 해설 | 두 번째 문단에 따르면 쌀은 저속 노화 열풍 속에서도 쌀이 혈당을 높인다는 인식 때문에 외면받았고, 이로 인해 쌀 소비량이 낮다고 설명하고 있기에 쌀이 저속 노화 식단으로 각광받고 있다는 설명은 글의 내용과 일치하지 않는다.

오답풀이

① 네 번째 문단에서 '가루쌀'의 전분 구조는 밀과 유사하다고 언급하고 있다.

② 첫 번째 문단에서 저속 노화를 위해서는 혈당 스파이크를 줄여야 한다며 당 섭취를 제한해야 한다고 언급하고 있다.

④ 네 번째 문단에서 '가루쌀'에는 섬유질과 비타민, 미네랄이 함유되어 있다고 언급하고 있다.

02 | 정답 | ④

| 해설 | 아이돌 굿즈 신드롬이 대중문화의 중요한 일부분으로 자리잡았다고 언급한다. 이는 굿즈 소비가 단순히 특정 팬들의 문화에 국한되지 않고, 전체 대중문화에 영향을 미쳤음을 시사한다고 볼 수 있다.

오답풀이

① 아이돌 굿즈의 소비 패턴은 전통적인 소비 패턴과 다르며, 굿즈는 단순한 상품을 넘어서는 문화적 상징성을 가진다. 굿즈 구매는 팬들 간의 문화적 결속과 자부심을 나타내므로 일반적인 소비 패턴을 따른다고 볼 수 없다.

② 글에서는 주로 특정 팬층의 반응과 행동을 설명하고 있으므로 굿즈 신드롬이 모든 연령대에서 동일하게 나타난다고 일반화하기는 어렵다.

③ 굿즈 신드롬은 아이돌 팬들뿐만 아니라. 유행에 민감한 소비자들에게도 영향을 미친다고 언급되므로 팬들만의 현상이라고 제한된 해석은 적절하지 않다.

03 | 정답 | ④

| 해설 | 제시된 글에서 하이퍼루프는 다양한 장점을 가지고 있지만 이를 상용화하기 위해서는 '기밀성과 안정성 확보', '칸트로비츠 한계 극복', '경제성'의 과제를 해결해야 하는 상태라고 하였다. 따라서 글의 주제로는 '하이퍼루프의 장점과 상용화를 위해 해결해야 할 과제'가 가장 적절하다.

04 | 정답 | ③

| 해설 | [보기]는 포스코에서 '내전단성 안전대 죔줄' 개발 시 수차례 테스트를 반복하여 40분 이상 전단되지 않는 죔줄을 탄생시켰다는 내용이다. 따라서 해당 내용은 포스코에서 죔줄 개발에 있어 작업자가 1차 추락으로 공중에 매달릴 경우 구조에 소요되는 골든타임 40분 이상을 확보하는 것이 가장 주요한 목표였다는 내용 뒤인 ©에 들어가는 것이 가장 적절하다.

오답풀이

① ⊙의 앞에서는 『고용노동부 안전대 성능 기준』에서 규정하는 안전대 죔줄의 소재에 대해 언급하고 있으므로 적절하지 않다.

② ⓒ의 앞에서는 보편적으로 사용되는 합성섬유와 와이어의 단점을 언급하고 있으므로 적절하지 않다.

④ ⓔ의 앞에서는 '내전단성 안전대 죔줄' 적용을 확대할 방침이라는 내용을 언급하고 있으므로 적절하지 않다.

✓ | 문제 해결 TIP

[보기]의 '전단 저항 시간이 가장 길다'와 © 앞의 '골든타임 40분 이상을 확보'라는 문구를 통해 두 내용이 이어짐을 알 수 있다.

05 | 정답 | ②

| 해설 | 제시된 기사는 포스코가 '그린어블 윈드'를 통해 글로벌 풍력타워 제작사에 친환경 풍력발전용 소재 제품을 공급하는 MOU를 체결하였다는 내용을 골자로 하고 있다. 따라서 기사의 제목으로는 '포스코, 친환경 풍력발전용 소재 공급 확대'가 가장 적절하다.

오답풀이

①, ④ 제시된 기사와 관련 없는 내용이다.

③ 기사의 일부 내용으로, 전체를 포괄하는 제목으로 볼 수 없다.

06 | 정답 | ④

| 해설 | 물질을 구성하는 원자나 분자의 열운동 정도를 나타내는 지표인 온도가 높다는 것은 열운동이 활발하다는 부분을 통해 알 수 있다.

오답풀이

① 주어진 글에서는 열을 내는 물체가 수분을 통해 에너지를 공급받는 내용에 대해 알 수 없으므로, 추론할 근거는 없다.

② 온도의 높고 낮음은 그 물질을 구성하는 입자의 개수와 관련이 없다.

③ 수증기의 분자 밀도가 물의 분자 밀도보다 1,000분의 1 정도로 작아 전달되는 열의 유입량이 적으므로, 45℃ 목욕물이 80℃ 이상 사우나보다 열의 유입량이 훨씬 많다고 볼 수 있다.

07 | 정답 | ①

| 해설 | 우선 프롭테크의 개념과 시작을 설명하고 있는 [가] 문단이 가장 먼저 나와야 한다. 그리고 1세대 프롭테크의 특징인 [다] 문단, 2세대 프롭테크의 특징인 [마] 문단이 순서대로 이어져야 하고, [마] 문단 말미에서 언급한 아시아의 프롭테크 중 하나인 우리나라의 프롭테크를 소개하고 있는 [라] 문단이 와야 한다. 그 후에는 3세대 프롭테크의 특징인 [나] 문단이 마지막으로 와야 한다. 따라서 문단을 논리적인 순서에 맞게 배열하면 [가]-[다]-[마]-[라]-[나]이다.

✓ | 문제 해결 TIP

[마] 문단의 '북미 및 유럽에서 2세대 프롭테크가 활성화될 무렵 아시아에서는 초기의 프롭테크가 시작되었다'를 통해 우리나라에서 처음 등장한 프롭테크를 소개하고 있는 [라] 문단이 그 뒤에 이어짐을 알 수 있다.

08 | 정답 | ③

| 해설 | 기후위기를 극복할 수 있는 탄소중립과 관련한 자신의 주장을 뒷받침하기 위해 국제사회의 합의와 여론조사기관의 통계 자료를 제시하고 있으므로 적절하다.

오답풀이

① 기존의 견해가 제시되지 않았으므로 적절하지 않다.

② 기후위기와 관련한 구체적인 사례는 제시하지 않았으므로 적절하지 않다.

④ 기후위기와 관련한 개념을 밝히고 있지 않고, 이와 관련한 다양한 양상을 소개하지 않았으므로 적절하지 않다.

> 💡 | **문제 해결 TIP**
>
> 논지 전개 방식을 파악할 때는 해당 글의 전반적인 흐름과 논지 전개 방식과 관련한 용어들을 미리 익혀두는 것이 필요하다.

09 | 정답 | ①

| 해설 | '심포지엄'이 올바른 표기이다.

- 심포지엄(symposium): 특정한 문제에 대하여 두 사람 이상의 전문가가 서로 다른 각도에서 의견을 발표하고 참석자의 질문에 답하는 형식의 토론회

오답풀이

② 뮤지컬(musical): 미국에서 발달한 현대 음악극의 한 형식. 뮤지칼은 잘못된 외래어 표기이다.

③ 하얼빈(哈爾濱): 중국 동북부의 도시로 하얼삔은 잘못된 외래어 표기이다.

④ 플래카드(placard): 긴 천에 표어 따위를 적어 양쪽을 장대에 매어 높이 들거나 길 위에 달아 놓은 표지물. 플랭카드는 잘못된 외래어 표기이다.

10 | 정답 | ③

| 해설 | 주어진 기사는 포스코그룹이 전기차용 전고체전지 핵심소재인 고체전해질 공장을 착공하기 위해 착공식을 개최한 것을 주요 내용으로 하고 있다. 따라서 기사의 제목으로는 '포스코그룹, 차세대 이차전지 핵심소재인 고체전해질 공장 건설 개시'가 가장 적절하다.

오답풀이

① 해당 착공식은 성과 공유를 위한 것으로 보기 어렵다.

② 주어진 기사와 관련 없는 내용이다.

④ 협력 추진에 관한 내용은 찾아볼 수 없다.

11 | 정답 | ④

| 해설 | 세 번째 문단에서 전고체전지는 리튬이온전지의 소재인 전해액과 분리막을 고체상태의 이온전도 물질로 대체한 것이라고 하였다.

오답풀이

① 세 번째 문단에서 전고체전지는 가연성이 높은 전해액을 사용하지 않아 안전성이 대폭 강화되었다고 하였다.

② 다섯 번째 문단에서 이번에 착공하는 공장에서는 2022년 하반기부터 연간 24톤의 고체전해질을 생산할 예정이라고 하였다.

③ 다섯 번째 문단에서 경남 양산시에 착공하는 공장에서의 시제품 양산을 통해 글로벌 배터리사와의 전고체전지 공동개발을 추진한다고 하였다.

> 💡 | **문제 해결 TIP**
>
> 문장의 일부 내용만으로 성급히 정오를 판단하지 않도록 유의한다. '글로벌 배터리사와의 전고체전지 공동개발을 추진'하나 시제품의 양산은 본 공장에서 이루어진다고 했으므로 ③은 정답이 아니다.

12 | 정답 | ①

| 해설 | 주어진 글은 사회보험에 대한 비판을 담고 있다. 그런데 사회보험 재정의 파탄의 위험성은 저부담 고지급 체계 때문이지 강제성과는 관계가 없다. 강제성이 없다고 해서 보험 재정이 반드시 파탄 나는 것도 아니고 강제성이 있다고 해서 재정이 반드시 튼튼한 것도 아니다.

오답풀이

②, ③, ④ 사회보험의 필요성과 사회보험이 강제성을 띨 수밖에 없는 이유에 대한 진술이다.

13 | 정답 | ②

| 해설 | 두 번째 문단에서 책에 기록된 기호들은 전체적인 입장에서 포괄적으로 해석될 수 있으며, 시간의 제약 없이 반복적이면서도 반성적으로 해석될 수 있다고 하였다.

오답풀이

① 책에서 전달하고자 하는 메시지를 순간적으로 파악할 수 있다는 내용은 언급되지 않았다. 오히려 첫 번째 문단에서 영상 매체의 기호들은 언제나 제한된 공간과 시간에 구속되어 단편적이고 순간적인 파악을 요청한다고 하였다.

③ 첫 번째 문단에서 영상 매체가 순간적인 파악을 요청한다고 하였다.

④ 첫 번째 문단에서 활자로 된 책을 통해 정보를 얻으려면 지적 긴장과 시간이 필요하여 비경제적이라고 하였다.

14 | 정답 | ④

| 해설 | 주어진 글은 사후 과잉 확신 편향에 대해 정의를 내리고, 그것의 특징을 설명하고 있다. 따라서 가장 적절한 것은 ④이다.

오답풀이

① 우연에 의해 설명될 수 있는 역사적 사건들이 결과가 알려지고 난 후에는 대개 필연적인 사건들로 해석되는 것이 사후 과잉 확신 편향의 사례라고 볼 수는 있지만, 글을 요약한 것이라고 보기는 어렵다.

② 판단 및 의사 결정의 정확성과 질을 왜곡시킬 가능성이 크다는 사후 과잉 확신 편향의 단점을 언급하고 있지만, 장점은 나와 있지 않다.

③ 사후 과잉 확신 편향에 대한 통념은 나와 있지 않다.

> ✅ | **문제 해결 TIP**
>
> 빠르게 사례를 찾는 방법은 지문에서 '실례로', '예를 들면' 등을 찾아보는 것이고, 전문가들의 해석 등은 대개 사람 이름과 함께 나와 찾기 쉽다.

15 | 정답 | ④

| 해설 | 세 번째 문단에서 철도 차량의 추진 장치 성능을 높이면 차량속도가 빨라지지만 이는 가격상승과 더 많은 전력 손실을 가져온다고 하였다.

오답풀이

① 네 번째 문단에서 소재의 기계적 특성과 해당 부재의 기능적 역할에 맞게 2종류 이상의 소재를 동시에 적용하는 차체는 하이브리드형 차체라고 하였다.

② 두 번째 문단에서 철도 차량의 차체에 금속소재뿐만 아니라 엔지니어링 플라스틱이나 섬유강화복합 소재와 같은 비금속 재료도 많이 활용되고 있다고 하였다.

③ 첫 번째 문단에서 초기의 철도 차량은 차체 소재가 목재였는데 목재 차체는 충분한 안전을 확보하기가 어려워 금속재로 변경되었다고 하였다.

16 | 정답 | ④

| 해설 | 산업별로 부가가치율을 확인해 보면 다음과 같다.

출판	만화	음악	게임	영화
$\frac{8,815}{20,766} \times 100$ $\fallingdotseq 42.4(\%)$	$\frac{393}{976} \times 100 \fallingdotseq 40.3(\%)$	$\frac{1,913}{5,308} \times 100$ $\fallingdotseq 36.0(\%)$	$\frac{4,848}{10,895} \times 100$ $\fallingdotseq 44.5(\%)$	$\frac{1,780}{5,256} \times 100$ $\fallingdotseq 33.9(\%)$

따라서 5개 산업 중 부가가치율이 두 번째로 높은 산업은 출판 산업이고, 출판 산업의 부가가치율은 약 42.4%이 므로 43% 미만이다.

오답풀이

① 5개 산업 중 부가가치율이 가장 높은 산업은 44.5%의 게임 산업이다.

② 출판 산업의 부가가치율은 42.4%이고, 영화 산업의 부가가치율은 33.9%이다. 따라서 출판 산업의 부가가치율은 영화 산업의 부가가치율보다 높다.

③ 게임 산업의 부가가치율은 44.5%이고, 만화 산업의 부가가치율은 40.3%이다. 따라서 두 산업의 부가가치율의 차는 $44.5 - 40.3 = 4.2(\%p)$이므로 4%p 이상이다.

17 | 정답 | ④

| 해설 | 2015년 대비 2021년 사교육비와 학생 수의 감소율을 계산하면 다음과 같다.

- 사교육비: $\frac{699 - 573}{699} \times 100 \fallingdotseq 18.0(\%)$

- 학생 수: $\frac{20.1 - 18.6}{20.1} \times 100 \fallingdotseq 7.5(\%)$

따라서 정답은 ④이다.

> 💡 | **문제 해결 TIP**
>
> 주어진 선택지에서 ③을 제외하면 절댓값이 모두 같은 상황이므로 [표]의 수치와 '감소율'이라는 단어만으로도 답을 유추할 수 있다. 사교육비와 학생 수 모두 감소한 상황이므로 두 항목에 대한 감소율은 모두 양수여야 한다. 따라서 정답은 ③ 또는 ④임을 알 수 있다.

18 | 정답 | ④

| 해설 | 2015년 농림어가 1가구당 평균 가구원 수는 $\frac{2,923}{1,237} \fallingdotseq 2.4$(명), 2020년 농림어가 1가구당 평균 가구원 수는 $\frac{2,651}{1,185} \fallingdotseq 2.2$(명)이다. 따라서 2020년 농림어가 1가구당 평균 가구원 수는 2015년 대비 $2.4 - 2.2 = 0.2$(명) 감소하 였다.

오답풀이

① 주어진 자료는 5년 단위로 추이를 나타낸 것이므로 농림어가 가구 수가 해마다 줄었는지 알 수 없다.

② 2000년 농림어가의 인구는 $\frac{3,931}{(1 - 0.119)} \fallingdotseq 4,462$(천 명)이므로 445만 명 이상이다.

③ 2000년 농림어가의 가구는 $\frac{1,454}{(1 - 0.053)} \fallingdotseq 1,535$(천 가구)이므로 155만 가구 미만이다.

19 | 정답 | ①

| 해설 | 2021년 A시의 사망자 수는 $492 + 397 = 889$(명)으로 출생자 수인 881명보다 많다. 그런데 전체 인구는 전 년 대비 6.71% 증가하였으므로 전입인구가 전출인구보다 많았음을 알 수 있다.

오답풀이

② 2020년 A시의 전년 대비 인구증가율은 3.54%이고, 면적은 변하지 않았으므로 인구밀도의 전년 대비 증가율 역시 3.54%이다. 따라서 3.5% 이상이다.

③ 2021년 A시 사망자 수는 남성(492명)>여성(397명)이므로 전체 사망자 수에서 남성이 차지하는 비율은 50% 이상이다.

④ 2019~2021년 동안 65세 이상 고령자 수는 9,332명 → 10,350명 → 10,971명으로 매년 증가했다.

20 | 정답 | ②

| 해설 | 2020년 A시의 인구수는 $950 \times 100 = 95,000$(명)이고, 세대당 인구수는 2.5명이다. 따라서 2020년 A시의 세대 수는 $\dfrac{95,000}{2.5} = 38,000$(세대)이다.

21 | 정답 | ③

| 해설 | A시의 2019년 인구수는 $917.55 \times 100 = 91,755$(명), 2020년 인구수는 $950 \times 100 = 95,000$(명)이다. 따라서 늘어난 인구수는 $95,000 - 91,755 = 3,245$(명)인데, 이 중에서 출생으로 증가한 수는 947명, 사망으로 감소한 수는 565명이므로 순전입인구는 $3,245 - 947 + 565 = 2,863$(명)이다.

22 | 정답 | ④

| 해설 | 총 인구 중 내국인 비율은 다음과 같다.

(단위: %)

2015년	2016년	2017년	2018년	2019년	2020년
97.3	97.2	97.1	96.8	96.6	96.7

따라서 2019년까지는 계속 감소하다가 2020년에만 증가하는 그래프는 ④뿐이다.

23 | 정답 | ④

| 해설 | 5개 기업의 2020년 당기순이익에 대한 괴리율 평균은 $\dfrac{4+20+(-10)+5+0.5}{5} = \dfrac{19.5}{5} = 3.9(\%)$이므로 3% 이상이다.

오답풀이

① A기업의 2020년 매출액 실적을 a억 원이라고 하면 매출액 실적 전망치가 80억 원, 괴리율이 30%이므로

$$30 = \dfrac{a-80}{80} \times 100 \rightarrow 2,400 = (a-80) \times 100 \rightarrow \dfrac{2,400}{100} = a - 80 \qquad \therefore a = 104$$

따라서 A기업의 2020년 매출액 실적은 100억 원 이상이다.

② B기업의 2020년 영업이익 실적을 b억 원이라고 하면 영업이익 실적 전망치가 40억 원, 괴리율이 −50%이므로

$$-50 = \dfrac{b-40}{40} \times 100 \rightarrow -2,000 = (b-40) \times 100 \rightarrow \dfrac{-2,000}{100} = b - 40 \qquad \therefore b = 20$$

따라서 B기업의 2020년 영업이익 실적은 20억 원이다.

③ 기업별로 매출액 실적 전망치 중 영업이익이 차지하는 비율을 계산하면 다음과 같다.

- A기업: $\dfrac{10}{80} \times 100 = 12.5(\%)$

- B기업: $\dfrac{40}{120} \times 100 \fallingdotseq 33.3(\%)$

- C기업: $\dfrac{-20}{100} \times 100 = -20.0(\%)$

- D기업: $\dfrac{150}{400} \times 100 = 37.5(\%)$

- E기업: $\dfrac{100}{250} \times 100 = 40.0(\%)$

따라서 2020년 매출액 실적 전망치 중 영업이익이 차지하는 비율이 가장 큰 기업은 E기업이다.

24 | 정답 | ①

| 해설 | 2020년 C기업의 영업이익 실적을 c억 원이라고 하면 영업이익 실적 전망치가 -20억 원, 괴리율이 -15% 이므로 $-15 = \dfrac{c-(-20)}{-20} \times 100$ $\therefore c = -17$

즉, 2020년 C기업의 영업이익 실적은 -17억 원이다.

따라서 2019년 대비 2020년 C기업의 영업이익 증감률은 $\dfrac{-17-13}{13} \times 100 \fallingdotseq -231(\%)$이다.

25 | 정답 | ③

| 해설 | ⓒ 찬성 의사를 나타낸 사람의 비율이 가장 낮은 기업은 설문 조사에 참여한 사람이 가장 많고, '찬성'이라고 답변한 사람은 가장 적은 G사이다.

ⓔ '모르겠음'이라고 답한 사람이 가장 적은 회사는 E사로, E사만 '반대'라고 답한 사람이 과반수이다. 따라서 비율이 가장 높다.

오답풀이

⊙ '찬성'이라고 답변한 사람 400명 중 F사는 90명이므로 비율을 구하면 $\dfrac{90}{400} \times 100 = 22.5(\%)$이다.

ⓒ G사에서 임금피크제에 대해 반대 의사를 나타낸 사람의 비율을 구하면 $\dfrac{85}{170} \times 100 = 50(\%)$로 정확히 절반이다.

26 | 정답 | ①

| 해설 | ⊙ 2023년 제품 P의 매출액은 $1,600 \times 0.2 = 320$(억 원)이고, 2024년에는 $1,500 \times 0.2 = 300$(억 원)이다. 따라서 2024년 제품 P의 매출액은 2023년 대비 $\dfrac{320-300}{320} \times 100 = 6.25(\%)$ 감소하였으므로 7% 미만 감소하였다.

오답풀이

ⓒ A~D회사의 총 매출액 중 A회사의 매출액이 50% 이상을 차지한 해는 2020년, 2022년으로 2개년이다.

ⓒ 2021년 A회사의 전년 대비 매출액 감소율은 $\dfrac{1,800-1,000}{1,800} \times 100 \fallingdotseq 44.4(\%)$이고 2023년 D회사의 3년 전 대비 매출액 증가율은 $\dfrac{450-240}{240} \times 100 = 87.5(\%)$이다. 따라서 2021년 A회사의 전년 대비 매출액 감소율은 2023년 D회사의 3년 전 대비 매출액 증가율보다 $87.5 - 44.4 = 43.1(\%p)$ 낮다.

27 | 정답 | ②

| 해설 | 2022년 C회사의 매출액은 $2,400 - 1,200 - 500 - 250 = 450$(억 원)이고, 2023년에 $2,950 - 600 - 500 - 450 - 800 = 600$(억 원)이다. 따라서 2023년 C회사의 전년 대비 매출액 증가율은 $\dfrac{600-450}{450} \times 100 \fallingdotseq 33.3(\%)$이다.

28 | 정답 | ④

| 해설 | A회사의 제품별 매출액을 연도별로 나타내면 다음과 같다.

(단위: 억 원)

구분	제품 P	제품 Q	제품 R	제품 S
2023년	$1,600 \times 0.2 = 320$	$1,600 \times 0.28 = 448$	$1,600 \times 0.39 = 624$	$1,600 \times 0.13 = 208$
2024년	$1,500 \times 0.2 = 300$	$1,500 \times 0.4 = 600$	$1,500 \times 0.14 = 210$	$1,500 \times 0.26 = 390$

따라서 바르게 나타낸 그래프는 ④이다.

29 | 정답 | ③

| 해설 | 2015년의 수입지수는 100, 2016년의 수입지수는 99.2이므로 2016년에 수입지수는 전년 대비 감소했다.

① 2015~2021년 동안 국내공급지수와 국산지수는 모두 증가 – 증가 – 감소 – 증가 – 감소 – 증가의 증감 추이를 보이고 있다.

② 2015년의 수입지수는 100이고, 2021년의 수입지수는 132.5이다. 따라서 $\frac{132.5-100}{100}\times100=32.5(\%)$ 증가했다.

④ 2017년의 국내공급지수는 106.0이고, 2021년의 국내공급지수는 108.7이다. 따라서 $\frac{108.7-106.0}{106.0}\times100≒2.5(\%)$ 증가하였다.

30 |정답| ②

|해설| 평균 통화 시간이 10분 이상 15분 미만인 여자 사원 수는 400명 중 21%이므로 400×0.21=84(명)이고, 평균 통화 시간이 20분 이상인 남자 사원 수는 600명 중 10%이므로 600×0.1=60(명)이다. 따라서 84÷60=1.4(배)이다.

31 |정답| ③

|해설| 모두 8시에 출발했으므로, 교통수단별로 30분 내에 갈 수 있는 거리를 계산해 보면, 버스, 전철, 승용차가 각각 20km, 50km, 30km가 된다. 갑은 통근 거리가 18km이므로 어떠한 경우에도 지각하지 않게 되며, 무는 통근 거리가 55km이므로 어떠한 경우에도 지각하게 된다.

통근 거리가 23km인 을이 승용차를 이용했다면 30km보다 가까운 거리를 이동한 것이므로 지각을 하지 않게 되어 병과 정 중 한 명만 지각했다는 것이 된다. 이때, 병과 정이 모두 버스를 이용했다면 둘 다 20km보다 먼 거리를 이동해야 하므로 지각을 한 사람은 병, 정, 무로 총 3명이 지각한 것이 되므로 옳지 않다.

32 |정답| ③

|해설| 숙소별로 가중치를 고려한 점수를 계산해 보면 다음과 같다.
· A숙소: 10×0.2+9×0.3+10×0.1+8×0.4=8.9(점)
· B숙소: 7×0.2+9×0.3+7×0.1+9×0.4=8.4(점)
· C숙소: 7×0.2+10×0.3+8×0.1+10×0.4=9.2(점)
· D숙소: 8×0.2+9×0.3+8×0.1+8×0.4=8.3(점)
따라서 가중치를 고려한 점수가 가장 높은 숙소는 C숙소이다.

33 |정답| ②

|해설| 총 노선의 길이를 연비로 나누어 리터당 연료비를 곱하면 다음과 같다.
· 교통편 1: 500÷4.2×1,000≒119,048(원)
· 교통편 2: 500÷4.8×1,200=125,000(원)
· 교통편 3: 500÷6.2×1,500≒120,968(원)
· 교통편 4: 500÷5.6×1,600≒142,857(원)
따라서 총 연료비가 가장 적게 드는 교통편은 '교통편 1'이며, 가장 많이 드는 교통편은 '교통편 4'가 된다.

34 |정답| ②

|해설| 교통편 2와 교통편 3의 평균속도와 정차역, 정차시간을 감안하여 최종 목적지인 I지점까지의 총 소요시간을 구해 보면 다음과 같다.

구분	평균속도(km/h)	운행시간(시간)	정차시간(분)	총 소요시간(시간)
교통편 2	100	500÷100=5	4×15=60	5+1=6
교통편 3	125	500÷125=4	3×15=45	4+0.75=4.75

교통편 3의 경우 총 4.75시간이 소요되며, 교통편 2의 경우 총 6시간이 소요된다. 따라서 교통편 2의 총 소요시간을 1.25시간 줄여야 하며, 이를 위해서는 정차역과 정차시간이 변할 수 없는 것을 감안할 때, 5시간이던 순수 운행시간을 3.75시간으로 줄여야 한다. 따라서 $500 \div 3.75 ≒ 133(\text{km/h})$의 속도가 되어야 함을 알 수 있다.

35 | 정답 | ①

| 해설 | B회사가 3분기에 Z제품 홍보 시 분기별 소비자 선호도를 반영한 수익체계는 다음과 같다.

(단위: 억 원)

A회사 \ B회사	Z제품
X제품	(3, −0.5)
Y제품	(3, 3)
Z제품	(−1, −0.5)

따라서 A회사가 X제품을 홍보할 때 3분기 수익 격차가 $3-(-0.5)=3.5$(억 원)으로 극대화되므로 X제품을 홍보해야 한다.

36 | 정답 | ①

| 해설 | 면접전형 점수가 100점 미만인 경수와 세훈이를 제외한 나머지 지원자들의 최종 합산 점수를 확인해 보면 다음과 같다.

- 나연: $50\times0.2+120\times0.3+110\times0.5=10+36+55=101$(점)
- 미희: $20\times0.2+200\times0.3+100\times0.5=4+60+50=114$(점)
- 병석: $40\times0.2+160\times0.3+120\times0.5=8+48+60=116$(점)
- 아인: $45\times0.2+140\times0.3+120\times0.5=9+42+60=111$(점)
- 정현: $25\times0.2+120\times0.3+100\times0.5=5+36+50=91$(점)
- 현지: $30\times0.2+110\times0.3+140\times0.5=6+33+70=109$(점)

따라서 최종합격자는 미희, 병석, 아인이고, 나연은 불합격자이다.

37 | 정답 | ④

| 해설 | A와 B의 주택용 복지할인을 적용한 전기요금은 다음과 같이 계산할 수 있다.
- A: 할인 전 전기요금＝기본요금＋전력량 요금＝$7,200+58,250=65,450$(원)
  → 기초생활수급자(생계, 의료)이며, 기타 계절에 사용한 일반용 전력이므로 월 16천 원 할인이 적용되어 $65,450-16,000=49,450$(원)이 된다.
- B: 할인 전 전기요금＝기본요금＋전력량 요금＝$7,200+73,340=80,540$(원)
  → 3자녀 가구이므로 시기와 관계없이 30%(월 16천 원 한도)가 적용된다. 할인 전 전기요금의 30%는 16천 원을 초과하므로 16천 원의 할인 한도액이 적용되어 $80,540-16,000=64,540$(원)이 된다.

따라서 A와 B의 전기요금 합계 금액은 $49,450+64,540=113,990$(원)이다.

38 | 정답 | ②

| 해설 | 설문 조사에 참여한 20대가 총 600명이고 그중 $147+105=252$(명)이 디자인이 가장 중요하다고 응답하였으므로 그 비율은 $\frac{252}{600}\times100=42(\%)$이다.

39 | 정답 | ②

| 해설 | 디자인이 가장 중요하다고 생각하는 비율이 20대는 $\frac{252}{600} \times 100 = 42(\%)$, 30대는 $\frac{99+85}{400} = \frac{184}{400} \times 100 = 46(\%)$이므로 30대가 20대보다 디자인을 중요하게 생각하는 경향이 있다.

오답풀이

① 10대는 600명 중 $180+153=333$(명)이 디자인을, 40대는 400명 중 $76+74=150$(명)이 제조 회사를 가장 중요하게 생각한다.

③ 모든 연령대에서 가격을 중요시 여기는 사람은 이미 구매한 사람보다 앞으로 구매할 사람이 더 많다.

④ 20대의 구매한 사람 중 내구성이 가장 중요하다고 응답한 비율은 $\frac{33}{300} \times 100 = 11(\%)$, 30대의 구매한 사람 중 내구성이 가장 중요하다고 응답한 비율은 $\frac{28}{200} \times 100 = 14(\%)$이므로 20대가 더 낮다.

40 | 정답 | ①

| 해설 | ㉠ 업적등급이 C등급, D등급인 경우 지급계수가 0.9와 0.8이 되므로 '성과연봉 지급률×지급계수'에 의해 책정된 성과연봉 지급률보다 낮은 지급률을 적용받게 된다.

오답풀이

㉡ 기준연봉의 10%에만 적용되는 것은 (1+지급계수)이다. 기준연봉은 기본연봉 산식에 적용되므로, 결국 성과연봉은 기준연봉의 100%에 적용되는 것이 된다.

㉢ 동일한 기준연봉을 받는다면, 업적등급 차이에 의해서만 성과연봉이 달라진다. 업적등급에 따른 지급계수는 1.2, 1.1, 1.0, 0.9, 0.8이며 계수의 차이가 0.1일뿐, 10%의 차이는 아니므로 성과연봉의 차이도 10%라고 할 수는 없다.

41 | 정답 | ①

| 해설 | 손 과장과 임 과장의 성과연봉을 산식에 의해 표로 정리해 보면 다음과 같다.

구분	기본연봉(만 원)	성과연봉(만 원)
손 과장	$(5,700 \times 0.9)+(5,700 \times 0.1 \times 2.1)=6,327$	$6,327 \div 12 \times 0.1 \times 1.1 ≒ 57$
임 과장	$(5,600 \times 0.9)+(5,600 \times 0.1 \times 2.1)=6,216$	$6,216 \div 12 \times 0.1 \times 1.1 ≒ 56$

따라서 두 사람의 성과연봉 차이는 $57-56=1$(만 원)이다.

42 | 정답 | ④

| 해설 | 선발조건을 참조하여 조건에 부합하는 인원을 선별하면 다음과 같다.
- 어학점수 기준: B 탈락
- 전년도 인사평가 기준: D 탈락
- 실무 시험점수 기준: A 탈락

그러므로 C, E, F 3명이 조건에 부합한다. 우선선발 기준에 따라 E가 시험점수 85점으로 가장 높아 선발되며, C, F는 실무 시험점수와 전년도 인사평가기준이 같으므로 해외근무경력에 따라 F가 선발된다. 따라서 E와 F가 선발된다.

문제 해결 TIP

[표1] 해외파견인원 선발조건을 참조하여 조건에 부합하는 인원을 선별 후 우선선발기준에 따라 상위 2명을 선정한다.

43 |정답| ②

|해설| ⓒ B재는 경합성은 있는데, 배제성이 없어 공짜 소비가 가능한 재화이다. 이런 재화를 공유재라고 한다. 공유재는 공짜 소비라는 무임승차를 하기 때문에 남용되는 경향이 있다.

오답풀이

ⓐ A재는 경합성과 배제성을 동시에 갖는 것으로서, '민간재'이다. 흔히 상품으로 불리기도 한다. 상품은 보통 시장에서 거래를 통해 소비를 하게 된다.

ⓒ C재는 경합성이 없어 여러 사람이 함께 소비할 수는 있지만, 비용을 지불해야 하는 배제성이 있다. 이러한 재화는 요금을 내고 소비할 수 있는 케이블 TV, 인터넷 등이 해당된다. 돈을 내기 때문에 무임 승차자의 문제는 없게 된다.

ⓔ D재는 공공재이다. 공공재는 비배제성으로 인해 무임승차의 문제를 발생시켜 시장에서는 과소 생산되는 특징이 있다.

44 |정답| ②

|해설| 무게 조건에 의해 갑 제품은 제외되어야 한다. 또한, 갑 제품은 음악재생시간을 줄여 통화시간을 늘릴 수 있다는 설명이 없으므로 통화시간이 16시간이 되지 않아 역시 제외되어야 한다.

을, 병, 정 제품은 여유 있는 음악재생시간을 줄여 부족한 통화시간을 채울 수 있어야 한다. 을 제품은 부족한 통화시간 4시간을 채우기 위하여 음악재생시간 8시간을 줄이면 음악재생시간이 7시간이 되어 모든 조건을 만족하게 된다. 병 제품 역시 부족한 3시간의 통화시간을 채우기 위해 음악재생시간을 6시간 줄이면 조건을 만족하게 된다. 정 제품은 부족한 4시간의 통화시간을 채우기 위해 음악재생시간을 8시간 줄이게 되면 원하는 음악재생시간이 부족하게 되므로 조건을 만족할 수 없다.

따라서 을 제품과 병 제품 중 선택해야 하는데 통화나 음악재생시간이 추가로 필요한 것은 아니므로 둘 중 스피커 감도가 좋은 을 제품을 선택하는 것이 가장 합리적이다.

45 |정답| ④

|해설| 민 과장은 8시 30분에 출근했고, 야근을 하지 않았기에 전날 자정까지 야근한 박 사원은 조정된 출근 시각인 10시보다 1시간 20분 빠른 8시 40분에 출근했다. 전날 밤 11시 30분까지 야근한 한 사원은 조정된 출근 시각인 9시 30분보다 20분 늦은 9시 50분에 출근했고, 한 사원이 전날 밤 11시 30분까지 야근을 했으므로 최 대리는 9시 10분에 출근했음을 알 수 있다. 따라서 출근 시각이 빠른 순서대로 나열하면 [민 과장—박 사원—최 대리—한 사원] 순이므로 세 번째로 출근한 직원은 최 대리이고, 가장 늦게 출근한 직원인 한 사원의 출근 시각은 9시 50분이다.

46 |정답| ①

|해설| 첫 번째 명제와 두 번째 명제의 대우 명제를 살펴보면, 장갑을 낀 사람은 운동화를 신지 않았고, 운동화를 신지 않은 사람은 양말을 신지 않았다. 따라서 장갑을 낀 사람은 양말을 신지 않았다.

오답풀이

② 네 번째 명제의 대우 명제와 첫 번째 명제를 살펴보면, 목도리를 한 사람은 장갑을 꼈고, 장갑을 낀 사람은 운동화를 신지 않았다. 따라서 목도리를 하고 있는 수민이는 운동화를 신지 않았다.

③ 두 번째 명제, 첫 번째 명제의 대우 명제, 네 번째 명제를 살펴보면, 양말을 신은 사람은 운동화를 신었고, 운동화를 신은 사람은 장갑을 끼지 않았으며, 장갑을 끼지 않은 사람은 목도리를 하지 않았다. 따라서 양말을 신은 사람은 목도리를 하지 않았다.

④ 두 번째 명제와 세 번째 명제를 살펴보면, 양말을 신은 사람은 운동화를 신었고, 운동화를 신은 사람은 모자를 썼다. 따라서 양말을 신은 사람은 모자를 썼다.

제시된 명제를 단순화하여 대우 명제와 함께 기호로 나타내 보면 다음과 같다.

- 장 → ~운   ↔   운 → ~장
- 양 → 운   ↔   ~운 → ~양
- 운 → 모   ↔   ~모 → ~운
- ~장 → ~목   ↔   목 → 장

① 첫 번째 명제와 두 번째 명제의 대우 명제를 통해 '장 → ~운 → ~양'의 관계가 성립함을 알 수 있다. 따라서 장갑을 낀 사람은 양말을 신지 않았다.

47 | 정답 | ②

| 해설 | 진술의 유형이 나머지 두 사람과 다른 병의 진술을 먼저 살펴본다.

만일 '나는 오늘 라면을 먹지 않았다.'가 거짓이라면, 라면을 먹은 것이 됨과 동시에 뒤에 말한 '누가 라면을 먹었는지 모른다.'는 말이 진실이 되어야 한다. 따라서 이 둘은 모순이므로 병의 말은 앞말이 진실, 뒷말이 거짓이다.

이 경우 '병도 라면을 먹지 않았다.'라고 말한 을의 뒷말이 진실이 되므로 을의 앞말은 거짓이 되어야 한다. 따라서 라면을 먹은 사람은 을이 된다.

갑의 진술을 살펴보면, '을도 라면을 먹지 않았다.'가 거짓이어야 하므로 앞말인 '나는 오늘 라면을 먹지 않았다.' 는 진실이 된다.

따라서 오늘 라면을 먹은 사람은 '을'이 되는 것을 알 수 있다.

48 | 정답 | ③

| 해설 | 증가하는 수는 앞의 증가하는 두 수의 합으로 이루어진다.

$$3 \xrightarrow{+1} 4 \xrightarrow{+2} 6 \xrightarrow{+3} 9 \xrightarrow{+5} 14 \xrightarrow{+8} 22 \xrightarrow{+13} (35)$$

49 | 정답 | ③

| 해설 |

$$\boxed{A} \quad \boxed{B}\boxed{C} \quad B^2 + C^2 = A$$

따라서 빈칸에 들어갈 수는 $4^2 + 5^2 = 16 + 25 = 41$이다.

50 | 정답 | ①

| 해설 | '절약'과 '절감'은 모두 아끼어 줄인다는 뜻을 가진 유의어 관계이다. 따라서 요구나 필요에 따라 물품 따위를 제공한다는 뜻의 '공급'과 유의어 관계에 있는 단어는 무엇을 내주거나 갖다 바친다는 뜻의 '제공'이다.

오답풀이

② 수요: 어떤 재화나 용역을 일정한 가격으로 사려고 하는 욕구

③ 보완: 모자라거나 부족한 것을 보충하여 완전하게 함

④ 생산: 인간이 생활하는 데 필요한 각종 물건을 만들어 냄

51 | 정답 | ①

| 해설 | 첫 번째 그림에서 가볍다, 무겁다, 침착하다의 뜻은 다음과 같다.

- 가볍다: 무게가 일반적이거나 기준이 되는 대상의 것보다 적다. 비중이나 가치, 책임 따위가 낮거나 적다. 생각이나 언어, 행동이 침착하지 못하거나 진득하지 못하다.
- 무겁다: 무게가 나가는 정도가 크다. 비중이나 책임 따위가 크거나 중대하다.

- 침착하다: 행동이 들뜨지 아니하고 차분하다.

두 번째 그림에서 기쁨, 괴로움, 슬픔의 뜻은 다음과 같다.

- 기쁨: 욕구가 충족되었을 때의 흐뭇하고 흡족한 마음이나 느낌
- 괴로움: 몸이나 마음이 편하지 않고 고통스러운 상태. 또는 그런 느낌
- 슬픔: 슬픈 마음이나 느낌

세 번째 그림에서 한적, 복잡, 번잡의 뜻은 다음과 같다.

- 한적: 한가하고 고요함. 한가하고 매인 데가 없어 마음에 마땅함
- 복잡: 일이나 감정 따위가 갈피를 잡기 어려울 만큼 여러 가지가 얽혀 있음
- 번잡: 번거롭게 뒤섞여 어수선함

즉, 한 그림에서 위에 쓰인 단어는 아래에 쓰인 단어들의 반의어에 해당한다.

이때, 마지막 그림에서 '서다'는 '사람이나 동물이 발을 땅에 대고 다리를 쭉 뻗으며 몸을 곧게 하다.', '처져 있던 것이 똑바로 위를 향하여 곧게 되다.', '계획, 결심, 자신감 따위가 마음속에 이루어지다.', '무딘 것이 날카롭게 되다.', '질서나 체계, 규율 따위가 올바르게 있게 되거나 짜이다.', '물품을 생산하는 기계 따위가 작동이 멈추다.' 등의 뜻이므로 반의어에 해당하는 '눕다', '가다'가 정답이다.

- 눕다: 몸을 바닥 따위에 대고 수평 상태가 되게 하다.
- 가다: 한곳에서 다른 곳으로 장소를 이동하다. 수레, 배, 자동차, 비행기 따위가 운행하거나 다니다. 기계 따위가 제대로 작동하다.

52 | 정답 | ③

| 해설 | 바깥에 위치한 3개의 삼각형에 적힌 숫자의 제곱의 합이 가운데 삼각형에 적힌 숫자가 되는 규칙이 있다.

$$a^2+b^2+c^2=d$$

- $3^2+1^2+5^2=9+1+25=35$
- $4^2+4^2+3^2=16+16+9=41$
- $7^2+8^2+12^2=49+64+144=257$
- $10^2+2^2+5^2=(129)$

따라서 빈칸에 들어갈 숫자는 129이다.

53 | 정답 | ④

| 해설 | 주어진 사각형에서 대각선에 위치한 숫자의 곱끼리 서로 같은 규칙이 있다.

a	b
c	d

$$ad=bc$$

- $4 \times 3 = 2 \times 6$
- $8 \times 2 = 16 \times 1$
- $3 \times 6 = 2 \times 9$
- $7 \times 12 = (\ ) \times 2$

따라서 빈칸에 들어갈 숫자는 $7 \times 12 \div 2 = 42$이다.

54 | 정답 | ④

| 해설 | 제시된 그래프 구성 명령어 실행 예시를 보면 H와 V는 순서대로 각각 그래프의 가로축 범위와 세로축 범위를 의미하는 것을 알 수 있다. A, B, C, D, E는 순서대로 각각 사다리꼴, 평행사변형, 삼각형, 육각형, 타원 모양을 의미하며, 알파벳 다음의 두 숫자는 좌표를 나타낸다. 또한 R, N은 순서대로 각각 내부 흰색, 내부 검은색을 의미하며, 알파벳 다음의 숫자 1, 2, 3은 순서대로 각각 도형 크기의 소(小), 중(中), 대(大)를 나타낸다.
- 가로축 범위가 4, 세로축 범위가 5이므로 L: H4 / V5이다.
- A(사다리꼴)의 좌표는 (1, 3), 내부 검은색, 도형 크기 대(大),
  B(평행사변형)의 좌표는 (3, 1), 내부 흰색, 도형 크기 중(中),
  E(타원)의 좌표는 (0, 2), 내부 흰색, 도형 크기 중(中)이므로
  C: A(1, 3)N3 / B(3, 1)R2 / E(0, 2)R2이다.

오답풀이

① L명령어는 옳으나, C명령어의 내부 색상이 옳지 않다.

② L명령어는 옳으나, C명령어의 내부 색상이 옳지 않고 B와 E 도형 크기 역시 옳지 않다.

③ L명령어는 옳으나, C명령어의 A와 E 도형 크기가 옳지 않다.

💡 | 문제 해결 TIP

선택지의 L명령어가 모두 같으므로, C명령어를 비교하여 서로 다른 부분만 확인해 본다. C명령어에서 E(타원)의 내부 색상과 도형 크기가 서로 다르다. E(타원)는 내부 흰색, 도형 크기 중(中)이므로 정답은 ④이다.

55 | 정답 | ④

| 해설 | [산출된 그래프]에서는 (3, 4)에 C(삼각형)가 있으므로 오류가 발생한 값은 E(3, 4)N3이다.

오답풀이

① A(사다리꼴)의 좌표가 (0, 2), 내부 검은색, 도형 크기 소(小)이므로 옳다.

② B(평행사변형)의 좌표가 (4, 1), 내부 흰색, 도형 크기 대(大)이므로 옳다.

③ D(육각형)의 좌표가 (2, 2), 내부 흰색, 도형 크기 중(中)이므로 옳다.

56 | 정답 | ②

| 해설 | ━ ==를 누르면 다음과 같이 바뀐다.

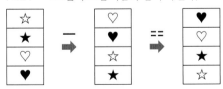

① ━는 도형이 모두 2칸 위로, ══는 도형이 모두 1칸 아래로 이동하는 기능이므로 ━ ══를 누르면 도형이 모두 1칸 위로 이동한 것과 동일한 결과가 나온다.

③ ──는 도형이 모두 1칸 위로, ══는 도형이 모두 1칸 아래로 이동하는 기능이므로 ── ══를 누르면 도형이 모두 이동하지 않은 것과 동일한 결과가 나온다.

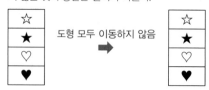

④ ══ ──를 누르면 다음과 같이 바뀐다.

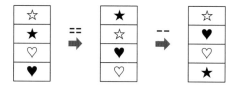

57 | 정답 | ①

| 해설 | ━ ══를 누르면 다음과 같이 바뀐다.

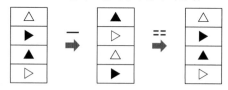

② ══는 도형이 모두 1칸 아래로 이동하는 기능이므로 ══ ══를 누르면 도형이 모두 2칸 아래로 이동한 것과 동일한 결과가 나온다.

③ ──는 도형이 모두 1칸 위로, ━는 도형이 모두 2칸 위로 이동하는 기능이므로 ── ━를 누르면 도형이 모두 3칸 위(=1칸 아래)로 이동한 것과 동일한 결과가 나온다.

④ ▬▬ ▬를 누르면 다음과 같이 바뀐다.

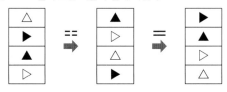

58 | 정답 | ④

| 해설 | ▬▬는 도형이 모두 1칸 위로, ▬는 도형이 모두 2칸 위로 이동하는 기능이므로 ▬▬ ▬▬ ▬를 누르면 도형이 모두 3칸 위(=1칸 아래)로 이동한 후 ▬▬를 누르는 것과 동일한 결과가 나온다.(▬▬ ▬를 연이어 누르지는 않지만 ▬▬ ▬를 누르는 순서가 바뀌어도 결과에 영향을 주지 않으므로 무관하다.)

오답풀이

① ▬는 도형이 모두 2칸 위로, ▬▬는 도형이 모두 1칸 아래로 이동하는 기능이므로 ▬ ▬ ▬▬를 누르면 도형이 모두 1칸 위로 이동한 후 ▬▬를 누르는 것과 동일한 결과가 나온다.

② ▬는 도형이 모두 1칸 아래로, ▬▬는 도형이 모두 1칸 위로 이동하는 기능이므로 ▬ ▬▬ ▬▬를 누르면 ▬▬를 누르는 것과 동일한 결과가 나온다.(▬ ▬▬를 연이어 누르지는 않지만 ▬▬ ▬▬를 누르는 순서가 바뀌어도 결과에 영향을 주지 않으므로 무관하다.)

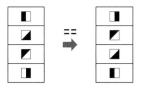

③ ▬▬는 도형이 모두 1칸 위로, ▬는 도형이 모두 1칸 아래로, ▬는 도형이 모두 2칸 위로 이동하는 기능이므로 ▬▬ ▬ ▬를 누르면 도형이 모두 2칸 위로 이동한 것과 동일한 결과가 나온다.

59 | 정답 | ②

| 해설 | 2번, 4번 도형의 모양이 바뀌어 있으므로 2번과 4번에 홀수 번의 회전 변환이 되도록 스위치를 눌렀고, 1번과 3번에는 짝수 번의 회전 변환이 되었으므로 ◑와 ◔를 누른 것이다.

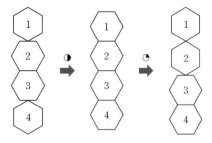

60 | 정답 | ④

| 해설 | ▼▽를 누르면 다음과 같이 바뀐다.

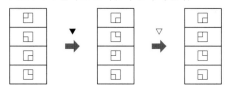

오답풀이

① △▲를 누르면 다음과 같이 바뀐다.

② ▼▲를 누르면 다음과 같이 바뀐다.

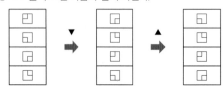

③ ▽△를 누르면 다음과 같이 바뀐다.

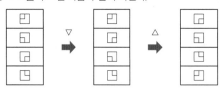

61 | 정답 | ④

| 해설 | 포스코그룹은 공정하고 투명한 윤리 경영, ESG 구매, 동반성장(공급망 역량 강화), 구매경쟁력 강화를 4대 전략으로 하여 지속 가능한 공급망을 구축해 나가고 있다.

62 | 정답 | ②

| 해설 | 포스코의 경영이념은 '더불어 함께 발전하는 기업시민'으로 철학적 신조는 '기업시민'이다(㉠). 기업시민이란 포스코 지속가능성을 지지하는 구성원들과 함께 공존, 공생, 공영(㉡)이라는 기업 생태계의 공진화를 달성하는 것을 의미하며, 기업시민의 세 영역인 비즈니스, 소사이어티(㉢), 피플은 ESG의 영역과 일치한다.

63 | 정답 | ②

| 해설 | 포항세라믹은 포스코 그룹사가 아니라 협력사이다.

오답풀이

① 'PNR'은 제철 부산물 자원화 전문기업으로 그룹사이다.

③ '포스코엠텍'은 글로벌 소재 전문기업으로 그룹사이다.

④ '포스코스틸리온'은 표면처리 전문기업으로 그룹사이다.

64 | 정답 | ③

| 해설 | '수소연료전지'는 수소연료전지자동차에서 엔진 역할을 하므로 Neo Mobility에 해당한다.

오답풀이

①, ②, ④ 초고층건물, 초장대교량, 안전난간대 및 옥외피난계단, 하이퍼루프, 스틸하우스 등이 Mega City에 해당한다.

- 초고층건물: 높이 200m 이상 또는 50층 이상인 건축물
- 초장대교량: 주탑 사이의 거리가 1km 이상인 긴 다리
- 안전난간대 및 옥외피난계단: 고층공동주택 외벽에 설치되어 평상시는 추락사고 방지를 위한 발코니 난간으로 사용되고, 화재 등 위급상황에는 발코니에서 직접 난간을 펼쳐 대피할 수 있도록 하는 안전시설물
- 하이퍼루프: 탑승체의 이동에 대한 저항을 제로에 가깝게 하여 시속 1,280km라는 경이적인 속도를 구현한 열차형 교통기관
- 스틸하우스: 두께 1mm의 내외장 강재를 사용하여 건물의 뼈대를 구성하는 주거 시스템

65 | 정답 | ③

| 해설 | 주방용 가전에는 연강이나 고강도강이 아니라 스테인리스가 사용된다. 관련 제품으로는 오스테나이트계(300계) 스테인리스, 페라이트계(400계) 스테인리스, 마르텐사이트계 스테인리스, 석도금용 강 등이 있다.

🖋 | **문제 해결 TIP**

포스코 제품을 산업별로 살펴보면, 자동차(차체, 샤시, 전기차 배터리 팩, 전기차 구동모터, 수소연료전지, 배기계 용도), 건설(건축 구조, 건축 내외장, 교량, 하이퍼루프, 안전구조물 용도), 조선(조선, 해군함정 특수선 용도), 에너지(풍력발전, 태양광발전, LNG수송선, 플랜트 및 저장, 채굴, 수송 용도), 가전(생활가전, 주방 용도), 산업기계(기계구조, 중장비, 육상무기 용도)로 구분할 수 있다.

01	02	03	04	05	06	07	08	09	10
③	②	②	③	④	②	②	①	①	②
11	12	13	14	15	16	17	18	19	20
①	③	④	②	①	④	②	③	①	④
21	22	23	24	25	26	27	28	29	30
③	②	②	①	③	③	①	①	③	④
31	32	33	34	35	36	37	38	39	40
②	④	④	④	②	①	④	④	①	③
41	42	43	44	45	46	47	48	49	50
②	③	④	③	②	①	②	①	④	②
51	52	53	54	55	56	57	58	59	60
③	①	④	③	③	②	④	③	①	④
61	62	63	64	65					
②	④	①	③	④					

01 |정답| ③
|해설| 네 번째 문단에 따르면 대체재로 사용되는 생분해성 재료인 식물성 플라스틱도 제대로 분해되기 위해서는 특수한 퇴비화 시설이 필요하다고 하였으므로 글의 내용과 일치하지 않는다.
오답풀이
① 종이 빨대의 코팅은 유해물질을 방출한다고 세 번째 문단에서 언급하고 있다.
② 종이를 만들 때에 물과 토양이 산성화된다고 세 번째 문단에서 언급하고 있다.
④ 방수 처리가 된 종이 빨대는 재활용이 불가능하다고 두 번째 문단에서 언급하고 있다.

02 |정답| ②
|해설| 주어진 글은 핵융합 발전이 주목받고 있음을 언급하며 핵융합 에너지의 발생 원리를 설명하고 있다. 따라서 글의 주제로는 '핵융합 에너지의 발생 원리'가 가장 적절하다.

03 |정답| ②
|해설| 주어진 글은 권위 – 권위주의 – 권위주의 문화 순으로 설명을 이어나가고 있다. [보기]에서는 권위주의 문화의 영향에 대해 언급하고 있으므로 권위주의에서 권위주의 문화가 형성된다는 언급이 있은 후, 즉 ⓒ에 위치하는 것이 자연스럽다. 또한 [보기]의 두 번째 문장에서 권위주의 문화의 폐단을 설명하기 위하여 이해관계자를 언급하였으므로, 뒤이어 이해관계자에게 끼치는 영향 등이 언급되는 것이 자연스럽다.

04 |정답| ③
|해설| 기존의 폐타이어 재활용 시스템이 가졌던 폭발의 위험성과 카본 처리라는 두 가지 문제점을 제시하고, 이를 해결한 새로운 폐타이어 가열 방식을 소개하고 있다.
오답풀이
① 대상의 정의와 이에 따른 유형화는 나타나 있지 않다.
② 대상에 대한 이론의 변모 과정이 아니라 기술의 발전 과정을 설명하고 있다.
④ 대상에 대한 관점이 아니라 기술에 대해 서술하고 있다.

05 | 정답 | ④

| 해설 | 주어진 글은 탄산리튬이 리튬이온전지 제조에 가장 중요한 소재였으나 지금은 수산화리튬이 하이니켈 양극재의 원재료로 각광받고 있음을 밝히며, 니켈 개발 규제와 코발트의 공급 불안 요인을 설명하고 있다. 따라서 글의 주제로는 '이차전지 소재의 원재료 변화 및 공급 불안 요인'이 가장 적절하다.

06 | 정답 | ②

| 해설 | 주어진 글에서 환경 및 사회적 이슈를 이용한 비관세적 규제에 대해 추론하기는 어렵다.

오답풀이

① 세 번째 문단에서 수산화리튬이 하이니켈 양극재의 원재료로 각광받고 있다고 하였다. 따라서 수산화리튬 시장이 점차 커질 것으로 예상하는 것은 적절한 추론이다.

③ 첫 번째 문단에서 우리나라는 이차전지 제조에 필요한 소재 및 부품에서 해외의존도가 높은 편이며 이차전지 소재의 원재료도 사실상 전량 수입에 의존하고 있다고 하였다. 따라서 이차전지 산업의 지속적인 성장을 위해서는 원료의 안정적 조달 및 소재 생산능력 강화가 필수적임을 추론할 수 있다.

④ 다섯 번째 문단에서 코발트 광산은 DR콩고에 집중되어 있고, 이는 전 세계 코발트 원광생산의 70%에 달하며, 정·제련의 70%는 중국에서 이루어지고 있다고 하였다. 따라서 코발트 공급은 DR콩고와 중국 내 정치적 불안정성과 정책 변화에 따라 큰 영향을 받을 것임을 추론할 수 있다.

07 | 정답 | ②

| 해설 | 주어진 글은 우주 분야의 트렌드 변화에 대해 전반적으로 서술하는 글이다. 첫 문단은 이전까지 우주개발이 과학적 호기심 충족과 국민의 자긍심 고취에 초점이 맞춰져 있었다는 내용이므로 점차 군사적 활용 가치와 공공 및 상업적 목적 등으로 우주개발의 목적이 확대되었다는 내용의 [나] 문단이 이어져야 한다. [나] 문단 뒤에는 우주개발이 활성화되면서 위성을 활용하는 분야가 다양해지고 수익이 창출되면서 우주개발에 민간의 참여가 확대되었다는 내용의 [라] 문단이 와야 한다. 또한 [라] 문단 뒤에는 이러한 기업체의 우주개발 참여가 기존의 패러다임을 바꾸고 있다는 내용의 [가] 문단이, 이어 기업체 주도의 우주개발이 새로운 비즈니스를 창출한 사례에 대해 언급하고 있는 [다] 문단이 각각 차례로 이어져야 한다. 따라서 문단을 논리적인 순서에 맞게 배열하면 [나]-[라]-[가]-[다]이다.

08 | 정답 | ①

| 해설 | 세 번째 문단에서 묵자가 주장한 철학적 개념인 겸상애의 실천적인 방법을 제시하고, 네 번째 문단에서 공동체적 이익을 중심으로 사회 혼란의 원인과 해결 방안을 모색했다는 점에서 의의가 있음을 밝히고 있으므로 논지 전개 방식으로 가장 적절한 것은 ①이다.

오답풀이

② 묵자가 주장한 철학적 개념인 겸상애를 설명하고 있지만, 이에 대한 한계를 제시하거나 보완책을 제시하고 있지 않으므로 적절하지 않다.

③ 묵자가 주장한 철학적 개념인 겸상애를 중심으로 교상리에 대해 설명하고 있지만, 발전해 온 과정을 시간의 흐름에 따라 설명하고 있는 것이 아니므로 적절하지 않다.

④ 묵자가 주장한 철학적 개념인 겸상애와 상반되는 개념인 불상애를 제시하고는 있지만 겸상애의 문제점을 분석하고 있지는 않으므로 적절하지 않다.

09 | 정답 | ①

| 해설 | ⊙의 바로 앞에서 천하의 혼란을 일으키는 원인을 불상애로 보고 있음을 알 수 있고, ⓒ의 바로 앞에서 겸상애는 서로가 서로를 사랑하는 것을 의미함을 알 수 있으며, ⓒ의 앞 문단인 세 번째 문단에서 교상리는 서로에게 이익을 가져다주는 것임을 알 수 있으므로 ⊙~ⓒ에는 순서대로 불상애, 겸상애, 교상리가 들어가야 한다.

10 |정답| ②

|해설| 세 번째~네 번째 문단에서 모든 사람에 대해 완전히 평등하고 차등 없는 무차별적인 사랑인 겸상애를 실천함으로써 서로에게 이익을 가져다주는 교상리가 가능함을 알 수 있다. 회원인 사람들만 경제 정보를 공유하는 것은 사람에 따라 차별적인 사랑인 별상애가 일어난 것이라고 볼 수 있으므로 적절하지 않다.

오답풀이

① 유기농 식품을 구입하면 환경 오염을 막아 타인의 이익도 함께 기대할 수 있으므로 적절하다.

③ 소득에 따라 다르게 걷힌 세금이 사회 복지 분야로 활용되면 사회 전체적인 이익이라고 볼 수 있으므로 적절하다.

④ 낭비를 하지 않음으로써 빈부 간의 경제적인 위화감을 줄이는 것은 모두에게 이익이라고 볼 수 있으므로 적절하다.

11 |정답| ①

|해설| 주어진 글에서는 저출산 위기와 정부의 극복 방안을 소개하면서 극복 방안을 단순 통계가 아닌 의식 변화에서 그 해답을 찾자고 주장하고 있다. 이와 관련하여 가장 적절한 제목은 '청년 의식 변화에서 저출산 해법 찾기'가 가장 적절하다.

오답풀이

② 합계출산율 및 여러 통계자료들이 나오긴 하지만 주장을 뒷받침하기 위한 자료로 사용될 뿐이며 내용에서 통계를 활용하여 출산 현황을 파악하자는 내용은 언급되지 않는다.

③ 난임 지원에 대한 내용은 언급되지 않는다.

④ 특별공급 신설은 정부의 여러 지원 방안 중 한 가지 사례에 불과하다.

12 |정답| ③

|해설| 글 도입부에 기상과 기후의 의미를 잘못 사용하는 경우가 많다고 언급하고 있고, 이후 기상과 기후의 차이점에 대해 설명하고 있으므로 기상과 기후를 잘못 사용하고 있는 사례를 수정하는 내용을 찾아 빈칸에 넣는 것이 가장 적절하다. 따라서 '이상 기후 시 감속 운행'이라는 표지판의 '기후'를 '기상'으로 수정해야 한다는 ③이 가장 적절하다.

오답풀이

① '기상 캐스터'가 옳은 표현이다.

② 기후의 변화를 면밀히 분석하여 기상을 파악하는 것이 아니라, 기상의 변화를 분석하여 기후를 파악하는 것이 적절한 사용의 예이다.

④ 앞으로 '날씨'라는 말을 쓰지 말고, '기후'나 '기상'으로 분리해서 사용하라는 내용은 주어진 글에서 파악할 수 없으며 빈칸과 연관성이 낮다.

13 |정답| ④

|해설| 이집트 상형문자를 간소화한 새로운 표기 체계는 이전과 달리 하나의 기호가 하나의 소릿값을 나타냈다고 하였으므로, 이집트 상형문자에서는 하나의 기호가 여러 개의 소리로 나타날 수 있었음을 추론할 수 있다.

오답풀이

① 중동지역으로 퍼져나간 알파벳이 히브리어와 아랍어 등 그 지역 여러 문자 체계의 바탕이 되었다고 하였을 뿐 히브리어와 아랍어 중 어떤 문자 체계가 먼저 생겨났는지는 알 수 없다.

② 이집트 상형문자에서 직접 유래한 현대 영어의 알파벳의 예로 'B'를 제시하였을 뿐 'C'에 대한 정보는 확인할 수 없다.

③ 이집트 상형문자를 간소화하는 과정에서 알파벳이 파생되었다고 하였을 뿐 두 문자 체계가 표현할 수 있는 개념의 양은 비교할 수 없다.

14 |정답| ②

|해설| 주어진 글은 피드백의 목적과 부정확한 피드백이 주는 악영향에 대해 설명하고 있다. 빈칸 앞에는 피드백이 효과적이려면 피드백 제공자에 대한 신뢰가 중요하다고 했다. 그러므로 관리자의 피드백이 부정확하면 그 관리자에 대한 신뢰는 당연히 떨어지고, 신뢰가 떨어진 사람의 피드백은 비록 그 피드백이 정확하더라도 더 이상 신뢰할 수 없게 된다.

15 |정답| ①

|해설| 두 번째 문단에서 박제가는 사대부를 '놀고먹는 나라의 좀'이라고 보았다. 이는 사대부를 사라져야 할 대상으로 본 것이다. 필요악이란 없는 것이 바람직하지만 사회적인 상황에서 어쩔 수 없이 요구되는 악을 의미하므로 박제가는 사대부를 필요악이라고 보았다는 내용은 글의 내용과 일치하지 않는다.

오답풀이

② 두 번째 문단에서 박제가는 당시 조선 사회를 경제적으로나 문화적으로나 퇴락하기 이를 데 없는 사회로 보았다고 하였다.

③ 첫 번째 문단에서 『북학의』는 청나라의 바퀴 만드는 법, 농기구 만드는 법 등 새롭고 다양한 문물을 구체적으로 소개하고 있다고 하였다.

④ 두 번째 문단에서 『북학의』는 임금에게 나라의 현실을 알리고 개선을 도모하는 글이라고 하였다.

16 |정답| ④

|해설| 규모가 '50인 이상'인 업체의 종사자 수는 20,000명 이하, 매출액은 6,000,000백만 원 이상이므로 종사자 1인당 매출액은 $\frac{6,000,000}{20,000}$ = 300(백만 원) 이상이다.

오답풀이

① A시의 전체 종사자 수는 9,200＋11,700＋18,400＋6,200＋19,400＝64,900(명)으로 60,000명 이상이다.

② 1~4인 규모 업체가 모두 4인 규모일 때 업체 수는 최소가 된다. 따라서 A시의 1~4인 규모 업체 수는 최소 9,200÷4＝2,300(개사) 이상이다.

③ 종사자 수가 가장 많은 업체 규모인 '50인 이상'의 매출액이 6,706,571백만 원으로 가장 높다.

17 |정답| ②

|해설| 기타사건은 D법원－B법원－C법원－A법원 순으로 많지만, 미제사건은 A법원－D법원－B법원－C법원 순으로 많다.

오답풀이

① 2021년 4개 법원의 평균 항고사건은 416÷4＝104(건)으로 100건 이상이다.

③ A법원의 처리사건 335건 중에서 보호처분사건인 304건이 차지하는 비율은 $\frac{304}{335}$×100≒90.7(%)로 90% 이상이다.

④ 전체 접수사건 1,909건 중에서 C법원의 접수사건인 406건이 차지하는 비율은 $\frac{406}{1,909}$×100≒21.3(%)로 20% 이상이다.

18 |정답| ③

|해설| 2020년 대비 2021년 초고속인터넷 가입자 수의 증가율은 $\frac{22,944-22,327}{22,327}$×100≒2.8(%)이므로 6% 미만으로 증가했다.

오답풀이

① 2020~2022년 동안 초고속인터넷 가입자 수는 전년 대비 매년 증가하였다.

② 100명당 가입자 수는 $\frac{(가입자 수)}{(총 인구)}$×100이므로 2022년 우리나라 총 인구는 $\frac{23,537}{45.8}$×100≒51,391(천 명)이고, 2019년 우리나라 총 인구는 $\frac{21,906}{42.4}$×100≒51,665(천 명)이므로 2019년 대비 감소했다.

④ 초고속인터넷에 가입하지 않은 사람의 수는 총 인구에서 가입자 수를 빼서 구할 수 있으므로, 2019년에는 51,665−21,906=29,759(천 명)이고, 2022년 초고속인터넷에 가입하지 않은 사람의 수는 51,391−23,537=27,854(천 명)이므로 2019년 대비 감소했다.

19 |정답| ①

|해설| 3개 항목의 연 평균값과 중앙값을 구하면 다음과 같다.

구분	연 평균값	중앙값
발생 건수	1,106÷5=221.2(건)	232건
사망자 수	484÷5=96.8(명)	96명
부상자 수	1,187÷5=237.4(명)	151명

발생 건수의 경우, 연 평균값은 221.2건, 중앙값은 232건으로 중앙값이 연 평균값보다 크다.

오답풀이

② 발생 건수와 부상자 수의 연 평균값의 차이는 237.4−221.2=16.2로 10 이상이다.

③ 연평균 사망자 수보다 많은 사망자 수를 기록한 시기는 2016년, 2017년으로 2개 연도이다.

④ 연평균 부상자 수보다 적은 부상자 수를 기록한 시기는 2016년, 2017년, 2018년, 2020년으로 4개 연도이다.

20 |정답| ④

|해설| 2019년 대비 2023년에 전체 육아휴직자 증가율은 $\frac{1,959-1,632}{1,632} \times 100 ≒ 20.0(\%)$이다.

오답풀이

① 조사기간 동안 전체, 남성, 여성 육아휴직 사용률 모두 매년 증가했다.

② 2020~2023년 동안 전년 대비 연령별 여성 육아휴직자 증감 추이는 30세 미만이 '감소−감소−증가−감소', 30~34세가 '감소−증가−증가−유지', 35~39세가 '증가−감소−증가−감소', 40세 이상이 '증가−증가−증가−증가'이다. 따라서 증감 추이가 동일한 해는 2022년뿐이다.

③ 2022년 전체 육아휴직자 중 30~39세가 차지하는 비중은 $\frac{720+719}{2,021} \times 100 ≒ 71.2(\%)$이다.

21 |정답| ③

|해설| '(육아휴직 사용률)$=\frac{(육아휴직자)}{(육아휴직 대상자)} \times 100$'이므로 2023년 남성에 대해, 육아휴직자는 50,400명, 육아휴직 사용률은 7.4%이다. 따라서 2023년 남성 육아휴직 대상자는 50,400÷0.074≒681,000(명)이다.

22 |정답| ②

|해설| 2023년 30~34세 육아휴직자 중 남녀 비율은 남성이 $\frac{116}{717} \times 100 ≒ 16.2(\%)$, 여성이 $\frac{601}{717} \times 100 ≒ 83.8(\%)$이다.

오답풀이

① 전년 대비 여성 육아휴직 사용률은 2020년에 65.7−64.6=1.1(%p), 2021년에 66.9−65.7=1.2(%p), 2022년에 71.1−66.9=4.2(%p), 2023년에 73.2−71.1=2.1(%p) 증가했다.

③ 전년 대비 남성 육아휴직 사용률 증가율은 2020년에 $\frac{3.6-3}{3} \times 100 = 20(\%)$, 2021년에 $\frac{4.3-3.6}{3.6} \times 100 ≒ 19.4(\%)$이다.

④ 전년 대비 40세 이상 남성 육아휴직자 증감은 2020년에 127−96=31(백 명), 2021년에 148−127=21(백 명), 2022년에 193−148=45(백 명), 2023년에 180−193=−13(백 명)이다.

23 | 정답 | ②

| 해설 | '(경제활동참가율)$=\dfrac{(경제활동인구)}{(15세\ 이상\ 인구)}\times100$'이므로 '(15세 이상 인구)$=\dfrac{(경제활동인구)}{(경제활동참가율)}\times100$'이다. 따라서 $\dfrac{957,000+54,000}{70}\times100\fallingdotseq1,444,000$(명)이다.

24 | 정답 | ①

| 해설 | 전년 대비 실업자 증감률은 2021년에 $\dfrac{56-72}{72}\times100\fallingdotseq-22.2(\%)$, 2022년에 $\dfrac{38-56}{56}\times100\fallingdotseq-32.1(\%)$, 2023년에 $\dfrac{54-38}{38}\times100\fallingdotseq42.1(\%)$, 2024년에 $\dfrac{63-54}{54}\fallingdotseq16.7(\%)$이다.

25 | 정답 | ③

| 해설 | A사는 상시 근로자 300인 이상 1,000인 미만 대규모 기업에 속하므로 양성 훈련의 경우 총 필요 예산인 1억 3,000만 원의 60%를 지원받을 수 있다. 따라서 $13,000\times0.6=7,800$(만 원)을 지원받을 수 있다.

26 | 정답 | ③

| 해설 | 2022년 시도 내 이동자가 전체의 64.7%이므로 시도 간 이동자는 전체의 35.3%이다. 따라서 시도 간 이동자 수는 $615.2\times0.353\fallingdotseq217.2$(만 명)이므로 215만 명 이상이다.

오답풀이

① [그림]에서 2015년 인구 이동률은 15.2%이므로 옳지 않다.

② 2022년 국내 인구 이동자 수가 전년 대비 14.7% 감소하였으므로 2021년 총 이동자 수는 $\dfrac{615.2}{1-0.147}\fallingdotseq721.2$(만 명)이다. 따라서 720만 명 이상이다.

④ 1970년 이후 총 이동자 수가 가장 많은 해는 1988년이고, 이때 인구 이동률 23.7%이다. 그러나 인구 이동률이 25.5%로 가장 높은 해는 1975년이다.

27 | 정답 | ①

| 해설 | 6~8세에서 남학생의 1일 에너지 권장량은 1,700kcal, 여학생의 1일 에너지 권장량은 1,500kcal로 남학생이 더 많고, 9~11세에서 남학생의 1일 에너지 권장량은 2,100kcal, 여학생의 1일 에너지 권장량은 1,900kcal로 남학생이 더 많다. 따라서 동일 연령대에서 남학생의 1일 에너지 권장량이 여학생보다 많으므로 연간 에너지 권장량(365일의 에너지 권장량)도 남학생이 여학생보다 많다.

오답풀이

② 6~8세에서 남학생과 여학생의 1일 칼슘 권장량은 700mg로 동일하고, 9~11세에서도 남학생과 여학생의 1일 칼슘 권장량은 800mg으로 동일하다.

③ 6~8세에서 남학생의 1일 철분 권장량은 9mg로 여학생의 1일 철분 권장량 8mg보다 많다.

④ 9~11세 남학생의 체중은 38kg, 9~11세 여학생의 체중은 36kg로 9~11세 남학생 집단의 체중이 더 높지만, 두 집단의 1일 단백질 권장량은 40g으로 동일하다.

28 | 정답 | ①

| 해설 | 전 분기 대비 가계대출 잔액 증가액이 항상 양수이므로, 가계대출 잔액은 매 분기 증가하였다.

오답풀이

② 2020년 4분기 말 가계대출 잔액은 $1,744-37-41-34=1,632$(조 원)으로 1,600조 원 이상이다.

③ 전 분기 대비 기타대출 잔액 증가액이 항상 양수이므로, 기타대출 잔액은 매 분기 증가했다. 따라서 2021년 3분기 기타대출 잔액은 전년 동기 대비 증가했다.

④ 2020년 4분기 대비 2021년 3분기에 주택담보대출 잔액은 $20+17+21=58$(조 원) 증가했고, 기타대출 잔액은 $14+24+16=54$(조 원) 증가했으므로 주택담보대출 잔액보다 기타대출 잔액이 더 적게 증가했다.

29 | 정답 | ③

| 해설 | ㉠ B의 9월 매출액은 1,600억 원이고, 11월 매출액은 2,200억 원이다. 따라서 B의 11월 매출액은 9월 대비 $\frac{22-16}{16} \times 100 = 37.5(\%)$ 증가하였다.

㉢ 7~10월까지 전월 대비 매출액이 꾸준히 증가한 계열사는 C뿐이다.

오답풀이

㉡ 조사기간 동안 계열사별 매출총액을 구하면 다음과 같다.

- A: 19+24+20+21+18+24+26+25=177(백억 원)
- B: 26+30+32+28+16+20+22+18=192(백억 원)
- C: 14+12+20+25+29+32+30+27=189(백억 원)

이에 따라 계열사별 월평균 매출액을 구하면 다음과 같다.

- A: $\frac{177}{8} = 22.1$(백억 원)
- B: $\frac{192}{8} = 24$(백억 원)
- C: $\frac{189}{8} = 23.6$(백억 원)

따라서 월평균 매출액이 가장 높은 계열사는 B이다.

💡 | 문제 해결 TIP

㉡은 오답풀이의 내용처럼 실제로 월평균 매출액을 구하지 않아도 된다. 동 기간의 매출액에 관한 내용을 묻고 있으므로 매출총액의 순위가 곧 월평균 매출액의 순위와 같다는 것을 알 수 있다. 따라서 매출총액이 가장 높은 B의 월평균 매출액이 가장 높다.

30 | 정답 | ④

| 해설 | 12월의 경우, B의 비중이 가장 낮아야 하는데, 그렇지 않으므로 매출액이 잘못 제시되어 있음을 알 수 있다. 실제로 A의 매출액 비중은 $\frac{25}{70} \times 100 ≒ 35.7(\%)$, B의 매출액 비중은 $\frac{18}{70} \times 100 ≒ 25.7(\%)$이다.

31 | 정답 | ②

| 해설 | 최단 경로로 이동하려면 동일한 곳을 두 번 지나치지 않아야 한다. 이동 가능한 모든 경우의 수에 대한 이동거리를 구하면 다음과 같다.

- 회사−A−B−D−C−E−회사: 4+6+15+9+12+5=51(km)
- 회사−A−B−D−E−C−회사: 4+6+15+4+12+8=49(km)
- 회사−C−E−D−B−A−회사: 8+12+4+15+6+4=49(km)
- 회사−E−C−D−B−A−회사: 5+12+9+15+6+4=51(km)

따라서 최단 경로로 이동할 경우의 총 이동거리는 49km이다.

32 | 정답 | ④

| 해설 | 최 상무와 박 대리는 을지에 해당하는 E국으로 3박 4일간의 출장을 다녀왔다. 따라서 총액은 $(16 \times 3) + (10 \times 4) + (13 \times 3) + (6 \times 4) = 48+40+39+24 = 151$(만 원)이다.

남 차장과 홍 사원은 병지에 해당하는 H국으로 5박 6일간의 출장을 다녀왔다. 따라서 총액은 $(13 \times 5) + (6 \times 6) + (12 \times 5) + (5 \times 6) = 65+36+60+30 = 191$(만 원)이다.

따라서 6월과 7월 영업팀의 출장비 지급 총액은 151+191=342(만 원)이 된다.

33 | 정답 | ④

| 해설 | 본부장의 지시사항은 항목당 해당 가중치만큼의 점수만 적용한다는 것이므로 다음과 같이 계산된다.

구분	A사	B사	C사	D사
품질	$4.1 \times 0.15 ≒ 0.62$	$4.5 \times 0.15 ≒ 0.68$	$4.6 \times 0.15 = 0.69$	$4.3 \times 0.15 ≒ 0.65$
신뢰도	$4.6 \times 0.3 = 1.38$	$3.8 \times 0.3 = 1.14$	$4.3 \times 0.3 = 1.29$	$4.5 \times 0.3 = 1.35$
납기	$3.5 \times 0.4 = 1.4$	$3.9 \times 0.4 = 1.56$	$4.1 \times 0.4 = 1.64$	$4.4 \times 0.4 = 1.76$
납품가격	$4.6 \times 0.15 = 0.69$	$4.4 \times 0.15 = 0.66$	$4.2 \times 0.15 = 0.63$	$4.1 \times 0.15 ≒ 0.62$
최종 평점	4.09	4.04	4.25	4.38

따라서 D사가 가장 높은 평점을 얻게 되어 최종 납품 업체로 선정된다.

34 | 정답 | ④

| 해설 | 응모 인원 중 C와 E는 기획팀, H와 K는 홍보팀, I는 인사팀, L은 총무팀의 [채용 조건]을 충족한다. 따라서 채용에 지원한 12명 중 [채용 조건]을 갖춘 인원은 모두 6명이다.

35 | 정답 | ②

| 해설 | 하복 상하의 세트 200벌과 반팔 블라우스 200벌에 대하여 제조사별로 구매 비용을 구하면 다음과 같다.
- A사: $(70,000 \times 0.9 + 36,000) \times 200 = 19,800,000$(원)
- B사: $(67,000 - 5,000 + 35,000) \times 200 = 19,400,000$(원)
- C사: $(68,000 + 35,000 \times 0.8) \times 200 = 19,200,000$(원)
- D사: $(65,000 + 34,000) \times 200 = 19,800,000$(원)

따라서 최소 구매 비용은 C사의 1,920만 원이다.

36 | 정답 | ①

| 해설 | 주어진 자료와 총무팀장의 지시사항을 바탕으로 제조사별 비용을 구하면 다음과 같다.
- A사: $(150,000 \times 0.9 + 39,000 + 19,000) \times 200 = 38,600,000$(원)
- B사: $(146,000 - 10,000 + 38,000 + 22,000) \times 200 = 39,200,000$(원)
- C사: $(144,000 + 40,000 \times 0.8 + 21,000) \times 200 = 39,400,000$(원)
- D사: $(151,000 + 41,000) \times 200 = 38,400,000$(원)

따라서 유 대리가 보고한 비용은 D사의 3,840만 원이다.

37 | 정답 | ④

| 해설 | 제2조 제1항 ⑷에 따라 예약 후 당일 18:00 이전의 해약이므로 100%를 위약금으로 부과한다.

오답풀이

① 지불한 예약금(=전체 숙박요금)이 아닌 최초 1일 숙박요금의 70%를 환불한다.

② 객실 10개 이상 예약 후 10% 미만으로 해약하였을 시에는 최초 1일 숙박요금의 30%를 위약금으로 지불한다.

③ 숙박 요금은 이미 지불한 상태이므로 호텔 측에서 위약금을 제외하고 25,000원을 환불해준다.

38 | 정답 | ④

| 해설 | 김 주임은 총 11개 객실을 예약한 후 2개 객실을 해약했다. 따라서 예약 객실 수의 10% 이상을 해약했으므로 제2조 제1항의 내용을 따른다. 4월 20일 예약 내역을 4월 19일에 해약했으므로 제2조 제1항의 ⑶에 따라 최초 1일 숙박요금의 50%인 $65,000 \times \frac{1}{2} + 95,000 \times \frac{1}{2} = 80,000$(원)을 위약금으로 지불한다.

해약한 2개의 객실을 이틀 예약했으므로 예약금액은 $2 \times (65,000 + 95,000) = 320,000$(원)이고, 이 중 80,000원을 위약금으로 지불하였으므로 환불받는 금액은 $320,000 - 80,000 = 240,000$(원)이다.

39 | 정답 | ①

| 해설 | 가능한 이동 경로는 10가지이며, 각 경로에 대한 이동거리는 다음과 같다.

- 회사—A—D—C—E—B—회사(회사—B—E—C—D—A—회사): $70+20+35+40+45+40=250$(km)
- 회사—A—D—E—B—C—회사(회사—C—B—E—D—A—회사): $70+20+30+45+30+45=240$(km)
- 회사—A—D—E—C—B—회사(회사—B—C—E—D—A—회사): $70+20+30+40+30+40=230$(km)
- 회사—A—E—D—C—B—회사(회사—B—C—D—E—A—회사): $70+60+30+35+30+40=265$(km)
- 회사—B—E—A—D—C—회사(회사—C—D—A—E—B—회사): $40+45+60+20+35+45=245$(km)

따라서 가장 짧은 경로는 '회사—A—D—E—C—B—회사' 또는 '회사—B—C—E—D—A—회사'이고, 이때 이동거리는 230km이다.

40 | 정답 | ③

| 해설 | '회사—A—D—E—C—B—회사' 경로로 이동할 때, 고속도로 이동거리는 $20+30+40=90$(km)이고, 평균 속도는 90km/h이므로 1시간이 소요된다. 그리고 국도 이동거리는 $70+40+30=140$(km)이고, 평균 속도는 70km/h이므로 2시간이 소요된다. 따라서 총 소요시간은 $1+2=3$(시간)이다.

41 | 정답 | ②

| 해설 | 주어진 자료에 따라 표를 정리하면 다음과 같다.

구분	1년 계약금(만 원)	1회당 광고효과(만 원)	1년 광고비(만 원)	1년 광고 횟수(회)	총 광고효과(만 원)
A	1,000	$100+100=200$	2,000	$2,000\div20=100$	20,000
B	600	$60+100=160$	2,400	$2,400\div20=120$	19,200
C	700	$60+110=170$	2,300	$2,300\div20=115$	19,550
D	800	$50+140=190$	2,200	$2,200\div20=110$	20,900
E	1,200	$110+110=220$	1,800	$1,800\div20=90$	19,800

그러므로 1회당 광고효과가 200만 원이 넘는 사람은 E, 1년 광고 횟수가 가장 많은 사람은 B, 1년 광고비가 가장 적은 사람은 E인 것을 알 수 있다. 따라서 올바른 의견을 제시한 사람은 을이다.

42 | 정답 | ③

| 해설 | **41**번에서 정리한 표를 통해 총 광고효과가 가장 큰 D가 광고 모델이 되는 것을 알 수 있다.

43 | 정답 | ④

| 해설 | 공장별 일 최대 생산가능물량을 구하면 다음과 같다.

구분	일 최대 생산가능물량(개)
A공장	$100\times6=600$
B공장	$50\times4=200$
C공장	$30\times8=240$
합계	1,040

[표1]을 바탕으로 공장별 휴무를 고려하면 13일 차에 A공장은 10일, B공장은 11일, C공장은 11일 가동 가능하다.

생산설비	12일 차 최대 생산량(개)	13일 차 최대 생산량(개)
A공장	$600\times9=5,400$	$600\times10=6,000$
B공장	$200\times10=2,000$	$200\times11=2,200$
C공장	$240\times10=2,400$	$240\times11=2,640$
합계	9,800	10,840

따라서 신제품의 초도생산이 10,000개 이상 가능한 날은 13일 차이다.

💡 | 문제 해결 TIP

일 최대 생산가능물량을 계산한 후 가동 조건을 고려하여 도합 10,000개 이상이 되는 최소 시간을 계산한다.

44 | 정답 | ③

| 해설 | ㉠ 예를 들어, A가 5월 한 달 동안 화요일과 목요일 모두 삼성동으로 외근을 나간다면, 최대 10번 삼성동으로 외근을 나갈 수 있다.

㉢ 예를 들어, A가 5월 한 달 동안 화요일 모두(1, 8, 15, 22, 29일)와 4, 10, 17, 25, 31일에 영등포로 외근을 나간다면, 최대 10번 영등포로 외근을 나갈 수 있다.

오답풀이

㉡ 여의도로의 외근은 5월 1, 2일에는 나가지 못하고, 3, 4일 중 하루만 나갈 수 있다. 그리고 5월 7~31일 중 24일을 제외하면 월요일과 화요일 중 하루와 목요일과 금요일 중 하루는 여의도로 외근을 나갈 수 있다. 따라서 A가 5월 1일에 삼성동으로 외근을 나간다면, 5월 한 달 동안 최대 9번 여의도로 외근을 나갈 수 있다.

45 | 정답 | ②

| 해설 | 일 최대 검수량이 300개 이상이어야 하므로 C업체는 제외, A/S 기간이 2년 이상이어야 하므로 E업체는 제외, 불량 검수율이 5% 미만이어야 하므로 A업체는 제외된다. 그러므로 남은 B업체와 D업체 중 우선순위에 따라 단가가 더 낮은 B업체가 선택된다. 따라서 5대에 대한 구매 총액은 $1,300 \times 5 = 6,500$(만 원)이다.

💡 | 문제 해결 TIP

업체 선정 기준에 따라 조건에 부합하는 업체를 선정하고, 그에 따른 예산을 산출한다.

46 | 정답 | ①

| 해설 | 다음과 같이 각 칸에 쓰인 수를 순서대로 a, b, c라고 하면

$3a - b = c$가 성립함을 알 수 있다. 빈칸에 들어갈 숫자를 x라고 하면 $3 \times 8 - x = 12$ → ∴ $x = 12$

따라서 빈칸의 숫자는 12이다.

47 | 정답 | ②

| 해설 | ○●를 누르면 다음과 같이 바뀐다.

3	2
0	4

○ ⇒

6	4
0	8

● ⇒

2	0
−4	4

48 | 정답 | ①

| 해설 | 1번, 3번 도형의 모양이 바뀌어 있으므로 1번과 3번에는 홀수 번의 회전 변환, 2번과 4번에는 짝수 번의 회전 변환이 되도록 버튼을 눌렀음을 알 수 있다. 따라서 ▲, ◆, ◎를 누르면 다음과 같이 바뀐다.

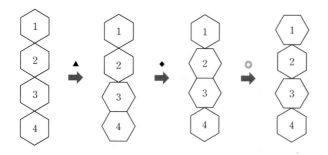

49 | 정답 | ④

| 해설 |

50 | 정답 | ②

| 해설 | 이해하기 쉽도록 설명을 덧붙여 자세히 말한다는 뜻의 '부연'과 전체에서 일부를 줄이거나 뺀다는 뜻의 '생략'은 반의어 관계이다. 따라서 지내는 사이가 매우 친하고 가깝다는 뜻의 '친밀'과 반의어 관계에 있는 단어는 지내는 사이가 두텁지 아니하고 거리가 있어서 서먹서먹하다는 뜻의 '소원(疏遠)'이다.

오답풀이

① 밀접: 아주 가깝게 맞닿아 있음. 또는 그런 관계에 있음

③ 진부: 사상, 표현, 행동 따위가 낡아서 새롭지 못하다는 '진부하다'의 어근

④ 조악: 교활하고 악독함

51 | 정답 | ③

| 해설 | 우선 병이 가장 늦게 들어왔으므로 다음과 같이 나타낼 수 있다.

1등	2등	3등	4등	5등
				병

이때 을과 정의 순위 사이에 1명이 더 있으므로 '을－( )－정' 순으로 들어온 경우와 '정－( )－을' 순으로 들어온 경우로 나눠 생각해볼 수 있다.

• '을－( )－정' 순으로 들어온 경우

갑이 무보다 늦게 들어왔으므로 가능한 경우는 다음과 같다.

1등	2등	3등	4등	5등
무	을	갑	정	병
을	무	정	갑	병

• '정－( )－을' 순으로 들어온 경우

갑이 무보다 늦게 들어왔으므로 가능한 경우는 다음과 같다.

1등	2등	3등	4등	5등
무	정	갑	을	병
정	무	을	갑	병

따라서 병과 무의 순위 사이에는 2명 이상이 있다.

오답풀이

① '무－정－갑－을－병'의 순으로 들어올 경우, 갑은 을보다 결승선을 먼저 통과한다.

② 정은 달리기 시합에서 1등 또는 2등 또는 4등을 할 수도 있다.

④ 을은 달리기 시합에서 2등 또는 3등 또는 4등을 할 수도 있다.

52 | 정답 | ①

| 해설 | 네 번째 명제의 대우 명제와 첫 번째 명제를 살펴보면, 빵을 좋아하는 사람은 매일 아침 이를 닦고, 매일 아침 이를 닦는 사람은 청결한 것을 좋아한다. 따라서 빵을 좋아하는 사람은 청결한 것을 좋아한다.

오답풀이

② 두 번째 명제, 첫 번째 명제, 세 번째 명제를 살펴보면, 커피를 마시는 사람은 매일 아침 이를 닦고, 매일 아침 이를 닦는 사람은 청결한 것을 좋아하며, 청결한 것을 좋아하는 사람은 매일 운동을 한다. 따라서 커피를 마시는 사람은 매일 운동을 한다.

③ '청결한 것을 좋아하는 사람은 커피를 마시지 않는다'의 대우 명제는 '커피를 마시는 사람은 청결한 것을 좋아하지 않는다'인데, 두 번째 명제와 첫 번째 명제를 살펴보면 커피를 마시는 사람은 매일 아침 이를 닦고, 매일 아침 이를 닦는 사람은 청결한 것을 좋아한다. 따라서 '커피를 마시는 사람은 청결한 것을 좋아한다'가 참이므로 항상 거짓이다.

④ '매일 운동을 하는 사람은 매일 아침 이를 닦지 않는다'의 대우 명제는 '매일 아침 이를 닦는 사람은 매일 운동을 하지 않는다'인데, 첫 번째 명제와 세 번째 명제를 살펴보면 매일 아침 이를 닦는 사람은 청결한 것을 좋아하고, 청결한 것을 좋아하는 사람은 매일 운동을 한다. 따라서 '매일 아침 이를 닦는 사람은 매일 운동을 한다'가 참이므로 항상 거짓이다.

> **💡 | 문제 해결 TIP**
>
> 제시된 명제를 단순화하여 대우 명제와 함께 기호로 나타내 보면 다음과 같다.
> - 이 → 청   ↔   ~청 → ~이
> - 커 → 빵∩이   ↔   ~빵∪~이 → ~커
> - 청 → 운   ↔   ~운 → ~청
> - ~이 → ~빵   ↔   빵 → 이
>
> ① 네 번째 명제의 대우 명제와 첫 번째 명제를 통해 '빵 → 이 → 청'의 관계가 성립함을 알 수 있다. 따라서 빵을 좋아하는 사람은 청결한 것을 좋아한다.

53 | 정답 | ④

| 해설 | 마주 보는 수는 (작은 수)를 제곱하여 2를 더했을 때 (큰 수)가 나오는 관계이다. 따라서 빈칸에 들어갈 숫자는 $13^2 + 2 = 171$이다.

54 | 정답 | ③

| 해설 | 12칸으로 된 사각형은 가로 3줄, 세로 4줄로 구성되어 있으며, 화살표가 가리키는 방향에 따라 숫자의 위치가 바뀌는 배열 규칙을 보이고 있다.

가장 좌측 사각형과 가운데 사각형을 비교해 보면, 첫 번째와 세 번째 가로줄은 숫자가 한 칸씩 좌측 칸으로 이동하고 있으며, 두 번째와 네 번째 가로줄은 숫자가 한 칸씩 우측으로 이동하고 있다. 따라서 빈칸에 들어가는 숫자가 좌측에서 순서대로 44, 50, 37이어야 배열 규칙에 부합한다.

55 | 정답 | ③

| 해설 | ⤺1(↻)3을 누르면 다음과 같이 바뀐다.

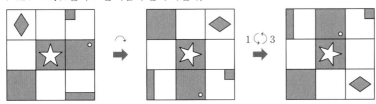

① ⌒ ◑를 누르면 다음과 같이 바뀐다.

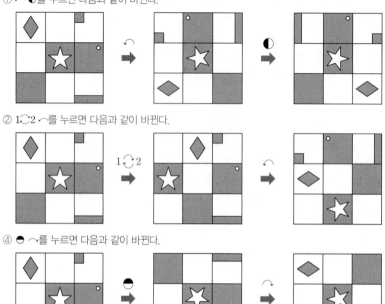

② 1↻2 ⌒를 누르면 다음과 같이 바뀐다.

③ ◐ ⌒를 누르면 다음과 같이 바뀐다.

56 |정답| ②

|해설| ◐ ⌒ ◑를 누르면 다음과 같이 바뀐다.

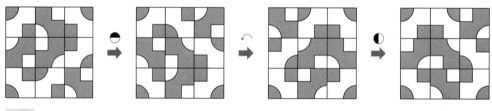

① ⌒ ◐ 1↻2를 누르면 다음과 같이 바뀐다.

③ 1↻2 ◐ 1↻2를 누르면 다음과 같이 바뀐다.

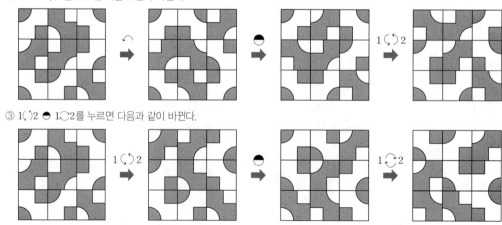

④ ⤴ ◐ 1⤸3를 누르면 다음과 같이 바뀐다.

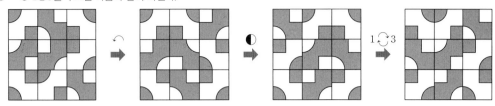

57 | 정답 | ④

| 해설 | 제시된 그래프 구성 명령어 실행 예시를 보면 H와 V는 순서대로 각각 그래프의 가로축 범위와 세로축 범위를 의미하는 것을 알 수 있다. 또한 A, B, C, D는 순서대로 각각 원, 마름모, 평행사변형, 별 모양을 의미하며, 알파벳 다음의 두 숫자는 좌표를 나타낸다.

• 가로축 범위가 6, 세로축 범위가 4이므로 L: H6 / V4이다.
• A(원)의 좌표는 (1, 2), B(마름모)의 좌표는 (5, 1), C(평행사변형)의 좌표는 (3, 4)이므로 C: A(1, 2) / B(5, 1) / C(3, 4)이다.

오답풀이

① L명령어는 옳으나, C명령어에 C가 D로 잘못 표시되어 있다.
② L명령어의 가로축과 세로축 범위가 뒤바뀌어 있으며, C명령어에 C가 D로 잘못 표시되어 있다.
③ L명령어는 옳으나, C명령어에 B, C가 C, D로 잘못 표시되어 있다.

58 | 정답 | ③

| 해설 | [산출된 그래프]에서는 가로축 범위가 6, 세로축 범위가 5이고, B(마름모)의 좌표가 (5, 2), C(평행사변형)의 좌표가 (2, 5)이므로 오류가 발생한 값은 H5 / V6, B(2, 5), C(5, 2)로 총 3개이다.

오답풀이

• A(원)의 좌표가 (1, 1)이므로 A(1, 1)은 옳다.
• D(별)의 좌표가 (3, 1)이므로 D(3, 1)은 옳다.

59 | 정답 | ①

| 해설 | • A: 김치찌개가 비빔밥보다 많이 팔리는데 두 음식의 총 매출액이 같으므로 비빔밥이 김치찌개보다 비싸다는 것을 알 수 있다. 따라서 된장찌개가 김치찌개보다 더 싸다고 했으므로 ○○식당에서는 된장찌개가 가장 싸다.
• B: 비빔밥이 가장 비싸다는 것은 알 수 있지만 판매량이 가장 적기 때문에 비빔밥과 된장찌개의 총 매출액은 비교할 수 없다.

60 | 정답 | ④

| 해설 | ▽▼을 누르면 오후 1시 5분이 되어 시침과 분침이 서로 만난다.

오답풀이

① △▲을 누르면 오후 12시 45분이 된다.
② △▼을 누르면 오후 12시 55분이 된다.
③ ▲▽을 누르면 오후 12시 55분이 된다.

61 | 정답 | ②

| 해설 | 포스코그룹 경영비전의 전략방향은 신뢰받는 ESG 경영체제 구축을 통해 미래기술 기반의 초격차 비즈니스를 선도, 함께 성장하는 역동적 기업문화를 구현하는 것이다.

62 |정답| ④

|해설| 포스코 포항제철소 1기 설비 종합준공 50주년 기념식은 2023년 7월 3일에 열렸다.

오답풀이

① 포스코그룹은 철강 사업뿐만 아니라 미래 신모빌리티를 견인할 이차전지 소재사업과 수소 사업 등에 집중 투자할 계획이다.

② 계획 중인 전체 투자액 121조 원 중 국내에 73조 원을 투자할 것이라 밝혔다.

③ 포스코그룹은 지속가능한 100년 기업으로서 저탄소 친환경 경쟁력을 선도하기 위해 친환경 인프라 및 재생에너지 사업에 지속적으로 투자할 계획이다.

63 |정답| ①

|해설| 우리나라는 1966년 박정희 정부부터 종합제철 건설계획이 본격적으로 추진되었으며 1966년 12월 미국의 제철소 건설기술 용역회사인 코퍼스를 중심으로 종합제철 건설을 위해 5개국 8개사가 참여하는 대한국제제철차관단(KISA)이 정식 발족했다. 1967년 정부는 포항을 종합제철 입지로 정하고 '대한중석'을 종합제철 실수요자로 확정했다. 대한중석은 포스코 초대 사장이었던 고(故)박태준 포스코 명예회장이 사장으로 있을 때다. 박태준 사장은 1968년 33명의 임직원과 창립식을 갖고 '포항종합제철주식회사(현 포스코)'를 공식 출범시켰다.

포항종합제철이 창립됐으나 대한국제제철차관단을 통한 외자 조달이 갑자기 어려워지면서 계획이 무산될 위기에 처했다. 결국 정부와 포스코 관계자들이 많은 대안을 모색한 끝에 '대일청구권 자금'을 통해 일본정부에 지원을 받기로 했다. 이에 1970년 4월 1일 포항 영일만에 포항 1기 설비를 착공, 종합제철 건설이 시작됐다.

이때 박태준 사장은 "실패하면 현장사무소에서 나가 바로 우향우해서 다 같이 영일만 바다에 빠져 죽자."라는 '우향우 정신'을 내세우며 직원들을 독려했다. "선조들의 피 값인 대일청구권 자금으로 제철소를 건설하는 만큼 실패하면 민족사에 씻을 수 없는 죄를 짓는 것이니 영일만에 빠져 죽어 속죄해야 한다."는 각오였다. 이 '우향우 정신'이 바로 포스코그룹의 불굴의 정신력을 상징하며 아직도 포스코인들에게 전수되고 있는 그룹의 사풍이다.

64 |정답| ③

|해설| 'Green With POSCO'는 탄소중립 달성을 목표로 업무와 일상에서 저탄소 순환경제를 촉진하기 위한 활동이다. 경유 트랙터는 LNG 트랙터 대비 이산화탄소, 질소산화물, 초미세먼지 등이 많이 발생하여 포스코는 Green With POSCO 활동의 일환으로 경유 트랙터가 아니라 LNG 트랙터를 도입하고 있다.

오답풀이

① 포스코는 탄소중립을 달성하는 핵심 수단으로 수소환원제철 기술 개발을 위해 독자적인 혁신 공법을 개발하고 있다.

② 포스코는 통영, 고성, 여수 등 지역해안에 쌓여가는 패각을 재활용하여 지역사회 환경개선에 기여하고 있다.

④ 포스코는 용광로에서 쇳물을 뽑아낼 때 발생하는 대표적인 철강부산물인 슬래그를 규산질 비료 원료로 공급하고 있다. 고로슬래그에 미량 함유된 철 이온(Fe^{3+})의 영향으로 규산질 비료를 뿌린 논에서 메탄 생성균의 활동을 저하시켜 메탄가스의 발생량이 감소하는 효과가 있어 농업분야 온실가스 감축에 기여하고 있다.

65 |정답| ④

|해설| '포스코휴먼스'는 국내 1호 자회사형 장애인표준사업장으로 포스코가 장애인, 고령자, 다문화가정 등 다양한 취약계층에게 안정된 일자리를 제공하기 위해 포스위드와 포스에코하우징을 합병해 만든 회사이다.

오답풀이

① 'Park1538'은 포스코 본사 인근에 포스코 홍보관과 역사박물관, 명예의 전당을 테마파크 형태로 조성한 공간이다.

② '포스코IMP'는 포스코 아이디어 마켓 플레이스로 스타트업 발굴·육성 프로그램이다.

③ '포스코홀딩스'는 포스코그룹의 지주회사로 철강, 이차전지소재, 에너지, 수소 등의 사업을 한다.

MEMO

정답과 해설

2025 최신판

에듀윌 취업
PAT 포스코그룹 생산기술직
온라인 인적성검사 통합 기본서

고객의 꿈, 직원의 꿈, 지역사회의 꿈을 실현한다

에듀윌 도서몰
book.eduwill.net

• 부가학습자료 및 정오표: 에듀윌 도서몰 > 도서자료실
• 교재 문의: 에듀윌 도서몰 > 문의하기 > 교재(내용, 출간) / 주문 및 배송

꿈을 현실로 만드는
에듀윌

DREAM

공무원 교육
- 선호도 1위, 신뢰도 1위! 브랜드만족도 1위!
- 합격자 수 2,100% 폭등시킨 독한 커리큘럼

자격증 교육
- 9년간 아무도 깨지 못한 기록 합격자 수 1위
- 가장 많은 합격자를 배출한 최고의 합격 시스템

직영학원
- 검증된 합격 프로그램과 강의
- 1:1 밀착 관리 및 컨설팅
- 호텔 수준의 학습 환경

종합출판
- 온라인서점 베스트셀러 1위!
- 출제위원급 전문 교수진이 직접 집필한 합격 교재

어학 교육
- 토익 베스트셀러 1위
- 토익 동영상 강의 무료 제공

콘텐츠 제휴 · B2B 교육
- 고객 맞춤형 위탁 교육 서비스 제공
- 기업, 기관, 대학 등 각 단체에 최적화된 고객 맞춤형 교육 및 제휴 서비스

부동산 아카데미
- 부동산 실무 교육 1위!
- 상위 1% 고소득 창업/취업 비법
- 부동산 실전 재테크 성공 비법

학점은행제
- 99%의 과목이수율
- 17년 연속 교육부 평가 인정 기관 선정

대학 편입
- 편입 교육 1위!
- 최대 200% 환급 상품 서비스

국비무료 교육
- '5년우수훈련기관' 선정
- K-디지털, 산대특 등 특화 훈련과정
- 원격국비교육원 오픈

교육문의 **1600-6700** www.eduwill.net